现代教育技术

李兆义　桑苏玲　杨彦栋　编著

北京理工大学出版社
BEIJING INSTITUTE OF TECHNOLOGY PRESS

内 容 简 介

本书以《中小学教师教育技术能力标准(试行)》为标准,以现代教育技术理论与技术为基础,以师范院校本专科专业学生现代教育技术能力培养为目标编写。全书共六章,分别为现代教育技术概论、信息化教学模式与现代教学媒体、信息化教学环境建设与应用、信息化教学资源建设与应用、多媒体教学资源的设计与开发、信息化教学设计与评价。

本书遵循"以理论分析为基础,以实践应用为目的,理论与实践并重"的编写原则,在内容编排上,既强调基础性和理论性,也突出实用性和技巧性,特别注重理论与实践的紧密结合。

本书内容新颖、通俗易懂,可作为高职、高专或普通本专科师范类专业学生教材,也可作为中小学教师(幼儿教师)教育技术能力的培训教材。

版权专有　侵权必究

图书在版编目(CIP)数据

现代教育技术 / 李兆义,桑苏玲,杨彦栋编著. —北京:北京理工大学出版社,2019.5(2021.2重印)

ISBN 978-7-5682-7064-9

Ⅰ. ①现… Ⅱ. ①李… ②桑… ③杨… Ⅲ. ①教育技术学-师范大学-教材 Ⅳ. ①G40-057

中国版本图书馆 CIP 数据核字(2019)第 094076 号

出版发行 / 北京理工大学出版社有限责任公司

社　　址 / 北京市海淀区中关村南大街5号

邮　　编 / 100081

电　　话 / (010)68914775(总编室)

　　　　　　(010)82562903(教材售后服务热线)

　　　　　　(010)68948351(其他图书服务热线)

网　　址 / http://www.bitpress.com.cn

经　　销 / 全国各地新华书店

印　　刷 / 涿州市新华印刷有限公司

开　　本 / 787 毫米×1092 毫米　1/16

印　　张 / 20.5　　　　　　　　　　　　　　　责任编辑 / 陆世立

字　　数 / 481 千字　　　　　　　　　　　　　文案编辑 / 赵　轩

版　　次 / 2019 年 5 月第 1 版　2021 年 2 月第 2 次印刷　　责任校对 / 周瑞红

定　　价 / 59.00 元　　　　　　　　　　　　　责任印制 / 李志强

图书出现印装质量问题,请拨打售后服务热线,本社负责调换

前言
preface

  人类由工业社会进入信息社会,信息社会对教育的影响是革命性的,教育信息化、大数据、物联网、云计算、移动互联技术、人工智能技术、虚拟现实技术为教育提供了有力的技术支持;微课(慕课)、翻转课堂、高效课堂、研创式教学、智慧教育等新的教育形态对教育提出了更高的要求。现代教育技术作为当代教育、教学改革的"制高点"和"突破口",对教育思想、教育观念、教学内容、教材形式、教学方法和手段、教学模式、教学理论乃至教育体制都将产生深刻的影响。对于未来从事各级、各类学校教师职业的师范生(包括研究生)以及所有在职教师而言,加强现代教育技术的教学和培训显得尤为重要。

  现代教育技术是高等师范类专业教师教育模块的必修课程。本书的目的是让学习者系统地学习现代教育技术的基础知识与基本原理,具备运用现代教育技术与学科整合的基本能力。因此,本书在编写过程中紧紧围绕教师所应具备的现代教育技术能力做文章,凸显现代教育技术观念、知识、能力、方法的全面培养这一理念。

  本书以教育部组织制定的《中小学教师教育技术能力标准(试行)》为基本依据,在解读现代教育技术基础知识与基本原理的基础上,对信息化教学模式,信息化教学环境和信息化教学资源的设计、开发与应用技巧作了重点介绍。本书内容新颖、体系完善、结构合理,并具有以下特色。

  第一,在内容体系上,本书以现代教育技术应用为主线,对信息化教学模式与现代教学媒体、信息化教学环境建设与应用、信息化教学资源建设与应用、多媒体教学资源的设计与开发、信息化教学设计与评价等内容作了详尽的分析和介绍。

  第二,在结构安排上,本书按照基础知识、教学环境、教学资源和教学设计四个模块来搭建结构框架,其中:基础知识模块主要介绍现代教育技术的概念内涵、现代教育技术的理论基础、信息化教学模式、现代教学媒体;教学环境模块主要介绍校园网、多媒体综合教室、多媒体网络教室、微格教学系统、全自动录播教室、智慧教室、E-learning教学平台、交互式电子白板、电子书包等的使用技巧以及数字化学习资源中心的应用;教学资源模块主要介绍文本类资源、图像类资源、音频类资源、视频类资源、动画类资源的建设以及演示型、交互型教学资源的设计与开发;教学设计模块主要介绍信息化教学设计的基本要素和信息化教学设计方案的编写方法。

  第三,注重内容更新。在编写过程中,本书充分吸收了现代教育技术的最新发展和最新研究成果，力求讲解深入浅出，照顾不同层次读者的需要，尽可能满足相关专业的多样化需求。

第四，注重理论与实践的紧密结合。本书遵循"以理论分析为基础，以实践应用为目的，理论与实践并重"的编写原则，将知识与实践能力融为一体，体现了学以致用的理念。本书通过在每章后设计有意义的实践项目，来更好地培养学习者的创新精神和实践能力。

全书由六章构成。第一章主要介绍现代教育技术的发展历史、现代教育技术的概念、现代教育技术的理论基础以及现代教育技术与教育教学改革的重要性；第二章主要介绍信息化教学模式的概念、常见的信息化教学模式、现代教学媒体的选择与使用以及现代教学媒体材料编制的原理等；第三章主要介绍校园网、多媒体综合教室、多媒体网络教室、微格教学系统、全自动录播教室、智慧教室、E-learning 教学平台、交互式电子白板等的组成、功能与使用技巧以及数字化学习资源中心的应用；第四章主要介绍信息化教学资源的种类、文本类资源的建设、图像类资源的建设、音频类资源的建设、视频类资源的建设、动画类资源的建设等；第五章主要介绍多媒体课件设计与开发的流程、演示型多媒体课件制作的技巧、交互式多媒体课件制作的技巧；第六章主要介绍信息化教学设计的概念、信息化教学设计的基本要素和信息化教学设计方案的编写方法。每章都设有学习目标、实践项目与复习思考题等栏目，以方便读者学习。

全书由李兆义策划、统稿、审定和校对，并编写了第一章和第四章，桑苏玲编写了第二章、第三章和第五章，杨彦栋编写了第六章。本书由宁夏高等学校一流学科建设项目、宁夏师范学院教育学"西部一流"学科 2018 年专项研究项目、2015 年宁夏回族自治区物理学重点专业建设项目资助出版。

本书是作者在总结多年教学经验的基础上编写而成的。在编写过程中，本书还参考和引用了许多专家学者、同行公开发表的成果，凡参考和引用部分均在章末附了参考文献，在此向广大作者深表谢意。

希望本书的出版，能对广大从事现代教育技术课程教学的教师、广大师范生（包括研究生）以及中小学一线教师有所帮助。由于时间仓促，加之作者水平有限，本书疏漏和错误之处还望读者不吝赐教。

编　者

目 录
Contents

第一章 现代教育技术概论 (1)
 第一节 教育技术的发展 (1)
  一、国外教育技术的产生与发展 (1)
  二、我国教育技术的产生与发展 (3)
 第二节 现代教育技术及相关概念 (5)
  一、教育技术 (5)
  二、现代教育技术 (7)
  三、现代教育技术相关概念辨析 (7)
 第三节 现代教育技术的理论基础 (8)
  一、学习理论基础 (9)
  二、教学理论基础 (10)
  三、视听教育理论 (12)
  四、系统科学方法论 (13)
  五、教育传播理论 (13)
 第四节 现代教育技术与教育发展 (14)
  一、现代教育技术与教育教学改革 (14)
  二、现代教育技术与教师专业化发展 (15)
  三、现代教育技术与学生成长 (15)
 实践项目 (16)
 复习思考题 (17)
 参考文献 (17)

第二章 信息化教学模式与现代教学媒体 (19)
 第一节 信息化教学模式 (19)
  一、信息化教学模式的概念 (19)
  二、信息化教学模式构建的三大支柱 (20)
  三、常见的信息化教学模式 (22)
 第二节 现代教学媒体 (26)

· 1 ·

一、现代教学媒体概述 …………………………………………………………(26)
　　二、现代教学媒体的选择与使用 ………………………………………………(29)
　　三、教学媒体材料编制的基本原则与效果原理 ………………………………(32)
实践项目 ……………………………………………………………………………(34)
复习思考题 …………………………………………………………………………(34)
参考文献 ……………………………………………………………………………(34)

第三章　信息化教学环境建设与应用 ………………………………………………(36)

第一节　信息化教学环境概述 ……………………………………………………(36)
　　一、信息化教学环境的概念 ……………………………………………………(36)
　　二、信息化教学环境的构成 ……………………………………………………(37)

第二节　信息化教学环境建设与应用 ……………………………………………(37)
　　一、校园网 ………………………………………………………………………(37)
　　二、多媒体综合教室 ……………………………………………………………(40)
　　三、多媒体网络教室 ……………………………………………………………(41)
　　四、微格教学系统 ………………………………………………………………(44)
　　五、全自动录播教室 ……………………………………………………………(46)
　　六、数字语言实验室 ……………………………………………………………(47)
　　七、智慧教室 ……………………………………………………………………(49)
　　八、E-Learning 教学平台 ………………………………………………………(51)
　　九、交互式电子白板 ……………………………………………………………(56)

第三节　数字化学习资源中心 ……………………………………………………(59)
　　一、数字图书馆 …………………………………………………………………(59)
　　二、中国知网 ……………………………………………………………………(64)
　　三、精品开放课程 ………………………………………………………………(64)
　　四、电子书包 ……………………………………………………………………(67)

实践项目 ……………………………………………………………………………(70)
复习思考题 …………………………………………………………………………(70)
参考文献 ……………………………………………………………………………(71)

第四章　信息化教学资源建设与应用 ………………………………………………(73)

第一节　信息化教学资源概述 ……………………………………………………(73)
　　一、信息化教学资源的概念 ……………………………………………………(73)
　　二、信息化教学资源的分类 ……………………………………………………(74)
　　三、信息化教学资源的特点 ……………………………………………………(75)
　　四、信息化教学资源开发的原则 ………………………………………………(75)

第二节　网络教学资源的获取 ……………………………………………………(76)
　　一、网络教学资源概述 …………………………………………………………(76)
　　二、网络教学资源的获取方法 …………………………………………………(79)
　　三、网络教学资源的下载 ………………………………………………………(80)

第三节　文本类资源的建设 ·· (81)
  一、文本文件的格式及特点 ··· (81)
  二、文本资源的获取 ·· (82)
  三、文本资源的加工处理 ··· (83)

第四节　数字图像资源的建设 ·· (84)
  一、图像文件的格式及特点 ··· (84)
  二、数字图像资源的获取 ··· (85)
  三、图像资源的加工处理 ··· (86)

第五节　数字音频资源的建设 ·· (134)
  一、音频的基本知识 ·· (134)
  二、音频文件的格式及特点 ··· (134)
  三、音频资源的获取 ·· (135)
  四、数字音频资源的加工处理 ··· (136)

第六节　数字视频资源的建设 ·· (150)
  一、视频的基本知识 ·· (150)
  二、视频文件的格式及特点 ··· (150)
  三、视频资源的获取 ·· (151)
  四、数字视频资源的加工处理 ··· (153)

第七节　数字动画资源的建设 ·· (161)
  一、动画的基本知识 ·· (161)
  二、动画文件的格式及特点 ··· (163)
  三、动画资源的加工处理 ·· (163)

实践项目 ··· (197)

复习思考题 ··· (198)

参考文献 ··· (198)

第五章　多媒体教学课件的设计与开发 ·· (199)

第一节　多媒体课件的设计与开发 ·· (199)
  一、多媒体课件概述 ·· (199)
  二、多媒体课件开发的基本流程 ··· (201)

第二节　演示型多媒体课件制作 ·· (207)
  一、用 PowerPoint 制作课件的基本技巧 ·· (207)
  二、用 PowerPoint 制作课件的基本方法 ·· (209)

第三节　交互型多媒体课件制作 ·· (217)
  一、Authorware 的操作界面与应用 ··· (217)
  二、Authorware 的基本操作 ··· (274)

实践项目 ··· (277)

复习思考题 ··· (277)

参考文献 ··· (277)

第六章　信息化教学设计与评价 (279)
第一节　教学系统设计概述 (279)
　　一、教学系统设计发展简介 (279)
　　二、教学系统设计的概念 (280)
　　三、教学系统设计的层次 (280)
　　四、教学系统设计模式 (281)
第二节　教学系统设计基本要素分析 (285)
　　一、学习需要分析 (285)
　　二、学习者特征分析 (286)
　　三、学习内容分析 (288)
　　四、教学目标的阐明 (289)
　　五、教学策略的制定 (292)
　　六、教学媒体的选择和运用 (297)
　　七、教学系统设计结果的评价 (298)
第三节　信息化教学设计 (300)
　　一、信息化教学设计的概念 (300)
　　二、信息化教学设计的原则 (300)
　　三、信息化教学设计的过程 (301)
　　四、信息化教学设计的过程模式 (303)
第四节　信息化教学设计方案的撰写 (308)
　　一、基本信息 (309)
　　二、教材分析 (309)
　　三、学生特征分析 (309)
　　四、教学目标分析 (310)
　　五、学习环境与学习资源设计 (311)
　　六、学习情景创设 (312)
　　七、学习活动的组织 (313)
　　八、教学过程设计 (314)
　　九、学习评价设计 (315)
　　十、教学反思 (316)
实践项目 (317)
复习思考题 (317)
参考文献 (317)

第一章　现代教育技术概论

> ●学习目标▶▶▶
> 1. 了解现代教育技术的发展历史。
> 2. 掌握教育技术、现代教育技术的概念和内涵。
> 3. 掌握现代教育技术与电化教育、教育技术、教育技术学之间的区别与联系。
> 4. 了解现代教育技术的理论基础。
> 5. 认识现代教育技术对教育改革、教师专业发展、学生成长的重要作用。

纵观人类教育的历史,技术的发展和进步始终是影响教育变革和发展的关键因素。人类由工业社会进入信息社会,信息社会对教育的影响是革命性的。现代教育技术作为专业化教师必备的职业技能,值得每位师范生(包括研究生,下同)学习和研究。现代教育技术课程将为师范类专业学生成长为合格的教师提供理念、方法和技术的支持。

第一节　教育技术的发展

学习任何一门学科,首先要了解其发展历史。教育技术这个术语最早在何时出现,到目前为止还没有确切的说法。有学者认为,教育技术作为进行教育、教学活动的手段、方法和技巧,它的历史应该比较久远。从这个角度来说,教育产生的第一天起就有了教育技术。因此,教育技术的发展是伴随着教育的发展而发展的。

一、国外教育技术的产生与发展

国外教育技术的发展可以追溯到17、18世纪捷克教育家约翰·阿摩司·夸美纽斯和瑞士教育家约翰·亨里希·佩斯泰洛奇等人倡导的直观教学,即通过运用真实事物如图片、实物、标本、模型等直观教具辅助教学。可以认为,夸美纽斯等人倡导的直观教学是最为原始的教育技术。由于当时科学技术水平的限制,教学直观性的层次是比较低的。

教育技术的发展可以从媒体技术、教学媒体系统、教育技术名称的演变、教育技术学科发展等不同维度来划分,本节以教育技术名称的演变过程对教育技术的发展历史作简要介绍。

1. 视觉教学阶段(19 世纪末至 20 世纪 30 年代)

19 世纪末,照相机、幻灯机、无声电影等新媒体出现并被引入到教育、教学领域,由此掀开了教育技术发展的序幕。1906 年,美国宾夕法尼亚州的一家出版公司出版了一本《视觉教学》,该书介绍了如何拍摄照片、如何制作和利用幻灯片。1923 年 7 月,美国教育协会成立了"视觉教育部",学校开始将"视觉教育"列为正式课程。视觉教学的倡导者主张在学校教学中组合运用各种视觉教材,将抽象的概念作具体化的呈现。

2. 视听教学阶段(20 世纪 30 年代至 20 世纪 50 年代)

20 世纪 20 年代末,无线电广播、有声电影、录音机先后在教学中获得应用,视觉教育运动发展为视听教育运动。1946 年,美国教育家戴尔在《视听教学法》一书中提出了著名的视听教育理论——"经验之塔"(如图 1.1 所示),从理论上对视听教学进行了总结。这一理论成为后来视听教学的主要理论依据。1947 年,美国教育协会的"视觉教育部"正式改名为"视听教学部"。20 世纪 50 年代,美国心理学家斯金纳根据行为主义学习理论设计了斯金纳程序教学机,并在大学和军队中得到了应用。

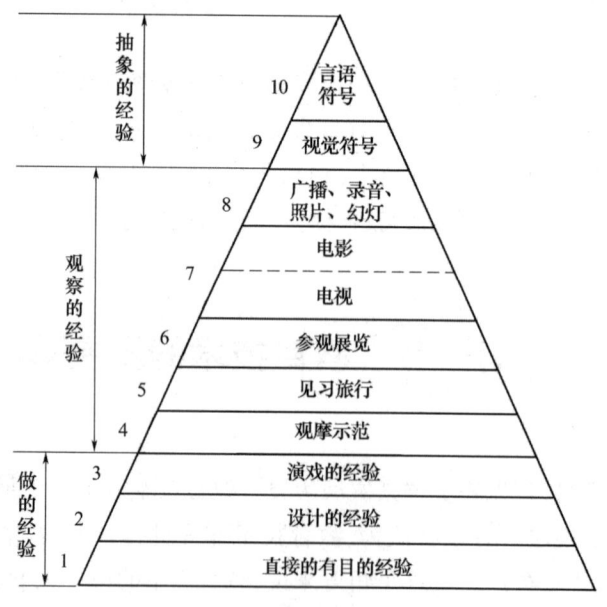

图 1.1 "经验之塔"理论

3. 视听传播阶段(20 世纪 50 年代至 20 世纪 60 年代)

20 世纪 50 年代以后,传播学理论被引入到教育、教学领域,人们开始重视从信息传递的角度来分析和研究教育教学活动。1963 年 2 月,美国教育协会的"视听教学部"改名为"视听传播部",教育技术的发展由视听教育转向了视听传播。视听传播从根本上改变了视听领域的实践范畴和理论框架,即由仅仅重视教具教材的使用,转为充分关注教学信息从传播者经由各种渠道传递给受传者的整个过程。

4. 教育技术阶段(20世纪70年代至今)

20世纪70年代以来,卫星广播电视、录像机、彩色电视机、激光视盘、电子黑板技术、计算机网络等设备和技术相继应用于教育教学,使教育技术不断向更高的水平发展。1970年6月25日,美国教育协会的"视听传播部"更名为"教育传播与技术协会(Association Educational Communication and Technology,简称AECT)",首次提出了教育技术(Educational Technology)的概念。随着教育技术实践领域的不断扩展,教育技术的理论研究也从单一的媒体研究转向了对媒体的系统开发以及对教学系统的设计方面,形成了独特的理论研究模式,教育技术由此成为一门独立的学科。此后,又相继出现"教学技术""学习技术"等不同名称。

二、我国教育技术的产生与发展

教育技术作为一个新兴的研究领域,在美国开始于视觉教育运动,而在我国则是以电化教育的出现为标志。电化教育是我国独有的名词,产生于20世纪30年代。从发展历史来看,我国教育技术的发展可分为四个阶段。

1. 萌芽阶段(20世纪20年代至20世纪40年代)

19世纪末,幻灯、无声电影等媒体在教育中的应用,揭开了我国电化教育的序幕。1920年,上海商务印书馆成立国光影片公司,拍摄了一些无声教育影片,如《盲童教育》《女子体育》《养蚕》等,这是我国拍摄最早的教育影片。1922年,南京金陵大学(1952年撤销建制,主体并入南京大学)农学院举办农业专修科,用幻灯、无声电影宣传棉花种植知识,这是我国最早推行电化教育的高等院校。1932年,"中国教育电影协会"在南京成立,这是我国最早的群众性电化教育学术团体。1935年,江苏镇江民众教育馆将该馆的大会堂改名为"电化教学讲映场",这是我国最早使用"电化教学"这个名词。1935年,上海大夏大学(1951年与原光华大学合并为华东师范大学)社会教育系开设"教育电影"课,这是我国最早在大学开设的电化教育课。1936年,江苏省立教育学院开办电影广播专修科。同年,教育界人士在讨论当时推行的电影、播音教育定名时,提出了"电化教育"这个名词,此后,这个名词被普遍采用。1936年,上海教育界人士创办了"中国电影教育用品公司",并出版《电化教育》周刊,共出了六期,这是我国最早的电化教育刊物。1937年,上海商务印书馆出版了陈友松著述的《有声教育电影》,这是我国出版的第一部电化教育专著。1940年,当时的教育部将电影教育委员会和播音教育委员会合并,成立了电化教育委员会。1942年,"中华教育电影制片厂"在重庆成立,这是我国最早的教育电影制片厂。1945年,苏州国立社会教育学院(1950年并入苏南文化教育学校,后并入苏州大学)建立电化教育系,开办了我国最早的电化教育专业。

2. 初期发展阶段(20世纪50年代至20世纪60年代中期)

20世纪50年代到20世纪60年代中期,我国电化教育进入了初期发展阶段。1949年11月,文化部科学技术普及局设立了电化教育处,负责全国电化教育的推广和应用工作。1949年,北京人民广播电台和上海人民广播电台举办俄语讲座,后改为俄语广播学校。1955年,北京市、天津市分别创办了自己的广播函授学校。1958年前后,全国开展教育改革运动,推动了高等学校和中小学电化教育活动的开展,北京、沈阳等地相继成立了电化教育馆。

1960年起,上海、北京、沈阳、哈尔滨、广州等地相继开办电视大学。在这段时期,我国的电化教育由于政府关怀、学校重视,取得了比较好的业绩并形成了规模效应,培养了一支由教师、技术人员组成的专业性电化教育工作(教育技术)队伍。

3. 重新起步与迅速发展阶段(20世纪70年代末至20世纪80年代)

20世纪70年代末至20世纪80年代,我国的电化教育事业重新起步,并迅速发展,取得了显著的成绩,主要表现在以下方面。

(1)建立了各级电化教育机构。1978年,教育部设立电化教育局和中央电教馆,成为指导全国电教工作的中心。1979年,全国各省、市、县和大、中、小学相继建立了电化教育机构,形成了较为完整的电化教育体系和网络。

(2)各级学校的"三件(硬件、软件和潜件)"建设成绩显著。1987年起,我国的高等院校和部分中小学相继建设了普通电化教育室、语言实验室、计算机室、闭路电视系统、卫星接收站等硬件设施,为我国电化教育事业的迅速发展奠定了物质基础。同时,各级、各类学校制作了大量的电化教育教材。

(3)扩大了电化教育工作队伍。1983年起,北京师范大学现代教育技术研究所、华南师范大学电化教育中心、华东师范大学现代教育技术研究所3个单位先后创办了四年制本科教育技术(电化教育)专业。随后几年,电化教育专业如雨后春笋一般出现,形成了专科、本科、研究生3个层次的人才培养体系。

(4)广播电视教育和卫星电视教育的迅速发展。1979年,我国创办了中国中央广播电视大学,随后各省、市、自治区都兴建了广播电视大学。1986年,中国教育电视台(CETV)创建,我国开始实施卫星电视教育。

(5)计算机教育蓬勃兴起。1981年,我国第一次拥有自己的计算机辅助教学系统和辅助教学管理系统。1987年,作为国家"七五"重点攻关项目,我国有计划、有组织地开发了一批"中华学习机"教育软件。

20世纪70年代末至20世纪80年代,我国初步构建了以"七论"(本质论、功能论、发展论、媒体论、过程论、方法论、管理论)为内容的理论体系框架,初步实现了由"小电教"到"大电教"的观念转变,初步形成了以课堂播放教学法、远距离播放教学法、程序教学法、微型教学法、现代成绩考查法等为内容的电化教学方法体系。

4. 深入发展阶段(20世纪90年代至今)

20世纪90年代,随着科学技术(尤其是多媒体技术、网络通信技术和信息技术)的飞速发展、教育技术相关理论的研究和实践领域的拓展,教育技术步入深入发展阶段。在这一阶段,其显著特点有以下几点。

(1)教育技术的手段将日益多媒体化、网络化、智能化、虚拟化。1993年9月,美国政府提出建设"国家信息基础设施"计划(俗称"信息高速公路"),其目的是发展以互联网为核心的综合信息服务体系和推进信息技术在社会各领域的广泛应用。美国的这一举动引起了各国的高度重视。20世纪90年代中期,我国的"信息高速公路"——"中国教育与科研计算机网络"初步开通,我国教育网络化、智能化、虚拟化的程度日益提高,并对教学手段、教学方法和教学模式产生了深远的影响。

（2）教育技术作为交叉学科的特点将日益凸显。教育技术是一门新兴的交叉学科，它受到现代教育思想、教育理论、学习理论、传播学、系统论等相关理论的影响。20世纪90年代，两项新技术（多媒体技术、网络技术）和两种新理论（认知学习理论、教学设计原理与方法）介入教育技术领域，对教育技术理论建设与实践产生了重大影响。教育技术具有广阔的研究和实践领域，不同工作和职业背景的学者和实践人员在不同层次上，以不同的视角对教育技术进行了大量的探索。目前，教育技术的研究不仅关注个别化学习，还对学生之间如何协同与合作进行系统的研究，开放式的讨论与合作研究已成为教育技术学科的重要特色。

（3）教育技术将越来越重视实践性和支持性研究。教育技术作为理论和实践并重的交叉学科，需要理论指导实践，在实践中进行理论研究。目前，教育技术重点围绕如何促进学习以及提高绩效开展工作。正因为如此，人们将会越来越重视包括教师培训、教学资源建设、学习支持等在内的现代教育技术实践性和支持性研究。

（4）教育技术将关注技术环境下的学习心理研究。随着教育技术的发展，教育技术所支持的学习环境将真正体现出开放、共享、交互、协作等特点。因此，适应性学习和协作学习环境的创建将成为人们关注的重点。教育技术将关注人在技术环境下的学习行为特征及心理过程特征、影响学习者心理的因素，更加注重学习者内部情感等非智力因素，注重社会交互在学习中的作用。

第二节　现代教育技术及相关概念

要正确理解现代教育技术的概念，有必要先明确教育、技术、教育技术的含义，在此基础上理清现代教育技术的概念。

一、教育技术

1. 教育

教育是培养人的社会活动，这是对教育质的规定性。从广义的角度来讲，凡是有目的地增进人的知识技能、影响人的思想品德、增强人的体质的活动，不论是有组织的或是无组织的、系统的或是零碎的，都是教育。狭义的教育是指学校教育，是根据一定社会的现实或未来的需要，遵循年轻一代身心发展的规律，有目的、有计划、有组织地引导受教育者获得知识技能，陶冶思想品德、发展智力和体力的一种活动，以便把受教育者培养成为适应一定社会（或一定阶级）的需要和促进社会发展的人。总而言之，教育就是通过教育者与受教育者的相互作用，把人类积累的生产斗争经验和社会生活经验转化为受教育者的智慧、技能、态度、情感和意志等，使受教育者的身心得到发展，成为社会所需要的人。

2. 技术

技术是一个历史范畴，随着社会的发展，其内涵也在不断地演变。在信息社会，技术是人类在生产活动、社会发展和科学实验过程中，为了达到预期的目的，而根据客观规律对自然、社会进行认知、调控和改造的物质工具、方法技能和知识经验等的综合体。总而言之,技术是一切工具手段和方法技能的总和,不仅包括物化形态的有形技术(物质设备、工具手段),而且包括智能形态的无形技术(观念形态和方法与技能)。

3. 教育技术

教育技术是人类在教育活动中所采用的一切手段和方法的总和,包括物化形态的技术(如黑板、粉笔、多媒体计算机、网络等设备及相应的软件)与智能形态的技术(如系统方法、教学设计等)两大类。

美国的教育技术起步早、发展快,其对教育技术的概念在1963年、1970年、1972年、1977年、1994年和2005年分别发表了不同版本的定义,其中"AECT'94定义"在我国影响较大。

1994年,美国教育传播与技术协会出版了西尔斯(Seels)与里奇(Richey)合著的《教学技术:领域的定义和范围》一书,该书对教育技术的定义为"教育技术是关于学习过程和学习资源的设计、开发、利用、管理和评价的理论与实践。"在我国称为"AECT'94定义"。

从"AECT'94定义"可以看出,教育技术是一个理论与实践并重的研究体系。研究目的是为了促进学习,体现了以学习者为中心的思想。研究对象是学习过程与学习资源,这里的学习过程既包括无教师参与的学习过程,也包括有教师参与的学习过程;学习资源包含人力资源(教师、同伴、小组、群体等)和非人力资源(教学设施、教学材料和教学媒体等)。研究任务是对学习资源和学习过程进行设计、开发、应用、管理和评价的一系列理论和实践问题,改变了以往"教学过程"的提法,体现了从以"教"为中心转向以"学"为中心、从传授知识向发展学生学习能力的重大转变。"AECT'94定义"的概念框架如图1.2所示。

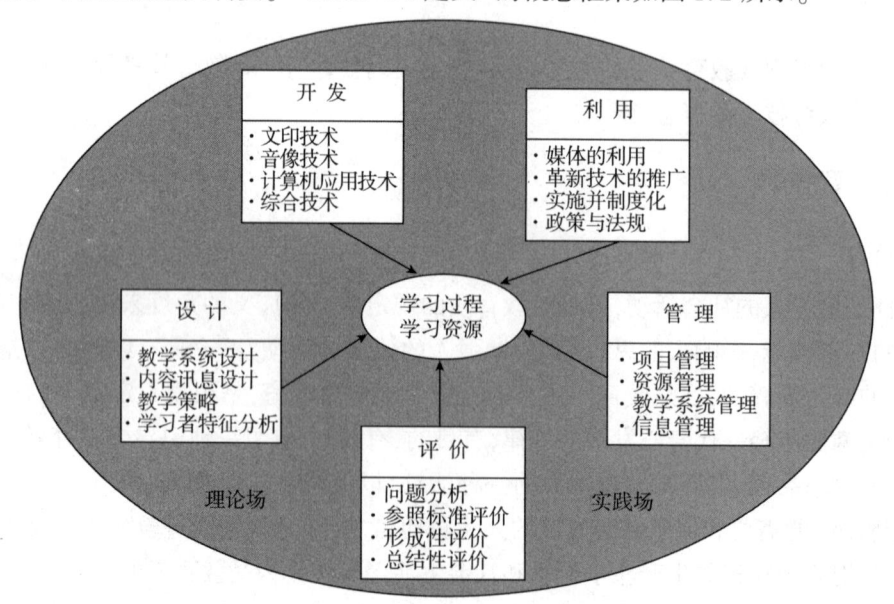

图1.2 "AECT'94定义"的概念框架

2004年6月,美国教育传播与技术协会对教育技术的定义做了进一步修订,我国称为"AECT'05定义",其内容为"教育技术是通过创造、利用、管理适当的技术性过程和资源以促进学习与改进绩效的研究和合乎伦理道德的实践。"

从"AECT'05定义"可以看出，教育技术的研究对象是促进学习和改进绩效的技术性过程和资源。研究目的是促进学习，更加强调学生的自主性，并重视结果。研究任务是技术性的学习过程与资源的创建、利用和管理。"AECT'05定义"的概念框架如图1.3所示。

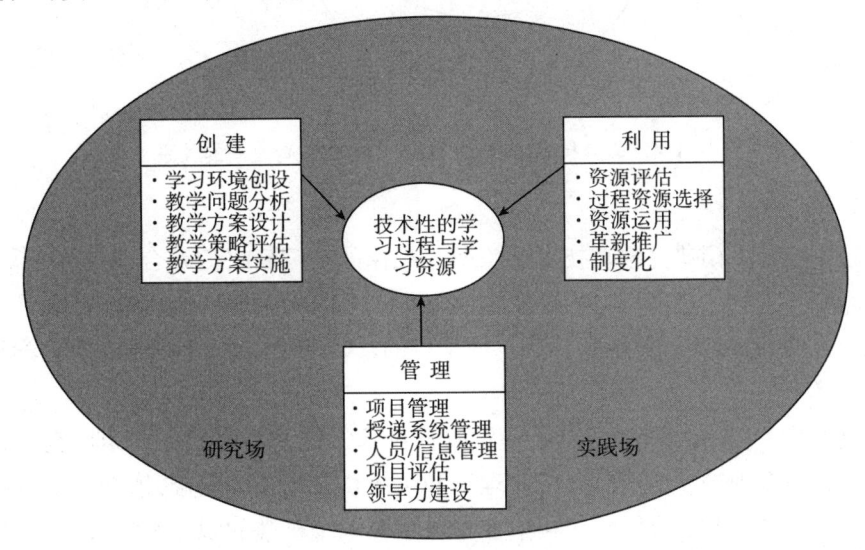

图1.3 "AECT'05定义"的概念框架

二、现代教育技术

现代教育技术与教育技术并没有本质的区别，只是在教育技术前面加了"现代"二字，其目的是要更多地探索与现代信息技术有关的课题，吸收现代科技成果和系统思维方法，使教育技术更具有时代发展的特色。

以"AECT'94定义"为基础，我国著名学者李克东教授对现代教育技术的定义为"现代教育技术，就是运用现代教育理论和现代信息技术，通过对教与学的过程和资源的设计、开发、利用、评价和管理，以实现教学优化的理论与实践。"与教育技术的定义相比，该定义强调了现代教育思想和现代教育理论的指导意义，不仅要研究"教"和"学"的资源，更要研究"教"和"学"的过程，要在实际教学过程中充分利用现代信息技术手段，发挥信息技术的优势。现代教育技术追求的目标是实现教育、教学过程的最优化。

三、现代教育技术相关概念辨析

1. 电化教育

电化教育，就是在现代教育思想、理论的指导下，主要运用现代教育技术进行教学活动，以实现教育过程的最优化。需要强调的是，这里所说的"现代教育技术"是指现代媒体技术、媒传教学法以及教学设计。

电化教育、教育技术、现代教育技术的本质是一样的，都是实现教育、教学的最优化。但是，教育技术的范围要比电化教育和现代教育技术广泛得多，电化教育、教育技术和现代教育技术三者的关系如图1.4所示。1993年，我国正式将电化教育专业更名为教育技术学专业。

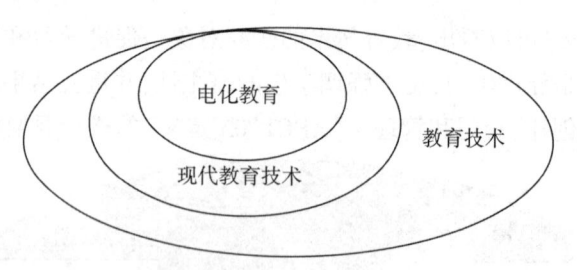

图1.4　教育技术、现代教育技术、电化教育之间的关系

2. 教育技术学

教育技术学是专门研究教育技术现象及其规律的一门新兴的综合性应用学科,是一级学科——教育学下的二级学科。教育技术学综合了多门相关学科的理论(特别是信息技术的发展而建立的新观念、新理论),形成了该学科的基础理论体系,不断推动着该学科的持续发展。

顾明远教授主编的《教育大辞典》中对教育技术学作了明确的定义,即"教育技术学是以教育科学的教育理论、学习理论、传播理论和系统科学理论为基础,依据教学过程的客观性、可测量性和可控制性,应用现代科学技术成果和系统科学的观点和方法,在既定的目标前提下探求提高教学效果的技术手段和教学过程优化的理论、规律与方法,是一门新兴的边缘学科。基本内容为:教学中应用的技术手段,即各种教学媒体(软件与硬件)及其理论、设计、制作技术、开发应用;研究教学过程及其管理过程优化的系统方法,其核心内容是教学设计、实施与控制和评价技术。"这个定义对教育技术学学科的目的、任务、理论基础、概念特点、对象、范畴、研究方法等方面做了明确的阐述。

教育技术学是教育技术发展到一定阶段后才形成的学科。教育技术学与教育技术是有明显区别的:教育技术是教育中所应用的技术手段和方法的总称;教育技术学是关于教育中应用教育技术的理论。

3. 信息化教育与教育信息化

信息化教育是指以现代信息技术为基础的教育形态。除了信息化教育,还有一个与之相类似的名词——教育信息化。教育信息化是指在教育领域全面深入地运用现代信息技术来促进教育改革和教育发展的过程,其结果必然是形成一种全新的教育形态——信息化教育。信息化教育是建构主义学习理论与信息技术(如多媒体技术、网络技术、人工智能技术)相结合的产物,具有教材多媒体化、资源全球化、教学个性化、学习自主化、活动合作化、管理自动化、环境虚拟化、系统开放化等显著特点。

第三节　现代教育技术的理论基础

现代教育技术的理论是多层次、全方位的,本书只探讨与信息化教学联系最直接、最密切的学习理论、教学理论、视听教育理论、系统科学方法论以及教育传播理论。

一、学习理论基础

学习理论的目的是阐明学习是怎样产生的,经历怎样的过程,有哪些规律,如何才能进行有效的学习等问题。学生是学习的主体,任何教育技术的目的都是促进学生的学习,因此研究人类学习过程心理机制的学习理论,显然对教育技术的发展起着重要的指导作用。

1. 行为主义学习理论

行为主义学习理论产生于20世纪20年代的美国,并从20世纪20年代起到20世纪60年代一直作为主导地位的心理学派而存在,代表人物主要有巴甫洛夫、华生、桑代克、斯金纳等人。行为主义学习理论的这一基本观点有:(1)学习是刺激与反应的联结,有什么样的刺激就有什么样的反应;(2)学习过程是一种渐进的"尝试与错误"直至最后成功的过程;(3)学习进程的步子要小,认识事物要由部分到整体;(4)强化是学习成功的关键。根据这一理论,人类的学习过程被看作是被动地接受外界刺激的过程,教师的任务只是向学习者传授知识,学习者的任务则是接受和消化这种知识。行为主义学习理论只强调外部刺激而完全忽视学习者的内部心理过程,重视知识、技能的学习,注重外部行为的研究。行为主义学习理论对早期的教学机器和程序教学产生了很大的影响,但对于较为复杂的认知过程的解释显得有些无力。

2. 认知主义学习理论

由于行为主义学习理论无法清楚解释更复杂的学习问题,到20世纪60年代,随着布鲁纳、奥苏贝尔等这一理论的一批认知心理学家的大量创造性工作,认知主义学习理论在心理学中逐步占据了主导地位。基本观点有:(1)学习不是刺激与反应的直接联结,而是知识的重新组织,即学习是认知结构的组织与再组织;(2)学习是突然领悟和理解的过程,即顿悟,而不是依靠试误实现的;(3)学习是信息加工过程;(4)学习是凭智力与理解的,绝非盲目的尝试,认识事物首先要认识它的整体,整体理解有问题,就很难实现学习任务;(5)外在的强化并不是学习产生的必要因素,在没有外界强化条件下也会出现学习。根据这一理论,学生的学习是根据自己的态度、需要、兴趣、爱好,利用已有的知识和经验,对教学内容的刺激作出主动的、有选择的信息加工过程。教师的任务不再是简单的灌输知识,而是首先要设法激发学生的学习兴趣和学习动机,然后再将当前的教学内容与学习者原有的认知结构有机联系起来。认知主义学习理论重视智能的培养,注重内部心理机制的研究。

3. 建构主义学习理论

建构主义学习理论的内容很丰富,其核心为:以学习者为中心,学习是学习者主动建构内部心理表征的过程,强调学习者对知识的主动探索和主动发现,重视教学过程对情景的创设。由于信息技术发展的成果对建构主义所要求的学习环境提供了强有力的支持,这就使建构主义学习理论日益与广大教师的教学实践普遍地结合起来,从而成为国内外学校深化教学改革的指导思想。

建构主义学习理论认为:知识不是通过教师讲授得到的,而是学习者在一定的情境即社会文化背景下,借助其他辅助手段,利用必要的学习资料和学习资源,通过意义建构的方式而获得。根据这一理论,学习是学习者在一定的情境即社会文化背景下,借助其他人(包括教师、同伴、伙伴、同事等)的帮助,通过人际间的协作活动而实现的主动建构知识意义的过程。因此,建构主义学习理论认为"情境"、"协作"、"会话"和"资源"是学习环境的四大要素或基本属性。

建构主义学习理论强调"以学生为中心","教"的目的是为了促进"学",这就要求教师不应主宰课堂,教师应是教学过程的组织者、指导者、学生自主建构意义的帮助者、促进者。从这个意义来说,强调"以学生为中心"并没有错,但要注意在整个教学过程中,不能否定讲授、考试等基本教学环节,不能削弱或否定教师的作用,否则是非常危险的。

二、教学理论基础

"教"与"学"毕竟是两个不同的研究对象,利用教育技术的观念、思想解决教育问题,除有正确的学习观外,还必须遵循教学的客观规律,这是教学理论研究的重要内容。教学理论是从教学实践中总结并抽象出来的科学知识体系,它来自教学实践又指导教学实践,同样是教育技术的重要理论基础。下面对教育技术发展有重要影响的几种教学理论作简要介绍。

1. 赞可夫的发展教学理论

赞可夫的发展教学理论在20世纪70年代的苏联教学改革中得到实施,提出了完整的"教学与发展问题"理论。这一基本观点有:(1)以尽可能大的教学效果,来促进学生的智力、情感、意志的发展,要把促进学生的一般发展作为教学的出发点和归宿;(2)要把教学目标定在学生的"最近发展区"之内,教学要有一定的难度,要让学生"跳一跳"才能摘到"桃子";(3)只有当教学走在发展前面的时候,这才是好的教学。为此,赞可夫还提出了以高难度进行教学的原则、以高速度进行教学的原则、理论知识起主导作用的原则、使学生理解学习过程的原则、使全班学生包括后进生都得到发展的原则。

2. 布鲁纳的"结构-发现"教学理论

布鲁纳在20世纪50年代末提出了"结构-发现"教学理论,其主要思想有:(1)学习一门学科最重要的是要掌握它的基本结构;(2)打通中小学和大学同一学科的界限,组织循环往复达到较高水平的螺旋式课程,使学科内容围绕基本结构在范围上逐渐拓开,在难度上逐渐加深;(3)要学得好,必须广泛使用发现法。

布鲁纳的"结构-发现"教学理论过分强调教材的基本结构和学习者的主观能动性,而忽视了教学环境和学习者自身条件等因素对学习的影响,由于教材难度的增加,再加上"发现法"的倡导,使部分学生学习的困难加大,教学费时太多。

3. 巴班斯基的教学过程最优化理论

巴班斯基引进系统论的观点来指导教学论的研究,提出了教学过程最优化理论。他指出"教学过程最优化是在全面考虑教学规律、原则、现代教学的形式和方法、该教学系统的特征以及内外部条件的基础上,为了使过程从既定标准看来发挥最有效的(即最优的)作用而组织的控制。"他认为应该把教学看成一个系统,从系统的整体与部分、部分与部分以及系统与环境之间的相互关系、相互作用中考察教学,以便能最优地处理问题,设计优化的教学程序,求得最大的教学效果。评价教学过程最优化的基本标准有:(1)效果与质量标准,即每个学生在教学、教育和发展三个方面都达到他在该时期内实际可能达到的水平(但不得低于规定的及格水平);(2)时间标准,即学生和教师都遵守规定的课堂教学和家庭作业的时间定额。需要说明的是,最优化是相对的,是在某学校、某班的具体条件下,所能达到的最好效果。

4. 布鲁姆的"掌握学习"教学理论

布鲁姆打破了传统教育长期坚持用正态分布来评价学生的学习成绩的观念,认为"学生学业成绩正态分布并不是什么神圣的东西。教育是一种有目的的活动,如果我们的教学是有效的话,成绩分布应当与正态曲线很不相同,即出现高度的偏态,学业成绩的分布接近正态分布时,说明我们的教育是不成功的。"他认为"学校中许多个别差异是人为的和偶然的,而不是个体所固有的。""只要提供适当的先前与现时的条件,几乎所有人都能学会一个人在世上所能学会的东西。"在此思想的指导下,布鲁姆提出了一整套适用于课堂教学的"掌握学习"教学理论和实施策略。

"掌握学习"教学模式的程序由以下五个环节组成。

(1)单元教学目标的设计。教育目标分为认知领域、动作技能领域和情感领域三大类,在认知领域又分为知识、领会、应用、分析、综合、评价六个学习类型。

(2)根据单元教学目标的群体教学。"掌握学习"模式的设想是在不影响传统班级集体授课制的前提下,使绝大多数学生达到优良成绩,所以其课堂教学仍采用通常的集体授课形式,但在讲授新课之前,给予学习新知识必需的准备知识。

(3)形成性测验。在实施单元集体授课之后,要进行形成性测验,测验的题目与教学目标相匹配,其目的是对学生学业情况进行诊断。

(4)矫正学习。形成性测验之后,将学生分为达标组和未达标组两类,对未达标组进行必要的、补偿性的矫正学习;矫正学习并不是简单地重复新课教学的内容,可以采用多种方法。

(5)形成性评价。形成性评价最终检验达标的情况,其试题与形成性测验相比指向更明确。

5. 加涅的指导教学模式

加涅认为学习的发生有内部条件和外部条件。内部条件是指学习者本身在学习前所具有的最初的能力、经验或已有的知识;外部条件是指由于学习内容的不同而构成的对学习者不同的条件。教学应该根据各种不同类型的学习及其产生的条件来进行,使内部条件和外部条件的提供都经过计划安排。

加涅的指导教学模式的基本观点有:(1)信息加工的学习模式对于理解教学具有重要的意义;(2)学习是一个不断积累的过程,提出学习的"层级"理论;(3)按照学生个体学习过程的特点来安排适当的外部教学措施。

6. 克拉夫基的范例教学理论

所谓范例教学,就是通过典型事例和教材中关键性问题的教学、探索来带动学生理解普遍性的材料和问题。范例教学理论思想是在批判传统教学的过程中逐步明确和丰富起来的。范例教学理论认为,传统的教学让学生掌握一大堆所谓具有系统性的材料,结果学生脑子里充满了一大堆杂乱的材料,而无一种能够统率全局的概括性观念和方法论观念。这样,教学材料越多,教学过程就越加肤浅,学生的负担也越重。

要克服传统教学的弊端,就要重视、重构教学内容,选择学科材料中最典型的材料,形成认识的"稠密区"或"岛屿"。在这个"稠密区"里,各种知识汇集、交融,学生通过对这个"稠密区"的探究、思考,形成一种整体的认识结构,从而能够达到把握其他各种材料的目的。

范例教学的程序为以下四个环节。

(1)教师用特例,以具体直观的方法,范例地阐明"个",使学生认识某一事物的本质特征。

(2)根据范例"个"所获得的知识,推论特点,分析掌握整个"类"的特征,使对"个"的认识上升为对"类"的认识。

(3)根据对"个"所获得的认识,进一步过渡到对"类"的认识,从而达到对规律的认识。

(4)范例地获得关于世界和生活的经验,认识更为抽象或总结性的规律。

三、视听教育理论

1946年,美国教育家戴尔(E. Dale)在他的《视听教学法》一书中提出了以"经验之塔"为核心的视听教育理论,如图1.1所示。"经验之塔"分为三大类十个层次,其理论要点有以下几点。

(1)塔最底层的经验最具体,越往上升则越抽象,但不是说求取任何经验都必须经过从底层到顶层的阶梯,也不是说下层的经验比上层的经验更有用。划分阶层只是为了有利于说明各种经验的具体或抽象程度。

(2)教育、教学应从具体经验入手,逐步到抽象。有效的学习之路应该充满具体经验。教育、教学最大的失败在于使学生记住许多普通法则和概念时,没有具体经验作它们的支柱。

(3)教育、教学不能止于具体经验,而要向抽象和普遍发展,要形成概念。概念可以供推理之用,是最经济的思维工具,它把人们探求知识的过程大为简单化、经济化。

(4)在学校教学中,使用各种教学媒体可以使得学习更为具体,也能为抽象概括创造条件。

(5)位于"经验之塔"中层的视听媒体,比上层的言语和视觉符号具体、形象,并能突破时间和空间的限制,弥补其他直接经验方式之不足。

(6)如果教学太过于具体化,那就是没有达到更普遍的充分了解,但现在这种危险只是理论上的,因为人们还没有做到教学应有的具体程度。

"经验之塔"理论所阐述的是经验抽象程度的关系,符合人们认识事物由具体到抽象、由感性到理性、由个别到一般的认识规律;而位于"经验之塔"中部的广播、录音、照片、幻灯、电影电视等介于做的经验与抽象经验之间,既能为学生学习提供必要的感性材料,容易理解、容易记忆,又便于借助于解说或教师的提示、概括、总结,从具体的画面上升到抽象的概念、定理,形成规律,是有效的学习手段。因此,"经验之塔"理论不仅是视听教育的理论基础,也是现代教育技术的重要理论基础之一。

四、系统科学方法论

系统科学是研究系统的一般模式、结构和规律的学问,是在系统论、信息论和控制论的基础上形成的,也是信息时代下的认识世界和改造世界的方法论,广泛应用于各领域、学科。所谓系统科学,就是从系统的观点出发,着重从整体与部分之间,整体与外部环境的相互联系、相互作用的关系中,精确地考察对象,以求得整体获得最佳功能的科学方法。系统科学就是把事物、对象看作一个系统进行整体的研究,分析它的要素、结构和功能三者之间的相互关系和变动的规律性,并以优化系统的观点看待问题。

把系统论与教育理论相结合并用于指导教育实践,就产生了教育系统论。教育系统论把教育过程视为一个由教师、教学内容、学生、媒体等要素构成的动态系统,是一个多因素、多层次、多功能的复杂系统。教育要优化,就要协调好各要素之间的关系,使之相互支持、相互理解、相互协调。因此,教育系统的功能不仅决定于构成教育系统的诸要素所具有的功能,而且决定于诸要素相互之间的关系(即系统的结构)。

系统科学方法论的观点和方法已渗透到了现代教育技术的各个领域,特别是从中提炼和抽象出来的系统科学基本原理(反馈原理、有序原理和整体原理),对教育技术学的形成和发展有着广泛而深远的影响,因此它是现代教育技术的重要理论基础。

五、教育传播理论

传播是自然界和人类社会普遍存在的信息交流的社会现象。传播理论探讨信息传播活动的共同规律。从某种意义上来说,教育也是一种信息传播活动。人们用传播理论的观点和方法解释教育现象,由此诞生了教育传播理论。教育传播是由教育者按照一定的目的和要求,选定合适的信息内容,通过有效的媒体通道,把知识、技能、思想、观念等传送给特定受教育者的一种活动,是教育者和受教育者之间的信息交流活动。教育者、受教育者、教学内容、教学媒体等要素是靠信息的流动才构成了完整的教学系统。广播、电视、计算机网络等传播媒体的运用,对教育领域的开拓和教学范围的扩大起了很大的作用。现代教育技术的研究与应用,实际上要分析教学内容、选择设计教学媒体、评价教学效果,其实质是要研究传播信息、传播媒体和传播效果等,这些都是以教育传播理论为基础的。因此,为了更加有效地传递信息,需要研究教育信息的传播规律即进行教育传播研究。教育传播研究着重于对现代教育传播媒体与教师、学生关系的研究,对现代教育传播媒体所传递的信息内容、信息结构以及它对教师、学生所产生的影响、效果的研究。教育传播理论对现代教育技术的主要贡献是它对教学传播过程所涉及的基本要素、教学传播过程的基本阶段、教学媒体的选择和设计以及教学传播基本规律的归纳和总结。因此,教育传播理论是现代教育技术的重要理论基础,它在认识教学传播现象和规律的基础上,为改善教学过程各要素的功能条件,追求教学过程的最优化提供了理论支持。

学习理论、教学理论、视听教育理论、系统科学方法论以及教育传播理论都为现代教育技术的研究和发展提供了某个方面的理论指导。现代教育技术是以一种开放的姿态,在积极借鉴众多相关学科研究成果的基础上发展起来的。这些具有现代教育技术特色的观念、理论和方法体系正在逐步完善和发展。

第四节 现代教育技术与教育发展

一、现代教育技术与教育教学改革

传统的教育系统包括教师、学生和教材三大要素。现代的教育系统由于技术的广泛参与,增加了教学媒体这一要素。根据系统论的观点,这几个要素并非简单、孤立地拼凑在一起,而是彼此相互联系、相互作用而形成有机整体。现代教育系统功能的多元化意味着技术给教育模式的创新带来了机遇,也为提高教育教学质量提供了很好的机会。

1. 现代教育技术促进教育观念的变化

现代教育技术是当代教育改革的制高点。抢占了这个制高点,就可以带动教育领域各方面的发展,包括教育思想、教育观念、教学内容、教材形式、教学手段和方法、教学模式、教学理论以及教育体制等都将产生深刻的变化。在课堂教学中,教师由原来处于中心地位的知识讲解者、传授者转变为学生学习能力、个性、创造性和实践能力建构的帮助者、指导者以及促进者;学生由原来的被动接受者转变为主动参与者,并成为知识的探索者和建构的主体。现代教育技术对传统教育观念的冲击,表现为人们对传统的学校观、教学观、师生观、教学媒体观和教学方法观的认知改变。

2. 现代教育技术引起学习方式的变革

以多媒体与网络技术为核心的现代教育技术在教育教学中的应用,将引起人类学习方式的重大变革。重大变革主要表现在:以往在教师的指导下进行的课堂学习方式逐步转变为以学生为主的探索性学习方式;学生的学习时间和空间可以从学校转移到家庭和工作单位;学习资源载体多样化,教学信息显示方式多媒体化,学习内容组织结构非线性化,学习信息传输网络化,学习过程的互动性、运行独立性等,使得学生的学习方式和学习活动更加灵活多样;教学媒体由教师讲解的演示工具转变为帮助学生学习的认知工具,既作为感知的对象又作为认知的手段。

3. 现代教育技术实现教学方法的创新

现代教育技术为新的教学模式的产生提供了条件和依据,赋予教师在教学过程中更广泛的选择余地和更丰富的创作空间。现代教育技术使教学方法由原来单纯的基于归纳、演绎的讲解转变为基于情景创设、主动探索、协作学习、会话商讨和建构等教学方法的综合应用。

4. 现代教育技术为构建新型的教学模式提供理想的环境

以计算机为基础的现代教学媒体具有优化教育、教学过程的多种特性,能充分发挥学生的主动性与创造性,从而为学生创新能力和信息素养的培养营造最理想的教学环境,而这样的环境正是建构新型教学模式必不可少的。

二、现代教育技术与教师专业化发展

当前,教师专业化已经成为世界教师教育的发展目标和行动总则。1966年,国际劳工组织和联合国教科文组织颁布了《关于教师地位的建议》,它对教师专业化做出了明确的界定:应把教师工作视为专门的职业,这种职业要求教师经过严格、持续的学习,获得并保持专业的知识和特别的技术。美国也在1986年先后发表《国家为培养21世纪的教师做准备》和《明天的教师》两份报告,重点也是关于教师专业化的问题。

而我国"普九"(普及九年制义务教育)任务已基本完成,高等教育正在加快发展,教师在教育质量和数量上都有了较大的发展。过去仅仅为了满足基础教育对教师数量的要求,而现在开始有条件满足基础教育和职业技术教育对高素质教师的需要,教师专业化的时代已经来临。

为了提高我国中小学教师教育技术能力水平,促进教师专业能力发展,2004年12月,教育部正式颁布了《中小学教师教育技术能力标准(试行)》。这是我国中小学教师的第一个专业能力标准,它的颁布与实施是我国教师教育领域一件里程碑式的大事,标志着我国的教师教育信息化走向一个新的阶段,对我国教师教育的改革与发展产生了深远的影响。

2013年10月,教育部启动实施"全国中小学教师信息技术应用能力提升工程",将教师信息技术应用能力作为教师资格认定、资格定期注册、职务(职称)评聘和考核奖励等的必备条件,列入中小学办学水平评估和校长考评的指标体系。

现代教育技术是促进教师发展专业技能和自我完善的重要途径。在信息化社会中,教师理所当然地应该成为"数字化生存"的带头人——应该能够应用信息技术开展有效的教学,应该能够应用信息技术进行研究,寻求解决教育教学过程中所遇问题的方法,应该能够利用信息技术进行合作,塑造出开放、融洽、互动的协作风格,应该能够利用信息技术进行学习,成为信息化条件下的终身学习者,实现知识、技能、伦理的自我完善,这是信息化社会中教师专业发展的内在要求。

三、现代教育技术与学生成长

1. 现代教育技术是促进学生信息素养提升的重要保障

信息素养包含技术和人文两个层面的意义:在技术层面上,信息素养反映的是人们搜索、鉴别、筛选、利用信息的能力以及有效地在教学过程中使用信息技术的技能;在人文层面上,信息素养则反映了人们对于信息的情感、态度和价值观,它建立在技术层面的基础之上,涉及独立学习、协同工作、个人和社会责任等各个方面的内容。可以说,现代教育技术包含了信息素养的成分,信息素养是现代教育技术的基础。在教育领域中,无论是教师还是学生,要在信息社会中立足,具备竞争力,都必须具备良好的信息素养,而良好的信息素养有赖于现代教育技术的开展和学习。也就是说,学习和研究现代教育技术能有效地提高信息素养。

2. 现代教育技术是促进学生科学思维能力培育的重要手段

(1)利用现代教育技术营造和谐的氛围,为思维训练提供良好的环境。建构主义学习理论强调，学生学习活动是在一定的情境下进行的，而且学习环境中的情境必须有利于学生对所学内容的意义建构。因此，教师要努力创设合理的情境，特别是尝试用多媒体网络创设情境，让学生融入情境中，使其在宽松和谐的氛围中自由地主动进行思考、探索，激活学生的思维。

（2）利用现代教育技术培养学生的发散性思维。传统的教育以传授知识、发展技能为主要目标，教学方式单一，抑制了学生学习潜力的开发，抑制了学生主动思考、主动探索和创新思维能力的培养。现代教育技术在教学领域的应用，使教学信息的组织实现了非线性化，使教学信息的呈现方式日益多元化，学习者可以自由地选择不同的学习途径，获得不同的学习效果，这对发散思维能力的提高大有裨益。

（3）现代教育技术有利于培养学生的形象思维。形象思维就是以表象为思维材料而进行的思维。在培养形象思维方面，多媒体CAI课件有着得天独厚的优势。CAI课件中广泛地采用动画、影像、图片等多媒体形式，为发展学生的观察、联想、想象能力直观形象地提供了素材和着眼点。

（4）现代教育技术有利于培养学生的直觉思维。直觉思维就是以科学概念和科学表象结合而成的、具有整体功能的知识组块为思维材料而进行的思维，是指人脑不借助于逻辑推理而综合运用已有知识、表象和经验知觉，以高度省略、简化、浓缩的方式洞察事物的实质，并迅速做出猜测、设想或突然领悟的思维。直觉思维是一种瞬间做出快速判断却并非凭空而来的毫无根据的主观臆断，是建立在丰富的实践和深厚的知识积累基础上所做出的直观判断。直觉思维最重要、最本质的特征是：要善于把握事物之间的关系，而不考虑事物的具体属性。现代教育技术的最大特点是直观地利用动态方式表现对象之间的空间结构关系，即将难以直观表达的语言文字、抽象的道理、复杂的现象，通过动画的形式形象具体地表现出来，从而大幅减轻了学生的发现难度，是训练学生直觉思维的理想手段。

（5）现代教育技术有利于培养学生的逻辑思维。逻辑思维是以概念、判断、推理的形式来反映客观事物的运动规律，是对事物的本质特征和内部联系的认识过程。计算机网络环境下的"自主学习"，是学生利用计算机生成的学习软件和信息资源库，通过人机交互把学习者和发现材料有机地联系在一起。同时，学生通过多媒体信息的演示、讲解、练习、检测和反馈评价的过程，主动地获取知识。学生在学习中通过"学习-总结-叙述-输入"这一过程，在分析推理过程中认识事物的本质，学生的逻辑思维得到训练。

作为未来教育的主力军，师范生应自觉加强现代教育技术理论的学习，通过大量、多方面的实践环节促进自身现代教育技术技能的全面提高，为未来的教师职业生涯做好准备。

实践项目

1. 通过网络或图书馆查找美国1963年、1970年、1972年、1977年对教育技术概念的界定，并进行分析。

2. 访问教育部网站或利用网络搜索，查阅教育部《中小学教师教育技术能力标准（试行）》《中小学教师信息技术应用能力标准（试行）》《关于实施全国中小学教师信息技术应用能力提升工程的意见》等文件，分析国家在教师培养和教师教学工作中对现代教育技术能力和信息技术能力的基本要求,以此为参考标准,找出自身的不足。

3. 查阅所学学科对应的"中小学学科课程标准",结合所学专业分析现代教育技术在所学学科中的主要应用,采用小组协作的方式展开讨论和交流。

复习思考题

1. 简要阐述现代教育技术的发展历史。
2. 简述教育技术、现代教育技术的内涵。
3. 简述现代教育技术与电化教育、教育技术、教育技术学之间的区别与联系。
4. 简述现代教育技术的理论基础及其在教育教学实践中的应用。
5. 简述师范生学习《现代教育技术》课程的实际意义。

参考文献

[1] 尹俊华,庄榕霞,戴正南. 教育技术学导论[M]. 2版. 北京:高等教育出版社,2002.
[2] 汪基德. 现代教育技术[M]. 北京:高等教育出版社,2011.
[3] 黄威荣,刘军,卓毅. 现代教育技术应用[M]. 北京:教育科学出版社,2015.
[4] 张建国. 现代教育技术——理论与实践[M]. 北京:国防工业出版社,2011.
[5] 王道俊,王韩澜. 教育学[M]. 3版. 北京:人民教育出版社,1999.
[6] 尹俊华,庄榕霞,戴正南. 教育技术学导论[M]. 2版. 北京:高等教育出版社,2002.
[7] 祝智庭,顾小清,闫寒冰. 现代教育技术——走进信息化教育:修订版[M]. 北京:高等教育出版社,2005.
[8] 李克东. 新编现代教育技术基础[M]. 上海:华东师范大学出版社,2002.
[9] 南国农,李运林. 电化教育学[M]. 2版. 北京:高等教育出版社,1998.
[10] 顾明远. 教育大辞典[M]. 上海:上海教育出版社,1990.
[11] 何克抗,李文光. 教育技术学[M]. 北京:北京师范大学出版社,2009.
[12] 徐福荫,袁锐锷. 现代教育技术[M]. 北京:人民教育出版社,2005.
[13] 南国农,李运林. 教育传播学[M]. 2版. 北京:高等教育出版社,2005.
[14] 陈晓力. 教师专业化:提升教师职业品位的分水岭[J]. 教育理论与实践,2003(2):49-53.
[15] 黄崴. 教师教育专业化与教师教育课程改革[J]. 课程·教材·教法,2002(1):64-67.
[16] 刘向永. 教育技术:塑造教师专业发展[J]. 中小学信息技术教育,2003(8):5-8.
[17] 胡卫平. 科学思维培育学[M]. 北京:科学出版社,2004.
[18] 巴班斯基. 教学过程最优化,张定璋一般教学论方面[M]. 北京:人民教育出版社,1984.

[19]张桃梅.布鲁姆"掌握学习"理论述评[J].西北师大学报(社会科学版),1990(2):73-76.

[20]布鲁姆BS.教育评价[M].邱渊,译.武汉:华东师大出版社,1987.

[21]张楠.布鲁姆教育理论的中国化研究[D].天津:天津师范大学,2014(5).

[22]李洋.克拉夫基的教学论思想研究[D].天津:天津师范大学,2012(4).

第二章　信息化教学模式与现代教学媒体

> **学习目标**
> 1. 掌握教学模式、信息化教学模式的概念。
> 2. 理解信息化教学模式构建的三大支柱。
> 3. 掌握信息化教学模式的基本类型。
> 4. 掌握媒体、教学媒体的概念。
> 5. 理解教学媒体选择和应用的基本原理。
> 6. 理解教学媒体材料编制的基本原则和效果原理。

随着以多媒体计算机、网络、人工智能、虚拟现实等为代表的信息收集、加工和传输技术的迅速发展,信息技术已经渗透到社会生活的各个领域,不断改变着人们的生产方式、生活方式、交往方式、学习方式和教育方式,人类已经跨入了一个崭新的时代——信息化时代。信息化时代对人们的素质提出了更高的要求,同时也对教育的发展产生了深远的影响。在信息化社会中,利用信息技术手段和现代教育媒体提高教育机构的运行效率、扩大受教育人群的范围、探索新的教学模式、提高师生的信息素养,已成为目前世界各国教育教学改革与发展关注的焦点。

第一节　信息化教学模式

一、信息化教学模式的概念

1. 模式与教学模式

(1) 模式。模式方法是现代科学研究方法论中的一种重要研究方法。关于什么是模式,目前还没有公认的定义。通常把模式定义为:再现现实的一种理论性的简化形式。一种模式蕴涵着某种显现的或潜隐的理论倾向,代表某种对象的活动结构或过程,它提供一种框架,我们可以据此来思考问题。模式通常用语词的形式、图解的形式或数学的形式来表示。

模式的建立,首先要把复杂的事物、现象分解为若干个组成要素;其次,要找出这些要素之间的相互关系,并用理想的、简化的形式表示出来。

(2)教学模式。教学模式是指在相关教学理论与实践框架的指导下,为达成一定的教学目标而构建的教学活动结构和教学方式。一个完整的教学模式应该包含理论基础(教学模式所依据的哲学、心理学、教育学、技术学等方面的基础)、目标倾向(实现特定的教学目标,一般是促进学习者的高阶能力发展)、实现条件(教学模式发挥功效的各种条件的优化组合结构)、操作程序(特定的教学活动程序或逻辑步骤)和效果评价(评价的标准和方法)五个基本构成部分。

2. 信息化教学模式

信息化教学模式是教学模式在信息化条件下的新发展,是基于技术的教学模式或数字化/信息化学习模式。关于信息化教学模式的定义很多,这里引用钟志贤教授的定义:信息化教学模式是指技术支持的教学活动结构和教学方式。它是技术丰富的教学环境,是直接建立在学习环境设计理论与实践框架基础上,包含相关教学策略和方法的教学模型。

信息化教学模式的特点是以学生为中心,通过变革学习方式(包括教学方式、信息内容呈现方式、师生互动方式和评价方式等),以促进学习者发展适应信息时代所需的知识、能力和素质。也就是根据现代化教学环境中信息的传递方式和学生对知识信息加工的心理过程,充分利用现代教育技术手段的支持,调动尽可能多的教学媒体、信息资源,构建一个良好的学习环境,在教师的组织和指导下,学生充分发挥自身的主动性、积极性、创造性,对当前所学的知识进行意义建构并用所学知识解决实际问题。

二、信息化教学模式构建的三大支柱

素质教育、建构主义学习理论和信息技术是信息化教学模式构建的三大支柱。

1. 理念支柱——素质教育与新课程理念

(1)素质教育的核心理念。所谓素质教育是根据社会发展和人的发展需要,以全面提高全体学生的基本素质为根本目的,以弘扬学生的主体性为主要运作精神,注重潜能开发和健全个性发展,注重培养创新精神和实践能力为根本特征的教育。素质教育理念是统筹、反映现代教育理念的代名词。素质教育的核心理念主要有以下几点。

①强调教育的基本功能是促进人的发展。重视学习者的全面发展、全体发展和个性发展。

②以提高国民素质为根本宗旨。强调培育适应时代发展和个人发展的素质,如学会学习、学会做事、学会协作、学会发展等,尤其以培养创新精神和实践能力为重点。

③以学生为本。尊重每个学生独立的人格价值和独特的品质,使每个学生得到尽可能全面的发展,获得相应的价值;确立学生在教育教学过程中的主体性地位和作用,尊重和培养学生的自主性和创造性;回归学生的学习主动权,把学习变成一种人的自主性、能动性、独立性不断生成和发展的过程,从而使学习成为一种发自内在的精神解放运动,培育终身学习和独立学习的愿望和能力。

④追求卓越。素质教育是追求卓越的教育,在强调全面发展和全体发展的同时,更加重

视个性发展和潜能开发。

⑤创新教育是核心。培育创新人才是素质教育的主要目的,创新人才必须具备创新意识、创新人格和创新能力三个基本条件。因此,素质教育注重培育学生的问题意识、批判意识和超越精神,引导学生质疑、调查、探究,促进学生进行主动的、富有个性化的理解和表达,引导学生从事实验和实践活动,培养学生乐于动手、勤于实践的意识和习惯,切实提高学生的动手能力和实践能力。

(2)新课程教学理念。《基础教育课程改革纲要(试行)》和新课程标准,蕴含着一系列面向素质教育实施的需要和基于信息技术条件的教学理念。

①新课程标准明确提出要实现三维目标,即知识与技能、过程与方法、情感态度与价值观,旨在构建比较完整的课程教学目标体系,真正实现知识、能力和态度的有机整合,体现出对人的生命存在及其发展的人文关怀。

②新课程标准提出了"能焕发出生命力"的理想课堂教学形态。课堂是师生心灵对话、互动的舞台;课堂是引导学生发展、探索未知的场所;课堂是探究知识、点燃智慧的场所;课堂是教师充分展现教育智慧的场所;课堂是师生共同激发潜能、创造奇迹、获得双赢的空间;课堂是师生平等、民主和共鸣的场所。

③新课程标准的显著特征和核心任务是转变学习方式,也就是化被动性为主动性;化依赖性为独立性;化统一性为独特性;化抽象性为体验性;化零散性为问题性。

④新课程标准强调信息技术在教学过程中的应用。运用信息技术促进教学内容的呈现方式、学生的学习方式、教师的教学方式和师生互动方式的变革,为学生的学习和发展提供丰富多彩的教育环境和有效的学习工具,强调信息技术与学科课程的整合。

⑤新课程标准对教师的角色和教学行为提出了新要求。新课程标准要求教师的角色为:学生学习的促进者、帮助者,教学资源的建设者和开发者,教育教学的研究者。与此相对应,教师的教学行为也要变化:在师生关系上,强调尊重和赞赏;在教学关系上,强调帮助和引导;在对待自我上,强调反思;在对待与其他教育者的关系上,强调合作。

⑥新课程标准提出以评价促进发展的教学评价观。重视发展,淡化选拔;重视综合评价,关注个性差异,实现评价指标的多元化;强调质性评价,定性与定量相结合,实现评价方法的多样化;强调参与和互动、自评和他评相结合,实现评价主体的多元化;强调过程,终结性评价与形成性评价相结合,实现评价重心的转移。

2. 理论支柱——建构主义学习理论

建构主义学习理论的贡献在于对信息化教学提供了模式和方法的选择。建构主义学习理论由瑞士心理学家皮亚杰最早提出,苏联教育心理学家维果斯基和美国教育家布鲁纳也对建构主义学习理论的发展做出了巨大贡献。

建构主义学习理论认为,学习者与周围环境的交互作用对于理解学习内容和知识的意义起着关键作用。学习是个体主动建构的过程,这种建构一方面是对新信息的意义的建构,同时又包含着对原有经验的改造和重组,整个学习过程可分为"情境""协作""会话"和"意义建构"四个基本要素。教师要利用这四个要素充分发挥学生的主动性、积极性和创造性,最终使学生完成对当前所学知识的意义建构,实现教学目标,具体内容参见第一章第三节。

3. 技术支柱——作为学习工具的信息技术

学习工具是指有益于学习者查找、获取和处理信息,交流协作,建构知识,以具体的方法组织并表述理解和评价学习效果的中介。学习工具的种类很多,在信息化教学模式建构与实践中,比较注重信息技术作为学习工具的设计与应用。信息技术作为学习工具,是使学习者用技术学习,而不是从技术中学习。因此,在信息化教学设计与应用中应注重以下三点。

(1)充分发挥信息技术作为各种学习工具和促进学习者学习的作用。

(2)在学习、教学中融合一系列的认知工具,以帮助学习者开拓思维活动。

(3)为学习者提供一系列通信方式,以支持学习者之间的交流与协作,共享信息和共享知识建构。

三、常见的信息化教学模式

根据信息教学的理念和信息化教学环境的特点,结合传统的教学模式,信息化教学模式可归纳为以下几种。

1. 讲授型教学模式

讲授型教学模式沿袭传统的课堂教学模式,这种集体的讲授方式有其独特的优点。讲授型教学模式可用于一定规模的学生在短时间内接受系统知识、技能的培训,被认为是最为经济的教学模式之一。但基于网络的讲授型教学模式与传统课堂"填鸭"式的教学有很大的不同。传统的课堂讲授往往是教师处于主动地位,学生只是被动接受;在网络环境中,则可以利用网络所提供的功能进行双向主动教学,而且还可以突破传统课堂的人数、时间、地点等的限制。

2. 个别化教学模式

个别化教学模式是一种以学习者为中心并关注学习者的需要,根据学习者差异性设计个别化教学方案的教学操作结构。信息化时代,个别化教学可在学生和教师之间通过异步非实时的措施实施,也可以通过在线交谈方式实时实现。个别化教学的具体实施过程包括以下五个过程

(1)教学目标的确立。确立教学目标的第一步是目标行为的初步确立,根据目标行为,了解学生已经具备的基础,测量与评定学生的当前能力,制定长期目标和短期目标。

(2)学生编组。在当前的教育环境下,要做到"一对一"的因材施教是不现实的,所以,可以根据不同学生的客观需求,考虑现实的教学条件,对学生进行合理的编组。

(3)选择教学内容。教师可以根据学生的具体情况,适当地调整教学内容,找到适合学生学习风格的教学内容呈现方式,找出教学的重点和难点,灵活地调整讲解内容及操作方法。

(4)教学方法的选择。在个别化教学中,教师可以采用学教互动的教学策略,充分利用创设情境、小组合作等教学手段,使课堂变得更加生动、活泼、富有感染力。

(5)教学评价。个别化教学可以设定动态和多元化的评价体系。

3. 基于项目的教学模式

基于项目的教学模式是指以学习、研究某种或多种学科的概念和原理为中心,以制作作品

并将作品推销给客户为目的,在真实世界中借助多种资源开展探究活动,并能够在一定时间内解决一系列问题的一种教学、学习模式。基于项目的学习模式主要由内容、活动、情境、结果四大要素构成。内容是指在现实生活和真实情境中表现出来的各种复杂的、非预测性的、多学科知识交叉的问题;活动主要是指学生采用一定的技术工具(如计算机)和一定的研究方法(如调查研究)对问题所采取的探究行动;情境是指注重促进学生之间的合作学习,同时也支持学生的个别化学习;结果是指有丰富的学习成果,把学生掌握的丰富的工作技能运用到终身学习中。

基于项目的教学模式流程为选定项目→制定计划→活动探究→作品制作→成果交流→活动评价六个步骤。基于项目的教学模式提供真实的内容和技能应用情境,强调以学生为中心,教师根据学生的特点将教学内容重新整合,精心设计教学项目,让学生在项目中自主建构知识和技能。教师在教学过程中需要对项目进行分解并示范,使学生在参与项目的过程中体验完整的工作过程,从前期的规划设计、实施,到最终取得成果,在此过程中培养学生认识问题、分析问题和解决问题的能力。

4. 基于问题的教学模式

基于问题的教学模式(PBL)是指把教学、学习置于复杂的、有意义的问题情境中,通过让学生以小组合作的形式共同解决复杂的、实际的或真实的问题,来学习隐藏于问题背后的科学知识,发展解决问题能力的一种教学、学习模式。基于问题的教学模式有三大要素:教师、问题情境和学生。问题情境是课程组织的核心。在问题情境中,学生是问题求解者,主动参与整个学习过程;教师作为指导者和学生的榜样,通过提问引导、监控学习,鼓励和激发学生思考,使课堂学习活动顺利进行。教师在整个学习过程中,必须明确和掌握问题设计、学习目标设计、信息技术与基于问题的教学模式整合设计和评价设计。基于问题的教学模式的具体流程为以下五个过程。

(1)创设情境,提出问题。教师利用信息技术,根据教学内容创设情境并提出引导性的问题,学生在分析问题情境的基础上,确定自己所要研究的问题;也可以是学生自己对某种现象或某个情境提出问题,并在教师的帮助下对问题进行界定。

(2)界定问题、分析问题、组织分工。对问题进行方案设定,根据学生的兴趣和能力,进行异质分组,形成学习小组,并进行成员任务分工,列出已知信息以及需要做的事情,确定研究计划和安排。

(3)探究和解决问题。学生通过各种途径收集与问题相关的信息,对所收集的信息进行分析、整理、评价,把整理后的新信息与旧的信息(即已有的信息及学生的原有认知)进行整合,综合形成最终的解决方案,解决问题。

(4)展示结果和成果汇报。以多种方式陈述、展示小组对解决问题的建议、推论或合适的解决办法。

(5)评价与反馈活动。小组之间共享创建的解决方案,并对解决方案采用书面考试、操作考试、概念地图、口头陈述、书面报告或个性化作品等方式进行评价。

5. WebQuest 教学模式

WebQuest 可译为"网络专题调查""网络探究",最初由美国圣地亚哥州立大学的伯尼·道格(B. Dodge)和汤姆·马奇(T. March)等人于 1995 年提出,是一个以调查研究为导向的学习活动。WebQuest教学模式以"发现学习理论""做中学""合作学习理论"和"建构主义学习理论"为指导,要求教师将学习问题或课题项目放置在一个相关背景或生活情境中,学生之间利用网络教学资源,相互协作探究,共同解决问题,完成对知识的构建。WebQuest教学模式主要关注的是如何运用信息,以帮助学习者锻炼分析、综合和评价等高阶能力,而不仅仅是搜集信息。WebQuest在教学中的应用有以下两点。

(1)在WebQuest中,一般要遵循五个原则:①寻找优秀网站,为了帮助学生高效地完成任务,教师给出相关的教学资源、教学课件、参考书、技术论坛等信息资源链接,这些资源都是教师事先经过筛选,精心设计与归类的,以避免学生在网上漫无目的的查找资料;②有效地组织学生和学习资源,学生之间要分工明确、相互合作、相互交流、责任到人;③挑战学生思维,教师给学生分配一项具有挑战性的任务,学生设计出具有可操作性的实施方案;④选用媒体,WebQuest中不限于使用网络资源,还可以通过书籍、聊天软件、电子邮件等和不同区域的学生之间进行交流;⑤支持学生达成高水平学习期望。利用WebQuest可以让学生做一些平常他们不敢想象的事情,当然,条件是教师必须帮助他们搭建"脚手架"。

(2)一个WebQuest必须包括导言、任务、过程、资源、评价、结论六个部分。导言给学生指定方向,通过各种手段提高学生的学习兴趣;任务是学生在完成学习行为后的最终结果,可以是口头报告、作品等;过程是教师勾勒学生完成任务所要经历的步骤,以及完成学习任务的过程和任务分块的策略,从学生所扮演角色或看问题的视角进行描述等;资源主要是网络资源清单;评价主要是指为测评、证明学生进行网络探究学习的效率和效果,而采用的多样化评价方法;结论主要是教师对学习小组的研究成果进行一对一反馈,并要求学生撰写心得体会和总结材料,对探究过程进行反思。

6. 基于案例学习的教学模式

基于案例学习的教学模式(即案例教学),其思想与基于问题的教学模式相类似。关于案例教学的定义很多,这里引用钟志贤教授的定义:案例教学是根据一定的教学目标,选择合适的案例进行教学的一种教学方法。案例教学不仅是一种教学方法,而且也是一种自我学习的方法。

案例教学是教师、学生、案例三者之间的互动过程。教师是教学活动的引导者和协助者;学生是主动者和主导者;案例是教学、学习的情境。

案例教学的过程包括课前准备、课堂教学、课后反思三个环节。课前准备是指教师熟悉案例教学的内容、确定教学的重点与难点、设计教学实施的过程;在课堂教学中,教师的任务是通过提问等方式了解学生对案例的掌握程度,引导和帮助学生理清讨论的思路,调控课堂讨论的过程,随时观察学生的课堂表现情况;学生的任务是积极倾听教师和他人讲解的内容,积极有效的参与讨论,发表自己的观念,并进行有效的反思。课后反思除了学生的反思之外,教师也要反思。

案例教学的关键是教学单元的设计。即将整门课程分解为若干个相对完整的教学单元,每个教学单元都有明确的教学目标与教学内容,按照一定的教学程序进行教学。信息化教学单元教学设计的内容包括信息化教案、教学平台、学生电子作品、教学实施方案和教学资源库等。教学单元一般包括教学任务、教学过程与教学评价等。

7. 基于概念地图的教学模式

概念地图也称"心智/思维地图""心智/思维工具",是诺瓦克(J. D. Novak)根据奥苏贝尔的概念同化理论开发的一种符合建构主义认知观的认知工具或知识组织和表征工具,或者说概念地图是指围绕特定主题创建知识结构的一种视觉化表征。

概念地图的构成主要包括节点、连线和标注。节点表示概念,通常用几何图形、图案和文字等符号表示;连线用于连接节点,表示两个概念之间存在的某种关系,连线可以是单向的、双向的或非方向的;标注指连线上的文字,是概念之间的文字描述。

概念地图按照结构分为层次型、蜘蛛型、流程图型、系统型及3D型等,在教育领域应用最广泛的是层次型概念地图。关于概念地图的结构和基本特征,可以用一个概念地图的实例来说明,如图2.1所示。

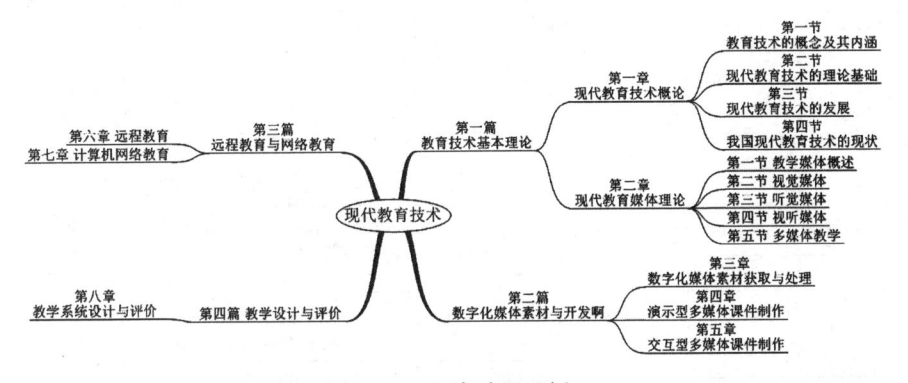

图 2.1 概念地图示例

概念地图的创建可以采用手工方式(粉笔、黑板、纸和笔等)绘制,也可以利用计算机软件绘制。创建概念地图常用的软件有办公应用软件(如 Office、WPS 等)以及专用软件(如 Inspiration、Mind Manager、Mind Man、Brain、Kmap 等)。其中 Mind Manager 是目前非常流行的概念地图创建计算机软件,图2.2 所示是 Mind Manager 软件的操作界面。

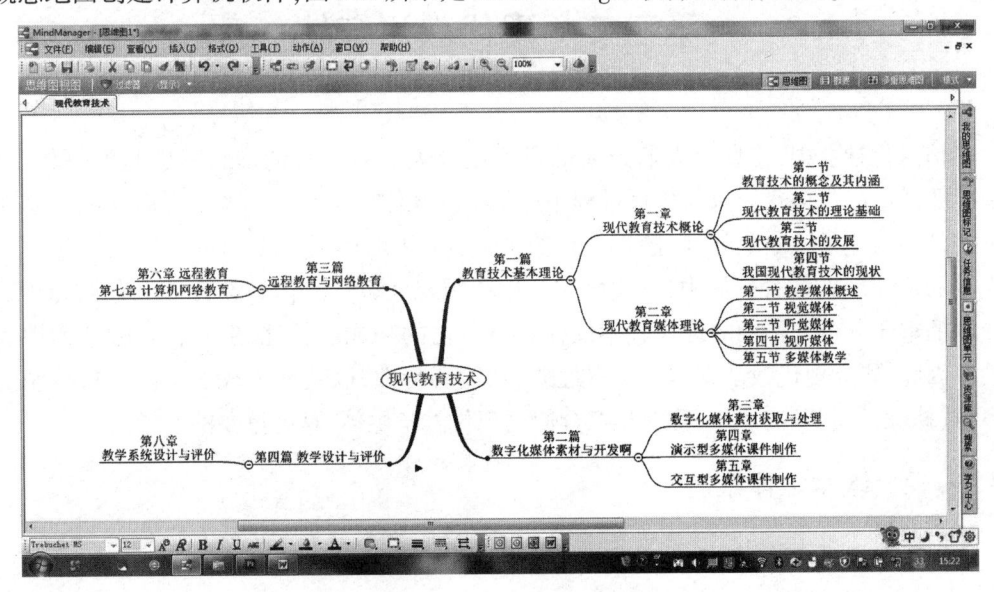

图 2.2 Mind Manager 软件的操作界面

8. 基于电子学档的教学模式

档案袋最初应用在哈佛大学教育学院艺术教育工程的"零点项目"中,它以文件夹的形式收集学生的学习成果以及学习反思,对学生取得的进步给予真实且连续的评价,为学生技能的培养提供了记录,也帮助学生逐渐成为独立自主的学习者。随着计算机技术和网络技术的迅速发展,以数字化形式记录的学生学习档案——电子学习档案袋(E-Learning Portfolio)应运而生。电子学习档案袋又称电子学档,是指信息技术环境下,学习者运用信息手段表现和展示学习者在学习过程中关于学习目的、学习活动、学习成果、学习业绩、学习付出、学业进步以及关于学习过程与学习结果进行反思的有关学习的一种集合体。

电子学档的教学模式涉及教学内容、方法、手段、实践和综合考评等方面,基于电子学档的协作学习模式流程图如图2.3所示。

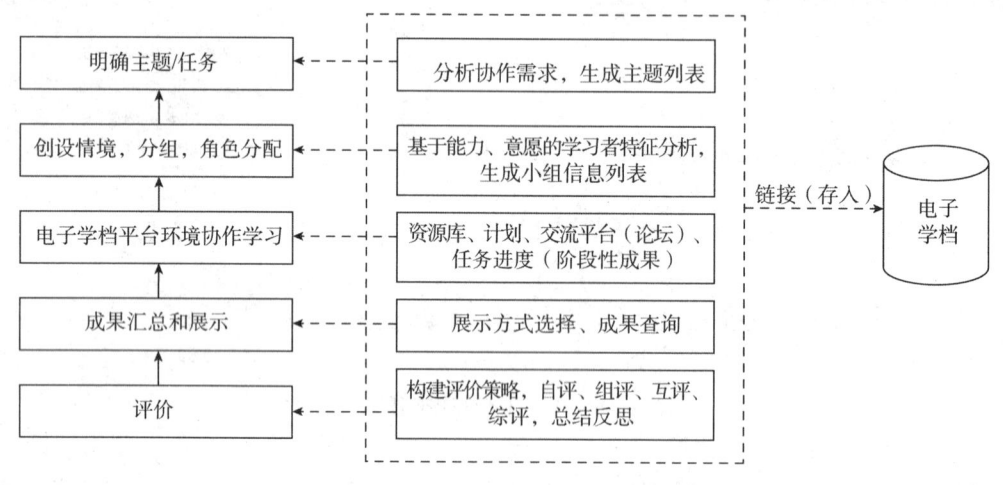

图 2.3　基于电子学档的协作学习模式流程图

第二节　现代教学媒体

在信息化社会中,信息给人们带来的影响以及人们对信息的依赖程度是不可估量的。本节所要讨论的是信息获取与传播过程中所依存的媒体。加拿大学者麦克卢汉说:"媒体是人体的延伸。笔是手的延伸,广播是耳朵的延伸,电视是眼和耳的延伸,计算机是手、眼、耳和大脑的延伸。"在教育领域中,有效而充分地利用现代教学媒体是教育信息存储和传播不可或缺的重要环节。不同的现代教学媒体各有自己的功能和特性,也有各自的实用性和局限性。因此,研究现代教学媒体的基本性质、功能和特性,以及现代教学媒体材料编制的原理,对选择、设计、开发、评价、管理和综合使用现代教学媒体,具有重要的参考价值。

一、现代教学媒体概述

1. 现代教学媒体的概念

(1)媒体。信息是抽象的,它必须借助于一定的媒体才能传播并被接收者(受众)接收。

媒体一词来源于拉丁语"*Media*",音译为媒介,是指在信息传递过程中,从信源(传播者)到信宿(受传者)之间承载并传递信息的载体或工具。媒体有两层含义:一是存储和传递信息的物体实体,如教科书、报纸、磁带、光盘、计算机硬盘、闪存卡以及相关的设备;二是非实物的、承载信息的符码系统,如文字、图形、图像、声音、动画、视频等。习惯上,人们将媒体分为硬件和软件两大类。硬件是指存储、传递信息的机器和设备,如照相机、投影机、计算机等;软件是指能存储与传递信息的纸、光盘和硬盘等。硬件与软件相辅相成,缺一不可,只有配套使用才能保证信息的有效存储、传递与处理。

(2)教学媒体。在教与学活动过程中所采用的媒体被称为教学媒体。教学媒体是承载和传播教学信息的载体,它有两层含义:一是教学媒体所存储与传递的信息以教学为目的,其特定对象为教师或学生,教学媒体的选取取决于教学目标;二是教学媒体是由能用于教与学活动过程中的媒体发展而来的。媒体要发展成为教学媒体必须具备两个基本要素:一是要用于存储与传递以教学为目的的信息;二是要能用于教与学的活动过程,方便教师与学生使用,同时价格要降到教育机构能接受的程度。

(3)现代教学媒体。"现代"是相对于"传统"而言的,现代教学媒体是以电子技术为特征的教学传播媒体,主要包括广播、录音、电影、电视、录像、投影、计算机以及由它们合成的组合系统,如语言实验室、多媒体综合教室、计算机网络教室、微格教学系统、智慧教室等,这些媒体被引入教学领域,被统称为现代教学媒体。

2. 教学媒体分类

教学媒体种类繁多,分类办法各异,按媒体印刷与否可分为印刷媒体和非印刷媒体两类;按媒体的物理性质分为光学投影媒体、电声媒体、电视媒体和计算机媒体四类;按信息反馈的及时程度分为单向媒体和双向媒体两类;按传递信息的范围分为有限接触媒体和无限接触媒体两类;按学习者使用媒体的感官通道分为视觉媒体、听觉媒体、视听媒体、交互媒体和综合媒体五类;按教学组织形式分为课堂展示媒体、个别化学习媒体、小组教学媒体和远程教育媒体等等。人们对教学媒体用不同标准进行多种分类,主要是为了能从不同角度认识教学媒体的教育特性与功能。无论何种分类,都只能从一个角度来进行,很难做到十分准确和完全合理。

本书按照时代特点(即教学媒体出现时间的先后)对教学媒体进行分类,如表2.1所示。

表2.1 教学媒体的类型

教学媒体
- 传统教学媒体
  - 印刷媒体:挂图、教科书、图书资料、辞典、杂志、教学指导书等
  - 非印刷媒体:实物、标本、模型以及各种非印刷的电子传播媒体等
- 现代教学媒体
  - 视觉媒体:幻灯机、投影器、多媒体投影机、视频展示台等
  - 听觉媒体:广播、录音、复读机、CD、语言实验室、MP3等
  - 视听觉媒体:电影、电视、录像、激光唱盘、VCD、DVD、EVD等
  - 交互媒体:程序教学机器、双向电视、多媒体计算机、交互式电子白板等
  - 综合媒体:多媒体综合教室、多媒体学习包、计算机网络教室、微格教室、视听阅览室、智慧教室、闭路电视系统、数字视频会议系统等

3. 教学媒体的教学功能和特性

在教学过程中分析和研究各种教学媒体的教学功能和特性,才能在编制与运用教学媒体时,根据所需扬长避短,综合使用。

(1) 教学媒体的功能。不同的教学媒体具有不同的功能和特点,其一般功能有以下三种。

①传递信息。教学媒体是教育信息传播的中介,任何教学媒体都有呈现刺激、提供信息的功能,只是不同的教学媒体所传递信息的性质和呈现刺激的时间有所不同。

②存储信息。教学媒体具有存储教学信息的功能,只是不同教学媒体存储信息的形式可能有所不同,如文字、图像、音频、视频、动画等形式。

③控制学习。在教学传播过程中,各种教学媒体都有要求学生做出积极反应并保持注意的功能,同时具有控制学习环境的功能,只是控制的程度有所不同。

(2) 教学媒体的特性。英国学者贝茨认为各种教学媒体既有共同特性也有个别特性。他指出:媒体的应用是灵活的、可替代的,同样的教学目标可通过不同的媒体实现;对任何教学目标而言,其使用效果都是最好的"超级媒体"是不存在的。现代教学媒体的共性有存储性、扩散性、重复性、组合性、工具性和能动性。现代教学媒体在教学过程中表现出来的教学功能差异主要反映在表现力、重现力、接触面、参与性、受控性等方面。常见教学媒体的功能特性比较如表 2.2 所示。

表 2.2 常见教学媒体的功能特性比较

教学特性			媒体种类								
			教科书	板书	模型	广播	录音	电视	录像	多媒体计算机	网络	投影机
表现力	教学媒体表现客观事物的时间、空间、运动等特性的能力	时间特性	√	√		√	√	√	√	√	√	√
		空间特性	√		√			√	√	√	√	√
		运动特性						√	√	√	√	
重现力	教学媒体对信息的重现能力	即时重现		√			√		√	√	√	√
		延时重现	√			√		√	√	√	√	√
接触面	教学媒体能把信息同时传递到学生的空间范围	无限接触		√		√		√			√	
		有限接触	√		√		√		√	√		√
参与性	利用教学媒体开展教学活动时,教师和学生参与活动的方式和机会	感情参与				√		√	√			√
		行为参与	√	√	√					√	√	
受控性	使用者对教学媒体操纵与控制的难易程度	易控	√	√	√		√		√	√	√	√
		难控				√		√				

二、现代教学媒体的选择与使用

1. 教学媒体选择的依据

运用现代教学媒体的目的是追求教学效果的最优化。作为未来的教育工作者要树立正确的媒体观。现代教育技术不等同于现代教学媒体,当然也离不开现代教学媒体。技术先进的教学媒体,并不一定是最佳的教学媒体,各种媒体各有所长,没有万能的媒体,不能为媒体而媒体,不能用新媒体摆花架子,更不能以应用媒体的先进与否论英雄,而应在发挥媒体的最大效能上下功夫。同时,现代教育技术并不排斥传统教学媒体。

为了达到预期的教学目标,高效地完成既定的教学任务,在种类繁多、功能各异的教学媒体中选择哪一种或哪几种媒体的组合才最为合适、最为有效呢?下面简要介绍选择教学媒体时需要考虑的几个基本依据。

(1) 依据教学目标。教学目标是对学生参加教学活动后应该表现出来的可见行为的具体的、明确的表述。教学目标是贯穿整个教学活动全过程的指导思想,它不仅规定了教师进行教学活动的内容与方法,而且还控制着教学媒体的类型以及媒体运用的时机、方法与步骤。每门课程、每个单元、每节课都有一定的教学目标,为了实现教学目标常常需要运用不同的媒体去传递教学信息。选择教学媒体的前提是它们对达成教学目标的贡献程度。如对于认知类教学目标,可选择挂图、图片、实物、标本、模型、投影、多媒体动画等媒体;对于情感类教学目标,可选择表现手法多样、艺术性和感染力强的媒体,如录音、录像、视频等。

(2) 依据教学内容。教学内容是为了实现教学目标,要求学生系统学习知识、技能和行为规范的总和。教学内容和教学媒体之间存在必然的、本质的联系,教学内容是制约教学媒体选择的重要因素。不同学科的教学内容,选择教学媒体的要求也不同。如在语文、思想品德、历史等学科的教学中,可以借助于图片、录像等媒体;在数学、科学、物理、化学等学科的教学中,可借助于实物模型、图表、演示实验、动画、视频等媒体。

(3) 依据教学对象。不同年龄段的学生心理发展水平不同,对于事物的接受能力也不同,选用教学媒体时必须顾及学生的年龄、心理特征以及知识背景。如小学生以直观思维为主、记忆力强,但是集中注意力的时间不长,所以应该选用生动形象、色彩鲜艳的挂图、模型、动画、录像等媒体;对于初中生可以较多地使用投影、电视和录像等媒体;对于高中生,选用的媒体种类可以多一些,传递的教学内容可增加分析、综合、抽象和概括,重点应放在揭示事物的规律上;对于成人教育,可考虑那些表现手法较复杂、展示教学信息连续性强的媒体,如电视录像、电影、语言实验室教学系统等。另外,在两种效果接近的媒体中进行选择时,也可适当考虑学生的习惯和爱好。

(4) 依据媒体特性。各种教学媒体具有不同的适用性。在实际教学应用中,只有最适用媒体,而没有最优媒体。只有充分了解各个媒体的优点和局限性,才能在使用中扬长避短,对它们进行综合应用。如能用实物观察的,就无须用图片和视频;能动手实验操作的,就无须用模拟教学。

(5) 依据教学条件。教学媒体只有在具体的教学环境中使用才能发挥出它的作用。教学中能否选用某种媒体,还要看具体条件,包括师生对媒体的熟悉程度、教育经费、教学软件的质量及数量、对环境的要求以及管理水平等因素。如集体授课应选择那些展示教学信息范围较大的媒体,如扩音、多媒体投影、电视录像等;对于小组学习,其运用的媒体传播信息范围应与小组人数、教学场所的大小相适应;远距离教学,只能选择诸如无线电广播、电视广播、网络之类的媒体;对于自学系统,可选择收录机、复读机、笔记本电脑等便于携带、操作简单、经久耐用的媒体;对职业技能训练的教学情境,可选择那些表现力强且有特殊时空特性的媒体。因此,理论上的最适用教学媒体,不等于实际上的最适用教学媒体。

选择什么样的教学媒体、怎样运用这些教学媒体,才能使教学更为有效,这是教学设计工作的重点和难点。选择教学媒体的时候,一定要把握住问题的关键,在坚持基本原则的前提下,兼顾其他因素。

总之,教学媒体以其特有的优势,能够创设情境、激发兴趣、反映事实、显示过程、示范演示、验证原理、直观呈现、突破难点、节省时间、提高效率。但是,在教学过程中,对于媒体,教师一定要因地制宜、科学选择、合理运用,不能一味地用媒体来代替学生的实践、代替学生的思维、代替学生的情感体验,更不能用媒体代替教师的指导、代替教师的人格魅力对学生潜移默化的影响。

2. 教学媒体选择的原则

(1)目的性原则。选择和运用现代教学媒体的目的是优化学习过程,提高教学质量和效益,扩大教学规模,获得最优的教学效果。在不同的教学环节中,教学媒体运用的目的及侧重点可能不同,必须依据教学目的去设计、选择和运用教学媒体。

(2)多样性原则。选择和运用教学媒体时,在条件许可的前提下,应综合多样,避免单一。从教学媒体本身看,所有教学媒体都有其长处和短处,选择多种教学媒体有利于各媒体取长补短,优势互补,充分发挥教学媒体的整体功能。从教学信息论看,选择多种教学媒体有利于加大教学信息容量和提高课堂教学效率;从学生的生理机制看,选择多种教学媒体有利于学生多种感官参与,深化对知识的感知程度,达到强化记忆,提高学习的效率。

(3)适度性原则。多样性原则要求课堂教学应尽可能多采用一些媒体,但这也是有前提的,并不是说媒体选得越多越好,要考虑学生的接受程度。课堂教学应该选择多少种媒体呢?研究表明,选择两到三种媒体最佳,这样既能从不同方面理解教学内容,又能使学生始终保持新鲜感和学习兴趣,提高课堂教学效果。

(4)发展性原则。发展性原则要求选用教学媒体时应遵循教学目的要求,从学生身心发展需要的角度出发,科学选用教学媒体,促进学生的全面发展。

(5)经济性原则。美国大众传播学者施拉姆曾说过:"如果两种媒体在实现某一教学目标时的功能一样,我一定选择价格较低的那种媒体。"选择教学媒体,除了看使用效果外,还应考虑教学媒体的投资效益,尽量花钱少、时间省、成本低。如果用板书、挂图、图片能说明问题,就不选用幻灯片、投影片;如果用实物、模型或演示实验能说明问题,就不选用录像;否则是浪费材料、人力和教学时间。

(6)教学最优化原则。教学最优化原则是指在选择和运用教学媒体时,应充分考虑教学各方面的因素,使教学媒体的功效服从于整体的教学设计,以取得最佳教学效果。实施这一原则的关键是要充分认识各种教学媒体的功能、特性及其发挥积极作用的主客观条件；要明确课堂教学目标的构成与水平层次；分析教学内容的特点、类型、层次结构、逻辑联系、重点和难点及其教学意义；了解学生的年龄、心理特征、生活经验、知识存量、初始能力、学习态度和学习风格；认识教师个人的教学风格和教学能力；熟悉学校的教学设备和教室的环境条件，在此基础上综合考虑，选用合适的教学媒体以实现教学最优化。

3. 现代教学媒体的教学应用

现代教学媒体在教学中的应用主要有以下几个方面。

(1) 辅助以教师为中心的课堂教学。当前，我国学校教育大多数保留着以教师为中心的课堂教学方式，彻底改变这种教学方式，也许还需要一段时间。但多种教学媒体进入课堂，利用多媒体优化组合配合教师的讲课，可以创建一种新型的教学模式，对解决教学重点、难点，提高教学质量，缩短教学时间，提高教学效率，将起重大作用。

(2) 创建以学生为中心的课堂学习模式。多种媒体进入课堂，有利于将课堂教学转化为以学生为中心的学习模式，如利用多种媒体去设置一定的教学情景，采用发现和探究式的学习方法，在教师指导下，学生通过媒体进行学习，不断发现问题、解决问题，直至达到掌握教学目标要求的知识与能力。在这种新型的教学模式所形成的教学活动中，学生是信息加工的主体和知识的主动者；教师是教学过程的组织者、指导者、帮助者、促进者；教材所提供的知识不再是教师灌输的内容，而是学生主动建构知识的对象。

(3) 自主学习。自主学习就是指学生"自我导向、自我激励、自我监控"的学习，它表现为学生在教育活动过程中具有强烈的求知欲、主动参与的精神与积极思考的行为。在自主学习状态下，学习的压力产生于内在需求的冲动，即自我价值实现和社会责任感的驱动，而不是外在的压迫或急功近利的行为。因此，学习的目的是为了获取知识、技能和锻炼培养能力。教学媒体为学生的自主学习提供了丰富的信息资源，并可作为学生自主学习的认知工具。

(4) 小组协作学习。小组协作学习是学生以小组为单位，为了共同的学习目标，在一定的激励机制下最大化个人和他人学习成果，而进行合作互动的所有相关行为的总和。多媒体计算机技术的发展，尤其是网络的开发与利用，为学生的协作学习创造了有利的环境与条件。通过计算机与网络，不同地点的学生可以进行同时或非同时的创作交流，为个人或小组取得最大化的学习成果提供保障与支持。当前已有实时同地、实时异地、同时异地、异地异时等多种计算机支持的协作学习类型。随着计算机网络的迅猛发展，协作学习开展的深度与广度日趋扩大，计算机支持的协作学习的发展前景广阔。

(5) 利用教学媒体进行学生技能的训练与实践教学。一些教学媒体很适合用于学生技能的训练与实践。例如，在语言实验中，可以利用录音带训练学生口语及听说能力；在微格教学实践中，可利用摄、录像媒体训练师范生的教学技能。

(6) 利用教学媒体实施远程教学。远程教学即学与教的过程不在同一时间或同一地点进行的教学。利用无线电、电视广播、计算机网络可以将教学信息传播范围极大扩广，这些媒体为实施远程教学提供了有利的条件。近年来，远程教学正在蓬勃发展。

(7) 研究性学习。研究性学习是学生在教师指导下，从自然、社会、生活中选择和确定专题进行研究，并在研究过程中主动地获取知识、应用知识、解决问题的学习活动。研究性学习具有开放性、探究性和实践性的特点,是师生共同探索新知识的学习过程,是师生围绕着解决问题共同完成研究内容的确定、方法的选择以及为解决问题相互合作和交流的过程。在开展研究性学习的过程中,教师和学生的角色都具有新的特点,教育内容的呈现方式、学生的学习方式、教师的教学方式以及师生互动的形式都要发生较大变化。研究性学习的实施一般可分三个阶段:进入问题情景阶段、实践体验阶段和表达交流阶段。

(8)综合学习。综合学习,是以"学会生存,学会学习"为目标,以学生的兴趣与需要等内部动机为基础,在课题学习中不受学科分类所束缚,通过调查、实践、亲身体验、信息技术的应用等过程综合运用各学科的知识和技能,开展问题解决活动;通过交流、协作、发表演讲等活动,促进问题解决能力的伸展,使学生的学习得到深化和扩展。

(9)创新学习。创新学习是一种学生自己提出新问题、新想法、新结论,创造新事物的学习,其特点是推陈出新,而非墨守成规。创新学习,就是学生以创新的态度来对待学习对象,在学习过程中想得多、想得新、想得巧,从而培养学生自己的创新精神和创新能力。创新学习,首先要有一种全新的、积极的学习态度;其次要找到一种适合于学生自己的有效学习方法。信息化时代要求人人都要学会如何学习,学会如何思考,学会使用各种帮助自己提高的工具,努力延伸我们的手和脑,掌握快捷的学习方法,将大脑调整到最有接受性和创造性的状态,以掌握知识。各类新型现代教学媒体是开展创新学习的得力工具。

三、教学媒体材料编制的基本原则与效果原理

1. 教学媒体材料编制的基本原则

编制教学媒体材料,应遵循以下基本原则。

(1)教育性原则。教学目标的确定、教学内容的选择、材料的设计、教学活动的安排等都要符合教育教学的基本规律和原则。

要实现上述要求,必须注意:①要有明确的目标——为什么编制这些教学媒体材料?解决教学中的什么问题?要在学生的知识、能力、思想品德方面引起哪些变化?

②要根据教学大纲,解决教学中的重点和难点问题。

③适合学生的接受水平——教学媒体材料为谁编制?它是否适合学生原有的知识基础和接受能力?教学媒体材料应有一定难度,又是经过学生努力学习可以掌握的。

(2)科学性原则。教学媒体教材要向学生传授正确的思想观念、方法和科学的知识、技能,因此科学性是教学媒体材料编制的基础。

要实现上述要求,必须注意:①坚持正确的政治方向——教学媒体要生动有趣,但不能违背现代科学的基本原理,庸俗化;②选用的材料、例证和逻辑推理,都必须是科学的、符合客观实际的,经得起实践考验的;③实际操作必须准确、规范;④所表现的图像、声音、色彩,都要符合科学的要求。

(3)技术性原则。编制教学媒体材料,要求图像清晰、声音清楚、色彩逼真、声画同步,要保证良好的技术质量。

要实现上述要求,必须注意:①编制教学媒体材料所使用的设备要处于良好的工作状态;②制作人员要熟练掌握有关技术。

（4）艺术性原则。教学媒体材料要能通过声与像的艺术魅力来增加感染力,使教学内容富有艺术气息,增加趣味性,引人入胜,以激发学生学习兴趣,提高教学效果。

要实现上述要求,必须注意:①内容要反映真善美的事物;②画面构图要清晰匀称,变换连贯、流畅、合理;③光线色彩要明暗适度,调配恰当,使观者感到舒适;④音乐和语言要适当,使听者愉悦,从而收到良好的教学效果。

（5）经济性原则。编制教学媒体材料要考虑经济效益,以最小代价得到最大收获。

要实现上述要求,必须注意:①要有周密的计划,要合理地调配人力,使用材料,核算经费,安排时间;②要考虑经济效益,以最小代价,得到最大收获。

2. 教学媒体材料编制要依据传播效果原理

教学媒体材料作为一种用于教学传播活动的媒体,它能否取得好的教学传播效果,取决于在编制时是否依据以下几条传播效果原理。

（1）共同经验原理。教育传播是一种信息传播与交换的活动。教师要与学生沟通,必须把沟通建立在双方共同的经验范围内。共同经验包含两层意思:一是教师和学生在学习环境中互相作用的共同经验;二是学生彼此之间,通过媒体获得的共同经验,即一种经验为多数人所共有。在教育传播过程中,要学生理解一件事物,教师必须用学生经验范围内能够理解的比喻,引导他们进入新的知识领域。教育传播要取得好的效果,教学媒体的选择与设计必须充分考虑学生的经验,建立和扩大教师与学生之间的共同经验范围,才能进行有效的传播。

（2）抽象层次原理。抽象是把事物的个别特征去掉,取其共同点,代表或说明同一类的事物。根据戴尔的"经验之塔"理论,选择教学媒体时必须符合学生的实际水平（年龄、发育状况）,而每一个层次都包含具体成分和抽象成分两部分。具体成分作为思考线索,学生以此为基础来思考抽象部分。两种成分比例是依学生水平而有所改变的,也就是应该依据学生水平而选择不同的教学媒体。

（3）重复作用原理。重复作用就是将一个概念在不同的场合或用不同的方式去重复呈现,以达到好的传播效果。这里的重复作用有两层含义:一是将一个概念在不同的场合重复呈现,如要牢固地掌握一个生词,必须在8个不同的场合中接触它,大脑反复受到8次刺激之后,就能达到长时记忆;二是用不同的方式重复呈现同一概念,如同时或者先后用文字、声音、图像去呈现某一概念,教师边讲边用板书或体态语言配合表达,通过发挥各种信息传播符号表现事物的特性,加深学生的理解。

（4）信息来源原理。传播学研究表明,有权威、有信誉的人说话,总是更容易让人信服。因此,在教学媒体材料的编制中,选用的信息来源应该是有权威、准确、有信誉、真实可靠的,这样才能增强教育传播的效果。

（5）最小代价率原理。无论是传播者还是受传者,大家都希望以最小的努力取得最大的收获。受传者对媒体的选择原理,用下列公式表示。

可能得到的报酬/需要付出的努力＝预期选择率

预期选择率代表某种媒体或者信息被选用的可能性。要增加一种媒体或信息被选用的可能性（提高预期选择率）,可以通过两种途径:一是增加可能得到的报酬;二是减少使用者所需付出的努力。可能得到的报酬代表媒体使用者可能得到的收益,主要由媒体的内容决

· 33 ·

定,取决于媒体的信息内容能否满足使用者的需要,以及满足需要的程度。需要付出的努力是使用者采用该媒体所需付出的代价,主要涉及取得该媒体的途径是否方便,使用起来是否顺手,以及学习这些知识与经验须付出的时间和精力等。

从最小代价率原理和媒体选择原理可以推导出教学媒体材料制作与选择的原则如下。

①方便性。媒体材料的制作与选择必须考虑方便使用者。

②显著性。媒体材料的制作与选择必须突出教育主题内容。

③吸引性。媒体材料的制作与选择必须能够吸引使用者。

④需要性。媒体材料的制作与选择必须针对使用者的需要。

⑤习惯性。媒体材料的制作与选择必须注意和照顾受众原有的学习习惯。

实践项目

1. 以小组为单位,通过查阅资料,设计基于项目的教学模式案例,在全班进行交流和展示。

2. 以小组为单位,通过查阅资料,设计基于问题的教学模式案例,在全班进行交流和展示。

3. 以小组为单位,通过查阅资料,设计 WebQuest 教学模式案例,在全班进行交流和展示。

4. 以小组为单位,通过查阅资料,设计基于案例学习的教学模式案例,在全班进行交流和展示。

5. 以小组为单位,通过查阅资料,设计基于概念地图的教学模式案例,在全班进行交流和展示。

6. 以小组为单位,通过查阅资料,设计基于电子学档的教学模式案例,在全班进行交流和展示。

复习思考题

1. 什么是教学模式?完整的教学模式由哪几部分构成?
2. 什么是信息化教学模式?如何构建信息化教学模式?
3. 信息化教学模式的种类有哪些?
4. 如何选择和使用现代教育媒体?
5. 简述现代教育媒体材料编制的基本原则和依据的传播效果原理。
6. 简述现代教学媒体的特性。

参考文献

[1] 南国农,李运林. 教育传播学[M]. 2版. 北京:高等教育出版社,2005.

[2]钟志贤.信息化教学模式——理论构建与实践例说[M].北京:教育科学出版社,2005.

[3]杨蕾.新型教学模式新在哪里?——江西师范大学钟志贤教授访谈[J].中国电化教育,2002(6)5-10.

[4]刘珠.个别化教学模式在对外汉语教学中的运用[D].兰州:兰州大学,2013.

[5]朱荣,李晓飞,李顺.基于翻转课堂的项目教学模式研究与实践——以"计算机图文设计"课程为例[J].中国远程教育,2016,36(5):29-35.

[6]钱晓蕾.基于Web Quest的《思想道德修养与法律基础》教学模式研究[J].理论观察,2015(5):175-176.

[7]孙月玲.建构基于案例学习的教学模式[J].学苑教育,2016(24):79-79.

[8]赵柏树,顾豪爽,张丹等.基于概念地图的教学模式构建[J].电气电子教学学报,2008,30(5):87-90.

[9]张远平.基于电子学档的协作学习模式探析[J].职教通讯,2014(14):26-29.

[10]陈琳.现代教育技术[M].2版.北京:高等教育出版社,2014.

[11]祝智庭.现代教育技术——走向信息化教育[M].北京:教育科学出版社,2002.

[12]黎大志.现代教育技术[M].南京:南京大学出版社,2004.

[13]陈琳.现代教育技术[M].南京:河海大学出版社,2002.

[14]尹俊华,庄榕霞,戴正南.教育技术学导论[M].2版.北京:高等教育出版社,2002.

[15]赫兴无.地理教学媒体的选择[J].教学与管理,2013(22):60-62.

[16]李运林,徐福荫.教学媒体的理论与实践[M].北京:北京师范大学出版社,2003.

[17]李芒,徐晓东,朱京曦.学与教的理论[M].北京:高等教育出版社,2007.

[18]赵建华.CSCL研究的现状及发展趋势[J].中国电化教育,2009(5):7-14..

[19]叶爱英.基于电子学档的多元教学模式实践探索——以中职《计算机基础》课程为例[J].当代职业教育,2014(11):18-21.

第三章　信息化教学环境建设与应用

学习目标

1. 了解信息化教学环境的概念和基本构成。
2. 掌握校园网系统、多媒体综合教室、多媒体网络教室、微格教学系统、全自动录播教室、语言实验室的基本组成与使用方法。
3. 熟悉智慧教室、E-learning 教学平台的构成、特征及教学应用。
4. 掌握交互式电子白板的功能与使用方法。
5. 掌握数字图书馆、中国知网、MOOC 的特征、功能与使用方法。
6. 掌握电子书包的使用方法。

在信息社会，人们迫切需要新型的信息服务方式和更加开放的学习环境。随着教育信息化的不断推进，学校的信息化教学环境也发生了重大变化。信息化教学环境对促进教育公平、提高教学质量、构建学习型社会等方面都有非常重要的意义，信息时代的师范生对此要有深刻的认识，要自觉参与信息化教学环境的建设，并对其充分加以利用。

第一节　信息化教学环境概述

以信息化带动教育的现代化，是 21 世纪教育改革与发展的一项战略任务，也是当前和今后相当长的时期里教育工作者必须面临的重要课题。信息化教学环境是学校教育信息化和教育现代化的重要标志，是学校教学环境建设的重要组成部分，也是推动学校教育教学改革、促进教育信息化的必要条件。

一、信息化教学环境的概念

教学环境是教学活动四周的一切事物，是指影响学校教学活动的各种情况和条件的总和，包括显性环境和隐性环境两部分。显性环境主要指学校教学活动的场所，包括各种教学场所（教室、运动场、图书馆、会议礼堂、宿舍、食堂等）、教学用具（实验仪器设备、运动器材、教学媒体等）以及教室内外等物理设施；隐性环境则包括学校的教育理念、教学氛围、校园文化、人际交往氛围、师资力量以及学生的心理适应能力等。

信息化教学环境是指运用现代教育理论和现代信息技术所创建的教学环境,是信息化教学活动开展过程中赖以持续的情况与条件,包含在信息技术条件下直接或间接影响教师"教"和学生"学"的所有条件和因素。根据教学环境应用的地理范围将信息化环境分为教室层次(智慧教室、多媒体网络机房、多媒体语言实验室、课程录播室和虚拟仿真室等)、校园层次(计算机局域网、数字校园、智慧校园)、教育城域网层次和互联网层次4种类型。

二、信息化教学环境的构成

信息化教学环境是一个庞大复杂的系统,通常认为其由信息化教学硬件环境、信息化教学软件环境、信息化教学资源、信息化教学人文环境和信息化教学队伍五大要素组成。

1. 信息化教学硬件环境

信息化教学硬件环境是开展现代教育技术的前提和基础,如多媒体教室、电子阅览室、语言实验室、校园网、移动校园网、智慧校园等。与传统教学硬件环境相比,信息化教学硬件环境具有电子化、虚拟化、网络化、智能化、集成化和泛在化等特征。

2. 信息化教学软件环境

信息化教学软件环境主要包括各种教学系统平台、信息化教学管理环境及标准规范、信息化教学安全保障体系和信息化教学工具系统等。

3. 信息化教学资源

信息化教学资源是指以数字信号形式存在或出现并可供学生使用的信息资源,信息化教学环境下教学优势的发挥必须有丰富多样的信息化教学资源的支持。本书第四章将对信息化教学资源的建设专门进行阐述。

4. 信息化教学人文环境

信息化教学人文环境主要包括现代教育思想、理念和意识,教育信息化政策与法规,信息化教学氛围,信息化学习气氛,信息化学习文化与道德等。

5. 信息化教学队伍

信息化教学队伍是信息化教学环境中的核心要素,是信息化教学研究开发、应用推广、服务管理、实际应用等各种工作的中坚力量。信息化教学队伍由信息化教学领导与管理队伍、信息化教师队伍和信息化教学支持队伍组成。

第二节　信息化教学环境建设与应用

一、校园网

校园网是指在学校范围内,把分布在不同地点的多台计算机利用网络设备、通信媒质连接,按照网络协议相互通信,为全校师生在教学、科研、办公、管理和综合信息服务等工作中提供共享软件、硬件和数据资源的计算机网络系统。校园网是学校信息化环境建设中一项重要的基础设施,也是衡量学校教育现代化的重要指标。

1. 校园网网络系统的基本组成

校园网网络系统由硬件系统和软件系统两部分组成。目前,校园网网络系统一般采用"主干加分支"的结构,其示意图如图3.1所示。

(1)硬件系统

校园网的硬件系统通常由服务器、工作站、磁盘阵列、网络互联设备和网络传输介质等部分构成。

①服务器。服务器是指一种能为客户端计算机管理资源并为用户提供各种服务的高性能计算机。服务器和通用计算机的构成类似,但是由于需要提供可靠的服务,因此在处理能力、稳定性、可靠性、安全性、可扩展性、可管理性等方面要求较高。根据服务器在网络中所提供服务的不同,可将其分为文件服务器、数据库服务器、Web服务器、打印服务器、邮件服务器、网页服务器、FTP服务器、域名服务器、应用程序服务器、教育资源服务器等。上述服务器可以安装在同一台物理服务器上,也可以分别安装在多台物理服务器上。

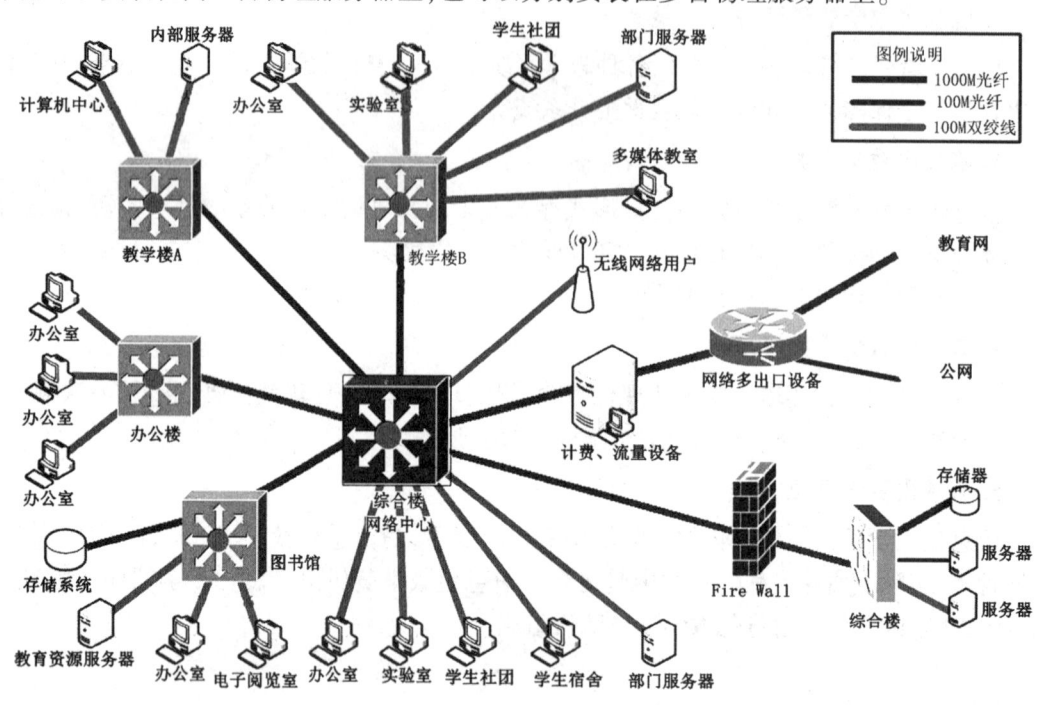

图3.1 校园网网络系统的结构

②工作站。工作站是指连接到服务器的终端机,即网络服务的一台客户机,它能够完成用户交给的特定任务,如计算机辅助设计工作站、办公自动化工作站、图像处理工作站、打印机专用工作站等。工作站一般通过网卡连接网络,并需安装相应的程序与网络协议才可以访问网络资源。

③磁盘阵列。磁盘阵列把多块独立的硬盘(物理硬盘)按不同的方式组合成一个容量巨大的磁盘组(逻辑硬盘),从而提升整个磁盘系统效能。对用户来说,组成的磁盘组就像一个硬盘,可以对其进行分区、格式化等操作;不同的是,磁盘阵列的存储速度要比单个硬盘高很

多,而且可以提供自动数据备份。磁盘阵列有三种:外接式磁盘阵列柜、内接式磁盘阵列卡和利用软件来仿真的磁盘阵列。

④网络互联设备。网络互联设备将不同的网络连接起来,以构成更大规模的网络系统,实现网络间的数据通信、资源共享和协同工作等。常用的网络互联设备有交换机、路由器、网关、中继器、防火墙、集线器等。

⑤网络传输介质。网络传输介质是指在网络中传输数据、连接各网络站点的载体。常用的传输介质分为有线传输介质和无线传输介质两大类。有线传输介质主要有双绞线、同轴电缆和光纤;无线传输介质有无线电波、微波、红外线、激光等。不同的传输介质,其特性也各不相同。

(2)软件系统

校园网的软件系统包括网络操作系统和网络应用管理软件。

①网络操作系统。网络操作系统是网络用户和计算机网络的接口,它除了要完成一般操作系统的任务外,还要管理与计算机网络有关的硬件资源(如网卡、网络打印机、大容量外存等)和软件资源(如为用户提供文件共享、打印共享以及电子邮件、万维网等专项服务),允许设备与其他设备进行通信。目前,应用比较广泛的网络操作系统主要有 Windows Server 系列、NetWare、UNIX、Linux 等。

②网络应用管理软件。网络应用管理软件是指能够完成网络管理功能的各类网络管理应用软件,如数据库软件、各类工具软件、OA 系统、人事管理系统、财务管理系统、教务管理系统、网络教学平台、后勤管理系统、图书管理系统、资产管理系统、数字教学资源系统、心理健康测试系统等。

2. 校园网的应用

校园网的应用主要体现在以下几个方面。

(1)信息发布。利用校园网向人们展示学校发展的历史沿革、最新动态、新闻、教学、科研、校园文化、招生等信息,同时也可以发布学校的重要事件、会议通知、各种公文,也可以利用校园网进行会议直播。

(2)教学应用。教学应用是校园网的主要功能,主要体现在:①资源共享,师生可以利用校园网上丰富的多媒体素材库、多媒体 CAI 课件、教案资源库、流媒体文件、扩展资源、数据资源,进行教学、学习和研究,同时,还可以进行交流和辅导,共享知识宝库;②网络教学,利用校园网可以完成网络备课、网络授课、网络课程学习、网上练习、在线考试、虚拟实验、教学评价、作业提交与批改、辅导答疑等任务,也可以通过互联网邀请国外、校外专家学者异地讲学,学生在校内实时收听收看,实现网上虚拟教学;③信息交流,利用校园网的电子邮件、智能化搜索引擎、文件传输、视频点播、远程教学、网络交流论坛(BBS)服务等进行信息的传输和交流,开阔视野和扩大知识面。

(3)管理应用。校园网为学校在人事、教务、科研、资产、财务、后勤管理等方面,提供一个先进的分布式管理系统,为各类管理人员及时地收集、统计、分析学校的各种信息提供了便利,大幅提高办公效率,减轻工作量。除网络教学管理外,校园网的管理应用还包括网上行政办公(如公文发布、浏览、批阅、文件收发等)、招生管理、学籍管理(如学生信息管理、班级信息管理等)、教务管理(如网上排课、学生选课管理、学生成绩管理、教室综合管理)、教师管理、档案管理、图书资料管理(如图书期刊检索管理、图书期刊借阅管理、电子期刊管理、电子图书管理等)、资产管理、计费管理、后期服务管理和校园一卡通管理等。

(4)科研应用。利用校园网的软、硬件资源及学术信息资源库,给科研人员提供一个与校内外或国外同行信息交流、合作研究的平台。

二、多媒体综合教室

多媒体综合教室是根据现代教育教学的需要,将多媒体计算机、多媒体投影机、视频展示台、中央控制系统、交互式电子白板、电动屏幕、录像机、影碟机、调音台、功放、话筒、音箱等现代教学媒体结合在一起,以利于教师学生运用现代教育媒体开展教学活动的场所。

1. 多媒体综合教室的类型

多媒体综合教室依据其规格大小、质量高低、教学功能差异的不同,可分为以下几种类型。

(1)简易型。简易型多媒体综合教室是在普通教室内装配交互式电子白板或多媒体计算机、多媒体投影机、中央控制器、视频展示台、话筒、功放、音箱和银幕等常用的现代教学媒体。简易型多媒体综合教室可以进行计算机辅助教学。

(2)标准型。标准型多媒体综合教室包括图像、声音和控制三个系统,主要由多媒体计算机、多媒体投影机、视频展示台、多媒体控制平台、电动投影屏幕、录像机、影碟机、话筒、调音台、功放和音箱等设备组成,如图3.2所示。各种教学媒体的使用均可通过控制系统加以控制。

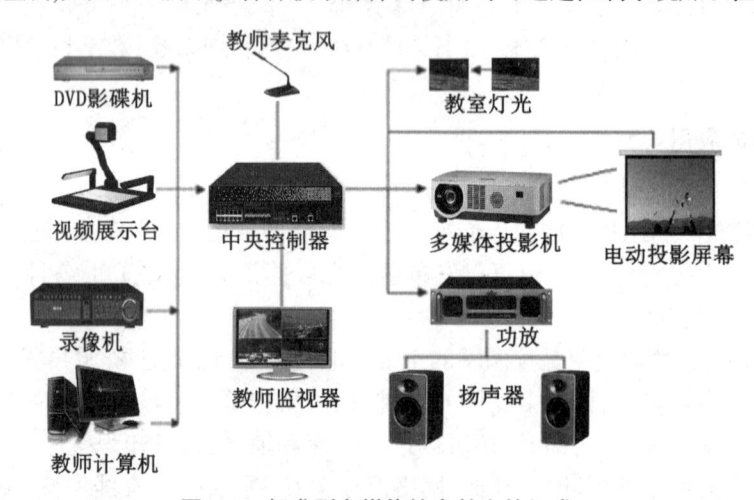

图 3.2 标准型多媒体综合教室的组成

(3)多功能型。多功能型多媒体综合教室是在标准型多媒体综合教室基础上增加摄录像系统(在教室配备2~3部带云台的摄像机,用于拍摄师生的教学活动过程,并进行记录和存储)和学习信息反应分析系统(通过学生座位上的应答器来实时收集和分析学生的学习反应信息,使教师能及时全面地了解学生的学习情况)。

(4)学科专业型。学科专业型多媒体综合教室就是在简易型多媒体综合教室或标准型多媒体综合教室配置的基础上增加某种学科教学特殊需要的一些设备,如生物课教学需要的彩色显微摄像装置等。

2. 多媒体综合教室的基本功能

一个多媒体综合教室应该具备以下基本功能。

(1)连接校园网或互联网,教师在教学过程中可以方便地浏览网络资源,实现网络联机教学,优化教学过程。

(2)连接闭路电视系统,充分发挥电视媒体在教学中的作用。

(3)课堂演示教学。教师在课堂中利用多媒体教室演示各类多媒体教学课件,开展计算机辅助教学。

(4)播放录像、DVD、EVD等视频教学节目。

(5)展示实物、模型、图片、文字等资料。

(6)能以高清晰、大屏幕投影仪显示计算机信息和各种视频信号。

(7)用高保真音响系统播放各种声音信号。

3. 多媒体综合教室的操作使用

目前各个学校的多媒体综合教室虽然配置不尽相同,生产厂家各异,但操作大致相同。

(1)多媒体综合教室开启的步骤。多媒体综合教室开启的步骤如图3.3所示。

打开台柜 → 开启总控电源 → 展开屏幕 → 启动计算机 → 启动投影仪 → 信号切换 → 调试声音设备

图3.3　多媒体综合教室开启的步骤

(2)多媒体综合教室的关闭步骤。多媒体综合教室的关闭步骤如图3.4所示。

关闭投影仪 → 收屏幕 → 关闭电脑 → 关闭扩音设备 → 关电源 → 锁柜门

图3.4　多媒体综合教室的关闭步骤

三、多媒体网络教室

多媒体网络教室又称计算机网络机房,是一种基于计算机的局域网,能综合传播和处理多媒体信息(如文字、图形、图像、音频、视频、动画等),使多种信息建立联系的交互性计算机网络教学系统,是一种能够支持学生的自主、合作、探究性学习活动的信息化教学环境。根据学生机、教师机等网络设备的布局,可以分为普通教室型、U字型、小组协作型和综合型,如图3.5所示。多媒体网络教室具有集成性、交互性、数字化、网络化、在线教学等特点。

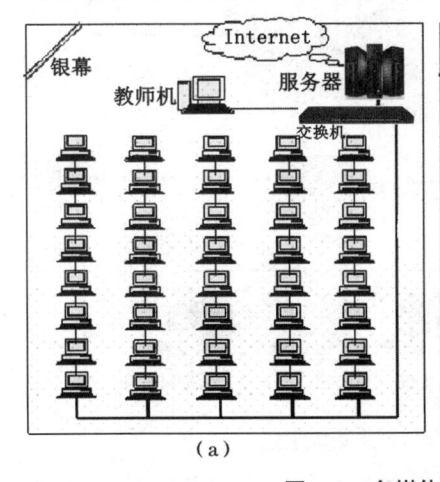

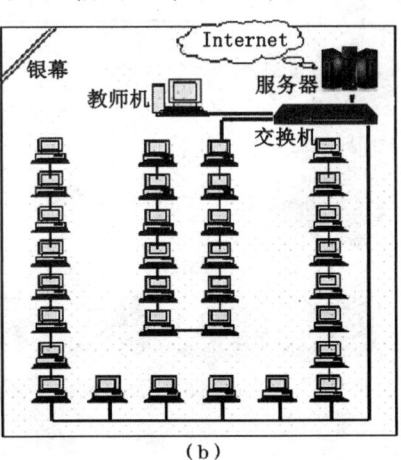

图3.5　多媒体网络教室类型

(a)普通教室型;(b)U字型

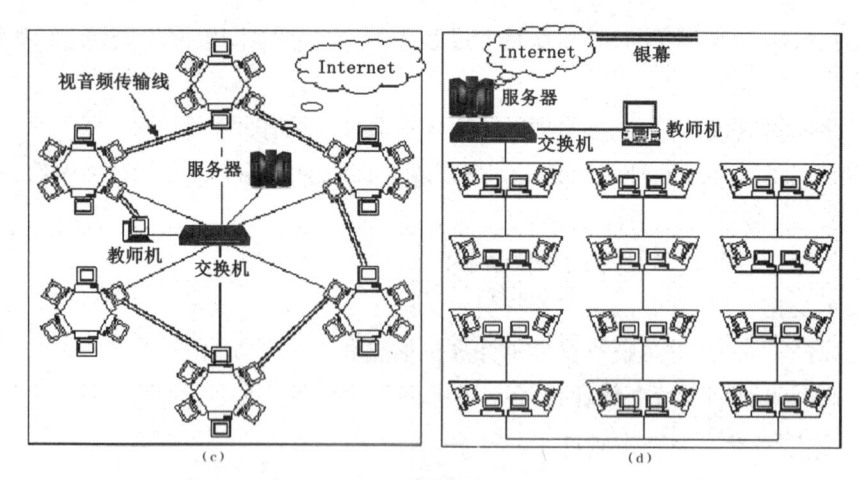

图 3.5　多媒体网络教室类型(续)

(c)小组协作型;(d)综合型

1. 多媒体网络教室的基本组成

多媒体网络教室的基本组成包括以下几个部分。

(1)计算机网络系统。计算机网络系统包括硬件系统(服务器、学生机、教师机、交换机、网线、打印机、扫描仪等)和软件系统(网络操作系统、网络教学控制系统、教学软件、学科资料库、素材库及工具软件等)两部分。为了便于利用互联网上的资源,多媒体网络教室应接入校园网和互联网。教师通过教师机的多媒体控制软件来控制教学进程,组织教学活动。

(2)多媒体教室系统。在多媒体网络教室应配备多媒体投影机、交互式电子白板、视频展示台、话筒、功放、音响等,提供多媒体教室的功能,方便教师对教学内容进行演示和呈现,供学生观看,如图3.6所示。

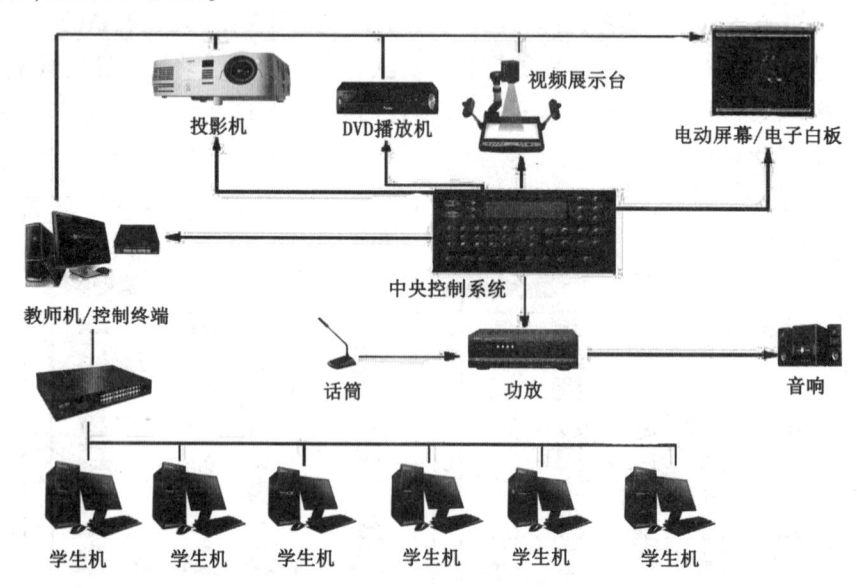

图 3.6　多媒体网络教室基本组成

(3)网络教学控制系统。网络教学控制系统包括控制面板和电子教室(广播软件)。控制面板能够控制各媒体设备之间的切换;电子教室能够实现教学演示、视频广播和集体讨论等教学功能。网络教学控制系统可分为纯硬件型、纯软件型和软硬件结合型三类。

（4）教学信息资源系统。教学信息资源系统主要包括辅助备课资源库（如多媒体教学资料库）、学科资源库、素材库、网络教学管理系统（如网络学习平台、网络考试系统）和工具软件等。

2. 多媒体网络教室的功能

多媒体网络教室的功能包括教师机功能和学生机功能，主要通过教师机的控制系统来实现，图3.7是某公司研制的电子教室软件系统的界面。

图3.7　电子教室软件系统界面

（1）教师机功能。教师机的教学功能主要包括教学功能、在线考试、管理功能、设置功能等。

①教学功能。教学功能包括教学演示、电子教鞭、多屏查看、下发文件、收取作业、电子点名、个别辅导、学生示范、锁定学生、警告学生、教师讲评、视频广播、屏幕查看、电子抢答、语音广播、远程命令、师生通话、集体讨论、分组讨论、视频点播、实时直播、发送通知、邀请学生、文件服务、控制举手等。

②在线考试。在线考试功能包括制作试卷、查看试卷、网络考试、增减时间、考试监控、收取试卷、终止考试、发送答案、讲评试卷、成绩统计、导出成绩、口语考试等。

③管理功能。管理功能包括群组管理、座位安排、修改编号、学生考勤、在线统计、运行日志、远程键盘、远程关机、远程重启、远程开机等。

④设置功能。设置功能包括网页限制、程序限制、系统限制、权限设置、性能设置等。

(2)学生机功能。学生机功能主要包括学生举手、提交作业、协同操作等。

除以上主要功能外,多媒体网络教室还应具备一些扩展功能,如电子图书信息等。

四、微格教学系统

微格教学,又称"微型教学""微观教学""小型教学",由美国斯坦福大学的艾伦(Dwight. Allen)教授等人所创立,并将其定义为"一个有控制的实习系统,它使师范生有可能集中解决某一特定的教学行为,或在有控制的条件下学习。"20世纪80年代,微格教学开始传入国内,学者和专家们进行了大量的实践和理论研究。国内对微格教学概念的界定,这里引用孟宪恺教授的定义:"微格教学是一个有控制的实践系统,它使师范生和教师有可能集中解决某一特定的教学行为,或在有控制的条件下进行学习。它是建筑在教育教学理论、视听理论和技术基础上,系统训练教师教学技能的方法。"

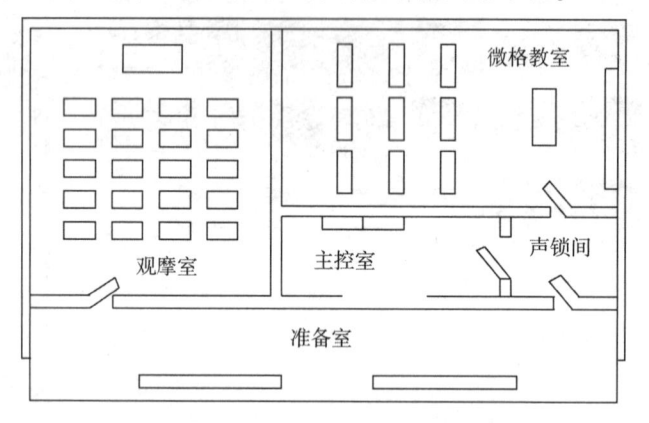

1. 微格教学系统的组成

微格教学系统主要由主控室、微格教室和观摩室三个部分组成,如图3.8所示。最简单的微格教学系统由主控室和多间微格教室组成,目前新建的微格教学系统大多都是集微格教学、视音频编辑、存储、点播、现场录播为一体的数字化网络系统。

图3.8 微格教学系统的组成

(1)主控室。主控室的主要设备包括多媒体计算机、主控机、摄像头、大容量存储器、DVD播放器、监视器、监控台等。主控室可以控制任一微格教室中的摄像云台和镜头,监视和监听任一微格教室的图像和声音,也可以把某个微格教室的情况转播给其他的微格教室,同时也可以录制某个微格教室的教学实况,供课后评议。

(2)微格教室。微格教室的设备主要包括分控机、摄像头、计算机、拾音器、电子白板、投影仪及其他教学设备。在微格教室中可以呼叫主控室,也可以录制本室的声音和图像,以便对讲课情况进行分析和评估。

(3)观摩室。观摩室是安装有电视(或电子屏)的普通教室,将来自某一微格教室的视音频信号,通过控制室选择,并传输到观摩室的电视机(或电子屏),可以实时播放或非实时播放微格教室的视音频信号。观摩室可以让更多的学员观看,也可以供教师评价。

2. 微格教学实施的步骤

微格教学是利用现代教学手段来培训教师实践性的一种教学方法。通常,将参与训练的学员(师范生或在职教师)分成若干小组,在教师的指导下,学员将复杂的教学过程做科学细分,对细分的教学技能逐项进行训练,并将现场进行实况录制,小组成员和教师反复观看录制的视频,进行讨论和评议,帮助学员掌握有关的教学技能,提高他们的教学能力。经过国内外教育工作者几十年的研究,微格教学的教学过程已形成了一定的模式,具体实施步骤如图3.9所示。

理论研究和组织 → 技能分析和示范 → 微格教案设计编写 → 角色扮演和记录 → 小组观摩评议 → 修改教案和总结

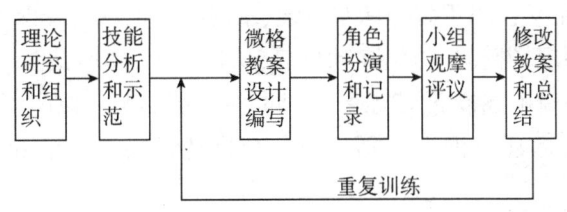

重复训练

图3.9 微格教学实施步骤

(1)理论研究和组织。微格教学训练要融入新的教育理念、教育思想、教育理论和方法,如布鲁纳的"教学目标分类学"及"掌握学习法",加涅的学习层级理论,杜威的"从做中学"理论,奥苏贝尔的认知同化论,建构主义学习理论等。学习和研究新的教育教学理论是十分必要的。同时,要确定好教学的组织形式,小组成员一般为6人左右,最好是同一层次的在职教师和师范生。

(2)技能分析和示范。微格教学是将复杂的教学过程细分为单一的技能,再逐项训练。教员要将事先编制好的示范录像供学员观看,讨论分析,取长补短;要根据学员的不同层次和需要,有针对性地选定几项技能进行训练,如教态、语言技能、板书技能、演示技能、提问技能、导入技能、强化技能、试误技能、现代教学媒体使用技能、课堂教学组织技能、结束技能等。

(3)微格教案设计和编写。微格教学教案设计的具体项目有教学目标、教师的主要教学行为、对应的教学技能、学员的学习行为、演示仪器、教学媒体和时间分配等,可参照表3.1微格教学教案设计表填写。

表3.1 微格教学教案设计表

执教者		年级		日期		指导老师	
学科				课题			
教学目标							
时间分配	教师行为 (讲授、提问等内容)		应用的教学技能		学生行为 (参与活动、应答等)		所用教具、仪器和媒体

(4)角色扮演和记录。微格教学教案设计好后,在微格教室进行讲课训练。教师由接受培训的学员轮流担任,学生也由学员扮演,每节微格教学课的时间应控制在10~15分钟,摄

像人员将学员的课堂实况进行录制。

(5)小组观摩评议。教学活动完成后,播放这一节微格教学训练课的录像,全组成员和指导老师共同观看,并进行评议,肯定优点,找出不足。

(6)修改教案和总结。根据观摩小组评议的建议,对微格教案进行修改,再进入第二轮的训练。

五、全自动录播教室

全自动录播教室是学校用于教师课堂教学、录制精品视频公开课、名师讲座等而建设的专用场所,它能将教师现场授课、师生互动场景、课件展示、实验演示、课堂板书等活动进行自动跟踪录制,自动编辑生成授课实况录像。同时,授课实况录像能以流媒体的方式在互联网上直播观看,并且课后还可网上点播重放。全自动录播教室的视音频原理,如图3.10所示。

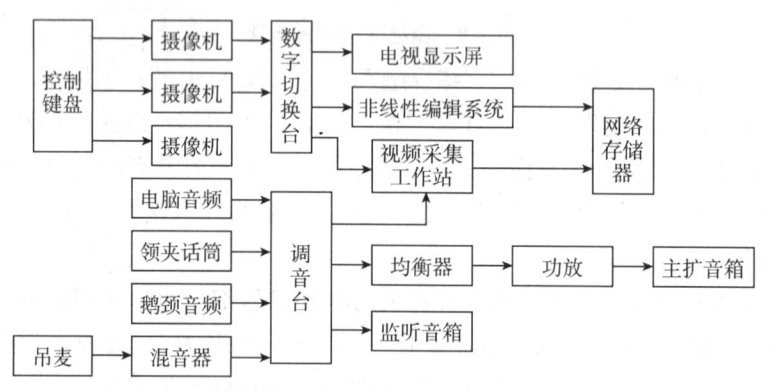

图 3.10 录播教室视音频原理

1. 全自动录播系统的组成

全自动录播系统主要包括以下几个子系统。

(1)多媒体教学子系统。全自动录播教室首先是一间多媒体教室,主要设备包括计算机、多媒体投影机、交互式电子白板、视频展示台、影碟机、音箱、功放、话筒、讲台、中央控制系统、高清视音频编码器等,还可有直播预览机、无线手持教学终端(含软件,如电子书包)。教师使用全自动录播教室上课与普通多媒体教室上课一样,完全不受约束和控制。

(2)视音频采集子系统。全自动录播系统的核心是把教师的授课过程、师生互动、板书、课件等实时录制。因此,视音频采集子系统包括视频采集、音频采集和计算机 VGA 信号采集。视频采集包括3台摄像机(拍摄教师、学生、教室全景或板书)和视频采集卡;音频采集包括教师麦克风、学生麦克风、调音台、功放、音箱及音频采集卡。

(3)定位跟踪控制子系统。定位跟踪控制子系统包含一台智能跟踪定位服务器,若干自动跟踪定位摄像头和软件。软件包括一套教师跟踪策略软件模块、一套学生跟踪策略软件模块和板书跟踪模块。定位跟踪子系统能够自动、实时、准确地跟踪教师、学生和板书,保持教师、学生特定画面或预置的图像取景范围,整个跟踪过程连续、稳定、平滑,画面输出正常。定位跟踪子系统核心设备包括分布式录播服务器、录播教室管理服务器、媒体中心服务器(含平台软件),其他可选设备有存储设备、视频解码器、显示屏、电视墙、电视墙控制管理服务器(含软件)、液晶监视器、计算机、网络机柜、交换机、电源控制器、不间断电源等。全自动录播教室系统结构如图3.11所示。

(4)后期编辑子系统。全自动录播系统配置后期编辑子系统,以对录制的视音频文件进行资源管理、素材剪辑、颜色校正、音频处理、特技叠加、字幕添加、多格式转码等。后期编辑子系统不仅要能够剪辑视频、音频,同时还要能够编辑计算机VGA信号文件,保证计算机屏幕画面与视频时间的同步。后期编辑子系统还要对编辑完成的视频一次性输出各种主流格式文件,保证输出文件在其他软件或系统中的通用性。

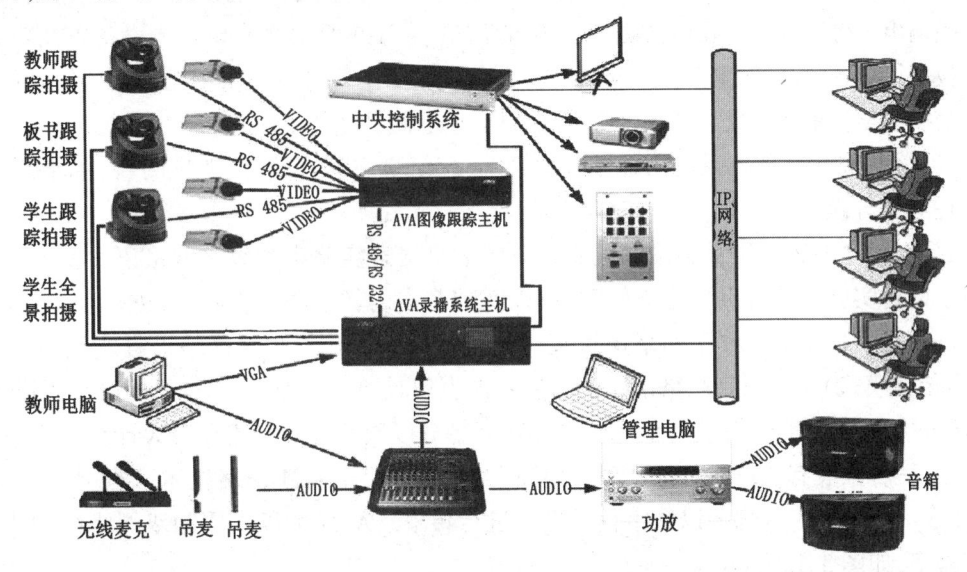

图3.11 全自动录播教室系统结构

(5)网络点播、直播子系统。课程录制完成后,可以让被授权用户通过网络访问直播服务器上的直播课堂,也可以进行点播。网络点播、直播子系统的功能通常包括管理用户,删除、添加视频文件,实时播放视频文件,搜索点播相应视频文件等。

2. 全自动录播教室的功能

(1)课程录制。录制优质的课堂教学、精品视频公开课、名师讲座,作为优质资源进行存储、共享和交流。

(2)教师课堂教学资源建设。教师自主录制课堂教学活动,作为个人课堂教学资源建设与个人教学反思、课堂教学研讨和评估评价的依据。

(3)网络教研活动。以课堂教学为主体的教研活动,可利用"录播"系统直播到每一个教师桌面,也可录制后作为样本在网上进行"微格式"分析研讨。

(4)扩展功能。全自动录播教室具有一定的小型演播室功能,可作为学校视频会议、观摩课、示范课等活动的场所使用。

六、数字语言实验室

数字语言实验室是通过数字控制信号控制数字文本信号、数字音频信号来实现语言教学功能的实验室,是供语言教学专用的教室。

1. 数字语言实验室的组成

（1）硬件系统。硬件系统主要由教师主机（兼服务器）、中央控制器、外部设备、网络交换机、学生单元五部分组成。教师主机（兼服务器）是整个数字语言实验室的核心部分，要求配置高、性能稳定，其内置采集卡和语音卡。采集卡负责采集外部多媒体设备的模拟信号并进行A/D转换处理，将模拟信号转化成数字信号；教师主机的音频信号都要经过语音卡的处理进入网络交换机再到学生单元，随着计算机性能的提升，现在可以通过纯软件的方式取代语音卡的功能。中央控制器负责接入教师主机及外部多媒体设备的多路音、视频信号，管理各信号通道的切换输出。外部设备主要包括磁带卡座、影碟机、数字展台等多媒体接入设备以及功放、多媒体投影机等音、视频输出设备。网络交换机负责教师主机与各学生单元之间的信号传输与数据交换。学生单元由数字终端（含键盘、鼠标、显示器、耳机）或标准PC机构成。

（2）软件系统。软件系统由课堂教学系统、网络自主学习软件、考试阅卷、智能题库、资料管理等部分组成。

目前，我国的数字语言实验室主要有单向数字语言实验室和数字网络语言实验室。单向数字语言实验室的特点是价格低廉，可以实现基本的教学功能，但无法进行独立学习，更无法进行网络化考试。数字网络语言实验室包括以太网协议数字网络语言实验室和ATM（异步传输模式）技术数字网络语言实验室。前者以计算机网络为主体，采用以太网网络协议，通过数字控制信号控制，使显示部分和声音部分以数字信号形式在以太计算机网络内进行传输；后者以装有ATM语音网卡的计算机为主体，采用ATM网络技术，通过数字控制信号，使显示部分和声音部分以数字信号形式进行传输。ATM加以太网的双网络结构数字语言实验室，如图3.12所示。

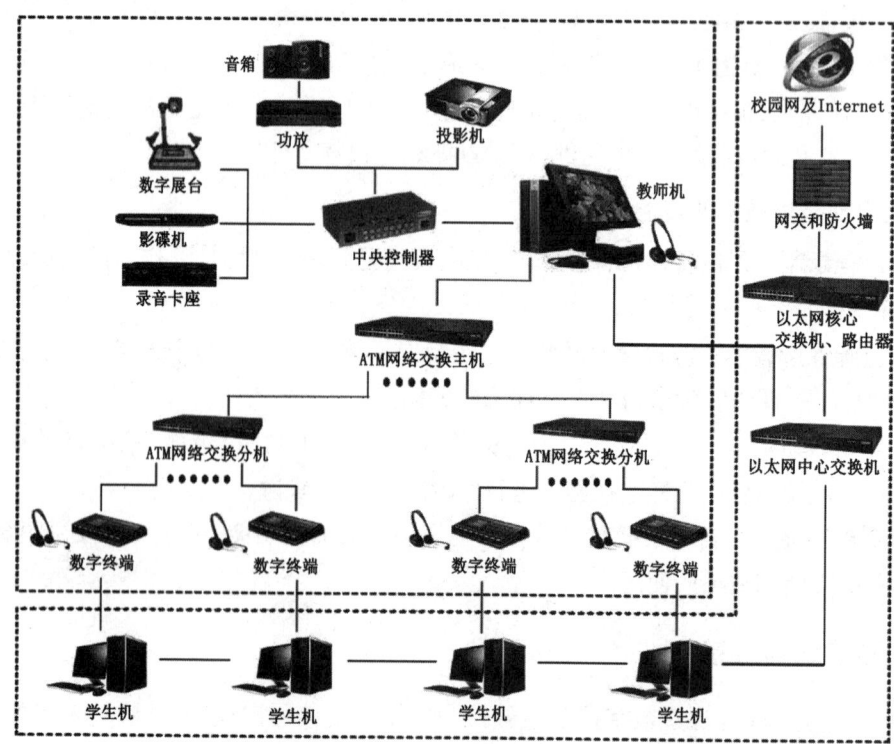

图3.12　ATM加以太网的双网络结构数字语言实验室

2. 语言实验室的教学形式

语言实验室的教学形式主要有发音训练、听力训练、会话训练和口译训练等。

七、智慧教室

智慧教室，又称未来课堂，是随着以物联网、云计算、大数据为代表的新一代信息技术在教育领域中的应用，而出现的一种典型的智慧学习环境，是多媒体教室和网络教室的高端形态。

学者和专家们对智慧教室从不同的角度进行了界定和描述。本书引用杨宗凯教授的界定"未来的教室一定是云端教室，包括电子课本、电子课桌、电子书包、电子白板……在资源方面，由模拟媒体到数字媒体，再到网络媒体，资源最终都在教育云上，内容达到极大丰富，从而满足个性化的学习。"

1. 智慧教室的总体架构

智慧教室的总体架构从低到高分为四个层次，如图3.13所示。

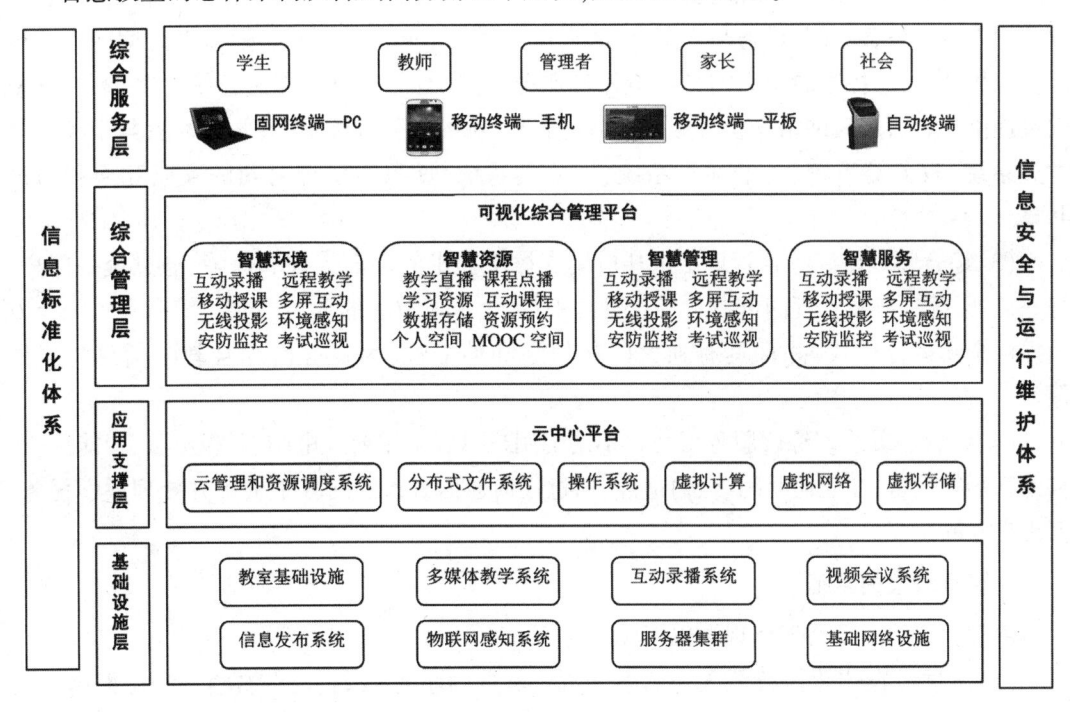

图 3.13 智慧教室总体架构

（1）基础设施层。基础设施层为智慧教室的教学和管理提供必要和完善的硬件环境，其主要包括教室基础设施（活动桌椅、灯、空调、窗帘等）、多媒体教学系统（计算机、多媒体投影机、中央控制器、视频展示台、功放、音箱、话筒、幕布等）、互动录播系统（变焦距镜头、高清自动切换台等）、视频会议系统、信息发布系统、物联网感知系统（传感器、射频识别、摄像头等）、服务器集群和基础网络设施（提供多种网络连接方式，如3G/4G、WiFi、IPv4/IPv6等）。基于"网联网+"的智慧教室硬件环境设计还要包括通风、隔音等辅助设施，如图3.14所示。

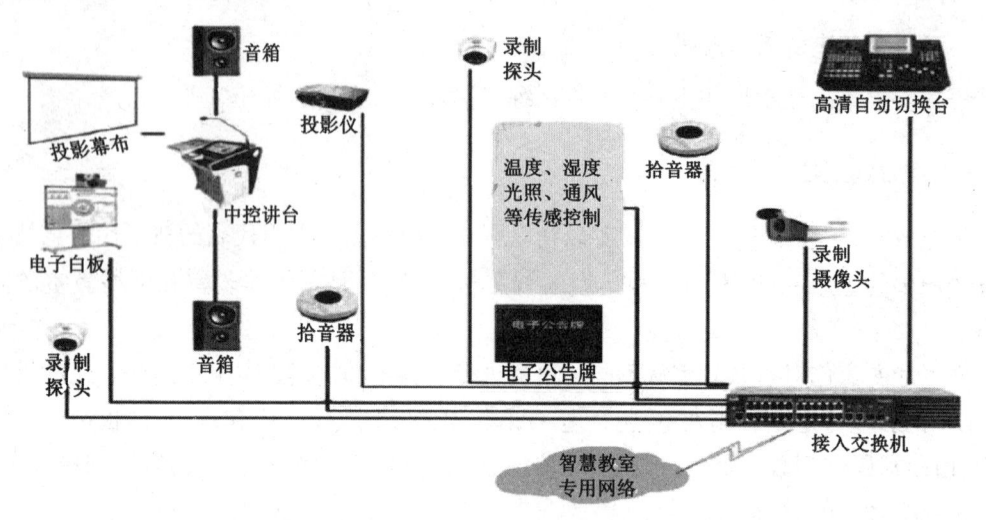

图 3.14　基于"网联网+"的智慧教室硬件环境设计

(2)应用支撑层。应用支撑层是智慧教室架构的核心层,其主要通过云中心平台,整合各种软件系统,促进应用系统的贯通与集成,形成统一数据环境的智能信息平台;负责智慧教室的设备与设备之间,设备与人员之间,人员与资源之间,人员与管理、服务之间的运行控制和分析计算,总控智慧教室的各项应用和服务;将现有的信息数据进行统一管理,为智慧教室提供计算、存储、网络安全等服务,实现信息资源的按需分配;实现智慧教室与学校的教学类系统、教务类系统、一卡通类系统、安防类系统、资源类系统之间的互联互通和信息共享。

(3)综合管理层。综合管理层依托应用支撑层提供的全面支撑和保障,通过统一门户、统一认证、统一权限管理的可视化综合管理平台,为智慧教室的环境、服务、管理和资源等方面提供全新运行模式,并且具有强大的移植性和伸缩性,为良好的综合教学信息化提供保障。

(4)综合服务层。综合服务层使得不同的用户可以采用台式电脑、平板电脑、智能手机、自助终端等设备,在任何时间、任何地点,通过任何通信方式访问教学资源并处理教学任务,实现良好的交互。

2. 智慧教室的特征

智慧教室的主要特征体现在以下几个方面。

(1)教材多媒体化。智慧教室提供智能、丰富的学习教材,开发学生潜力,提高学习效果。

(2)资源共享化。智慧教室建立泛在的学习资源环境,有效拓展学习时空,并且与校内外资源系统无缝整合,实现数据互通、资源共享、个性化推送等,突破传统课堂边界。

(3)教学多样化。智慧教室提供便捷、自然、友好的人机交互以及高效的信息获取,实现以学生为主体的多种教学模式,从而提高学习、讨论和协作的效率。

(4)学习个性化。智慧教室提供方便、快捷的学习支助服务和学习分析技术,实现线上和线下、正式学习和非正式学习的结合,为每个学生提供个性化学习。

(5)活动协作化。学生在智慧教室的课堂上不仅能听、能看,更能与老师和同学进行互动、交流,使学生有更强的参与感,使教学活动更具有协作化的特点,充分调动整个课堂的活跃气氛。

(6)网络泛在化。智慧教室的泛在网络将信息空间与物理空间实现无缝的对接,实现任何时间、任何地点、任何人、任何物都能顺畅地通信。任何人都能通过合适的终端设备与网络进行连接,获得个性化的信息服务。

(7)管理智能化。智慧教室对物理环境和设备状态等信息进行实时采集、捕获、分析和处理,管理人员通过可视化界面查看运行状况和进行管理操作,从而全方位的实现教学过程中的实施感知、动态控制和智慧管理。

(8)环境和谐化。构建智慧教室的目标就是建立一个坚持以人为本,使教育的各因素相互依存、相互促进、协调合作,由此形成完美的教学生态,从而形成促进学生自我激励、自我成长、自我完善的和谐环境。

3. 智慧教室教学应用

连接课堂和课后学习的智慧教室教学系统,如图 3.15 所示。在课堂上,教师主要使用教学终端机与学生手持设备一对一建立互动关系,同时可调用教学云平台的资源以实现课堂控制、资源管理、应答反馈、电子白板互动演示等功能,学生可通过手持设备完成获取信息、交互、反馈、分享等学习任务。在课后,教师可用教师端电脑通过教学云平台实现资源共享、任务布置与回收、在线帮助、教学准备等,学生则可通过手持设备浏览教学资源(微课、视频、图片、文本资源等)、上传、获取学习帮助等。

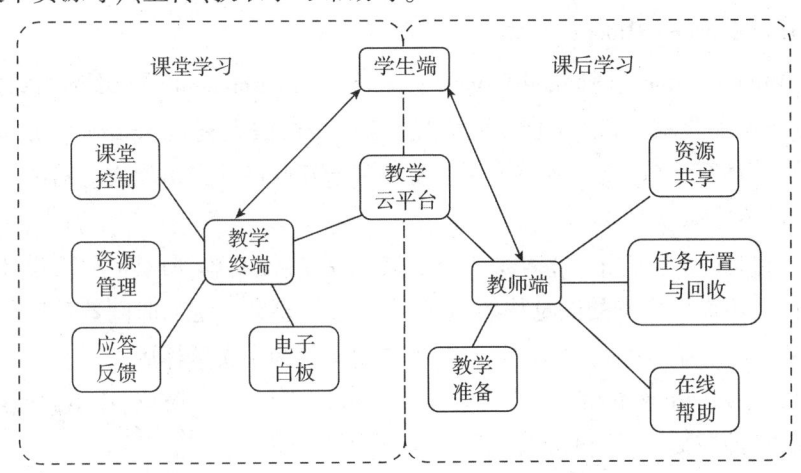

图 3.15 连接课堂学习和课后学习的智慧教室教学系统

八、E-Learning 教学平台

何克抗教授对 E-Learning 的定义为"E-Learning 是指通过因特网或其他数字化内容进行学习与教学的活动,它充分利用现代信息技术所提供的、具有全新沟通机制与丰富资源的学习环境,实现一种全新的学习方式;这种学习方式将改变传统教学中教师的作用和师生之间的关系,从而根本改变教学结构和教育本质。"

E-learning 教学平台是通过网络和信息技术形成教育、培训和学习的软硬件系统,E-Learning 教学平台的体系结构如图 3.16 所示。

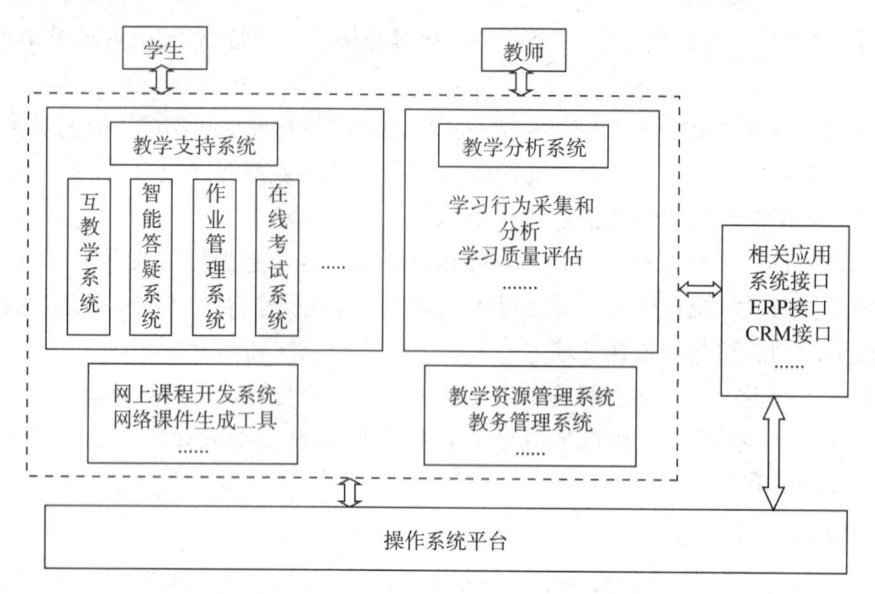

```
         ┌──────┐              ┌──────┐
         │ 学生 │              │ 教师 │
         └──┬───┘              └──┬───┘
┌───────────┼─────────────────────┼──────────────┐
│  ┌────────┴─────────┐  ┌────────┴─────────┐    │
│  │   教学支持系统    │  │   教学分析系统    │    │
│  │ ┌──┐┌──┐┌──┐┌──┐ │  │ 学习行为采集和    │    │  ┌──────────┐
│  │ │互││智││作││在│ │  │     分析         │    │  │ 相关应用  │
│  │ │教││能││业││线│ │  │ 学习质量评估      │◄──┼─►│ 系统接口  │
│  │ │学││答││管││考│ │  │    ……            │    │  │ ERP接口   │
│  │ │系││疑││理││试│ │  │                  │    │  │ CRM接口   │
│  │ │统││系││系││系│ │  │                  │    │  │   ……      │
│  │ │  ││统││统││统│ │  │                  │    │  └──────────┘
│  │ └──┘└──┘└──┘└──┘ │  └──────────────────┘    │
│  │       ……         │                          │
│  └──────────────────┘                          │
│  ┌──────────────────┐  ┌──────────────────┐    │
│  │ 网上课程开发系统  │  │ 教学资源管理系统  │    │
│  │ 网络课件生成工具  │  │   教务管理系统    │    │
│  │      ……          │  │      ……          │    │
│  └──────────────────┘  └──────────────────┘    │
└───────────┬─────────────────────┬──────────────┘
            ▼                     ▼
┌────────────────────────────────────────────────┐
│                  操作系统平台                   │
└────────────────────────────────────────────────┘
```

图 3.16　E-Learning 教学平台的体系结构

目前 E-Learning 教学平台分为两种：一种是以学习管理驱动的平台，有时也被称为学习管理系统（Learning Manage System，LMS）、课程管理系统（Course Manage System，CMS），如国外的 Blackboard 和 Moodle 平台，国内的 4A 网络教学平台、天空教室、101PPT 等；另一种是以教学资源驱动的平台，如大规模在线开放课程（Massive Open Online Course，MOOC）。

1. 课程管理系统——Moodle 平台

Moodle（Modular Object Oriented Dynamic Learning Environment）是"面向对象的模块化动态学习环境"的首字母缩写，中文通常称为"魔灯"，是由澳大利亚 Martin Dougiamas 博士主持开发的课程管理系统（CMS），其主要用来制作基于互联网的网络课程或网站的软件包。

（1）Moodle 的特点

①技术门槛低，易于使用。Moodle 平台安装容易，界面简单，所有的界面设计风格一致、简单、高效，而且不需要特殊的浏览技能，教师和学生只要花一定的时间熟悉操作，便能够无障碍使用。Moodle 拥有多种语言版本，包括中文简体版和中文繁体版。

②Moodle 是一个开放源代码的自由软件。Moodle 遵循 GPL 协议，在不修改或删除原有许可协议和版权的前提下，用户可以免费拷贝、使用和修改。

③模块化的结构设计。Moodle 采用模块化面向对象的设计方法，修改和扩充十分方便。Moodle 系统的管理也是模块化的，大致有系统设置、文件备份、编辑设定、用户管理、课程管理及活动记录等模块。

（2）Moodle 的主要功能

①网站管理。网站是由安装时定义的管理者来进行管理的。管理者进入"主题"就可以设定适合自己的网站颜色、字体大小、版面、语言等。有些模块可按照用户需求自行修改。

②用户管理。Moodle 平台的用户需注册才能参加课程的学习，而其电子邮件地址需要验证；验证通过的用户可以选择一种语言应用于 Moodle 的用户界面，可以设置自己的时区并建立个人在线档案，上传照片、撰写个人描述等，这些信息可以依据用户要求呈现或不呈

现。为了安全起见，教师可以设定课程的登录密码，以阻止闲杂人员进入；课程的开设账户仅仅对建立课程和学习课程的人公开。管理员有权将不参加活动的学生的注册信息清除。

③课程管理。课程管理具有灵活、丰富的课程活动，其中包括论坛模块、作业模块、聊天室、投票模块、测验模块、问卷调查模块、资源模块、互动评价模块和 Wiki 等。教师可以全面控制课程的所有设置，包括限制其他教师；可以选择课程的格式为星期、主题或社区讨论。在作业模块，教师可以设置提交作业的截止日期和最高分，学生上传作业的时间、教师的评价都可以显示。在投票模块，教师为了清楚地知道学生对某件事情的看法，可以设置投票，让每名学生进行表决。在论坛模块，Moodle 有多种类型的论坛可供选择。资源模块，Moodle 平台支持显示任何电子文档（Word、PPT、Flash、视频和音频等）。这些资源可以链接到 Web 的外部资源上，也可以无缝地将其包含到课程界面里。互动评价模块支持各种可用的评价级别。

2. 大规模开放式网络课程——MOOC

大规模开放式网络课程——MOOC（Massive Open Online Course）由加拿大的戴夫·科米尔（Dave.Cormier）和布赖恩·亚历山大（Bryan.Alexander）根据网络课程的教学创新实践提出。中国大学 MOOC 网网站界面如图 3.17 所示。

图 3.17　中国大学 MOOC 网网站界面

(1) MOOC 的特征

①自由开放性。MOOC 是一种开放、免费的网络课程,学习者来自全球各地,选课者免费注册并进行学习,没有课程人数的限制。

②完整的课程结构。MOOC 除了提供课程视频、文本材料、练习试题、测评系统和在线答疑外,还为学习者提供各种用户交互性论坛以及社区,注重对学习者的学习支持服务,关注学习者的学习体验。完成课程的学习者还可以获得证书。

③及时的学习过程反馈。MOOC 的测试方式有两种,分别是基于视频的嵌入式测试和单元测试,测试题目大多数以客观题为主。教师根据学习者的测试结果分析学习者的掌握程度并给予个性化的学习反馈和学习资源推荐。

④重视学习路径导航。在课程开始前,授课教师除在网站平台上发布课程公告外,还以邮件的方式告知课程开始时间和相应的学习准备。课程材料发布以周为单位向前推进,学习者很容易找到本单元学习所需要的学习材料、测试内容、讨论主题等。

⑤授课团队的无私投入。一门 MOOC 需要课程设计团队在前期投入大量的时间和精力。在课程运行过程中,课程设计团队要根据学习者的学习数据分析和反馈,对课程设计进行螺旋式的动态调整。

(2) MOOC 平台的主要功能模块

①学习、课程管理模块。学习者可以通过"课程名称""关键词""主讲教师""课程简介""课程评星""公告通知""章节目录"等快速搜索所需课程。学习者通过点击课程图片和课程名称进入课程,查看课程描述、讲师介绍、课程公告、课程评论、课程片花以及所学该课程的其他学习者等信息。

课程学习内容以视频、音频、文档、课件等形式呈现,在学习过程中学习者可以随时查看课程的学习时长、章节测试、结果考试等,也可以互相提问与解答,但不能随意拖拽课程进度,需要按照课程设定的时长或者测试要求进行进阶式学习。学习者完成课时学习后可以进行测验,测验结束就给出成绩,如果学习者对成绩不满意,可以重新学习后进行二次测验。

②用户管理模块。用户管理模块主要功能有:一是用户注册,可以用电子邮箱进行注册,也可以用指定账号直接登录;二是消息通知,学习者可以查看信息具体内容和信息发送时间,也可以删除已读信息(可以逐条删除信息,亦可批量删除信息);三是用户创建,管理员在后台可以添加、审核用户,拥有批量导入、生成用户,查看用户基本信息、启用、停用和重置用户密码等权限;四是用户管理,系统提供分级管理,包含系统超级管理员、运维管理员、课程制作人员、学校管理员、教师、助教、学生、社会用户等,同时,系统支持限制账号重复登录的功能,以确保用户账号的安全性。

③课程资源模块。课程资源模块主要功能有:一是查看学习进度,学习者随时掌握自己的学习情况;二是教学资源管理,教师对网络平台的所有教学资源都可以增加知识标签、知识点归属标签,在教学过程中,可以随时引用过去围绕知识点的讨论、答疑、作业等互动内容,以及自身上传到课程中的各种章节教程资源内容;三是支持多格式教学资源;四是教学过程中的互动,学生与学生之间、学生与助教之间的问题互动,促进学生的学习积极性。

④讨论区模块。讨论区模块主要功能有:一是论坛、群组开通,系统支持管理员开设论坛形式的讨论区以及用户自助,以"群组""圈子"等模式进行主题讨论或对课程内容进行针

对性提问讨论；二是论坛管理，讨论可以由教师或者学生发起，教师、助教可以对讨论内容进行置顶、编辑、屏蔽、取消屏蔽等操作，系统支持论坛内容的审核、敏感词管理、举报管理、系统自动屏蔽等功能；三是在线实时聊天；四是动态推送，支持学校课程发布、班级问题讨论、同学学习信息等动态功能的推送；五是学习分享，支持课程信息通过微博、微信等平台在互联网上进行分享。

⑤考试、作业模块。考试、作业模块主要功能有：一是支持灵活的学分认证考核方式设置，总评成绩＝学习时长成绩＋章节测试成绩＋结课考试成绩，其中，学习时长要求、章节测试和考试成绩结课比例可灵活设置；二是试题试卷管理，教师、助教等人员可以建立试题库，包括主观题、客观题支持自动、手动生成试卷，支持自动、手动判卷，支持期末考试以及在学习过程中通过试题进行学习过程的控制；三是课程考试，考试成绩的计算方法由课程创建者设定；四是作业查重，针对同一班级的作业系统自动判断重合度，通过信息化手段避免出现抄袭现象，减少作弊。

(3) MOOC 的教学模式

MOOC 可以提供自主在线学习模式、混合式学习模式（课堂混合式教学、翻转课堂教学、课程外学习者自主混合式学习）、协作学习和研究式学习模式，供学习者自主选择使用，MOOC 课程的教学模式，如图 3.18 所示。

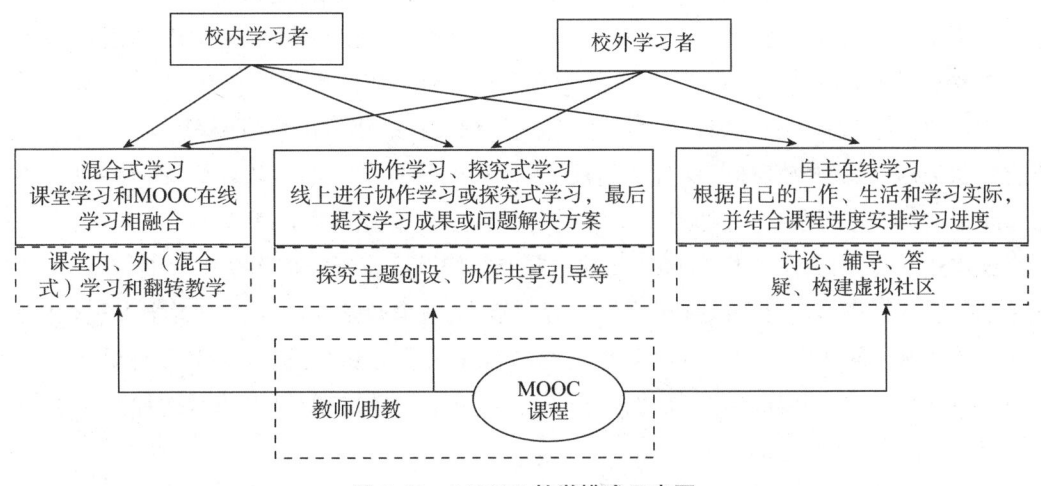

图 3.18 MOOC 教学模式示意图

(4) MOOC 的设计

MOOC 的教学设计过程具体思路如图 3.19 所示。

①需求分析。围绕社会学习者（社会化需求）和相关专业的学习者对于课程的学习需求（专业教学改革的需要），帮助教学团队确定 MOOC 的课程目标和平台的功能目标，为后续设计和开发奠定基础。需求分析可以通过对相关专业学生发放问卷以及对社会学习者进行访谈等方法来进行。

②教学设计。在确定学习者的需求之后，进行对应课程的教学设计和 MOOC 平台的总体设计。首先，根据学习者的学习需求，确定 MOOC 的内容框架，这些内容要能够切实解决绝大多数学习者的学习需求，设计的形式采取主题和微单元的形式展开；其次，根据主题教学和微单元的设计，构建 MOOC 平台的功能模块，使之与课程内容的安排相一致、协调。

```
                    社会化需求
                    专业教改需求
                         │
                         ▼
  ┌─────────────┐   ┌─────────┐   ┌─────────────┐
  │ MOOC的课程目标│◄──│ 需求分析 │──►│ MOOC功能目标 │
  └─────────────┘   │(Analysis)│   └─────────────┘
         │          └─────────┘           │
         ▼               │                ▼
  ┌─────────────┐   ┌─────────┐   ┌─────────────┐
  │MOOC的主体设计│◄──│ 教学设计 │──►│ MOOC总体设计 │
  │或微单元设计  │   │ (Design) │   └─────────────┘
  └─────────────┘   └─────────┘           │
         │               │                ▼
         ▼               ▼         ┌─────────────┐
  ┌─────────────┐   ┌─────────────┐│ MOOC模块开发 │
  │MOOC的内容素材│◄──│  教学开发   │──►└─────────────┘
  │ 搜集、开发  │   │(Development)│          │
  └─────────────┘   └─────────────┘          ▼
         │               │          ┌─────────────┐
         ▼               ▼          │按主题或结构实现│
  ┌─────────────┐   ┌──────────────┐└─────────────┘
  │按MOOC的主题  │◄──│   教学实施    │──►      │
  │或结构顺序教学│   │(Implementation)│        ▼
  └─────────────┘   └──────────────┘  ┌─────────────┐
         │               │            │系统测试、试运行│
         ▼               ▼            │或过程性评价  │
  ┌─────────────┐   ┌─────────┐      └─────────────┘
  │各种主题讨论、习题│◄─│ 教学评价 │──►
  │和测试;或认证评价│  │(Evaluation)│
  └─────────────┘   └─────────┘
```

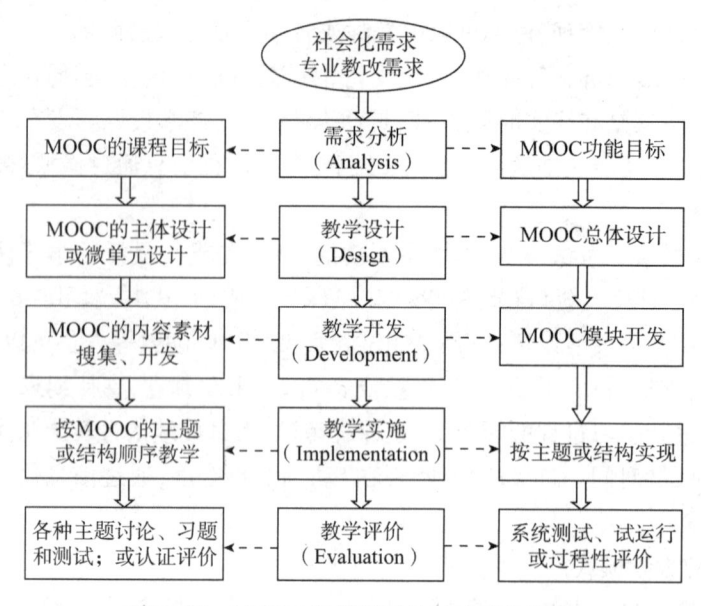

图 3.19 MOOC 的教学设计过程具体思路

③教学开发。首先,根据教学设计和总体设计要求,收集、整理和创作与课程内容有关的素材,如教学课件的制作、教学微视频的拍摄、编辑,教学文档的处理等;其次,根据教学设计和总体设计要求,进行课程平台的搭建和功能模块的开发,并形成一个使用文档,提供给所有的教学团队成员,以方便每个成员熟悉和掌握平台功能的操作。

④教学实施。首先,在课程平台搭建好以后,把课程的相关信息(课程目标、课程内容框架或主题结构、课程开放时间、课程实施流程、课程团队、评价方式、认证标准、参考资料等)通过课程主页面进行公告,并通过电子邮箱向所有注册课程的学员发送邮件。其次,在课程平台正式开放前,由教学团队按 MOOC 的主题或结构顺序将资源依次从后台上传至平台中,并通过电子邮箱将信息再一次推送至学习者。最后,整个教学团队在学习者学习过程中,在讨论区教师通过问题引导学习者就某个主题进行深入思考和交流,分享学习心得和学习成果,并相互探讨问题的解决方案,从而形成学习共同体,教师和助教也适时地加入和引导交流的方向,并解决探讨中的困惑。

⑤教学评价。MOOC 课程的评价要强调形式的多元化和评价重点的过程化。形式的多元化指的是评价主体多元,既有教师和助教参与评价,也有来自学员的评价;既有测验、考试的形式,也有主题探究和问题解决的形式;既有对学员的评价,也有对教师、助教的评价,同时还有对教学团队的管理和平台运行状况的评价。评价重点的过程化是指评价过程的重点在于学习过程,而不仅仅是结果。侧重于学习者在课程学习过程中的综合表现,评价重心是学习者的学习,即是否达到其学习目标,解决了实际问题等,平时成绩的占比原则上不应低于 60%。

九、交互式电子白板

交互式电子白板是电子感应白板(硬件)与白板操作系统(软件)的集合体,它融合了计算机技术、微电子技术与电子通信技术,成为人与计算机进行交互的智能平台。通过通信程序接入互联网,交互式电子白板还可以方便地实现网络会议与远程教学,从而进一步扩展学习资源与应用场景。

1. 交互式电子白板的类型

交互式电子白板从技术原理层面主要分为以下四种。

(1)电磁感应型交互式电子白板。电磁感应型交互式电子白板,其白板区域由水平和垂直方向排列的电磁波接收线圈膜组成,膜的大小与显示区域相同。当特定的电磁感应笔靠近接收线圈膜时,线圈上就会感应到电磁笔发射出的电磁波。根据水平方向和垂直方面感应到的电动势,通过计算可以获得笔所在的 X、Y 坐标位置。电磁感应型交互式电子白板特点是定位准确、精度较高,不足在于必须使用特定的电磁笔,使用过程中容易损伤接收线圈膜,耐用性不高。

(2)红外线型交互式电子白板。红外线型交互式电子白板,其基本原理是由分布在显示区域四周的红外线发射管和接收器构成水平和垂直方向的扫描网络,进而形成一个扫描平面网。当有物体阻挡住扫描网络中的某对水平和垂直扫描线时,就可以通过被阻挡的水平和垂直方向的红外线位置确定扫描平面内的 X、Y 坐标。红外线型交互式电子白板特点是定位准确,使用手指、教鞭可以进行书写或触摸操作,书写方便且无耗材,不怕划伤、经久耐用,通过计算机 USB 接口即可实现供电,广泛适用于教育培训、商务办公、展览展示等领域,目前在电子白板市场中占据较大的份额。

(3)超声波型交互式电子白板。超声波型交互式电子白板,采用超声波测距定位技术,根据三点定位的原理,通过超声波发射到接收的时间计算出发射点到接收点的距离,计算出笔所在的 X、Y 坐标。通常的设计是在屏幕的两边放置两个按固定距离分布的超声波接收装置,用于定位的笔是一个超声波发射器。当笔在屏幕的表面移动时,所发射的超声波沿屏幕表面被两个接收器检测到,根据接收到超声波的时间换算出笔与两个接收器的距离。

(4)CCD(电荷耦合元件)光电耦合型交互式电子白板。CCD 光电耦合型交互式电子白板,采用 CCD 光扫描的原理来实现,在显示区域的一边设置两个固定距离的 CCD 线阵探测器和红外发射器,对准白板的显示区域。在显示区域的另外三边设置可以反射光线的反射膜,在没有物体阻挡时,线阵 CCD 检测到的是一条完整的光带。当有物体在显示区域中挡住光线传播路径时,在线阵 CCD 检测到的光带中会出现无反光区域,分布在两个角的 CCD 分别检测到的遮挡区域反应在线阵 CCD 的对应区域,根据对应的区域计算出物体在显示区域的位置。CCD 光电耦合型交互式电子白板的优势是反应速度快,可以实现多点触摸和多人书写,无须专用笔,书写方便无耗材,不怕划伤,耐用性好。但是存在造价偏高、容易受到强红外光的影响等缺点,目前仅有少量厂家进行生产,市场上并不常见。

2. 交互式电子白板系统的组成

交互式电子白板系统是指包含了交互式电子白板、计算机系统和多媒体投影机等基本组件,以计算机软硬件为核心,以大尺寸交互显示界面为特色的一种组合媒体,如图 3.20 所示。

图 3.20 交互式电子白板实物图

硬件系统的核心组件由交互式电子白板、多媒体投影机、计算机和感应笔(又称白板笔、鼠标笔)组成。交互式电子白板是系统的主体,它既是感应笔书写与操作的界面,又是计算机的显示器和投影机的幕布;感应笔具有书写笔和计算机鼠标的双重功能,笔尖可以在交互式电子白板上书写,同时笔尖相当于鼠标左键,可以单击和双击,笔筒上的按钮相当于鼠标右键,计算机显示屏上的内容可以通过投影机投射到交互式电子白板上。当感应笔在交互式电子白板上书写或操作时,通过电磁感应以及白板与计算机之间的馈线将数字信息输送到计算机中,并迅速(人眼难以区分的快捷速度)通过投影机投射到交互式电子白板上呈现出来,从而实现交互式电子白板的各类基本操作。

软件系统是交互式电子白板系统极其重要的组成部分,除了具备支持以上基本的交互式电子白板操作和功能之外,一般还配备了多种扩展组件以完成一些辅助功能。

3. 交互式电子白板的功能与使用

(1)投影幕布功能。交互式电子白板的尺寸一般和黑板或多媒体投影机的屏幕差不多,板面采用高亮度、低反光率的高档材料,有的还具有横向和纵向的滑动轨道,可以将其移动到合适的位置接收来自多媒体投影机的信息,因此它完全可以代替多媒体投影机幕布来展示各种数字化教学信息。

(2)普通白板功能。交互式电子白板可以单独使用,此时它具有普通白板的所有属性和功能,使用方法和使用黑板一样。教师可以用配套的几种彩色感应笔(如红、蓝、绿、黑等)在白板上进行书写、作图,而且不像写粉笔那样费力。当需要修改时,只需用附带的物理擦板擦除即可。

(3)交互控制功能。交互式电子白板与计算机、多媒体投影机配合使用时,屏板和感应笔便成为简便易用的触摸式屏幕、虚拟键盘和鼠标,可以与计算机进行实时交互控制操作,如使用虚拟键盘输入文字和数字;感应笔作为鼠标,可以进行单击、双击、右击、拖放、移动等操作。通过交互式电子白板操作各种应用软件,就像坐在计算机前操作计算机一样方便快捷、轻松自在。

(4)记录存储功能。交互式电子白板与多媒体投影机、计算机配合使用时,当用感应笔在白板上将教学的内容直接书写、绘画、说明、修改、擦除、标注时,白板上的所有内容可以同步显示和存储在计算机上以备后用,这样教师就可以把注意力完全集中在重要内容的讲解上。课后,可以把计算机中保存下来的板书内容复制到软盘、刻成光盘或者直接用打印机打印出来分发给学生,减轻学生课堂上记笔记的负担,以便集中精力听讲和思考。另外,将课堂教学的实际进展情况详细记录下来,也有利于教师的课后总结与反思,方便教研组的研讨,从而促进教师的专业成长。

(5)资源库功能。交互式电子白板的应用软件一般具有强大的资源库功能,常用的有背景库、注释库、页库、链接库等等,内容非常丰富,涉及领域也非常广,而且其内容可以任意添加或删除,不仅方便了教师授课过程中的随时调用,增加了课堂信息量,而且克服了在多媒体投影系统下使用课件和幻灯讲稿时教学材料高度结构化和固化的问题。

(6)网络通信、交流功能。交互式电子白板一般都内置了网络浏览器,师生在进行课堂教学时能随时直接上网,而不必先退出白板工作界面,再进入计算机工作界面启动其它网络浏览器。交互白板式电子还可以通过网络进行信息传送(包括音频和视频信息),以实现资源共享和远程交流。这样一方面可以加强班级之间、学生之间的交流与合作,另一方面在远程教学、在线培训、远程视频会议中也特别有用。

(7)辅助教学功能。专门为教学开发的交互式电子白板都配备了各种辅助教学的软件,可以帮助教师搜集教学材料、制作课件和教案,在课堂上为师生提供交流、讨论的平台,使教学活动更丰富、有效。例如,通过虚拟物理实验室、虚拟化学实验室、几何画板、五线谱谱曲等辅助软件,可以大大增强教师授课的多样性,克服传统授课的不足,从而提高授课质量。

第三节　数字化学习资源中心

数字化学习资源中心是一种全新的、开放性的资源共享多媒体学习环境,是为人们提供学习支持服务的重要场所。数字化学习资源中心集成了各种媒体资料,并以合理的编目、索引为人们查询和使用资源提供良好的服务和各种媒体设备的使用支持,还提供使用媒体进行个别化学习或小组学习时的相应环境。

一、数字图书馆

数字图书馆是用数字技术处理并存储各种图文并茂的文献的虚拟的、没有围墙的图书馆。数字图书馆实质上是基于网络环境下共建共享的可扩展知识网络系统,是超大规模的、分布式的、便于使用的、没有时空限制的、可以实现跨库无缝链接与智能检索的学习资源中心。

1. 数字图书馆的特点

数字图书馆不占用空间，可以将文字、图像、声音等信息资源全球共享。与传统图书馆相比，数字图书馆的特点主要表现在以下几个方面。

(1) 信息资源存储数字化。信息资源数字化是数字图书馆的基础。数字图书馆的本质特征就是利用现代信息技术和网络通信技术，将各类传统介质的文献进行压缩处理并转化为数字信息，将分散于不同地理位置的各种载体上的信息资源按二进制编码进行数字化存储和传输，离开了信息资源的数字化，数字图书馆就成了无本之木。

(2) 信息资源传递网络化。信息资源传递网络化是数字图书馆的重要标志。数字图书馆的各项服务都以网络为媒介或载体。目前，数字图书馆通过由宽带网组成的万维网(Web)和因特网(Internet)，以高速度、大容量、高保真的计算机和网络系统将世界各国的图书馆和计算机连为一体。数字图书馆不仅利用图书馆内部馆藏资源来实现世界范围内的信息交流，信息资源传递网络化还带来了信息传递的标准化和规范化。

(3) 信息资源服务知识化。数字图书馆向用户提供的不仅是一般的信息，而是经过整理和智能重组加工后的信息的内核——知识。数字图书馆将实现由文献提供向知识提供的转变，并且以最方便的手段和最快的传递速度，向用户提供经过加工的最准确、最全面和最有用的知识化的信息。

(4) 信息资源利用共享化。数字图书馆的信息资源利用不仅体现在不同地域的读者对信息资源的共享，也体现为不同地域图书馆对数字化、网络化资源的共享。由于信息资源传递的网络化，使众多图书馆能够借助网络获取各类数字信息，以满足读者对知识的需求；读者可以通过计算机网络系统，在办公室或家里对远程数据库进行联机浏览、检索和查阅。

(5) 信息资源服务全球化。数字图书馆没有地理、时空的局限，是一个全国乃至全球的信息资源网络传递系统。数字图书馆有统一的文献组织标准，有统一的用户界面和参考咨询系统，各成员单位的服务对象范围都扩大到网上所有用户，各单位的用户也可以通过网络，检索现实馆藏和丰富的虚拟馆藏数据，真正实现了资源共享。

2. 我国主要的数字图书馆

(1) 国家数字图书馆。国家数字图书馆由国家图书馆开发，是我国规模最大的数字图书馆，专注于数字资源核心技术的研发与应用推广、数字版权管理、数字化加工、专业信息提供、电子政务及电子商务服务、数字内容整体解决方案与数字图书馆整体解决方案提供，以及数字图书馆综合服务平台建设。

国家数字图书馆的使用，可通过在浏览器中输入中国国家数字图书馆的网址，进入中国国家数字图书馆首页。中国国家数字图书馆网站首页如图3.21所示。在中国国家数字图书馆网站首页"文津搜索"文本框中输入要查询的关键字，然后选择分类，如馆藏目录、特色资源、电子期刊、电子图书、电子资源、站内检索等，进入相应的搜索页面。在检索结果中可以单击某一项浏览详细信息，还可以进行二次检索、保存到收藏夹、过滤等操作，为读者提供便捷的服务。该网站内容覆盖经济、文学、计算机技术、历史、医药卫生、工业、农业、军事及法律等 22 个门类。

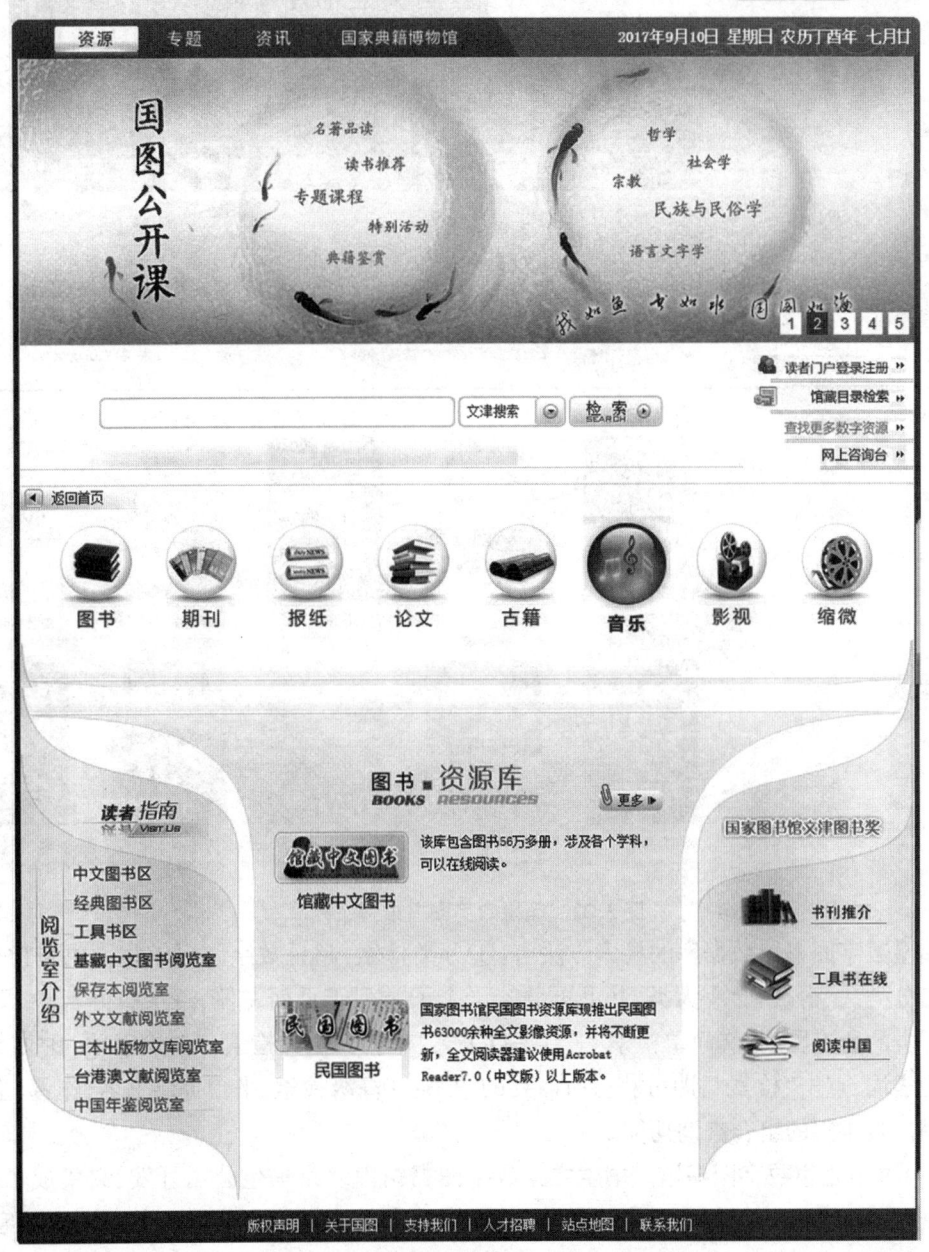

图 3.21　中国国家数字图书馆网站首页

（2）超星数字图书馆。超星数字图书馆成立于 1993 年，是国家"863"计划中国数字图书馆示范工程项目，面向读者提供大量的电子图书资源，是国内专业的数字图书馆解决方案提供商和数字图书资源提供商。超星数字图书馆的资源包括文学、经济、计算机等五十余大类、数百万册电子图书，以及大量的论文、学术视频等，而且每天都在不断增加和更新，是目前世界上最大的中文在线数字图书馆。超星数字图书馆网站界面,如图3.22所示。

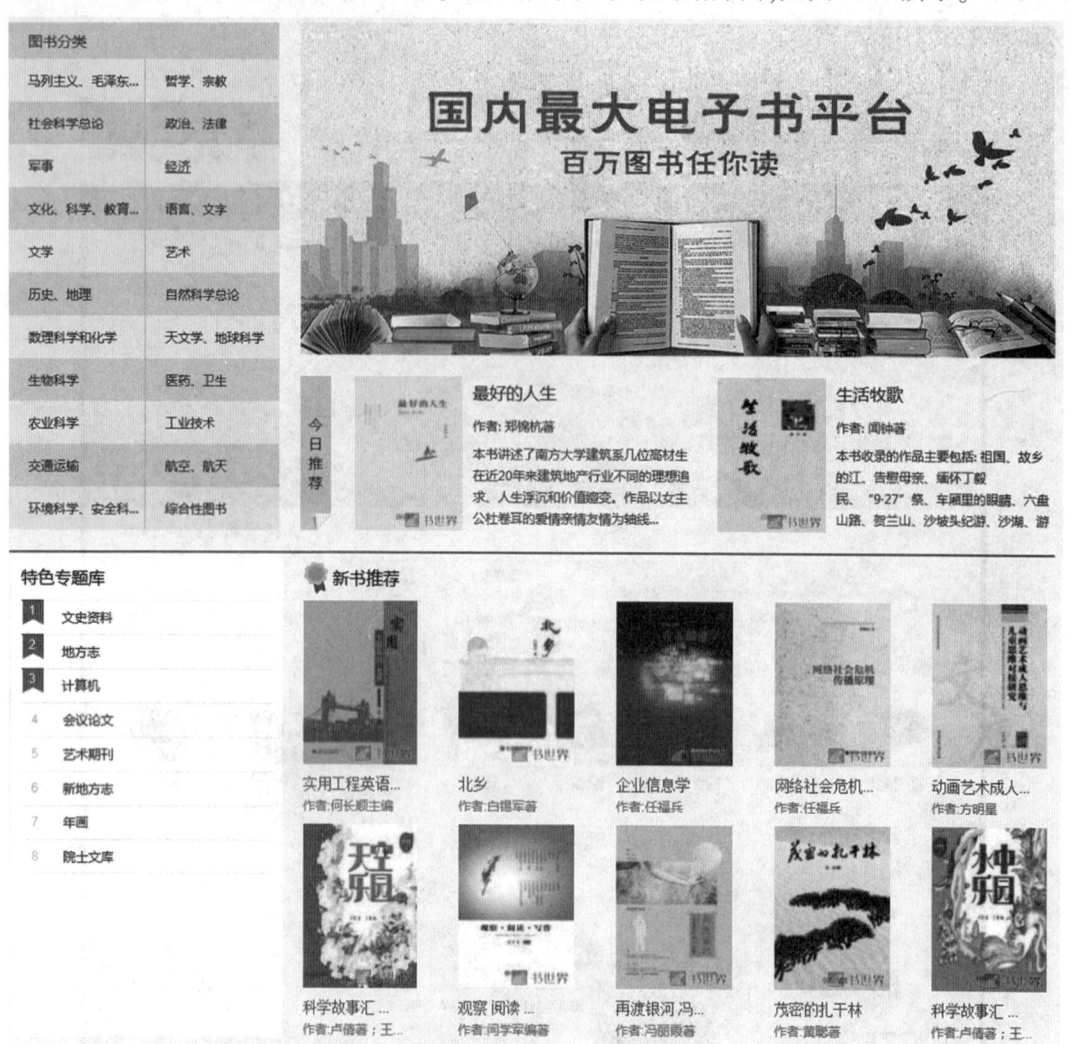

图3.22 超星数字图书馆网站界面

超星数字图书馆数据库的检索方法有:①分类检索,超星数字图书馆将图书按照《中国图书馆分类法》分成22个大类,其下再分若干个子类列于页面左侧,逐层打开目录,即可获得该子类的所有图书;②简单检索,平台提供书名、作者和全文检索三个检索项,在文本框中输入检索词,点击"检索",即可获得所需要的图书;③高级检索,平台提供书名、作者、主题词和图书出版年限的组合查询功能。

(3)书生之家数字图书馆。书生之家数字图书馆由北京书生公司开发,它集成了图书、期刊、报纸、论文、CD等各种载体的资源,并提供强大的全文检索功能。书生之家数字图书馆所收图书涉及社会科学、人文科学、自然科学和工程技术等类别。

书生之家数字图书馆的使用,可以从各个学校图书馆主页提供的"书生电子图书"链接进入书生之家数字图书馆,如输入网址进入宁夏师范学院图书馆的"书生电子图书"。宁夏师范学院图书馆的"书生电子图书"网站界面如图3.23所示。

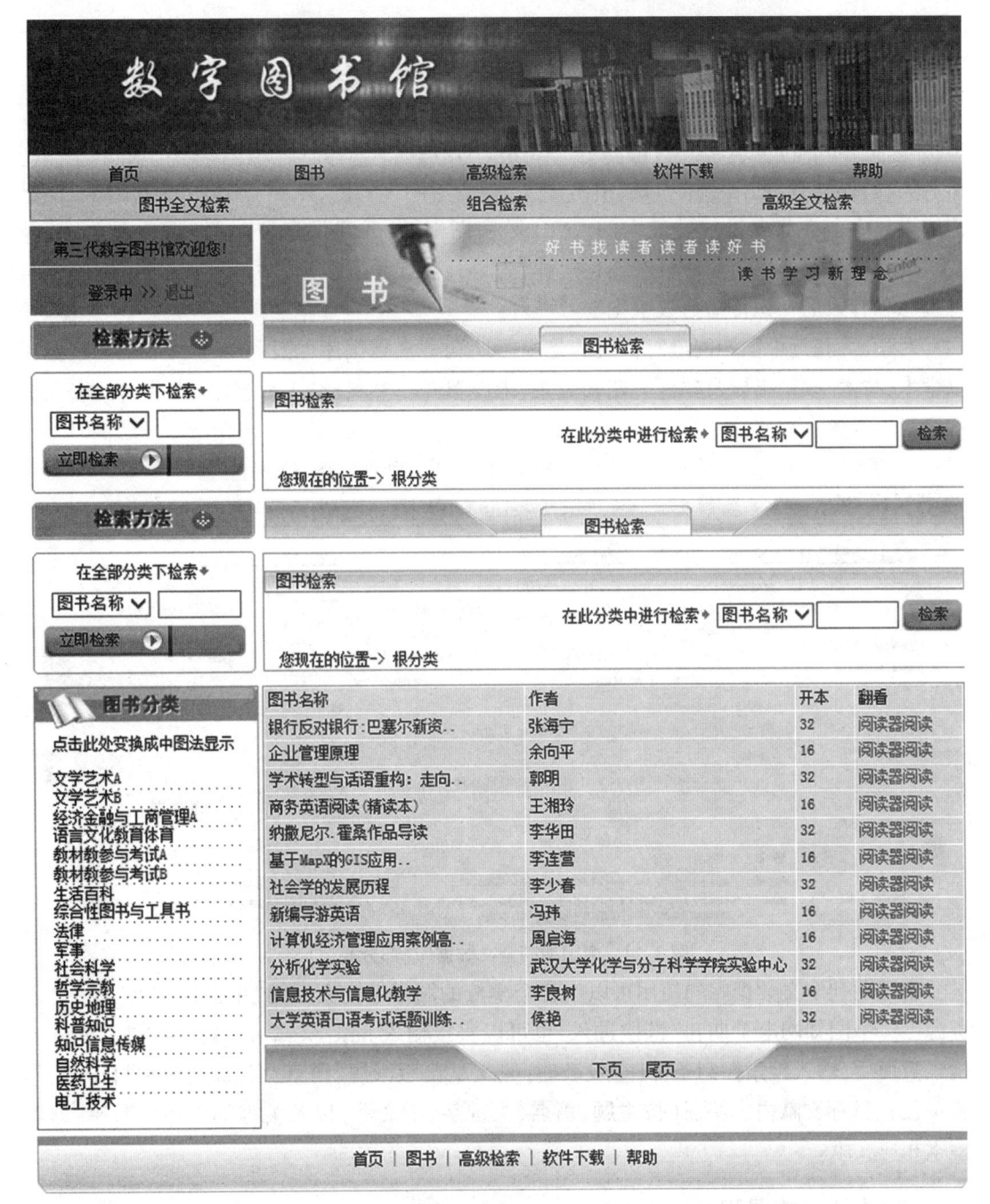

图 3.23　宁夏师范学院的"书生电子图书"网站界面

（4）省级数字图书馆。国家启动数字图书馆推广工程以来,已搭建起全国所有省级数字图书馆和部分市级数字图书馆的硬件平台,构架了以国家数字图书馆为中心,以各级数字图书馆为节点,覆盖全国的数字图书馆虚拟网络,在全国范围内形成有效的数字资源保障体系,以网络为通道,借助各式新型媒体,向公众提供数字图书馆服务。

（5）高校数字图书馆。高校是数字图书馆建设的庞大力量。经过多年的建设,高校数字图书馆已经具有较大规模,并形成了一定的特色。

二、中国知网

中国知网（China National Knowledge Internet）是中国知识基础设施工程（China National Knowledge Infrastructure，CNKI）的成果。CNKI 工程是以实现全社会知识资源传播、共享与增值利用为目标的信息化建设项目，由清华大学、清华同方发起，始建于 1999 年 6 月，目前已建成世界上全文信息量规模最大的 CNKI 数字图书馆，并建设有《中国知识资源总库》及 CNKI 网络资源共享平台，通过产业化运作，为全社会知识资源高效共享提供丰富的知识信息资源和有效的知识传播与数字化学习平台。

对学术而言，中国知网最有价值的是中国期刊全文数据库，如图 3.24 所示。该数据库以学术、技术、政策指导及教育类期刊为主，内容覆盖自然科学、工程技术、农业、哲学、人文社会科学等各个领域。

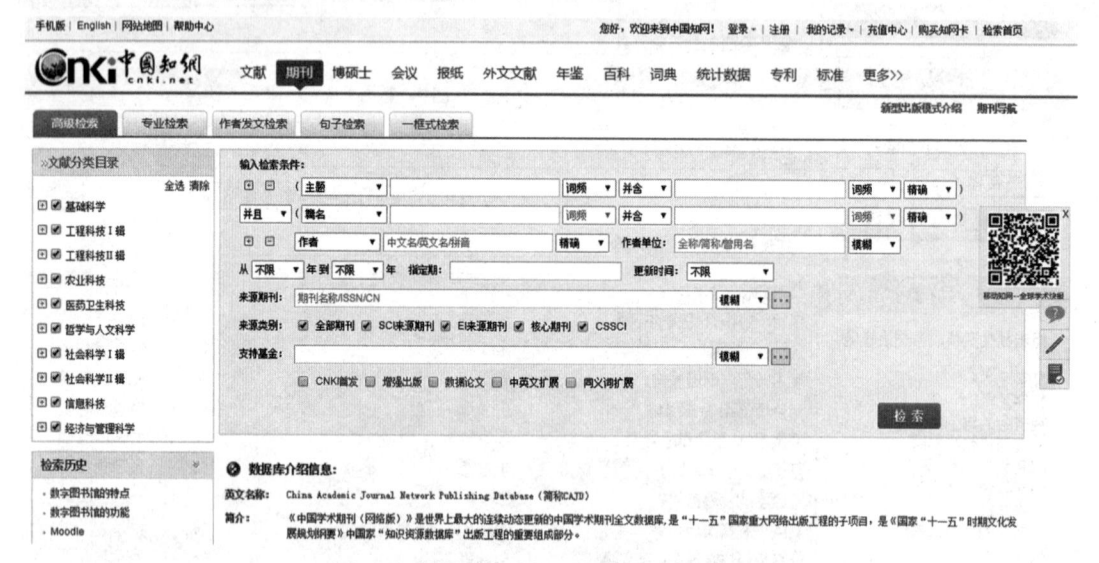

图 3.24 中国期刊全文数据库（部分截图）

中国期刊全文数据库的使用可以由各个学校的图书馆主页上的"中国期刊网"或"电子资源——中国知网电子期刊"链接进入，也可以直接输入 http://www.cnki.net/ 进入。进入检索页面后，输入检索控制条件（如发表时间、文献出版来源、国家及各级科研项目作者、作者单位）、目标文献内容特征（按主题、篇名、关键字、全文等）以及关键词出现的频率，即可检索相应文献。

三、精品开放课程

国家精品开放课程包括精品资源共享课与精品视频公开课，是以共享优质课程资源为目的、体现现代教育思想和教育教学规律、展示教师先进教学理念和方法、服务学习者自主学习、通过网络传播的开放课程。

1. 国家精品资源共享课

国家精品资源共享课是以高校教师和学生为服务主体，同时面向社会学习者的基础课和专业课等网络共享课程。国家精品共享课对课程内容的要求是：能够涵盖课程相应领域的基本知识、基本概念、基本原理、基本方法、基本技能、典型案例、综合应用、前言专题、热点问题等内容；具有基础性、科学性、系统性、先进性、适应性和针对性等特征；严格遵守国家安全、保密和法律规定，适合网上公开使用。

国家精品资源共享课中的资源分为基本资源和扩展资源。基本资源是指能反映课程教学思想、教学内容、教学方法、教学过程的核心资源，包括课程介绍、教学大纲、教学日历、教案或演示文稿、重点难点指导、作业、参考资料目录和课程全程教学录像等教学活动所必需的资源。扩展资源是指反映课程特点，应用于各教学环节且支持课程教学和学习过程的、较为成熟的、多样性、交互性辅助资源，如案例库、专题讲座库、素材资源库，学科专业知识检索系统、演示/虚拟/仿真实验系统、试题库系统、作业系统、在线自测/考试系统等。

爱课程网"资源共享课"栏目构成如图 3.25 所示。

图 3.25　爱课程网"资源共享课"栏目构成

2. 国家精品视频公开课

国家精品视频公开课是以高校学生为服务主体，同时面向社会公众免费开放的科学、文化素质教育网络视频课程与学术讲座。师范生借助精品开放课程进行学习时，不仅要从中学习知识，学习教学方法、教学艺术、教学设计，还要从中学习资源的建设技术、方法和技巧。

爱课程网"视频公开课"栏目构成如图 3.26 所示。

图 3.26　爱课程网"视频公开课"栏目构成

3. 网易公开课

网易公开课是网易公司于 2010 年开始在中国率先推出的"全球名校视频公开课项目"，其将世界名校的视频公开课放到网上，供学习者在线免费学习。网易公开课网站首页如图 3.27 所示。

图3.27　网易公开课网站首页

网易公开课网站设有 TED（Technology，Entertainment，Design）、国际名校公开课、赏课、公开课策划、可汗学院、态度公开课、中国大学 MOOC 等栏目。国际名校公开课视频配有中文字幕，已上线的公开课视频内容涵盖文学、语言、哲学、历史、宗教、艺术、经济、政治、法律、教育、心理、管理、传播、数学、物理、化学、生物、地球科学、计算机、医学等学科。

4. 学科网及学科门户

这里所说的学科网是构成某一学科内容的以学科名称冠名的网站，如小学资源网、中国社会科学网等。

四、电子书包

电子书包（Electronic Schoolbag）是传统书包的替代品，也就是说把学生所有的课本、笔记本、作业、资料等全部存储在电子书包中，使学生不再背着沉重的书包上学。国内外学者对电子书包的教育功能和使用进行了大量的研究。在国内，一些学校已经开始使用电子书包，但大多处于试验阶段。

1. 电子书包的概念

在国内,电子书包是一个比较模糊的概念。香港教育统筹局将电子书包定义为一个存储学习资源的电子工具。台湾中央大学陈德怀教授认为,电子书包是一种个人可以随身携带,具有电脑运算、储存和传送数位资料、无线通信等功能,并支持使用者在不同场地进行各种有效学习的工具。祝智庭教授指出,从硬件设备角度上讲,电子书包就是一种个人便携式学习终端;从电子书包教育教学的系统功能架构视角看,电子书包是学生的个人学习环境。张迪梅认为,电子书包是集学、练、评、拓为一体的,活动的、立体化、网络化、便携式的"电子课堂";电子书包是学生、教师的互动平台,也是学生、教师、教学、科研、教育行政主管部门、家庭等的交流平台。电子书包是一种具有阅读电子课本、管理学习资源、记录个人学档功能,具备支持各种有效学习方式的个人学具和交互式学具,具有信息处理能力和无线通信功能的个人便携式信息终端。

2. 系统构成

电子书包系统主要由学习终端、学习资源和服务平台构成。

(1)学习终端。目前电子书包学习终端以平板电脑为主,其自带无线上网,支持3G/4G网络,系统软件支持Windows、Android、iOS等,应用软件满足学习者个性化学习需求。

(2)学习资源。学习资源包括课程库、学习工具库、试题库、教育游戏库等教育教学资源,以稳态、固态、动态等三种形态呈现。其中,稳态资源由教育主管部门和学校提供,如电子教材;固态资源内置于电子书包,如计算器、字典、教学工具等;动态资源是指通过服务平台获得的学习资源,如试题库、课外阅读资料、家庭教育资源、社会教育资源等。

(3)服务平台。服务平台是支持学校教育、家庭教育、社会教育以及协同教育的信息化教育平台,可以为学生、教师、家长、社会教育工作者等提供教育教学资源、学习管理与评价、协同互动等服务。

3. 功能与特点

(1)电子书包的功能

电子书包除了具有移动媒体的基本功能之外,其教育教学功能主要包括课堂同步教学与笔记功能、教学管理与评价功能、学习记录与跟踪功能、"家-校-社"协同互动功能等。

(2)电子书包的特点

电子书包的主要特点有以下几点。

①学习终端的便携性、移动性。便携性是指学习终端外观尺寸与课本相当,轻薄、便于携带,支持手写、滑屏、自动翻页等;移动性是指学习终端具有无线网络接入功能,可以实现随时随地的学习。

②学习资源的多媒体化、微型化、多元化。多媒体化指电子书包中的资源是一种与多媒体内容整合的数字化资源,具有视音频、动画等多媒体形式,可以为学生创设生动、形象的学习情境;微型化是指资源设计逐步向片段化、微型化发展;多元化是指电子书包不但拥有学校教育资源,还拥有家庭教育和社会教育资源。

③支持服务的多样化、个性化。电子书包的应用涉及学校、家庭和社会,使用者包括学生、教师、家长以及社会教育工作者。因此,服务平台能为使用者提供多样化服务,满足使用

者的个性化需求。

4. 电子书包的应用

(1) 在学校教育中的应用

电子书包在学校教育中的应用主要有以下几种。

①课堂教学应用。教师利用电子书包进行课堂同步教学，即时捕捉学生学习动向，调整教学的进度、方法和内容；利用电子书包的教学评价功能，教师在线发布测试题并批改，实现课堂即时评价。学生可以在教师引导下，根据学习主题，利用电子书包丰富的数字化学习资源与学习工具，进行小组协作学习和探究学习。

②校园活动应用。利用电子书包的移动便携性，学生在校园中开展以行动为导向的体验学习和探究学习。校园活动一般以小组形式进行，活动小组携带电子书包走出教室，利用电子书包采集数据，通过无线网络与教师、同学交流，最后进行成果展示与评价。

③教学管理与评价。电子书包可提供教学内容的分类存储服务，根据教师提供的知识库，对学生提交的作业和试卷自动完成批阅，实现对学生学习情况的统计，如错题统计、学习进度控制等，以便教师及时了解学生知识的掌握情况和学习进度，并对学生进行有针对性的辅导。

(2) 在家庭教育中的应用

电子书包在家庭教育中的应用主要包括学生在家学习和家长辅导。学生通过电子书包查看、完成教师布置的家庭作业，并通过服务平台和教师进行交流，解决学习中遇到的困难。学生也可以根据自身学习需要，利用电子书包中内置的资源或服务平台上的微型化视频课程进行课前预习，并记录学习中的疑问或将疑问发送至服务平台，供教师备课时参考。家长利用电子书包中的资源学习家庭教育方法，对子女学习进行辅导，也可以通过平台与教师进行交流。

(3) 在社会教育中的应用

目前，电子书包在社会教育中的应用主要是社会培训机构利用电子书包对中小学生进行课后辅导。

(4) 在"家-校-社"协同教育中的应用

协同教育是在现代教育理念及系统科学理论指导下，学校、家庭和社会教育系统中的各要素相互联系与作用，共同对学生实施教育，促进学生全面发展的一种教育方式。

①"家-校"协同教育中的应用。"家-校"协同教育包括学校协同家庭教育和家庭协同学校教育。电子书包在"家-校"协同教育中的应用主要体现在两个方面：一是在学校协同家庭教育中，教师利用电子书包将学校的教学情况、教学任务和学生在校表现及家庭教育方法等信息提供给家长，教师的课堂教学延伸到家庭，实现了学校教育与家庭教育的同步；二是在家庭协同学校教育中，家长利用电子书包查看学生学习情况，利用服务平台与教师或学校管理人员沟通交流。同时，家长利用电子书包将优质家庭教育资源与学校教育资源进行整合，供学生课堂内使用。通过这种方式，家长参与到学校教育中，与教师一起指导学生开展学习。

②"校-社"协同教育中的应用。"校-社"协同教育包括学校协同社会教育和社会协同

学校教育。学校可以利用服务平台中的社会教育资源对学生进行安全教育、道德教育、环保教育等。教师利用丰富的社会教育资源指导学生开展基于社会真实情境的体验学习和研究性学习,提高学生的解决问题能力和创新能力。

③在"社-家"协同教育中的应用。"社-家"协同教育包括社会协同家庭教育和家庭协同社会教育,在这里主要是指家长利用社会教育资源对子女进行家庭教育。

实践项目

1. 以小组为单位,通过查阅资料,熟悉校园网的组成、功能、系统布局,在全班进行交流和展示。

2. 以小组为单位,通过查阅资料,熟悉多媒体教室、全自动录播教室、智慧教室的功能、特点、系统布局,掌握它们各自的使用方法和注意事项,在全班进行交流和展示。

3. 以小组为单位,通过查阅资料,熟悉网络教学平台的特点、功能,并学会利用网络平台进行教学组织、协作交流和评价,在全班进行交流和展示。

4. 以小组为单位,通过查阅资料,了解微格教学系统的功能、组成,选择所学学科的一节课,在微格教室进行教学内容的展示。

5. 以小组为单位,通过查阅资料,熟悉数字语言实验室的功能和使用方法,在全班进行交流和展示。

6. 以小组为单位,通过查阅资料,熟悉交互式电子白板的功能,并学会其使用方法,在全班进行交流和展示。

7. 熟悉数字图书馆、中国知网等数据库文献资源的种类,掌握数字资源的下载方法和阅读技巧。

复习思考题

1. 简述信息化教学环境的构成。
2. 简述校园网的组成及应用。
3. 简述多媒体综合教室的类型、组成及功能。
4. 简述多媒体网络教室的组成及功能。
5. 简述微格教室的组成及教学应用。
6. 简述全自动录播教室的组成及应用。
7. 简述数字语言实验的组成及教学应用。
8. 简述智慧教室的特征、组成及教学应用。
9. 简述交互式电子白板的类型、功能及教学应用。
10. 简述电子书包的特点、功能及应用。
11. 简述数字化学习资源中心的种类、特点及使用方法。

参考文献

[1]黄威荣,刘军,卓毅.现代教育技术应用[M].北京:教育科学出版社,2015.

[2]陈琳.现代教育技术[M].2版.北京:高等教育出版社,2014.

[3]汪基德.现代教育技术[M].北京:高等教育出版社,2011.

[4]冯博琴,陈文革.计算机网络[M].2版.北京:高等教育出版社,2004.

[5]李运林,徐福荫.教学媒体的理论与实践[M].北京:北京师范大学出版社,2003.

[6]孟宪恺.微格教学基本教程[M].北京:北京师范大学出版社,1992.

[7]张剑平.现代教育技术:理论与应用[M].北京:高等教育出版社,2003.

[8]荣静娴,钱舍.微格教学与微格教研[M].上海:华东师范大学出版社,2000.

[9]苗占胜,何晶.学校高清数字录播教室的建设[J].智能建筑电气技术,2013(4):57-60.

[10]陈向阳.全自动课程录播教室系统设计和建设[J].兰州教育学院学报,2014,30(2):115-117.

[11]李志刚.高清全自动录播系统的建设[J].南京广播电视大学学报,2015(4):75-78.

[12]陈振宇.多媒体录播教室建设与应用研究——以宁波大红鹰学院为例[J]信息与电脑(理论版),2016(3):151-151.

[13]张小虎.浅谈数字语言实验室系统的技术架构[J].中国科教创新导刊,2012(32):197-199.

[14]陈琳.现代教育技术[M].南京:河海大学出版社,2002.

[15]黄荣怀,胡永斌,杨俊峰,等.智慧教室的概念及特征[J].开放教育研究,2012,18(2):22-27.

[16]杨宗凯.教育信息化十年发展展望——未来教室、未来学校、未来教师、未来教育[J]中国教育信息化,2011(18):14-15.

[17]程敏.信息化环境中智慧教室的构建[J].现代教育技术,2016(2).

[18]郑广成,朱翠苗.基于物联网结构的智慧教室建构的研究[J].软件工程,2016,19(9):44-46.

[19]张俊,徐小双,崔欣欣,等.E-learning学习平台的发展与启示[J].广州广播电视大学学报,2014(1).

[21]李惠芳,成惠娟.浅谈数字图书馆的特点[J].图书情报导刊,2004,14(7):69-70.

[22]祝智庭,郁晓华.电子书包系统及其功能建模[J].电化教育研究,2011(4):24-27.

[23]张迪梅."电子书包"的发展现状及推进策略[J].中国电化教育,2011(9):87-89.

[24]陈德怀,林玉珮.启动学习革命——全球第一个网络教育城市亚卓市[M].台湾:远流出版社,2002.

[25]刘繁华,于会娟,谭芳.电子书包及其教育应用研究[J].电化教育研究,2013(1):

73-76.

[26]王春华.以交互式电子白板技术实现课堂教学信息化[J].山东师范大学学报(自然科学版),2006,21(1):139-141.

[27]徐春林.一种基于"互联网+"的高校智慧教室设计[J].淮海工学院学报(自然科学版),2016,25(4):25-24.

[28]赵一鸣,张家年.MOOC课程的设计与开发[J].中国教育信息化,2015(18):19-22.

[29]卢加元,吴鑫.MOOC课程平台的设计与实现[J].中国教育信息化,2015(5):69-72.

第四章 信息化教学资源建设与应用

> **学习目标**
> 1. 理解信息化教学资源的概念和特点。
> 2. 掌握信息化教学资源的类型和开发原则。
> 3. 熟悉网络教学资源的种类、特点和获取方法。
> 4. 掌握文本类资源的获取方法和处理技术。
> 5. 掌握图像类资源的获取方法和处理技术。
> 6. 掌握音频类资源的获取方法和处理技术。
> 7. 掌握动画类资源的获取方法和处理技术。
> 8. 掌握视频类资源的获取方法和处理技术。

随着我国《教育管理信息化标准》的实施和学校现代教育技术的深入发展,教学资源无论数量、媒体种类还是存储、传递和提取的方式都发生了很大的变化,尤其是学习资源的可获得性和交互性的快速发展,对教育模式、教学手段产生了震撼性的影响。因此,在信息化教育中进行科学而富有创造性的教学资源建设已成为学校教育信息化发展必不可缺少的重要内容。

第一节 信息化教学资源概述

一、信息化教学资源的概念

教育资料是指支持教育的所有资源,包括教学资料、支持系统和教学环境等。信息化教学资源是指在信息技术环境下承载教育信息的各种资源,也就是指蕴含大量的教育信息,能创造出一定的教育价值、以数字形态存在的教学材料,包括学生和教师在学习与教学过程中所需要的各种数字化的素材、教学软件、补充材料等。

二、信息化教学资源的分类

根据《教育资源建设技术规范(征求意见稿)》,我国目前主要建设的信息化教学资源有以下几种。

(1)教学素材。教学素材是指教学过程中传播教学信息的基本组成元素,包括文本类素材、图形/图像类素材、音频类素材、视频类素材和动画类素材。

(2)教学课件。教学课件是指根据教学需要,在一定的教学理论和学习理论指导下,经过教学设计,以多种媒体表现、具有良好结构、能够满足某一单元或知识点教学需要的一种软件。

(3)网络课程。网络课程是通过计算机网络表现的某门学科教学内容及实施教学活动的总和,它包括两个组成部分:一是按照一定的教学目标、教学策略组织起来的教学内容;二是网络教学支撑环境,包括教学资源(电子教案、媒体素材、课件、试题库、案例、文献资料、常见问题解答库、资料目录/索引等)、教学平台(支持网络课程教学活动的软件工具,如网络课件写作工具、多媒体素材集成软件、网上答疑、网上讨论、在线测试系统软件、工具软件、应用软件等)以及在网络教学平台上实施的教学活动(如实时讲座、实时答疑、分组讨论、布置作业、讲评作业、协作解决问题、探索式解决问题、练习测试、考试阅卷、教学分析等)。

(4)教学案例。教学案例是指由各种媒体元素组合表现的有现实指导意义和教学意义的代表性事件或现象。完整的教学案例通常包括教学设计方案、教学课件、课堂视频实录和教学反思4个部分。

(5)教育游戏。教育游戏是指根据教学需要,在一定的学习理论和游戏理论指导下开发的具有教育和娱乐目的的计算机软件。

(6)网络课件。网络课件是指对一个或几个知识点实施相对完整教学的软件,根据运行平台可分为网络版的课件和单机运行的课件。网络版的课件需要能在标准浏览器中运行,并且能通过网络教学环境被大家共享;单机运行的课件可通过网络下载后在本地计算机上运行。

(7)文献资料。文献资料是指有关教育方面的政策、法规、条例、规章制度,对重大事件的记录、重要文章、数字教材、数字图书等。

(8)常见问题解答。常见问题解答是针对某一具体领域最常出现的问题给出的全面解答。

(9)资源目录索引。列出某一领域中相关网络资源的地址链接和非网络资源的索引。

(10)试题库。试题库是按照一定的教育测量理论,在计算机系统中实现的某个学科题目的集合,是在数学模型基础上建立起来的教育测量工具。

(11)试卷。试卷是用于进行多种类型测试的典型成套试题。

(12)学习网站。学习网站是围绕学科教学,通过Web技术整合多样化的数字学习资源,并提供网络教学功能与支持服务的网站。

另外,还可根据实际需求,增加其他类型的资源,如电子图书、工具软件和影片等。

以上信息化教学资源可以概括成三大类型:一是素材类教学资源,即前面所说的教学素材;二是集成型教学资源,即根据特定的教学目的和应用目的,将多媒体素材和资源进行有效组织形成的"复合型"资源,如试题库、文献资料、课件与网络课件、专题学习网站、教学软件等;三是网络课程。

三、信息化教学资源的特点

1. 组织的非线性化

传统教学信息的组织结构是线性的、有顺序的;而人的思维、记忆是网状结构,可以通过联想选择不同的路径来加工信息。多媒体技术具备综合处理各种多媒体信息的能力和交互特性,为教学信息组织的非线性化创设了条件。

2. 处理和存储的数字化

利用多媒体计算机的数字转换和压缩技术,能够迅速实时的处理和存储图、文、声、像等各种教学信息,既方便学习增加信息容量,又能够提高信息处理和存储的可靠性。

3. 传输的网络化

网络技术的发展与普及,特别是各级教育网络的建立,使教学信息传递的形式、速度、距离、范围等发生了巨大变化,从而为网络教育、远程教育、虚拟实验室等新教育形式的产生和发展奠定了基础。

4. 教育过程的智能化

多媒体计算机教育系统具有智能模拟教学过程的功能,学生可以通过人机对话,来自主地进行学习、复习、模拟实验、自我测试等,并能够通过系统实时的反馈实现交互,从而为探究型学习创设条件。

5. 资源的系列化

随着教学信息化程度的提高和现代教育环境系统工程的建立,现代教材体系也逐步成套化、系列化、多媒体化,这使得人们能根据不同的条件、不同的目的、不同的阶段,自主有效地选用相应的学习资源,为教育社会化、终身化提供了保障。

四、信息化教学资源开发的原则

1. 教育性原则

信息化教学资源的开发要符合教育教学规律,符合学生的认知水平,体现学生的认知特点,满足教学的需要,符合教学大纲的基本要求。因此,信息化教学资源在内容呈现上要脉络清晰、简明扼要,用合适的媒体元素恰当地表现教学的内容。

2. 科学性原则

信息化教学资源既要生动、活泼、有趣,又不能违背科学的基本原则,更不能迎合低级趣味。因此,信息化教学资源中的各种操作必须规范、准确;选用的材料、例证和逻辑推理必须是科学的、符合客观规律的;所表现的图像、声音、色彩都要符合科学的要求,不能为片面追求色彩的艳丽、声音的悦耳、画面的生动而破坏内容的真实性。

3. 技术性原则

信息化教学资源的开发要符合技术质量标准,即图像清晰、声音清楚、色彩逼真、声画同步、运行方便、灵活、稳定,操作方便、快捷,交互性强、导航方便合理,容错性好。开发者要熟练掌握有关技术,力求精益求精。

4. 艺术性原则

信息化教学资源的内容力求反映自然和社会生活中真、善、美的事物;画面构图要清晰匀称、变换连贯、流程合理;音乐与声音要避免噪音,音乐要与景物动作相配合,声音要顿挫有致,使听者愉悦;光线与色彩要明暗适度、调配恰当,使学习者感到舒适。

5. 开放性原则

信息化教学资源的开放性主要体现在开发人员的开放性、资源内容的开放性和结构体系的开放性等方面。开发人员的开放性是指教学资源开发人员既可以是教师、教育专家、学科专家,也可以是学习者及各类愿意贡献智慧和力量的人员;资源内容的开放性是指既要着眼于学校教育、正式教育,又要兼顾非学校教育、非正式教育,要适应泛在学习的需要;结构体系的开放性是指建设的教学资源应该力求立体化、系统化,并能及时更新、补充,具有多样的交互性,实现开放式共享利用。

6. 创新性原则

信息化教学资源的开发一定要与时俱进,以紧贴时代的眼光开发建设教学资源。信息化教学资源创新主要包括理念创新、理论创新、内容创新、技术创新、模式创新、形式创新等方面。

7. 经济性原则

信息化教学资源建设力求以较少的财力、物力和人力,开发出高质量、高水平的资源,切忌重复建设低水平的资源,要注意对现有资源的改造和利用,更不能为建而建。因此,信息化教学资源的开发要有周密的计划,避免浪费。

第二节 网络教学资源的获取

一、网络教学资源概述

1. 网络教学资源的类型

网络教学资源的类型,目前还没有统一的分类方法。通常认为网络教学资源可分为信息类资源和工具类资源两大类。信息类资源,即互联网上的数字化教学材料,包括文献材料、图片、音频、视频、动画、课件、习题、试卷、电子课本等;工具类资源,即网络环境下可以被教学利用的各种平台,其通常以工具、载体的形式呈现,如搜索引擎、即时通信工具、BBS论坛、博客等。

网络教学资源按照网络资源的组织形式分为以下几种。

(1) 网络课件

常见的网络课件有课堂演示型网络课件(在教师讲解的同时,在课堂上用计算机演示一些微观现象或动态图形,或把抽象的内容形象化)、个别化学习型网络课件(包括操练型网络课件、游戏型网络课件、模拟型网络课件、测试型网络课件、问题解决型网络课件和探索学习型网络课件)、协作学习型网络课件、流媒体网络课件、多媒体网络课件等。

(2) 专题学习网站

专题学习网站是指在网络环境下,围绕与某门课程或多门课程密切相关的某个学习专题进行较为广泛深入研究的资源学习网站。专题学习网站通常包括4个基本组成部分,如图4.1所示。

图 4.1 专题学习网站的组成

① 结构化知识。展示与学习专题相关的结构化知识,即呈现与课程内容相关的电子教材、图形/图像、动画、视频、音频等知识并进行结构化重组。

② 扩展性学习资源。收集与学习专题相关的扩展性学习资源,如字典、词典、计算工具、几何画板以及相关资源网站的链接等。

③ 协商讨论空间。根据学习专题,建构网上在线交流、答疑和协商讨论的空间。

④ 自我评价系统。收集与学习专题相关的问题、形成性练习和总结性资料,并将其设计成基础性强、覆盖面广、难度适宜的题库,使学习者能够对网上自主学习进行评价。

(3) 网络课程

一般来说,网络课程包括课程教学模块、交流协作模块、课程组织模块、辅助工具模块和测试评价模块。网络课程的开发流程,如图4.2所示。

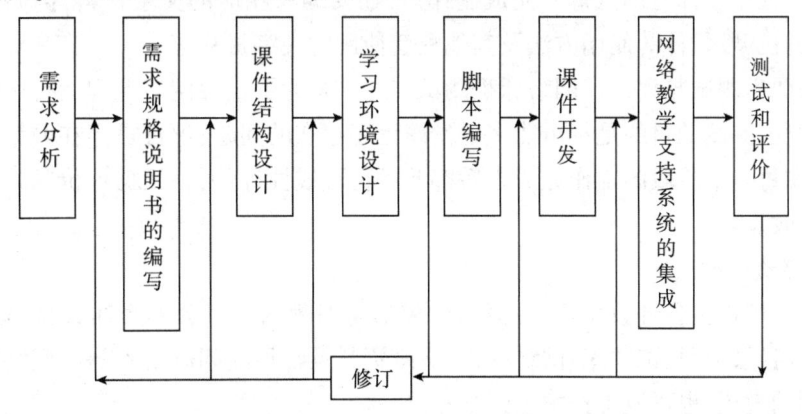

图 4.2 网络课程的开发流程

① 需求分析。需求分析是对网络课程的用途、使用对象、类型、应用环境等各方面的综合分析,以确定网络课程开发的目标和规模,估计网络课程的开发成本和效益,并据此制定网络课程开发计划。这个阶段包括学习者分析、课程教学大纲、教学目标和教学内容的分析。

②需求规格说明书的编写。需求规格说明书是网络课程设计的蓝图,它精确地描述了一个网络课程系统必须提供的功能和性能以及它所需要考虑的限制条件,是系统测试和用户文档的基础。网络课程需求规格说明书一般包括设计目标、需求分析、媒体的选择及分析、网络课件模式分析、网络课件的结构和学习环境设计等。

③网络学习环境设计。网络学习环境设计除考虑学习资源设计和教学策略设计外,还要考虑网络课程界面的设计。开发完成的网络课程要集成到网络教学平台上运行,网络课程和网络教学平台可以相互通信,记录并保存学习者学习的过程数据。

④脚本编写。脚本相当于电影拍摄中的剧本,它描述了课程制作的思路、内容、教学过程等信息,方便制作人员了解课程制作的思路,开发出合适的教学课程。脚本的编写一定要目标明确,让制作人明确教学思路和教学内容,无须太多帮助就能够根据它制作出合适的课程。

网络课程的脚本包括文字脚本和制作脚本两部分。文字脚本是按照教学过程的先后顺序,描述每一环节的教学内容及其呈现方式的一种形式。制作脚本是以文字脚本为基础,对系统结构设计结果的描述,以使制作人员明确如何去制作网络课程。制作脚本一般是通过填写制作脚本卡片来完成。在脚本中需要明确规定课程需要的文字、图形、动画、声音、视频、测试题等内容,并需要明确它们之间的关系和出现顺序。制作脚本编写的基本要求有:一是明确教学目的和各教学单元的教学目标;二是根据教学目标,选择准确无误的教学内容;三是根据教学目标和教学内容,选择适当的教学方法和传递教学信息的媒体;四是学习理论的应用,无论采用什么样的模式或策略,都必须注意学习理论的应用,以提高软件的教学效果;五是应考虑计算机的输出和显示能力;六是使用的格式必须规范,脚本可以使用不同的格式,但必须规范,其主要内容包括显示信息、注释信息、逻辑编号、媒体、交互信息和"热字"的表示等。

⑤网络课程开发。在素材采集与制作完成后,将数据入库,利用网页制作与开发工具进行网页制作、程序设计与调试等。完成制作后,还要编写相应的文字材料,例如软件的使用环境、使用的机型、软件的使用方法及其他配套使用的文字材料等。

⑥网络课程测试与评价。网络课程测试与评价是为了发现网络课程运行中的错误而执行程序的过程,测试的目的是尽可能多地暴露程序存在的问题;评价贯穿在网络课程开发的各个阶段,在每一个阶段的工作完成之后都要进行形成性评价,并根据评价的结果对原来的设计进行修改。

(4)网络资源库

网络资源库是指各种教学资源的集合,包括与课程内容相关的媒体素材、教学案例、教学课件、资源目录索引、试题库、网络课程、文献资料及常见的问题解答等。网络资源库既可以支持教师的教授,也可以支持学生的学习。

2. 网络教学资源的特点

网络教学离不开丰富的网络教学资源。一般来说,网络教学资源具有以下几个方面的特点。

(1)多样性。网络教学资源种类繁多,形式多样。网络教学资源以超媒体形式组织,其超媒体界面可以通过网络超链接直接得到与主题相关的任何信息资源。

（2）共享性。网络教学资源具有高度的共享性，学习者可以不受时间、地域的限制，只要有网络，学习者就可以获取所需要的课程内容和学习资源。

（3）交互性。网络教学资源改变了传统教学资源单向传输的方式，具有同步与异步、实时与非实时等双向传输功能。学生既可以实现人机交互，也可以与教师或其他学生交互。

（4）实效性。教师可以利用网络教学资源更新频率高、传播速度快的优势，将最新的信息融入课程内容中，增强知识的实效性，有助于加深学生对知识的理解。

（5）创造性。网络资源的创造性在于它的可操作性和可再生性。在教学过程中，教师可以运用多种先进的信息处理方式对网络教学资源进行重组、修改，学习者也可以采用多种信息加工方式对网络教学资源进行整合、再创造，实现对知识的主动建构。

二、网络教学资源的获取方法

1. 专业网站或专题网站检索

通过搜索专业网站和专题网站，可以高效地获取教学资源和素材。目前，互联网上关于中小学各个学科的教学资源网站有成百上千个，既包括教育门户网站，又包括各种学科资源网、教学网、主题网站等等。

2. 网页搜索引擎检索

搜索引擎实际上也是一个网站，其主要提供信息搜索服务。常见的搜索引擎有谷歌、百度、雅虎、搜狐、新浪、搜狗等。

搜索引擎种类繁多，品牌各异，但操作基本相同。搜索引擎都有一个"关键词"输入栏，在该栏中输入要搜索内容的关键词即可。需要说明的是，由于互联网上的信息太多了，其中夹杂着很多无关的信息，如何迅速、有效地找到需要的信息，还需要进一步掌握搜索引擎的使用技巧。

在百度或谷歌中，可以在检索词后面加上文件类型来检索，如想检索 PPT 文件，在检索词后加上 PPT 即可。另外，这两种搜索引擎目前都提供了图片类素材、动画类素材、音频类素材、视频类素材的专门检索页面。百度还提供了众多适合中国用户的个性化搜索功能，如百度快照、拼音提示、错别字提示、英汉互译词典、高级搜索、天气查询等。

3. 分类目录和网络资源指南检索

分类目录和网络资源指南检索，严格来讲不是真正的搜索引擎，而是按照目录分类的网站链接列表；用户完全可以不用进行关键词查询，仅靠分类目录就可以找到需要的信息，如国内的搜狐、新浪、网易等。

4. 专用搜索软件进行检索

有许多专门的软件用于搜索特定类型的素材资源，如图片搜索、流媒体搜索等。

5. 专业数据库进行检索

有很多专业的服务机构开发了大型的教学资源数据库，将这些教学资源有偿地为广大网民提供服务支持，如美国教育资源信息中心（ERIC）数据库全文检索系统、中国知网、万方数据库知识服务平台等。

三、网络教学资源的下载

1. 网页的下载

(1) 下载网页的常用方法。将有用的网页下载到本机的方法比较简单,只需要在 IE 浏览器的"文件"菜单中选择"另存为"命令,弹出"保存网页"对话框,从中指定文件保存的路径以及文件的名称,然后单击"保存"按钮即可。

(2) 被禁止下载的网页下载方法。有一些网站为了防止别人复制网页上的内容,保存网页时提示无法保存,网页右键被锁定、不能选择或复制,这时可以采用如下方法。

①使用百度快照进行下载。在百度中找到要保存的网页条目,单击"百度快照"链接,此时打开的网页内容和原网页相同并且可以保存。

②使用源文件功能下载。此功能只能保存被禁止保存网页的文字,单击"查看|源文件",选中需要的文字复制即可。

③用菜单支持的软件编辑。单击 IE 窗口中"文件"菜单,选择"使用 Microsoft FrontPage 编辑"(有些为"使用 Microsoft Excel 编辑"或"使用 Microsoft Word 编辑")在 FrontPage、Excel 或 Word 中复制所需要的文字。

2. 网页文字的下载

对于网页上的文字,通常是先选中,再单击右键,在弹出的快捷菜单中选择复制,然后打开记事本或 word 软件,选取"编辑|粘贴"即可。另外,在粘贴文本到 word 文档时,经常会出现表格框或是其他格式,可以通过"编辑|选择性粘贴"中的"只保留文本"来完成无格式粘贴。

3. 图片的下载

网页中静态图片以及背景图片的下载,只需在图片上右击鼠标,选择"图片另存为"菜单项,然后在弹出的"保存图片"对话框中指定保存的路径和文件名,以及保存文件的类型。但要注意的是,默认存储位置是计算机 C 盘中"我的文档"下的"My Pictures"文件夹。

对于网页上无法下载和保存的图片,可以使用 PrintScreen 键、截图或用抓图软件抓取图片后再保存。

4. 声音文件的下载

网络上声音文件的下载,常用的方法为:将鼠标指针移动到要下载的声音文件的网络路径上,然后单击鼠标右键,在弹出的快捷菜单中选择"目标另存为"菜单项,然后在弹出的"保存文件"对话框中指定保存的路径和文件名,单击"保存"按钮即可。

5. 应用软件的下载

通过搜索引擎或其他途径找到所需要的软件,如网页中提供了下载链接,可以通过网页浏览器的下载功能下载该软件,其方法和声音文件的下载一样。

6. 专用下载工具

当前比较流行的网络资源专用下载工具有网际快车、网络蚂蚁、迅雷、超级旋风、电驴等。

(1) 网际快车

网际快车(FlashGet)性能好、功能多,具有"插件扫描"功能,在下载过程中能自动识别文件中可能含有的间谍程序及捆绑插件,并对用户进行有效提示。

(2) 网络蚂蚁

网络蚂蚁(NetAnts)它利用了一切可以利用的技术手段,如多点连接、断点续传、计划下载等,大大加快了下载的速度。

(3) 迅雷

迅雷可以进行超文本传输协议、文件传输协议、BitTorrent 协议、eDonkey 网络的下载。迅雷本身不支持上传资源,只提供下载和自主上传功能,但迅雷下载过的相关资源,都能有所记录。

值得一提的是,在获取网络资源并受益的同时,我们也要成为网络资源的建设者。网络最大的优点就是实现了资源共享。在条件允许的情况下,每个人都应该尽可能在网上发布自己的教学资源,供大家交流使用,只有亲自参与网上资源的建设,才能更深切地体会到网络资源的特性。

第三节　文本类资源的建设

文本是文字、字母、数字和其他各种功能符号的集合,通常以字、词、句子、段落、节、章为单位,一个文本可以是一个句子、一个段落或一篇文章。文本存储在计算机上被称为文本文件,文本文件除了换行和回车外,不包括任何格式化信息,它是 ASCII 码文件。与其他媒体相比,文字是最容易处理、占用存储空间最少、最方便利用计算机输入和存储的媒体。文字是多媒体课件中非常重要的视觉元素,也是学习者获取知识的重要来源。

一、文本文件的格式及特点

文本文件中,若不在文字上附加任何格式或排版信息,称为纯文本文件;若对文字附加了格式或排版,则称为格式化文本文件。不同的文字处理软件支持的文本文件格式不同,常见文本文件的格式及特点如表 4.1 所示。

表 4.1　常见文本文件的格式及特点

格式	特点
TXT	TXT 是纯文本文件格式,不携带任何文字修饰控制信息,目前的文字处理软件基本上都能打开
DOC/DOCX	Microsoft Office Word 文字处理软件(以下简称 Word)所使用的一种文件格式,2003 版本以前文本文件格式为 DOC,2007 版本开始文本文件格式改为 DOCX;Word 用于一般的图文排版

续表

格式	特点
WPS	WPS是金山软件文字处理软件专用的文件格式,中文译为"文字编辑系统",它是集文字输入、编辑与打印为一体的汉字处理软件
PDF	PDF是Adobe公司开发的电子文件格式,它可以将文字、字型、格式、颜色及独立于设备和分辨率的图形、图像等封装在一个文件中,支持特长文件,集成度和安全可靠性都较高,是目前电子图书、产品说明、公司文告、网络资料、电子邮件等常用的格式。PDF格式文件用Adobe公司的Arcobat Reader软件即可阅读
CAJ	中国期刊网提供的一种文件格式,需要专门的CAJ Viewer软件打开,CAJ Viewer软件支持中国期刊网的CAJ、NH、KDH等格式文件的阅读
RTF	RTF是Rich Text Format的缩写,意即丰富的文本格式。在RTF文档中可以嵌入图像等文件,类似DOC格式的文件,其有很好的兼容性,许多软件都能够识别RTF文件格式;对普通用户而言,RTF格式是一个很好的文件格式转换工具,用于在不同应用程序之间进行格式化文本文档的传送

二、文本资源的获取

文本资源的获取相对简单一些,主要方法有以下几种。

1. 键盘输入

通过外部文本编辑软件(如记事本、Word等)用键盘直接输入。多媒体开发软件一般都能提供文本输入的功能,但是由于集成工具软件对文本的处理能力不强,主要用于文本量较小的情况,所以对于大量的文本信息一般要预先准备好。

2. 网络获取

参考第四章第二节"网络教学资源的获取"部分的操作方法。

3. 语音识别输入

通过语音识别软件、麦克风进行文字输入。语音识别输入需要正确地读出所输入文字的读音,如果普通话不标准,可用语音识别软件提供的语音训练程序,进行训练,让软件熟悉用户口音后,就可以通过语音来实现文字的输入。

4. 笔式手写输入

通过手写板进行手写输入。手写板使用的输入笔有两种:一种是与写字板相连的有线笔;另一种是无线笔。写字板也有两种:一种是电阻式;另一种是感应式。

5. 扫描识别输入

如果要将印刷品上的文本资料,变成Word文档后进行编辑加工,最直接的方法就是重新打字输入,这显然很不方便,这时可以利用扫描仪从中提取文字,再用光学字符识别(Optical Character Recognition,OCR)软件自动将其转换为ASCII字符,获取所需的文本。常见的OCR软件有清华紫光OCR、尚书七号等。

6. 图形图像处理软件制作

利用图形图像处理软件(如 Windows 画笔、三维文字制作软件 Cool3D、Photoshop CS6 等)来制作,然后在多媒体开发工具中用插入图片的方式调用。这种方法制作的文字比较美观,但修改麻烦,在制作时,最好预先设计好文本区的形状和大小。

7. 文件插入

对于由大段文字组成的文本(如课件中的说明文字),可先用文字处理软件(如 Word 等)输入并编辑为相应的文件,然后用集成创作工具把整个文件载入多媒体教学课件中。与键盘输入相比,使用这种方法可获得快捷、出错率低的版面效果。

三、文本资源的加工处理

1. 文本资源的美化

为了美化文本,可设置字符大小、字体、颜色、位置及分行、分段等信息,使文字更加漂亮,还可以利用文字处理软件或其他软件提供的制作艺术字功能。图 4.3 为 Word 文字处理软件的"艺术字库"对话框。当选定其中的某种式样并且编辑相应的文字后,可显示如图 4.4 所示的艺术字效果。

图 4.3 "艺术字库"对话框　　　　图 4.4 艺术字效果

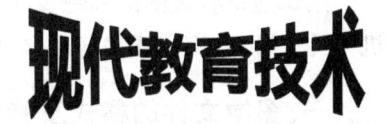

2. 格式转换

(1) DOC 文件格式转 PDF 文件格式。DOC 文件格式转换成 PDF 文件格式的方法很多,如 Office 2007 以上版本的"另存为 pdf"功能,"百度网页应用转换大师"在线转换,相应的工具软件(如 PDF Factory)。

(2) PDF 文件格式转 DOC 文件格式。PDF 转换器是一种将 PDF 文件中的文字、图片、表格、注释等元素对应转换成 Word 文件或其他类型文件的工具。转换时,先选择转换类型,然后选择"添加文件",单击"立即转换",如图 4.5 所示。

图 4.5　某 PDF 转换器

3. 格式清除

将需要清除格式的文字"复制|剪贴",然后粘贴到记事本,再从记事本"复制|剪贴",最后粘贴到文字处理软件,此时文本原有的格式全部被清除。

在 Word 中,利用"格式|样式和格式"下的"清除格式",文本原有的格式也会被清除。

第四节　数字图像资源的建设

图像是指各种图形和图像的总称,是人类社会活动中最常用的一种信息载体。在计算机中,图像以数字方式来记录、处理和保存的,所以也称为数字图像。

一、图像文件的格式及特点

图像包括静止图像和动态图像,如照片、绘图、视频和动画等。图像信息是形状和颜色信息的集合,在计算机中是以矢量图和位图予以表现和存储的。

位图又叫点阵图,是由许多点排列组合成的图像,这些点称为像素(Pixel),当许许多多不同颜色的像素点组合在一起后,便构成了一幅完整的图像;位图文件保存时,需要记录下每一个像素的位置和色彩数据,因此,图像像素越多,文件占用存储空间就越大,处理速度也就越慢,常用的工具软件有画图、ACDSee、Photoshop CS6 等。

矢量图也称平面对象绘图,是用数学向量方式来记录图像的内容,色彩变化少,文件所占的存储空间较小,很容易进行放大、缩小或旋转等操作,并且不会失真,常用的工具软件有 Flash、CorelDraw、CAD 等。

不同的图像处理软件支持的文件格式不同,常见的图像文件格式及特点,如表 4.2 所示。

表 4.2　常见图像文件的格式及特点

格式	特点
BMP	BMP 是 Windows 操作系统中的标准图像文件格式,能够被多种 Windows 应用程序所支持。BMP 位图格式的特点是图像信息较丰富,几乎不进行压缩,占用磁盘空间过大
GIF	GIF 格式的特点是压缩比高,磁盘空间占用较少,被广泛应用于互联网的 HTML 网页文档中
JPEG	JPEG 文件格式压缩技术十分先进,它用有损压缩方式去除冗余的图像和彩色数据,获取极高的压缩率的图像。目前各类浏览器均支持 JPEG 图像格式,下载速度快
JPEG 2000	JPEG 2000 同样是由联合照片专家组组织负责制定的,与 JPEG 相比,它具备更高的压缩率,广泛应用在扫描仪、数码相机、网络传输、无线通信等领域
TIFF	标记图像文件(Tag Image File Format,TIFF)是 Mac 中广泛使用的图像格式,它的特点是图像格式复杂、存储信息多。TIFF 格式有压缩和非压缩两种形式,其结构较为复杂,兼容性较差
PSD	PSD 格式是图像处理软件 Photoshop CS6 的专用格式,PSD 格式支持 Photoshop CS6 中的图层、通道、遮罩等,便于后续修改和特效制作
PNG	PNG(Portable Network Graphics)是一种新兴的网络图像格式。Macromedia 公司的 Fireworks 软件的默认格式就是 PNG

二、数字图像资源的获取

数字图像资源的来源很多,通常获取数字图像资源的主要途径有以下几种。

1. 扫描仪扫描

扫描仪是一种计算机输入设备,主要用于将印刷品、照片等纸质资料中的内容扫描成能在计算机中存储和处理的数字图像,如图 4.6 所示。

图 4.6　扫描仪实物图

扫描仪获取图像文件的简要操作步骤为：①按照扫描仪的说明书，将扫描仪和计算机连接好，并安装相应的驱动程序；②接通扫描仪的电源，运行图像编辑软件（如扫描仪自带的Word、Power Point、Photoshop CS6、ACDSee等软件）；③打开扫描仪的上盖，将要扫描的图像正面朝下放入扫描仪中，并将图像的位置放正，合上盖子；④启动扫描仪运行程序后，单击"文件|扫描图像"菜单命令，弹出对话框，对扫描图像的分辨率、扫描模式、保存位置等参数进行设置，然后选定扫描区域开始扫描，最后将文件保存起来，或者将图片粘贴到其他需要的地方即可。

不同的扫描仪，连接设备和驱动程序及安装操作有所不同，用户可参考设备使用说明，这里不再作详述。

2. 数码相机拍摄

用数码相机获取图像是一种非常灵活、方便的方式，可随时得到能在计算机中存储和处理的图像。使用时只需要通过连接线将数码相机标准接口和计算机标准接口相连，或者将可拆卸的存储卡直接与计算机相连，然后利用"复制|粘贴"，即可将拍摄到的照片保存在计算机中。

3. 光盘获取

利用CD-ROM光盘上存储的图像库中获取图像。

4. 抓图软件获取

（1）键盘截图。若要捕获全屏则直接按键盘上的"Print Screen"键，若要捕获特定窗口则按"Alt+ Print Screen"组合键，然后将截图粘贴到图像编辑软件或其他软件的目标工作区即可。

（2）QQ截图。利用QQ软件对屏幕截图。

（3）抓图软件捕获。常用的抓图软件有SnagIt、HyperSnap、红蜻蜓抓图精灵等，利用这些抓图软件可以很方便地获取图像。

5. 图像/图形软件绘制

对于具有一定绘画水平的用户，可通过图形/图像软件自己绘制图形/图像，如Windows自带的画图、Photoshop CS6软件等。

6. 网络下载

网络下载是目前获取教学图像的主要途径，具体参考第四章第二节"网络教学资源的获取"部分的操作方法。

三、图像资源的加工处理

在多媒体教学软件制作的过程中，初始采集的图像一般都比较粗糙，需要用图像处理软件进行加工处理，如消除划痕和污渍、调整色彩与反差、添加文字、更换图像的背景、对图像进行补色、镶嵌、逆光等效果处理，或者将两幅或多幅照片合成一幅图像等。图像素材加工处理软件很多,本节以美国 Adobe 公司推出的 Photoshop CS6 为例,介绍图像素材的加工处理方法。

1. Photoshop CS6 软件的界面

启动 Photoshop CS6 软件后,执行"文件|新建"命令,新建文件;或执行"文件|打开"命令,打开已有的素材图像,即可进入 Photoshop CS6 软件的工作界面。Photoshop CS6 软件的工作界面由标题栏、菜单栏、工具选项栏、工具箱、图像窗口、浮动调板、状态栏等部分组成,如图4.7所示。

(1)标题栏。标题栏位于 Photoshop CS6 程序窗口的顶部,左侧显示程序图标和名称,右侧显示了3个控制按钮,主要用于控制工作界面的显示大小与关闭程序。

(2)菜单栏。菜单栏位于标题栏的下方,集合了 Photoshop CS6 大部分的功能和命令。菜单栏从左向右依次是文件、编辑、图像、图层、文字、选择、滤镜、3D、视图、窗口和帮助,可以完成 Photoshop CS6 的各种操作。

(3)工具属性栏。工具属性栏位于菜单栏的下方,主要用于显示工具箱中当前选择工具的参数和选项设置。工具属性栏包含的内容由使用的工具而定。

(4)工具箱。在默认状态下,工具箱位于工作界面的左边沿,可以移动,也可以变宽和变窄,工具箱包含了 Photoshop CS6 操作的所有工具,在工具箱中工具图标右下角带有小三角形的按钮上按住鼠标左键,或者在工具图标上右击,都会弹出下拉菜单,显示隐藏工具,单击工具箱顶端的按钮,可以将单栏显示的工具箱调整为双栏显示。Photoshop CS6 的主要工具如图4.8所示。

图4.7　Photoshop CS6 工作界面

图 4.8 Photoshop CS6 的主要工具

（5）控制面板。控制面板可以细分为 24 个内容，具体有导航器、动作、段落、段落样式、仿制源、工具预设、画笔、画笔预设、历史记录、路径、色板、时间轴、属性、调整、通道、图层、图层复合、信息、颜色、样式、直方图、注释、字符、字符样式。在 Photoshop CS6 中，根据工作需要，可以对工作界面上的控制面板进行各种调整，如隐藏、打开、关闭、拆分、重新组合等。

（6）绘图区。绘图区是 Photoshop CS6 进行创建、显示、浏览图像文件的主要区域，也是绘制、编辑、处理图像的工作区域。在绘图区双击，会出现"打开文件"对话框，可以快速打开文件。

（7）状态栏。状态栏位于图像窗口的底部，主要用于显示当前图像的显示比例、文件大小、浮动菜单按钮及工具提示栏。

2. Photoshop CS6 的基本操作

（1）新建图像文件

单击菜单栏中的"文件|新建"命令，或者按"Ctrl+N"组合键，打开"新建"对话框，如图

4.9所示。

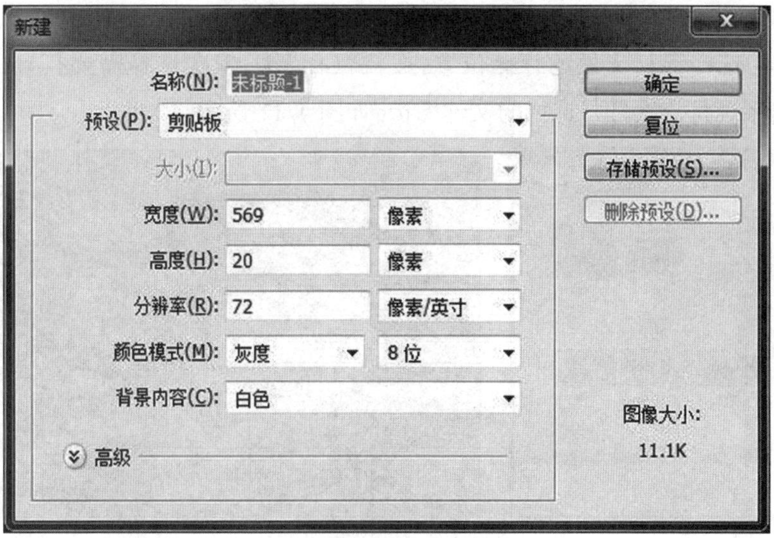

图 4.9 "新建"对话框

在"新建"对话框中的"名称"编辑框中输入文件的名称；根据实际需要设置"宽度"和"高度"数值，单位为"像素""厘米""毫米""英寸""点"等，如果图像要进行印刷，可将单位设置成厘米或毫米；根据图像使用的场合设置"分辨率"数值，单位为"像素/英寸"或"像素/厘米"，若图像用于印刷输出，则应将其分辨率设置为300"像素/英寸"以上。

"颜色模式"是图像设计的最基本知识，它决定了如何描述和重现图像的色彩，常用的颜色模式有以下五种。

①RGB颜色模式。RGB颜色模式下图像的颜色由红(R)、绿(G)、蓝(B)三种基色混合构成，三种基色的取值范围都在0~255之间，用3种原色的调和产生新的色彩。每个原色有256种不同的浓度色度，它们叠加以后能产生1670多万种色彩。RGB颜色模式是应用最广泛的色彩模式，它的编辑速度较快。

②CMYK颜色模式。CMYK颜色模式是一种印刷模式，其图像颜色由青色(Cyan)、洋红(Magenta)、黄色(Yellow)和黑色(Black)四种色彩混合组成，分别对应了彩色印刷时使用的4块印版。在Photoshop CS6中，一般不采用CMYK颜色模式，因为该模式图像文件占用的存储空间较大，在打印或印刷时，才将图像的颜色模式转换为CMYK颜色模式。

③灰度颜色模式。灰度颜色模式图像中只有灰度信息而没有彩色。

④位图颜色模式。位图颜色模式是用黑白两种颜色值中的一种表示图像中的像素。

⑤Lab颜色模式。Lab颜色模式是Photoshop CS6在不同颜色模式之间转换时使用的中间颜色模式。该模式在转换格式的时候颜色失真最少，编辑速度和RGB颜色模式一样快，是目前所有模式中包含色彩范围最广的颜色模式。

在"背景内容"中单击其后的下拉按钮，可以从弹出的下拉列表中选择"背景色""透明"和"白色"，默认颜色为"白色"。参数设置好后，单击确定按钮，即可创建一个新文件。

(2)打开素材图像

单击菜单栏中的"文件|打开"命令,出现"打开"对话框,如图4.10所示。在"查找范围"下拉列表中选择素材文件的存储位置,按住"Ctrl"键,依次选择需要打开的文件,单击"打开"按钮,系统将依次打开选中的文件图像,如图4.11所示。

图4.10 "打开"对话框

图4.11 打开多个图像文件

(3)移动图像

利用工具箱中的磁性套索工具将打开的"老虎"图像中的老虎选中,如图4.12所示。用移动工具将老虎移到"风景3"图像中,并调整好图像的位置,如图4.13所示。

图4.12 "磁性套索工具"选中图像

图4.13 用移动工具移动老虎的最终效果

(4)图像大小的调整

单击菜单栏的"图像|图像大小"命令,出现如图4.14所示的"图像大小"对话框,来设置图像的宽度、高度以及分辨率。"像素大小"中的"宽度"和"高度"决定图像在屏幕上的显示尺寸;"文档大小"中的"宽度"和"高度"决定图像输出打印时的实际尺寸。"缩放样式"在勾选了"约束比例"复选框后才被激活,勾选该复选框,可以保持图像样式中的样式(图层样式等)按比例进行改变。勾选"约束比例"复选框后,在宽度和高度中,改变其中一项设置时,另一项也将按相同比例改变。勾选"重定图像像素"复选框后,在改变图像显示尺寸时,系统将自动调整打印尺寸,此时图像的分辨率将保持不变,若取消该复选框的勾选,则改变图像的分辨率时,图像的打印尺寸将相应改变。

(5)画布大小调整与旋转

在 Photoshop CS6 中，画布大小是图像的可编辑区域，利用"图像"菜单中的"画布大小"和"画布旋转"命令可对画布进行增大、减少、旋转或翻转，使画布尺寸满足设计需要。

①调整画布大小。打开一幅图像，单击菜单栏中的"图像|画布大小"命令，在打开的"画布大小"对话框中设置画布尺寸，然后设置裁切方位，单击"确定"按钮即可改变画布尺寸，如图 4.15 所示。"当前大小"显示当前图像尺寸；"新建大小"用于设置新画布的尺寸。勾选"相对"复选框后，可在"宽度"和"高度"编辑框中输入数值来控制画布的增减量，值为正，画布将扩大，值为负，画布将缩小。"定位"用于设置图像裁切或延伸的方向，默认方向为图像裁切或扩展是以图像中心为中心的，若单击其他方框，则裁切或扩展将改变；"画布扩展颜色"用于设置图像扩展区域的颜色（针对背景图层），用户可单击右侧的色块，利用打开的"拾色器"对话框来自定义扩展颜色，默认颜色为背景色。

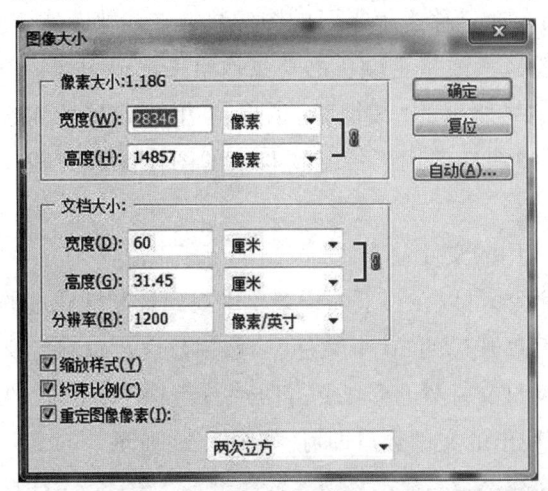

图 4.14　"图像大小"对话框　　　　图 4.15　"画布大小"对话框

②旋转画布。单击菜单栏中的"图像|画布旋转"子菜单中的"180"度旋转、顺时针 90 度"旋转、"逆时针 90 度"旋转、"任意角度"旋转、"水平翻转画布"和"垂直翻转画布"等命令。

(6)图像的裁剪与裁切

①使用裁剪工具裁剪图像。选中裁剪工具，然后在图像窗口中按下鼠标左键并拖动，绘制一个裁切框（裁切框内的图像为保留区域），将光标放置在裁切框外侧，按下鼠标左键并拖动，可以旋转裁切框，如图 4.16 所示。将光标放置在裁切框内，按下鼠标左键拖动可移动裁切框的位置；将光标放置在裁切框的 8 个控制点上，按下鼠标左键拖动可改变裁切框的大小；按"ESC"键或单击选项栏中的"取消当前裁切操作"，可取消裁切操作；选定裁切范围后，按"Enter"键，或在裁切区域中双击鼠标左键确定裁切操作。

②使用"剪裁"命令裁剪图像。使用如"矩形选框"等选区工具选择要保留的图像区域，单击菜单栏中的"图像|剪裁"命令即可裁切图像。

图 4.16　绘制与旋转裁切框

(a)绘制裁切框；(b)旋转裁切框

③使用"裁切"命令裁剪图像。"裁切"命令通过移去不需要的图像数据来裁剪图像，与"剪裁"命令不同，该命令通过裁切周围的透明像素或指定颜色的背景像素来裁剪图像。单击菜单栏中的"图像|裁切"命令，出现如图 4.17 所示的"裁切"对话框，在其中设置所需选项，单击"确定"按钮即可裁剪图像。"基于"中的选项用于指定要移去的图像像素；"裁切掉"选项用于指定要移去的图像范围。

(7) 利用"最近打开文件"命令打开最近使用的文件

单击菜单栏中的"文件|最近打开文件"命令，可以在其下的子菜单中找到最近打开过的文件，"最近打开文件"菜单中最多可列出最近打开过的 10 个文件，当然用户也可以自定义该文件的数量。单击菜单栏中的"编辑|首选项|文件处理"命令，打开"首选项"对话框，在其中的"近期文件列表包含"编辑框中输入要列出的文件数量即可，如图 4.18 所示。

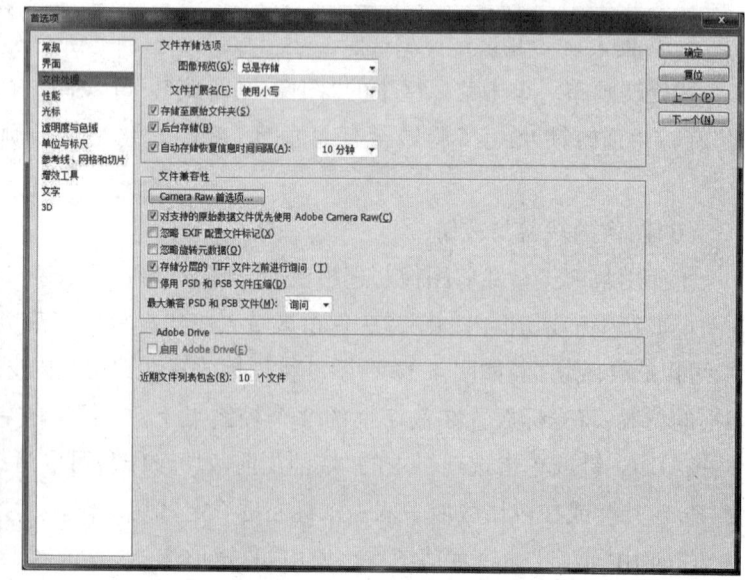

图 4.17　"裁切"对话框　　　　图 4.18　"首选项"对话框

(8)文件的保存

单击菜单栏中的"文件|保存"命令,打开"储存为"对话框,如图 4.19 所示。在"储存为"对话框中重新定义文件名、选择存储位置以及选择图像文件的格式。

图 4.19 "储存为"对话框

3. 选区工具

当用户只对图像中的某个区域进行复制、删除、填充等操作时,可以先创建选区。

(1)移动工具

移动工具是 Photoshop CS6 最基本的工具,它可以对所选择的图像进行变形与位置的调整。

(2)选框工具

选框工具是创建规则选区的工具,其中包括以下工具。

①矩形选框工具。在图像上创建一个矩形选区,单击工具箱中的按钮，或者按下"M"键,按住鼠标左键在图像上拖动,即可创建矩形选区。矩形选框工具的属性栏如图 4.20 所示。

图 4.20 矩形选框工具属性栏

矩形选框工具属性栏中的运算按钮 ，可以在已有选区上进行加、减与相交操作,从而得到新选区。运算按钮 ▪▫▫▫ 依次为"新选区"(单击它可以创建新选区)、"添加到选区"(单击它可以创建新选区,也可在原选区上添加新的选区)、"从选区减去"(单击它可以创建新选区,也可在原选区的基础上减去不需要的选区)、"与选区交叉"(单击它可以创建新选区,也可创建与原选区相交的选区)。

在 Photoshop CS6 中,选区羽化是使用频率非常高的一个功能。在填充选区图像前,先对选区进行羽化,再进行填充,可以得到边缘柔和而淡化的图像效果,从而方便用户合成图像。

实例:磁性套索工具制作无缝拼图

第一步:打开素材图片"背景.jpg"和"老虎.jpg"两个图像文件。

第二步:将"老虎.jpg"置于当前文件,选择磁性套索工具,在其属性栏中设置"羽化"为60,将"老虎.jpg"选取,然后用选择工具将选择的"老虎"移动"背景.jpg"图像窗口中,两幅图像很自然地融合在一起,如图4.21所示。

图 4.21 磁性套索工具制作无缝拼图

②椭圆选框工具。打开一个素材图像,在工具箱中选择椭圆选框工具,在图像上拖动鼠标,创建椭圆选区,按住"Shift"键,在图像上拖动鼠标,创建一个正圆形选区。

实例:给选区填充其他颜色

打开"老虎.jpg"文件,选择椭圆选框工具创建选区,可以对选区内的图像进行移动、删除、调整等操作。本例中,选择工具箱中的油漆桶工具对老虎头像周围填充其他颜色,填充效果如图4.22所示。

③单行选框工具和单列选框工具。使用单行选框工具和单列选框工具能创建1像素宽的单行和单列的选区,在工具箱中选择单行选框工具和单列选框工具,然后在要选择的区域旁边单击,即可创建单行或单列选区。建立选区后,只有选区内的图像可以修改。

(a)　　　　　　　　　　　　　　　(b)

图 4.22　椭圆选区及填充效果

(a)椭圆选取；(b)填充效果

(3)不规则选区工具

不规则选区工具是创建不规则选区的工具,其中包括以下工具。

①套索工具 。套索工具一般用于创建不规则的自由选区。在图像窗口中将光标放置在图像的边缘,按下鼠标左键并沿图像的边缘拖动,当终点与起点重合后,释放鼠标会闭合形成选区效果。工具属性栏中各项的意义与矩形选框工具的相似,这里不再赘述。

②多边形套索工具 。多边形套索工具一般用于创建多边形选区。在图像中,沿需要选取的图像部分边缘拖动,当终点与起点重合时,即可创建选区。利用其可以制作一些像三角形、五角星、多边形等棱角分明、边缘呈直线的多边形选区。

③磁性套索工具 。磁性套索工具一般用于快速选择与背景对比强烈且边缘复杂的对象,可沿着对象的边缘创建选区。将光标移至图像的边缘任意位置上并单击鼠标左键,确定选区起点,释放鼠标并沿着图像的边缘拖动鼠标,此时可产生一条套索线并自动附着在图像的周围,且每隔一段距离有一个方形节点。当光标到达选区起点时,单击鼠标左键,即可完成选取的创建。磁性套索工具属性栏如图 4.23 所示。

图 4.23　磁性套索工具属性栏

"宽度"用于确定选取时检测到的边缘宽度,值越小,检测范围越小;"对比度"用于设置套索的敏感度,值越大,对比程度越大,边界定位也就越准确;"频率"用于设置定义边界时的节点数,其值可在 0～100 之间,值越大,产生的节点就越多。利用磁性套索工具创建选区时,若节点不符合要求,可以按"Delete"键逐次删除定义的节点。

(4)按颜色创建选区

按颜色创建选区的工具有以下两种。

①魔棒工具 。魔棒工具用于选择图像中颜色相似的不规则区域,在选项栏中可以根据图像的情况来设置参数,以便能够准确地选取需要的选区范围。

②快速选择工具 。可以使用一种可调节的圆形笔快速"画"出一个选区。拖动光标时,选区会跟随图像定义的边缘自动查找并向外扩展。快速选择工具属性栏如图4.24所示。

图4.24　快速选择工具属性栏

"选区运算"按钮与选框工具组属性栏中的功能相似。"画笔"设置可单击右侧的下拉三角形按钮,在弹出的笔刷下拉面板中设置笔刷的大小、硬度、间距等属性。勾选"自动增强"复选框可以使绘制的选区边缘更平滑。

(5)创建文字形状的选区

在 Photoshop CS6 中,系统提供了两种文字蒙版工具:横排文字蒙版工具和直排文字蒙版工具。文字蒙板工具编辑文字是在蒙版状态下进行编辑,当退出蒙版后,被输入的文字以选区的形式显示,在前景色中设置颜色能够对文字选区进行填充。

实例:使用横排文字蒙版工具创建文字选区

第一步:新建一个文件,选择工具箱中的横排文字蒙版工具,其属性栏如图4.25所示。

图4.25　横排文字蒙版工具属性栏

第二步:在图像窗口中合适的位置单击鼠标左键,确定一个插入点,待出现闪烁的光标后输入文字,单击选择工具,出现如图4.26所示的文字选区。

第三步:对文字选区进行填充和描边,赋予选区各种色彩。

单击菜单栏中的"编辑|填充"命令,打开"填充"对话框,如图4.27所示。填充内容使用"图案""前景色""背景色""黑色""白色"以及"颜色"等;也可以"使用"有"自定图案"下拉列表中的"图案";也可以设置填充内容的"不透明度"等。设置好填充"内容""不透明度"等后,单击确定,效果如图4.28所示。

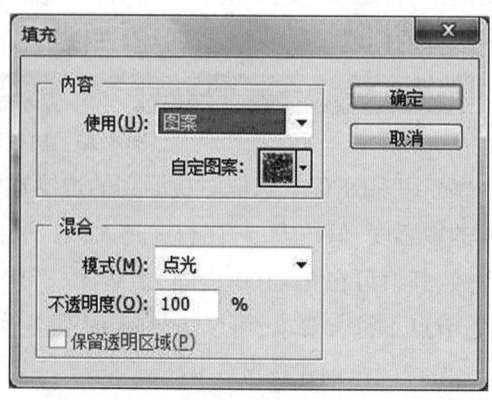

图4.26　文字选区　　　　　　　　图4.27　"填充"对话框

单击菜单栏中的"编辑|描边"命令,打开"描边"对话框,如图 4.29 所示。设置描边的"宽度"(编辑框中输入数值),描边的"颜色"(单击颜色旁边的色块),描边的"位置"(描边位于选区的内部、外部和居中)以及"不透明度"等。

图 4.28　填充效果　　　　　　　　图 4.29　"描边"对话框

(6)选区的修改

选区制作好后,还可以利用 Photoshop CS6 提供的选区修改命令,对选区进行移动、反选、收缩、扩大与制作边界等操作。

①移动选区。将光标移至选区内,当光标变形为"　　"时,在选区内单击鼠标左键并拖动鼠标,到所需要的位置后释放鼠标即可;还可以用键盘上的方向键每次以 1 个像素为单位精确移动选区;也可以按住"Shift"键的同时再按方向键,每次以 10 个像素为单位精确移动选区。

②全选、反选、取消与重新选择选区。全选方法为单击菜单栏中的"选择|全部"命令,或者按下"Ctrl+A"组合键;反选方法为创建好选区后,单击菜单栏中的"选择|反向"命令,或者按下"Shift +Ctrl+I"组合键;取消选区方法为单击菜单栏中的"选择|取消选择"命令,或者按下"Ctrl+D"组合键。

③选区扩展与收缩。创建好选区后,利用"扩展"和"收缩"命令可以将选区均匀地向外(内)扩展和收缩。单击菜单栏中的"选择|修改|扩展"或"选择|修改|收缩"命令,打开"扩展选择区"或"收缩选择区"对话框,在"扩展量"或"收缩量"编辑框中输入 1～100 之间的整数,单击确定即可。

④制作边界选区。利用"边界"命令可以围绕原选区创建一个指定宽度的选区。单击菜单栏中的"选择|修改"子菜单的"边界"命令,打开"边界选区"对话框,在"宽度"编辑框中输入正值或负值,单击确定,即可在原选区的外部或内部选取指定宽度的区域。在清除粘贴图形周围的光晕效果时,该命令非常有用。

⑤选区平滑。利用"平滑"命令可以减少选区边界中的不规则区域,使选区变得平滑。单击菜单栏中的"选择|修改|平滑"命令,在"取样半径"编辑框中输入数值,单击确定即可

使选区边缘变得平滑。

实例：用选区工具绘制图形

第一步：新建图像文件，选择矩形选框工具，单击工具属性栏中的"添加到选区"按钮，然后利用该工具在图像窗口中绘制出矩形选区，如图4.30所示。

第二步：按"D"键，恢复默认的前、背景色（黑、白色），然后按"Alt+Delete"组合键，用前景色填充选区，效果如图4.31所示。

第三步：选择矩形选框工具，单击工具属性栏中的"新选区"按钮，然后利用该工具在图像窗口中绘制出矩形选区，选择"前景色"，按"Alt+Delete"组合键，用前景色填充选区，如图4.32所示。按"Ctrl+D"组合键取消选区。

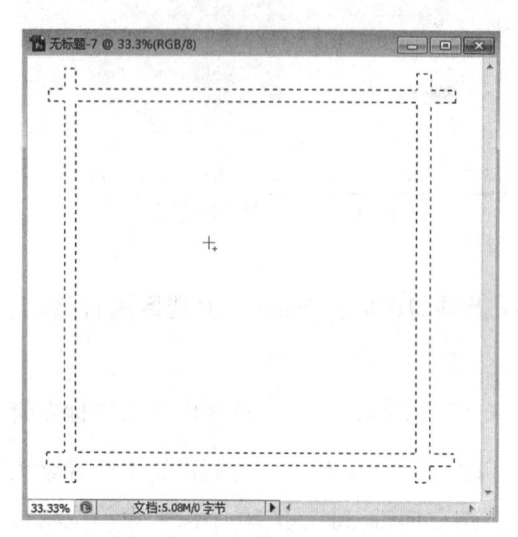

图4.30 "添加到选区"按钮选区　　　　4.31 填充效果

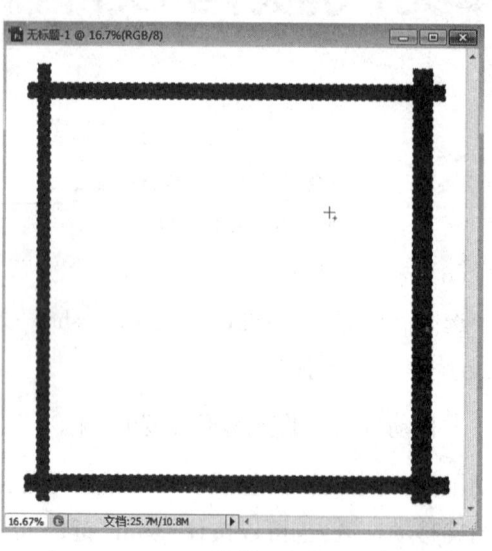

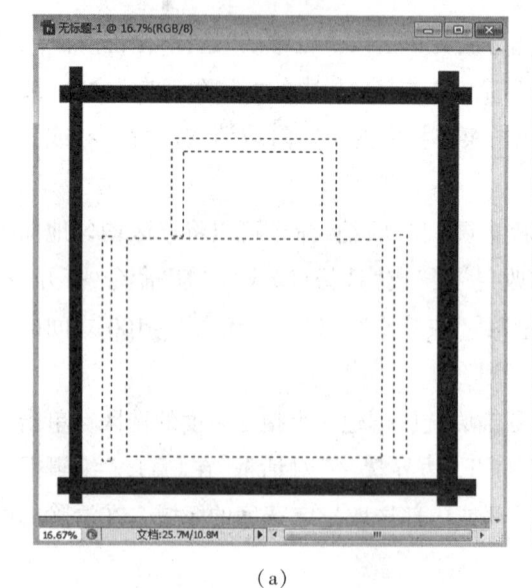

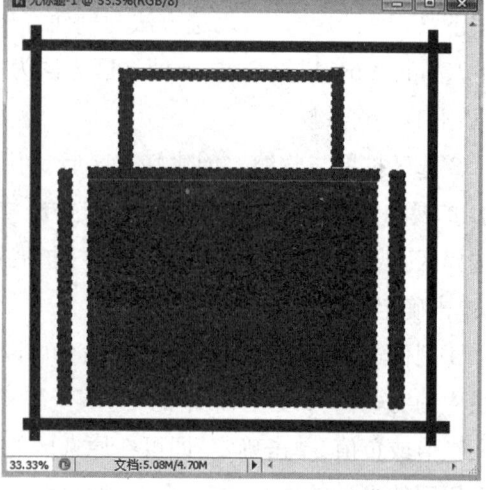

（a）　　　　　　　　　　　　　　（b）

图4.32 绘制选区和填充效果

（a）绘制选区；（b）填充效果

第四步：用套索工具，在图中绘制任意形状的选区，将前景色设置为白色，按"Alt+Delete"组合键，用前景色填充选区，如图 4.33 所示。按"Ctrl+D"组合键取消选区。

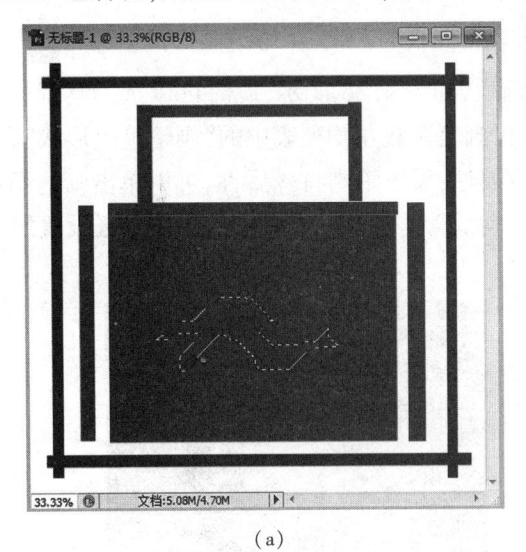

(a)　　　　　　　　　　　　　　　(b)

图 4.33　用套索工具绘制选区和填充效果

(a)绘制选区；(b)填充效果

(6)快速蒙版制作选区

①快速蒙版的作用。快速蒙版主要用于对图像选区的创建、抠取图像，可以将任何选区作为蒙版进行编辑。

②利用快速蒙版创建选区。单击工具箱下方的"以快速蒙版模式编辑"按钮，即可进入快速蒙版，使用绘图工具可以对图像进行涂抹，默认状态下涂抹颜色为半透明的红色，涂抹完成后再次单击工具箱下方的"以标准模式编辑"按钮，将涂抹的区域转换为选区。

③利用快速蒙版抠取图像。快速蒙版常被用于进行大面积的选区创建，在快速蒙版编辑模式下，同样可以采用工具箱中的工具对蒙版进行准确的选择。通过对需要选择的图像进行涂抹并将其转换为选区，然后删除选区以外的图像，完成对图像的抠取。

4. 画图与修饰类工具

(1)画笔工具

使用画笔工具可以在图像上绘制各种笔触效果，笔触颜色与当前的前景色相同，也可以创建柔和的描边效果。画笔工具属性栏如图 4.34 所示。

图 4.34　画笔工具属性栏

选择画笔工具后，单击画笔工具属性栏后的按钮，可在笔刷下拉面板中选择所需的笔刷样式、设置合适的笔刷大小和硬度，如图 4.35 所示。利用画笔调板不但可以设置笔刷大小和选择笔刷样式，还可以设置笔刷的旋转角度、间距、圆度、发散、文理填充、颜色动态等特性，从而制作很多漂亮的图像效果。

在画笔工具属性栏中可以选择所需的混合模式。单击画笔工具属性栏后的按钮，拖动滑块或直接输入数值可设置画笔颜色的不透明度,数值越小,不透明度越低。"流量"用于设置画笔的流动速率,该数值越小,所绘线条越细。按下"喷枪"按钮,可使画笔具有喷涂功能。要利用画笔调板设置笔刷属性,可单击工具属性栏右侧的"切换画笔调板"按钮 ,或选择"窗口"菜单中的"画笔"命令,打开画笔调板,如图 4.36 所示,此时可以选择笔刷样式和设置笔刷大小。设置笔刷基本特性,只需单击画笔调板左侧列表中的"画笔笔尖形状"项,就可以设置笔刷直径、角度、圆度、间距、翻转等属性;设置笔刷特殊属性,可以单击画笔调板左侧列表中的相应选项,如"形状动态""纹理"等,然后在调板右侧的参数设置区设置属性即可。

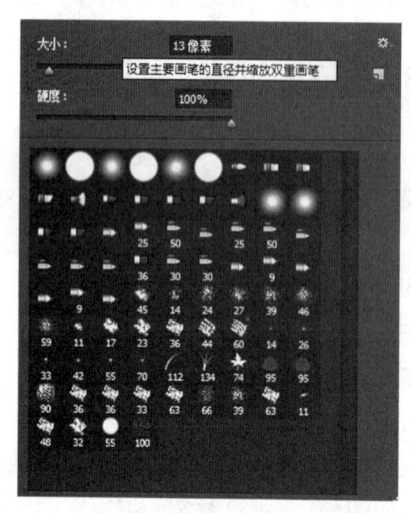

图 4.35　画笔笔刷下拉面板

图 4.36　画笔调板

(2)铅笔工具

铅笔工具的使用方法与画笔工具基本相同,但使用铅笔工具创建的是硬边直线,直线边缘没有办法做到模糊,只能调整透明度、大小和其他的形态。

(3)颜色替换工具

使用颜色替换工具能够简化图像中特定颜色的替换,可用于校正颜色。该工具不适用于位图、索引或多通道色彩模式的图像。颜色替换工具属性栏如图 4.37 所示。

图 4.37　颜色替换工具属性栏

颜色替换工具的原理是用前景色替换图像中指定的像素,因此使用时需选择好前景色,调整画笔大小。"模式"分为"色相""饱和度""颜色""明度"四个不同模式,在选项栏上,还有其他不同的模式控制效果。"限制"分为"连续""不连续""查找边缘"三种。使用颜色替换工具,除了能给产品换一个新颜色外,还可以换背景。

(4)模糊工具

模糊工具与"滤镜"菜单中的"高斯模糊"滤镜的功能类似,使用模糊工具能够让选定区域内的图像变得更为柔和。模糊有时候是一种表现手法,将画面中其余部分作模糊处理,就可以凸现主体。鼠标在一个地方停留时间越久,这个地方被模糊的程度就越大。模糊工具属性栏如图4.38所示。

图4.38 模糊工具属性栏

单击模糊工具属性栏后的下拉三角形按钮,可在笔刷下拉面板中选择所需的笔刷样式、设置合适的笔刷大小,具体操作与画笔工具相同,这里不再赘述。在模糊工具属性栏中可以选择所需的混合模式。单击模糊工具属性栏后的按钮,拖动滑块或直接输入数值可设置画笔的强度,数值越小,强度越低。"切换画笔调板"按钮的具体操作与画笔工具相同,这里不再赘述。

(5)锐化工具

锐化工具与模糊工具相反,主要用于在图像的指定范围内涂抹,以增加颜色的强度,使颜色柔和的线条更锐利,图像的对比度更明显,图像也变得更清晰。

(6)橡皮擦工具

使用橡皮擦工具擦除图像时,被擦除的图像部分显示为背景色。橡皮擦工具属性栏如图4.39所示。

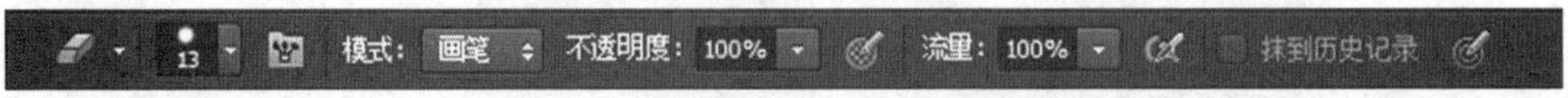

图4.39 橡皮擦工具属性栏

单击橡皮擦工具属性栏后的下拉三角形按钮,可在笔刷下拉面板中选择所需的笔刷样式、设置合适的笔刷大小。在橡皮擦工具属性栏中提供"画笔""块"和"铅笔"三种混合模式。选择"画笔",擦去的边缘显得柔和,也可改变"画笔"的软硬程度;选择"铅笔",擦去的边缘就显得尖锐;选择"块",橡皮擦就变成一个方块。单击橡皮擦工具属性栏后的按钮,拖动滑块或直接输入数值可设置画笔颜色的不透明度,数值越小,不透明度越低。"切换画笔调板"按钮的具体操作与画笔工具相同,这里不再赘述。

(7)背景橡皮擦工具

使用背景橡皮擦工具擦除图像时,可以指定不同的取样和容差来控制透明度的范围和边界的锐化程度。背景橡皮擦工具属性栏如图4.40所示。

图4.40 背景橡皮擦工具属性栏

单击背景橡皮擦工具属性栏后的下拉三角形按钮,可在笔刷下拉面板中选择所需的笔刷样式、设置合适的笔刷大小。"取样"按钮有"连续""一次""背景色版"三个按钮。选择"连续",按住鼠标不放的情况下鼠标中心点所接触的颜色都会被擦除掉;选择"一次",按住鼠标不放的情况下只有在第一次接触到的颜色才会被擦掉,如果在经过不同颜色时这个颜色不会被擦除,除非再点击一下其他的颜色才会被擦掉;选择"背景色版",擦掉的仅仅是背景色及设定的颜色。限制有"不连续""连续"和"查找边缘"三种选择。"容差"值主要设置鼠标擦除范围,容差越高,擦除的范围就越大。勾选"保护前景色"复选框,用前景色设置的图像不会被擦除。

(8) 魔术橡皮擦工具

利用魔术橡皮擦工具可以擦除图像中与单击处颜色相同的区域。

(9) 渐变工具

使用渐变工具可以创建多种颜色间的混合过渡效果。在处理图像时,可以从预设渐变填充中选取需要的颜色或自定义的渐变效果并应用到图像中。渐变工具属性栏如图4.41所示。

图4.41 渐变工具属性栏

单击渐变工具属性栏右侧的下拉三角形按钮,可以从打开的渐变编辑器中选择渐变图案,如图4.42所示。单击渐变编辑器右侧的圆形三角形按钮,从中可载入更多的渐变图案。

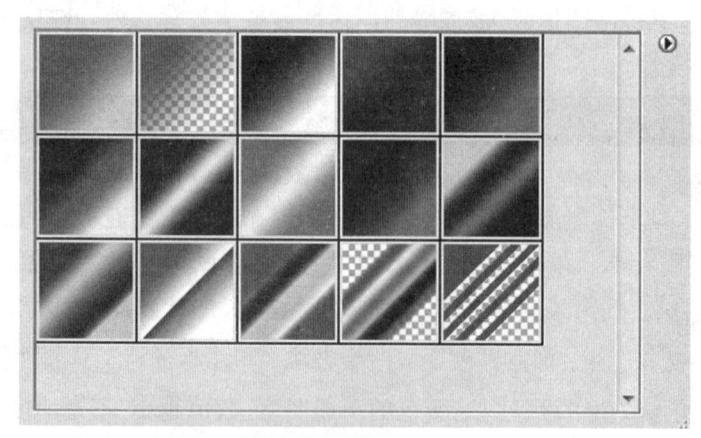

图4.42 渐变编辑器

"渐变填充方式"按钮从左到右依次为"线性渐变"按钮、"径向渐变"按钮、"角度渐变"按钮、"对称渐变"按钮、"菱形渐变"按钮。"模式"用于设置填充的渐变颜色与其下面的图像如何进行混合,各选项与图层混合模式的作用相同。单击渐变工具属性栏后的按钮,拖动滑块或直接输入数值可设置画笔颜色的不透明度,数值越小,不透明度越低。勾选"反向"复选框可以使绘制的渐变图案反向。勾选"仿色"复选框可以使绘制的渐变图案的色彩过渡得更加柔和、平滑。勾选"透明区域"复选框可以使渐变图案的透明度设置有效或无效。

第四章　信息化教学资源建设与应用

新建一个文件,选择渐变图案下拉列表中的"线性渐变"按钮,将光标移动到图像窗口的上方,按住鼠标左键向下拖动,释放鼠标后即可绘制渐变图案。

(10) 油漆桶工具

使用油漆桶工具能够在图像中填充颜色或图案,并按照图像中像素的颜色进行填充;填充的范围是与单击处的像素点颜色相同或相近的像素点。油漆桶工具属性栏如图 4.43 所示。

图 4.43　油漆桶工具属性栏

填充类型有"前景"和"图案"两个选项。选择"前景",填充颜色为前景色;选择"图案",单击油漆桶工具属性栏右侧的下拉三角形按钮，可以从打开的下拉列表中选择更多图案,单击下拉列表右侧的圆形三角形按钮,从中可载入更多的图案。"模式"用于设置填充的图案的混合模式。单击"不透明度"后的按钮，拖动滑块或直接输入数值可设置画笔颜色的不透明度,数值越小,不透明度越低。"容差"为容差值越大,填充范围越广。设置好所需要的填充色或图案后,直接使用油漆桶工具在图像中单击即可完成填充。

(11) 减淡工具

利用减淡工具在特定的图像区域内进行拖动,然后让图像的局部颜色变得更加明亮,对处理图像中的高光非常有用。减淡工具属性栏如图 4.44 所示。

图 4.44　减淡工具属性栏

单击减淡工具属性栏后的下拉三角形按钮,可在笔刷下拉面板中选择所需的笔刷样式、设置合适的笔刷大小。"切换画笔调板"按钮的具体操作与画笔工具相同,这里不再赘述。"范围"用于选择减淡效果的范围。"曝光度"用于控制图像减淡的程度,值越大,减淡效果越明显。"保护色调"用于最小化阴影和高光中的修剪,并防止颜色发生色相偏移。

(12) 加深工具

加深工具与减淡工具的功能相反,使用加深工具可以表现出图像中的阴影效果。利用该工具在图像中涂抹可以使图像亮度降低。加深工具属性栏如图 4.45 所示。

图 4.45　加深工具属性栏

单击加深工具属性栏后的下拉三角形按钮,可在笔刷下拉面板中选择所需的笔刷样式、设置合适的笔刷大小。"切换画笔调板"按钮与画笔工具相同,这里不再赘述。"范围"用于选择加深效果的范围。"曝光度"用于控制图像加深的程度,值越大,加深效果越明显。"保护色调"用于最小化阴影和高光中的修剪,并防止颜色发生色相偏移。

(13) 海绵工具

海绵工具主要用于精确地增加或减少图像的饱和度,在特定的区域内拖动,会根据不同

· 103 ·

图像的不同特点来改变图像的颜色饱和度和亮度。利用海绵工具,能够自如地调节图像的色彩效果,从而让图像色彩效果更完美。海绵工具属性栏如图4.46所示。

图4.46　海绵工具属性栏

单击海绵工具属性栏后的下拉三角形按钮,可在笔刷下拉面板中选择所需的笔刷样式、设置合适的笔刷大小。"切换画笔调板"按钮 的具体操作与画笔工具相同,这里不再赘述。"模式"有"降低饱和度"和"饱和度"两种。"降低饱和度"可降低图像颜色的饱和度;"饱和度"可增强图像颜色的饱和度。"流量"数值越大,操作效果越明显。"自然饱和度"是图像整体的明亮程度,对图像内最不鲜艳的颜色提升,对鲜艳的颜色影响较小,适合初学者使用。

(14)历史记录画笔工具

历史记录画笔工具是通过重新创建指定的原数据来绘制,而且历史记录画笔工具会与"历史记录"面板配合使用。按"Y"键即可选择历史记录画笔工具,按"Shift+Y"组合键能够在历史记录画笔工具和历史记录艺术画笔工具之间切换。历史记录画笔工具属性栏如图4.47所示。

图4.47　历史记录画笔工具属性栏

(16)历史记录艺术画笔工具

历史记录艺术画笔工具可用于指定历史记录状态或者快照中的数据源,以特定的风格进行绘画。可以单击历史记录艺术画笔工具属性面板后的下拉三角形按钮设置不同的画笔。历史记录艺术画笔工具属性栏如图4.48所示。

图4.48　历史记录艺术画笔工具属性栏

5. 形状与路径绘制工具

(1)矩形工具

矩形工具和矩形选框工具都能用于绘制矩形形状的图像。不同的是,利用矩形工具能够绘制出矩形形状的路径,而矩形选框工具没有此功能。矩形工具属性栏如图4.49所示。

图4.49　矩形工具属性栏

创建矩形类型方式分别是"形状""路径"和"像素"。"形状"是指使用任意形状工具、钢笔工具、自由钢笔工具绘制的图形,其填充内容可以是纯色、渐变色或图案,绘制矢量图形时,将在图层调板中创建形状图层,随绘制的形状将被放置在形状图层的蒙版中;"路径"表示绘制图形时,将在当前图层中创建工作路径;"像素"是指将制作各种形状的位图,这与使用画笔工具绘画类似。

单击Photoshop CS6矩形工具属性面板上的按钮 ,从弹出的选项框中可以设置参数,

· 104 ·

如图 4.50 所示。

图 4.50　按钮 选项框

"不受约束"是指绘制任意大小和比例的矩形;"方形"是指绘制正方形;"固定大小"是指在"W:"和"H:"输入宽度和高度值后绘制出固定值的矩形;"比例"是指在"W:"和"H:"输入数值后,可绘制固定宽和高额比例的矩形;"从中心"是指绘制矩形起点为矩形的中心。按住键盘"Shift"键的同时在窗口中按住鼠标左键拖动,可绘制正方形。

实例:用"形状"绘制一个矩形

第一步:设置 Photoshop CS6 矩形工具属性栏参数。选择绘制"形状",填充颜色为绿色,描边颜色为红色,描边粗细为 10,设置描边线条为点虚线,在打开的描边选项框中设置为外部对齐,输入创建矩形宽度为 300,高度为 180。

第二步:设置好属性栏后,在图像窗口中单击鼠标,此时弹出"创建矩形"对话框,可以设置和更改矩形的宽度和高度,如图 4.51 所示。设置好后单击"确定"按钮,创建出一个宽度为 300 像素,高度为 180 像素的矩形,如图 4.52 所示。

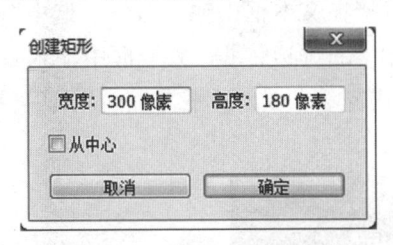

图 4.51　"创建矩形"对话框　　　图 4.52　矩形的绘制效果

(2)圆角矩形工具

圆角矩形工具用于绘制圆角矩形或圆角正方形的图形。圆角矩形工具属性,如图 4.53 所示。对该工具属性栏中的"半径"进行不同的设置,可以控制圆角矩形 4 个圆角的弧度,值越大,圆角的弧度也就越大。

图 4.53　圆角矩形工具属性栏

(3)直线工具

直线工具用于在图像窗口中绘制像素线条或路径。在直线工具属性栏中可以根据不同的需要设置其线条或路径的粗细程度。直线工具属性,如图 4.54 所示。

图 4.54　直线工具属性栏

新建一个画布,选择直线工具;选择直线类型为"形状",设置线的"粗细",然后按住"shift"键,拖动鼠标就可以画一条直线。

在 Photoshop CS6 中,实现直线工具带箭头的方法是:选择直线工具后,在直线工具属性栏选择"形状"图层,再点击"齿轮"的下拉三角 ![], 出现如图 4.55 所示的"直线"选项框;在面板中勾选"起点"和"终点",就可以画带箭头的直线了。

图 4.55　直线选项框

(4) 多边形工具 ![]

多边形工具用于绘制不同边数的形状图案或路径。多边形工具属性栏如图 4.56 所示。

图 4.56　多边形工具属性栏

单击多边形工具属性栏上的"齿轮"按钮 ![],弹出多边形选项框,在这里可以对多边形的"半径""平滑拐角""星形"以及"平滑缩进"等参数进行设置,如图 4.57 所示。"半径"用于限定绘制的多边形外接圆的半径,可以直接在文本框中输入数值。选中"平滑拐角"选项,多边形的边缘将更圆滑。勾选"星形"后,在"缩进边依据"文本框中输入百分比,可以得到向内缩进的多边形,百分比值越大,向内缩进越多。选中"平滑缩进"选项,在缩进边的同时将边缘圆滑。

图 4.57　多边形选项框

(5) 椭圆工具 ![]

椭圆工具和椭圆选框工具都能够绘制椭圆形状,但使用椭圆工具能够绘制路径,以及使用选项栏中设置的"样式"对形状进行填充。椭圆工具属性栏如图 4.58 所示。

图 4.58　椭圆工具属性栏

单击椭圆工具属性栏上的按钮 ![],弹出自定义形状选项框,在这里可以设置椭圆形状的比例、大小等参数,如图 4.59 所示。

第四章 信息化教学资源建设与应用

图 4.59 椭圆工具自定义形状选项框

(6) 自定义形状工具

自定义形状工具用于绘制各种不规则形状。自定义形状工具属性栏如图 4.60 所示。

图 4.60 自定形状工具属性

单击自定义形状工具属性栏上的按钮，弹出自定义形状选项框，在这里可以设置自定义形状的比例、大小等参数，如图 4.61 所示。

"不受约束"选项用于自定义图形的大小不受限制。"固定大小"用于在文本框中可以输入自定义图形的尺寸大小。

在自定义形状工具属性栏中单击右侧的小三角形按钮，在弹出的自定形状面板中提供了多种形状，如图 4.62 所示。

图 4.61 自定形状工具自定形状选项框

图 4.62 自定形状面板

(7) 钢笔工具

钢笔工具用于绘制复杂或不规则的形状或曲线。钢笔工具属性栏如图 4.63 所示。

图 4.63 钢笔工具属性栏

创建矩形类型分别是"形状""路径"和"像素"。勾选"自动添加/删除"复选框后，表示绘制形状时将实现自动添加或删除锚点的功能。

利用钢笔工具在图像窗口中连续单击，可创建轮廓为直线的图形；利用钢笔工具在图像窗口中单击并拖动鼠标，拖出两条控制柄，然后在其他位置继续单击并拖动鼠标，可绘制轮廓为曲线的图形。

使用钢笔工具进行绘制时应注意：①将光标移至起点时，光标的右下角显示一个小圆

· 107 ·

圈,单击鼠标左键可封闭形状并结束绘制;②将光标移至形状的某个锚点时,光标的右下角显示一个减号,单击鼠标左键可删除锚点;③将光标移至形状中间的某个非锚点位置时,光标的右下角显示一个加号,此时单击鼠标左键可在该形状上增加锚点,如果单击鼠标左键并拖动,则可调整形状的外观。

(8)自由钢笔工具

利用自由钢笔工具在图像中拖动,可直接形成路径,就像用笔在纸上绘画一样。绘制路径时,系统会自动在曲线上添加锚点。使用自由钢笔工具,可以创建不太精确的路径。自由钢笔工具属性栏如图 4.64 所示。

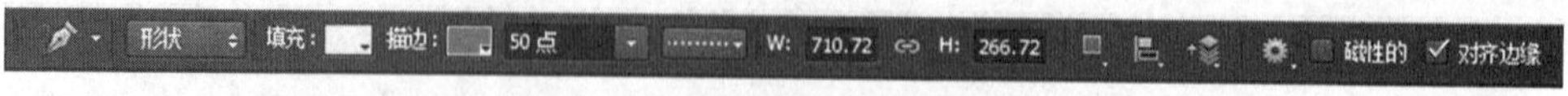

图 4.64 自由钢笔工具属性栏

勾选"磁性的"复选框绘制形状(路径)时,在绘制的形状边缘自动附着磁性锚点,使曲线更加平滑。

(9)直接选择工具

直接选择工具主要对路径锚点进行选择,并结合"Ctrl"键对节点进行调整,以便对部分路径的形状进行变换。在绘制的路径图像上单击鼠标左键,选中该锚点,选中锚点的状态为实心效果,然后结合"Ctrl"键对锚点进行调整。单击方向控制柄的端点并拖动,可调整形状的外观。

(10)添加和删除锚点工具

添加锚点工具用于在现有的路径上添加锚点,单击鼠标左键即可添加。删除锚点工具用于在现有的锚点上删除锚点,单击鼠标左键即可删除。如果在钢笔工具属性栏中勾选"自动添加/删除"复选框,可在路径上添加和删除锚点。

(11)转换点工具

转换点工具主要用于调整绘制完成的路径,将光标放在要更改的锚点上并单击鼠标左键,可以转换锚点的类型,即将平滑点转换为直角点,或将直角点转换为手滑点。

(12)路径选择工具

在 Photoshop CS6 中,当需要对整体路径进行选择与位置调整时,需要使用路径选择工具。选择该工具后,将光标移动至需要选择的路径上并单击鼠标左键,即完成对路径的选择,并且可以对选中的路径的位置进行移动,也可以使用"编辑"菜单中的"变换路径"和"自由变换路径"命令对路径进行旋转、翻转、缩放等变形操作。

6. 图像修复类工具

(1)裁剪工具

裁剪工具选择的图像为将保留的图像,未选择的就会被删除。裁剪工具属性栏如图 4.65 所示。

图 4.65 裁剪工具属性栏

第四章　信息化教学资源建设与应用

在裁剪属性里面,可以设置预设的尺寸大小或者剪裁比例、自定义的大小、是否纵向与横向旋转裁剪框,如图 4.66 所示。

在裁剪工具属性栏的"视图"选项中,可以选择裁剪区域的参考线,包括"三等分""黄金分割""金色螺旋线"等常用构图线,如图 4.67 所示。

在裁剪工具属性栏的按钮 ✦ 中可以进行一些功能设置,包括"使用经典模式"（Photoshop CS6 之前的剪裁工具模式)等,如图 4.68 所示。

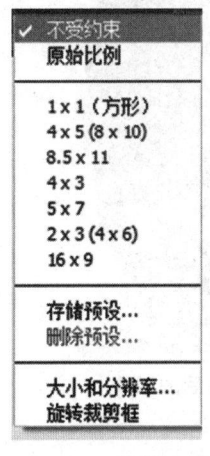

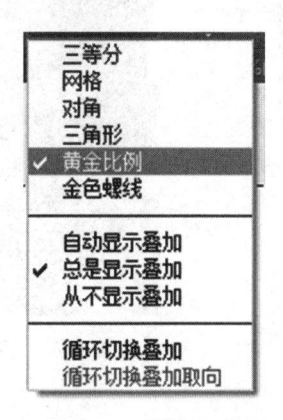

图 4.66　裁剪属性　　图 4.67　"视图"选项　　图 4.68　裁剪功能设置面板

在裁剪工具属性栏的"删除裁剪的像素"复选框中取消勾选,对画面的裁剪则是无损的。

(2) 吸管工具

吸管工具可以从当前图像、"色板"面板、"颜色"面板的色条上进行采样,采集的色样可用于指定新的前景色或背景色。

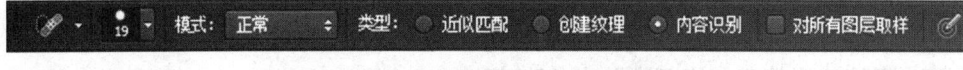

(3) 污点修复画笔工具

污点修复画笔工具主要用于快速修复图像中的污点和其他不理想的部分,适用于去除图像中比较小的杂点或杂斑。

在使用污点修复画笔工具时,不需要定义原点,只需要确定需要修复的图像位置,调整好画笔大小,移动鼠标就会在确定需要修复的位置自动匹配。污点修复画笔工具属性栏如图 4.69 所示。

图 4.69　污点修复画笔工具属性栏

"近似匹配"是指以单击点周围的像素为准,覆盖在单击点上从而达到修复效果。"创建纹理"是指在单击点创建一些相近的纹理来模拟图像信息。"对所有图层取样"是指勾选此选项,然后新建图层,再进行修复,会把修复的部分建在新的图层上,这样对原图像不会产生任何影响。

实例:用污点修复画笔工具修复人脸上的斑点

第一步:单击菜单栏中的"文件|打开"命令,或按"Ctrl+O",打开有污点的图片,如图

· 109 ·

4.70所示。

第二步:在工具箱中选择污点修复画笔工具,在污点修复画笔工具属性栏中设置画笔大小,比要修复的区域稍大一点就可以。

第三步:点击要修复的区域,或在较大的区域上拖移即可。修复后的图片如图4.71所示。

图4.70　有污点的图片　　　　　图4.71　修复后的图片

(4)修复画笔工具

修复画笔工具能够修复图像中的瑕疵,使瑕疵与周围的图像融合。利用该工具修复时,同样可以利用图像或图案中的样本像素进行绘画。修复画笔工具属性栏如图4.72所示。

图4.72　修复画笔工具属性栏

点击修复画笔工具属性栏上的图标，可以设置大小、间距、硬度等参数。按键盘上的"〔"键和"〕"键可以缩小和扩大工具的直径大小。

修复画笔工具属性栏的"源"有"取样"和"图案"两个选项。"取样"是指可以用取样点的像素来覆盖单击点的像素,从而达到修复的效果,选择此选项,必须按下"Alt"键进行取样;"图案"是指用修复画笔工具移动过的区域以所选图案进行填充,并且图案会和背景色相融合。

"对齐"是指勾选该复选框,再进行取样,然后修复图像,取样点位置会随着光标的移动而发生相应的变化;若把"对齐"复选框不勾选,再进行修复,取样点的位置是保持不变的。

实例:用修复画笔工具修复人脸上的斑点

第一步:首先将原图打开,如图4.73所示。在复制原图之后,选择修补工具中的修复画笔工具,然后按住"Alt"键吸取样本,吸取的样本必须是皮肤好的部位。

第二步:对一些有瑕疵的部位进行修复涂抹,这样就会用所吸取的好皮肤部位的选区覆盖掉有瑕疵的部位,慢慢涂抹之后就可以将这些瑕疵给去掉了。

第三步:修饰完成后,对图像执行"图像|调整|色阶"命令,如图4.74所示。修复后的最终效果如图4.75所示。

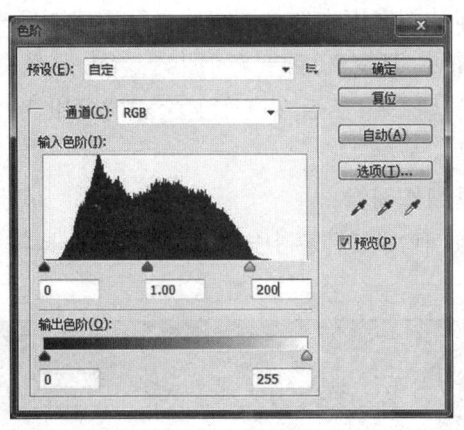

第四章　信息化教学资源建设与应用

图 4.73　原图　　　　图 4.74　"色阶"对话框　　　　图 4.75　最终效果

（5）修补工具

修补工具可以使用其他区域或图案中的像素来修复选区内的图像。修补工具与修复画笔工具一样，能够将样本像素的纹理、光照和阴影等与源像素进行匹配；不同的是，前者用画笔对图像进行修复，而后者是通过选区进行修复。修补工具属性栏如图 4.76 所示。

图 4.76　修补工具属性栏

修补工具属性栏的"源"是指选区内的图像为被修改区域。"目标"是指选区内的图像为去修改区域。"透明"是指勾选该复选框，再移动选区，选区中的图像会和下方图像产生透明叠加。"使用图案"是指选择一种图案后，然后再点击"使用图案"按钮，可以把图案填充到选区当中，并且会与背景产生一种融合的效果。在未建立选区时，"使用图案"不可用，画好一个选区之后，"使用图案"被激活。

（6）红眼工具

在夜晚的灯光下或使用闪光灯拍摄人物照片时，通常会出现人物眼球变红的现象，这种现象称为红眼现象。利用 Photoshop CS6 中的红眼工具，就可以修复人物照片中的红眼，也能修复动物照片中的白色或绿色反光。

点击工具箱中的红眼工具后，只需要将图片适当的放大，然后点一下眼睛部位即可去掉红眼。

（7）仿制图章工具

仿制图章工具可以将一幅图像的选定点作为取样点，将该取样点周围的图像复制到同一图像或另一幅图像中。仿制图章工具也是专门的修图工具，可以用来消除人物脸部斑点、消除背景部分不相干的杂物、填补图片空缺等。

使用方法为选择仿制图章工具，在需要取样的地方按住"Alt"键取样，然后在需要修复的地方涂抹就可以快速消除污点，同时也可以在 Photoshop CS6 属性栏调节笔触的混合模式、大小、流量等，以便更为精确的修复污点。

（8）图案图章工具

图案图章工具和仿制图章工具相似，区别是图案图章工具不在图像中取样，而是利用选

· 111 ·

项栏中的图案进行绘画,即从图案库中选择图案或自己创建图案来进行绘画。

使用图案图章工具之前需要定义好想要的图案,然后适当设置属性栏的相关参数,如"笔触大小""不透明度""流量"等;然后在画布上涂抹就可以出现想要的图案效果,绘出的图案会重复排列。

实例:用图案图章工具制作图像

第一步:打开一幅图像,利用工具箱中矩形选框工具选择需要定义的图案,如图4.77所示。

图4.77 矩形选框工具选择图案

第二步:单击菜单栏中的"编辑|定义图案"命令,在打开的"图像名称"对话框中设置名称为"图案1",如图4.78所示。单击"确定"按钮,图案将自动生成到图案列表中。

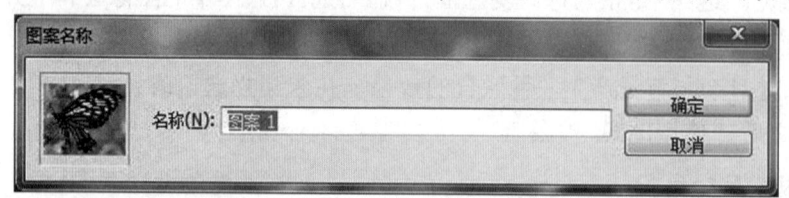

图4.78 "图像名称"对话框

第三步:按键盘"Ctrl+D"键取消选区,选中工具箱中图案图章工具,在属性栏图案下拉列表中找到自定义的图案,在图像中合适的位置按下鼠标左键拖动,复制出图案,效果如图4.79所示。

图4.79 用图案图章工具制作的图像

7. 其他工具

(1) 横排文字工具

利用文字工具可以在图像中添加文字。在 Photoshop CS6 中的文字工具中输入文字，其方法与在一般应用程序中输入文字的方法一致。横排文字工具属性栏如图 4.80 所示。

图 4.80　横排文字工具属性栏

单击"更改文字方向"按钮，可将选择的水平方向的文字转换为垂直方向，或将垂直方向的文字转换为水平方向。"字体"是指设置文字的字体，单击其右侧的倒三角按钮，在弹出的下拉列表中可以选择字体。"字形"是指设置字体形态，只有使用某些具有该属性的字体，该下拉列表才能激活，包括"Regular""Italic""Bold"和"Bold Italic""Black"。"字体大小"设置方法为单击右侧的倒三角按钮，在弹出的下拉列表中选择需要的字号或直接在文本框中输入字体大小值。"设置消除锯齿的方法"是指设置消除文字锯齿的功能。"对齐方式"包括"左对齐""居中对齐"和"右对齐"，可以设置段落文字的排列方式。"文本颜色"是指设置文字的颜色，单击可以打开"拾色器"对话框，从中选择字体颜色。"创建文字变形"是指单击该按钮可以打开"变形文字"对话框，在对话框中可以设置文字变形。"字符和段落面板"是指单击该按钮可以显示或隐藏"字符"和"段落"面板，用来调整文字格式和段落格式。要确定输入的文字，则单击"提交"按钮即可，也可以选择移动工具确定。"更新此文本联的 3D"是指单击此按钮，将切换到文字为 3D 立体模式，可制作 3D 立体文字。

单击横排文字工具属性栏上的"字符按钮"，打开控制面板，单击字符选项框，可以设置文字、字号、字型以及字距或行距等参数，如图 4.81 所示。

打造变形文字方法为：选择创建好的文字，单击文字属性栏上的"变形文字"按钮，打开"变形文字"对话框；在"变形文字"对话框中单击"样式"下拉列表，在"样式"下拉列表中选择"花冠"样式（有多种样式，在此只做示意），进行参数设置，如图 4.82 所示。

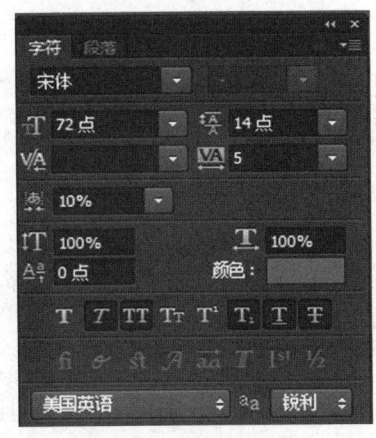

图 4.81　字符选项框　　　　图 4.82　"变形文字"对话框

(2)直排文字工具

直排文字工具使用方法同横排文字工具类似。

实例:制作特效文字

第一步:新建文件后,选择工具箱中的直排文字工具,设置文字大小为80点,字体可任意选取,移动鼠标指针到空白画布的左端并单击,输入"特效文字"四个字;然后选择工具箱中的移动工具,调整文字位置。

第二步:选择工具箱中的渐变工具,在渐变工具属性栏中选择一种渐变方式。

第三步:在文字图层上右击,在弹出的快捷菜单中选择"栅格化文字"命令,在编辑场景中按住"Ctrl"键,单击图层面板上的"图层1"名称选中文字。将光标放在文字上,从上到下拖动鼠标拉一条直线,给文字填充渐变色。画布上的文字效果如图4.83所示。

第四步:按"Ctrl+D"组合键取消文字周围虚线框,然后选择"图层"菜单中的"图层样式"和"混合选项"命令,在弹出的"图层样式"对话框中,勾选"内发光""斜面和浮雕""纹理"复选框,如图4.84所示。最终文字效果如图4.85所示。

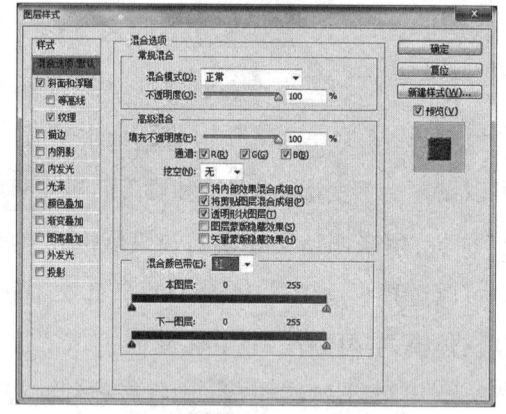

图4.83 填充后的文字效果   图4.84 "图层样式"对话框   图4.85 最终文字效果

(3)缩放工具

缩放工具常用于查看图像局部区域。当打开图像时,为了方便观察图像的细节,就要用到缩放工具。

(4)抓手工具

当图像放大到图像窗口无法完全显示的状态时,利用抓手工具拖动图像可查看图像的具体情况。在选择抓手工具时,除了在工具箱中进行选择外,按"H"键或按住空格键不放都可选定抓手工具为当前工具。

8. 图层的使用

图层是Photoshop CS6工作中最基本的组成部分,所有的图片、文字、图层样式等都是以图层方式存在,利用图层可以很方便地对图像进行修改、编辑、拼贴和组合等。

(1)图层的基本概念

Photoshop CS6的图层犹如人们日常生活中书写绘画所用的纸张。图像中每一个独立的元素,都被放置在不同的图层中,当对其中的元素进行单独处理时,不会影响其他部分。此外,还可在图层面板中对图层顺序进行调换、添加图层样式、添加图层蒙板以及隐藏局部或添加效果等一系列操作。

(2)图层的类型及创建方法

图层所有的操作都可以在菜单栏的图层选项中找到,如图4.86所示。图层操作也可以在图层面板中进行,如图4.87所示。

在Photoshop CS6中,图层的类型有背景图层、普通图层、文字图层、调整图层、填充图层、形状图层和智能对象。下面简要介绍各类图层的特点及创建方法。

①背景图层

背景图层位于图像的最底层,一幅图像只有一个背景图层,在背景图层中不能进行改变图层透明度、调整图层排列次序等操作。但可以在背景图层上用画笔工具、铅笔工具、图章工具、渐变工具、油漆桶工具等绘画和修饰工具进行绘画。如果用户要对背景图层添加图层样式或图层蒙版的话,应选择"图层|新建|图层"命令,将其转换为普通图层,然后为其添加图层样式或图层蒙版,设置完后,再选择"图层|新建|背景图层"菜单,将其转换为背景图层即可。

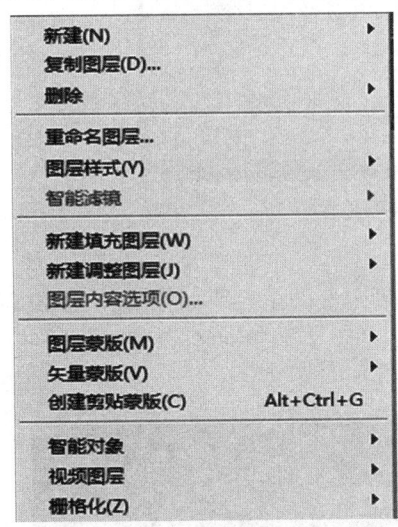

图4.86　菜单栏的图层选项(部分截图)　　　图4.87　图层面板

②普通图层

普通图层是指用于绘制、编辑图像的一般图层,在普通图层中可随意编辑图像。创建普通图层的方法有以下两种。

第一种:单击图层面板底部的"创建新图层"按钮 ▢ ,创建一个完全透明的空图层。

第二种:选择"图层|新建|图层"菜单,也可创建新图层,如图4.88所示。

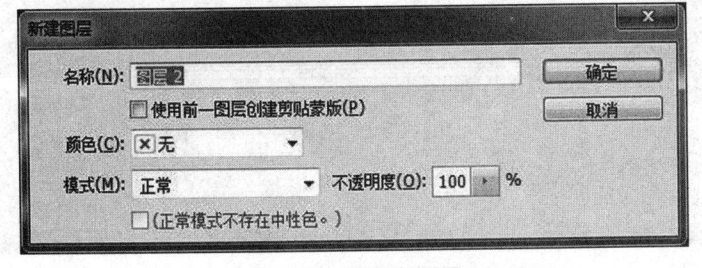

图4.88　创建新图层

③文本图层

文本图层用于存放文字的图层,文字图层不可以进行滤镜、图层样式等操作。文字图层创建方法非常简单,选择横排文字工具或直排文字工具,并在图像窗口中单击输入文字即可。图像窗口中的文字还可以进一步变形处理,选择"文字"菜单中的"变形文字"命令,会出现"变形文字"对话框;在"变形文字"对话框中选择"样式"选项,并按照要求调整"弯曲""水平扭曲""垂直扭曲"等,调整好后,单击"确定"按钮。文字变形处理如图 4.89 所示。

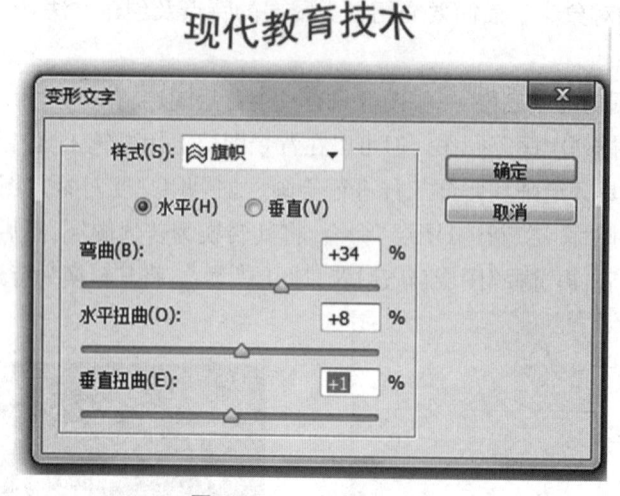

图 4.89　文字变形处理

④调整图层

要创建调整图层,只需单击图层面板底部的"创建新的填充或调整图层"按钮,从弹出的下拉菜单中选择"色阶""曲线""色相/饱和度"等选项,在打开的命令设置对话框中调整相关参数,然后单击"确定"即可,如图 4.90 所示。

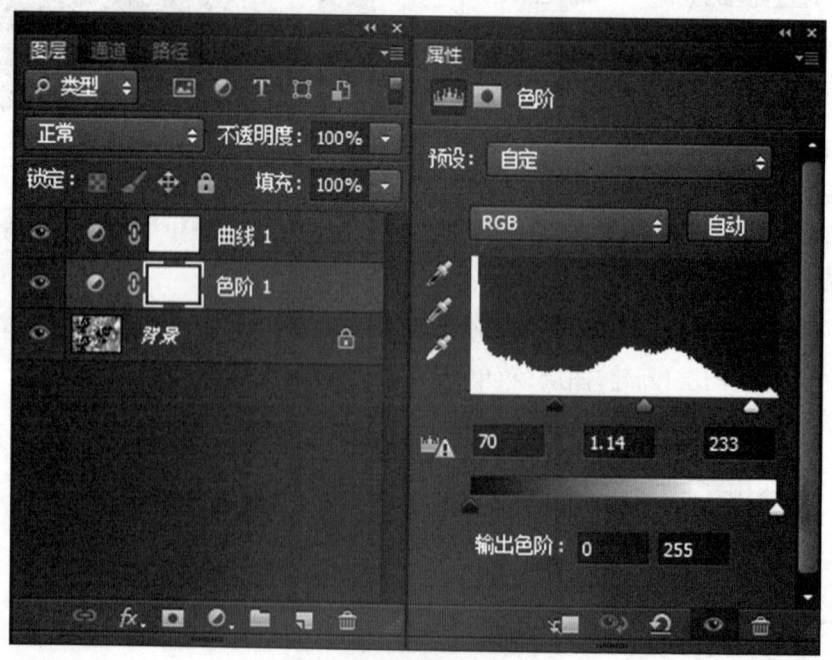

图 4.90　创建调整图层

⑤填充图层

填充图层是一种带蒙版的图层,其内容为纯色、渐变色和图案。创建填充图层,只需单击图层面板底部的"创建新的填充或调整图层"按钮,从弹出的下拉菜单中选择"纯色""渐变""图案"等选项,在打开的命令设置对话框中调整相关参数,然后单击"确定"即可,如图4.91 所示。

图 4.91 创建填充图层

⑥形状图层

用户可以通过形状工具和路径工具创建形状图层,内容被保存在它的蒙版中。创建形状图层,应首先选择工具箱中的形状绘制工具,并在其工具属性栏中单击"形状图层"按钮,然后在图像窗口中按下鼠标左键绘制所需图形,释放鼠标后,在图层面板中即可生成一个形状图层,如图 4.92 所示。

图 4.92 创建形状图层

⑦智能对象

智能对象实际上是一个指向其他 Photoshop CS6 文件的指针。更新源文件时,这种变化会自动反映到当前文件中。

关于图层的基本操作有新建图层、选择图层、复制图层、删除图层、更变图层顺序、锁定图层、链接图层、合并图层、新建组、增加蒙版等,这里不再详细阐述。

实例:用通道为人物图像换背景

第一步:按"CTRL+O"键打开一幅人物素材图像,然后利用"Ctrl+J"组合键将图层复制一次,在图层面板中得到"图层1"图层,如图 4.93 所示。

第二步:切换至通道面板,选择反差最为强烈的"蓝"通道。此时,图像变为黑白色调,如图 4.94 所示。

第三步:在通道面板中将"蓝"通道拖拽到"创建新图层"按钮 上。此时,通道面板上会出现"蓝副本"通道,效果如图 4.95 所示。

图 4.93 复制图层

图 4.94 选择"蓝"通道的图像效果

图 4.95 "蓝副本"通道

第四步：单击菜单栏中的"图像|调整|色阶"命令，在弹出的"色阶"对话框中，"通道"选择"蓝副本"，"输入色阶"依次设置数值为 53、100、153，单击"确定"按钮后，图像黑白对比变得强烈，图像效果如图 4.96 所示。

图 4.96 执行"色阶"命令的后图像效果

第五步：选择工具箱中的减淡工具 ，选择"柔边画笔"，设置合适的画笔大小。在减淡工具属性栏中，设置"范围"为"高光"，"曝光度"为 50%。在图像的背景上涂抹，使其变为纯白色，效果如图 4.97 所示。

图 4.97 减淡工具涂抹后的效果图

· 119 ·

第六步:选择工具箱中的画笔工具 ,选择"柔边画笔",设置合适的画笔大小,将画笔"硬度"调整为100%,将背景部分残余的黑色涂成纯白色,将人物主体部分涂成纯黑色,得到的图像效果如图4.98所示。

图4.98 画笔工具涂抹后的图像效果

第七步:按"Ctrl+I"组合键对图像进行反向,之前的黑色区域变成白色,白色区域变成黑色。"蓝副本"的通道缩览图发生变化,效果如图4.99所示。

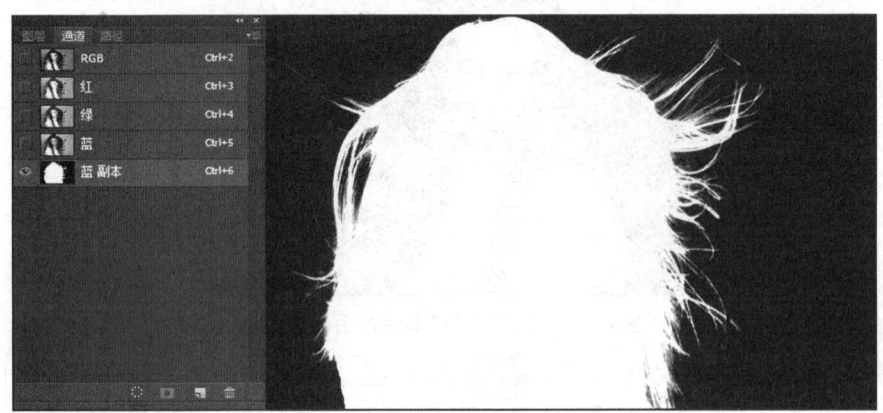

图4.99 图像反向效果

第八步:按住"Ctrl"键不放,使用鼠标左键单击"蓝副本"的通道缩览图,图像中出现选区,如图4.100所示。

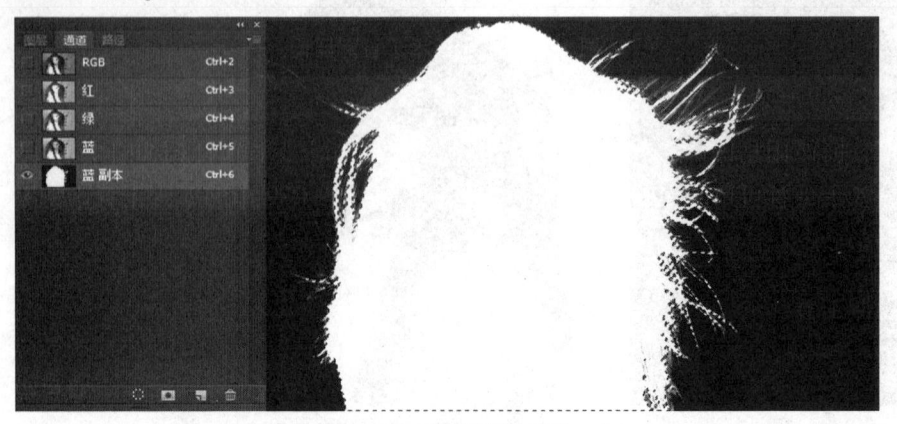

图4.100 图像选区效果

第九步：选择 RGB 通道，切换回图层面板，单击图层面板下方的"添加图层蒙版"按钮为"图层 1"添加图层蒙版，效果如图 4.101 所示。

图 4.101　添加图层蒙版效果

第十步：按"CTRL+O"键打开一幅背景素材图像，选择工具箱中的移动工具，将其拖拽到人物素材的图像窗口中，图层面板上得到"图层 2"；选择"图层 2"，按住鼠标左键不放，将"图层 2"拖拽到"图层 1"的下方，得到如图 4.102 所示的最终效果。

图 4.102　最终效果

9. 图像色彩的调整

Photoshop CS6 中对图像色彩的调整主要包括"色阶""亮度/对比度""色度及饱和度"等命令。图像调整菜单如图 4.103 所示。

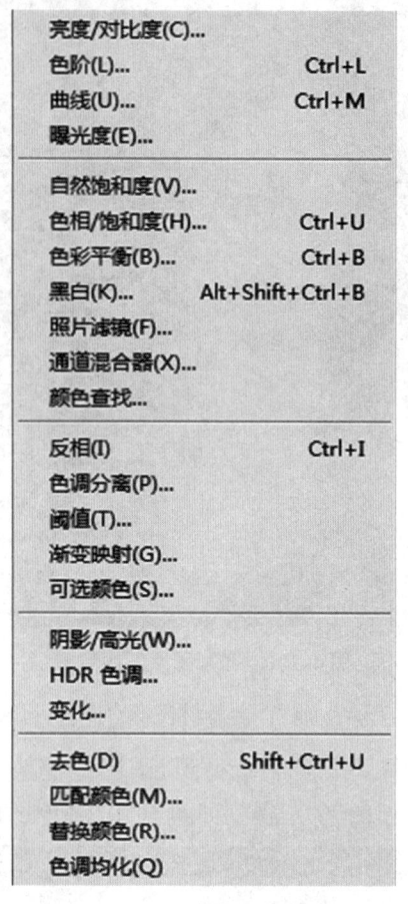

图 4.103　图像调整菜单

(1)图像亮度及层次对比度的调整

调整图像的亮度及层次对比度关系,可以更好地改善图像的品质,增强图像的层次感,达到突出图像主题的作用。

①使用"亮度/对比度"命令,调整图像的整体对比度和亮度。单击菜单栏中的"图像|调整|亮度/对比度"命令,弹出"亮度/对比度"对话框,如图 4.104 所示。拖动对话框中的可移动滑块,可以调整图像的亮度和对比度。

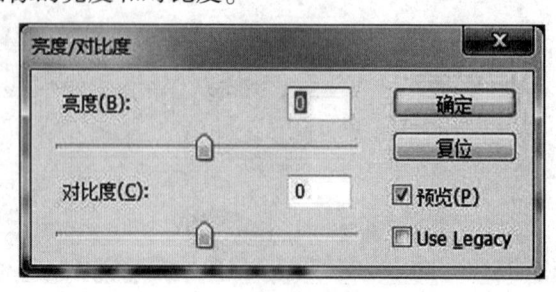

图 4.104　"亮度/对比度"对话框

②使用"色阶"命令调整图像的品质。单击菜单栏中的"图像|调整|色阶",弹出"色阶"对话框,如图4.105所示。在"通道"选项中,可以选择要进行色彩矫正的通道。

在"输入色阶"中的三个数值框分别对应着明暗分布表下的三个滑块,通过移动滑块可以调整图像的阴影、半色调和高光区的亮度。"输出色阶"中的两个数值框分别对应亮度条件下的两个滑块,通过它们可以降低图像中颜色的对比度。

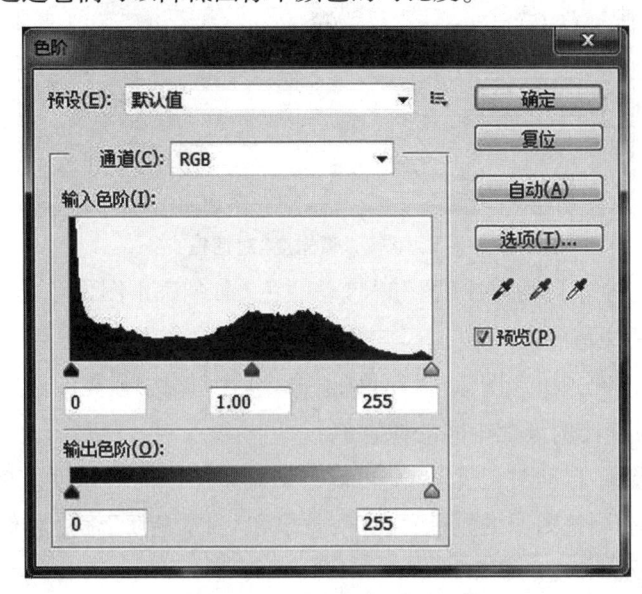

图4.105 "色阶"对话框

③使用"曲线"命令。单击菜单栏中的"图像|调整|曲线"命令后,出现"曲线"对话框,如图4.106所示。

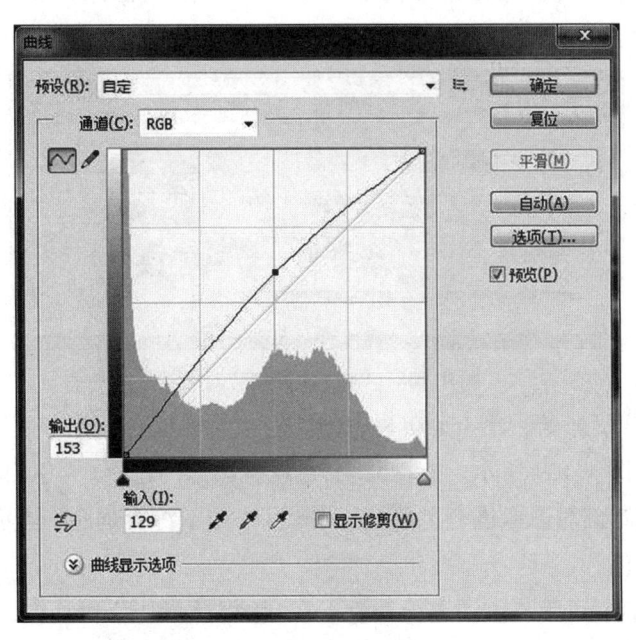

图4.106 "曲线"对话框

④使用"曝光度"命令。单击菜单栏中的"图像|调整|曝光度"命令后,出现"曝光度"对话框,如图4.107所示。

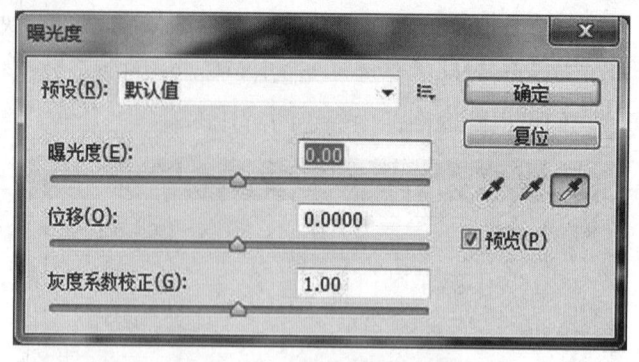

图4.107 "曝光度"对话框

⑤使用"自动色阶""自动对比度"和"自动颜色"命令矫正图像色彩。对于要求不是很高的图像,可以采用以下方法。

第一种,单击菜单栏中的"图像|自动色阶"命令后,图像中最亮的像素变为白色,最暗的像素变为黑色,同时按比例分配中间的像素值。

第二种,通过选择"自动对比度"命令可以自动调整图像的对比度。单击"图像|自动颜色"命令后,可以自动调整图像的颜色对比度,效果和"自动色阶"命令相似。

(2)图像色调及饱和度的调整

用Photoshop CS6的色彩矫正命令可以更好地调整图像色调及饱和度,增强图像的色调对比及饱和度对比,突出图像的主题。下面对一些色彩矫正命令做介绍。

①"自然饱和度"命令。单击菜单栏中的"图像|调整|自然饱和度"命令,弹出"自然饱和度"对话框,如图4.108所示。拖动滑块可调整图像的色彩。

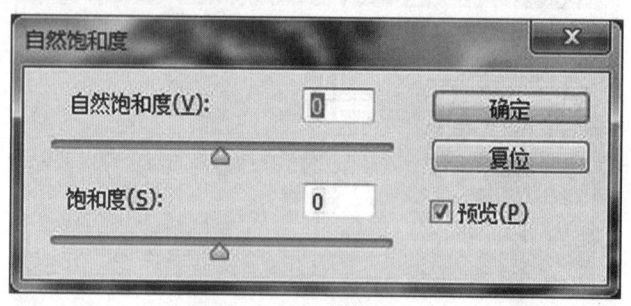

图4.108 "自然饱和度"对话框

②"色相/饱和度"命令。单击菜单栏中的"图像|调整|色相/饱和度"命令,弹出"色相/饱和度"对话框,如图4.109所示。拖动滑块,可调整图像的色彩。"色相/饱和度"命令以色相、饱和度、明度为基础对图像进行色彩矫正,既可作用于综合通道,也可作用于单一通道,同时还可为图像染色。

勾选"着色"选项,可为灰度图进行着色。在"色相/饱和度"对话框的下方有两个色带,上面的色带代表图像原来的色彩关系,下方的色带表示调整后的色彩关系。

图4.109 "色相/饱和度"对话框

③"色彩平衡"命令。单击菜单栏中的"图像|调整|色彩平衡"命令,弹出"色彩平衡"对话框,如图4.110所示。拖动滑块,可调整图像的色彩。

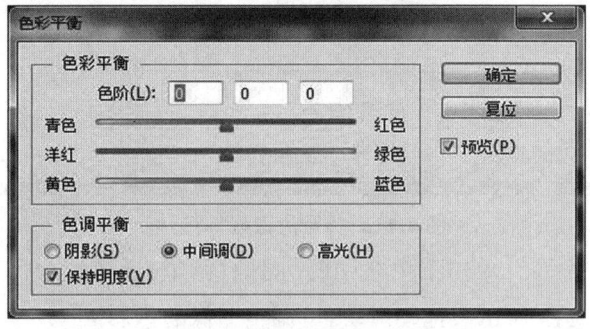

图4.110 "色彩平衡"对话框

"阴影""中间调"和"高光"三个选项用于控制不同的色调范围。勾选"保持明度"选项,可以保证在调整图像色彩时,不影响图像明度。

④"黑白"命令。单击菜单栏中的"图像|调整|黑白"命令,弹出"黑白"对话框,如图4.111所示。拖动滑块,可调整图像的色彩。

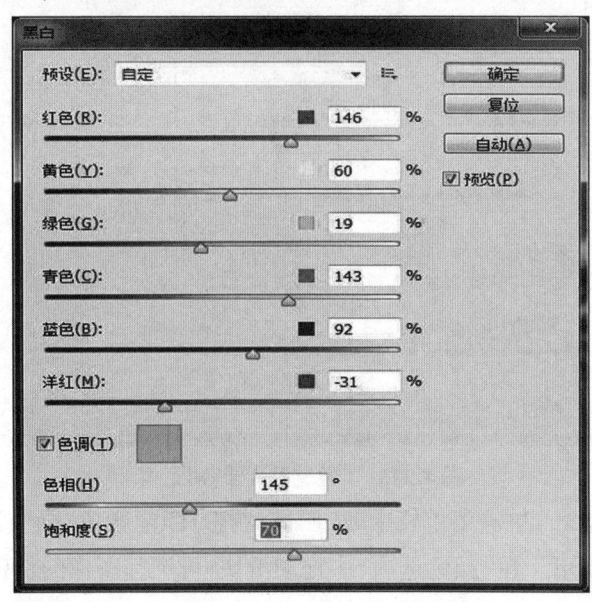

图4.111 "黑白"对话框

"黑白"命令主要用于减弱图像色彩的饱和度,使之呈现出灰度图的效果。用"黑白"命令产生的灰度图与直接将图像转化为灰度图存在一定区别,其区别在于:一是"黑白"命令可以应用于选择区域;二是执行"黑白"命令后,仍可对图像进行色彩编辑,而用"色相/饱和度"命令可以将图像调整为单色效果。

⑤"照片滤镜"命令。单击菜单栏中的"图像|调整|照片滤镜"命令,弹出"照片滤镜"对话框,如图 4.112 所示。拖动滑块,可调整图像的色彩。

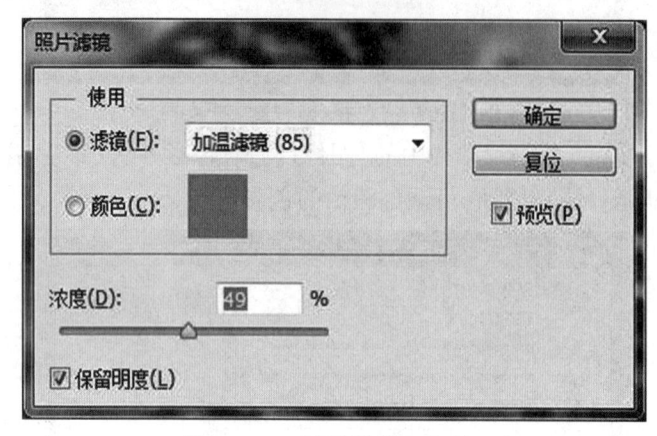

图 4.112 "照片滤镜"对话框

⑥"通道混合器"命令。单击菜单栏中的"图像|调整|通道混合器"命令,弹出"通道混合器"对话框,如图 4.113 所示。拖动滑块,可调整图像的色彩。

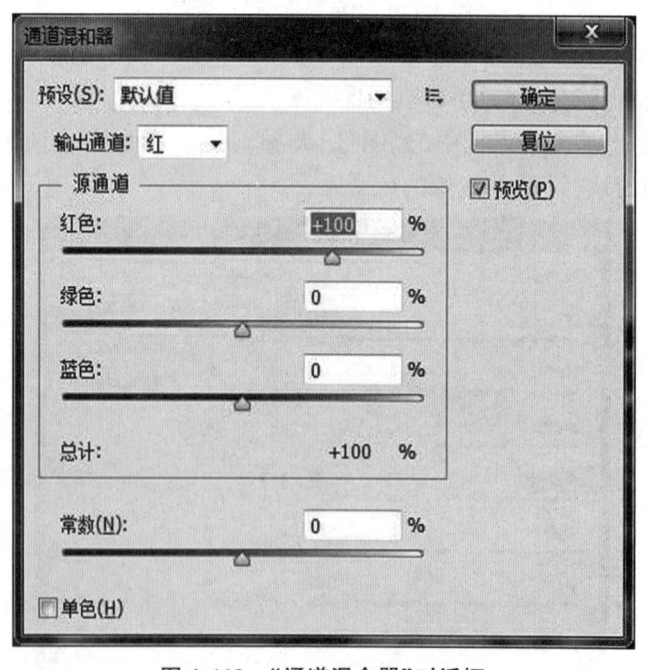

图 4.113 "通道混合器"对话框

⑦"匹配颜色"命令。单击菜单栏中的"图像|调整|匹配颜色"命令,可弹出"匹配颜色"对话框,如图 4.114 所示。在"颜色选项"中拖动滑块,可调整图像的特殊效果。

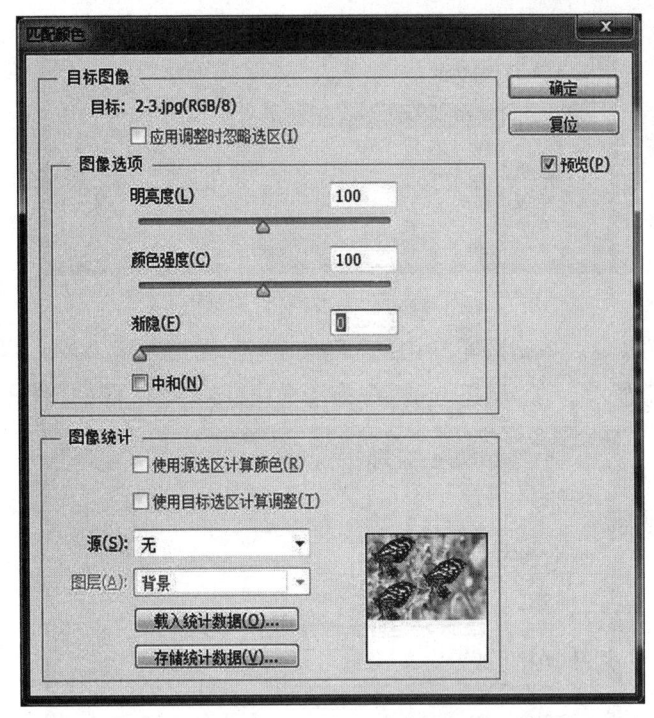

图 4.114 "匹配颜色"对话框

(3)图像特殊色彩效果的调整

在 Photoshop CS6 中，除了用色彩矫正命令调整图像的色相/饱和度和明亮对比度外，还可以使用其他命令调出图像的一些特殊色彩效果，如底片效果，手绘效果等。

①"反向"命令。单击菜单栏中的"图像|调整|反向"命令，可调整图像的色彩效果。

②"阈值"命令。单击菜单栏中的"图像|调整|阈值"命令，可弹出"阈值"对话框，如图 4.115 所示。拖动滑块，可调整图像高对比度的黑白效果。"阈值"命令将一定的色阶指定为阈值，比该阈值亮的像素会被转换为白色，比该阈值暗的像素会被转换为黑色。该命令常与"高反差保留效果"滤镜命令一起使用，以进行分离图像的操作。

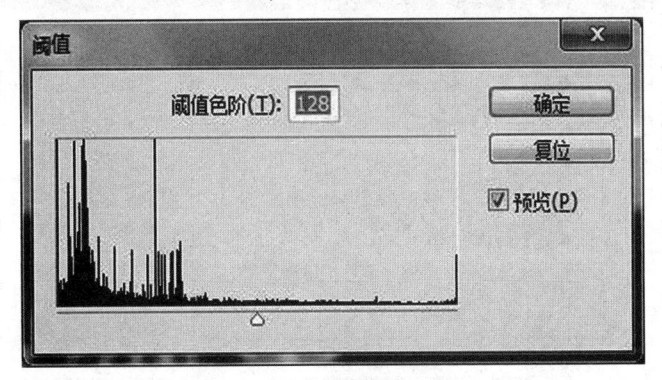

图 4.115 "阈值"对话框

③"渐变映射"命令。单击菜单栏中的"图像|调整|渐变映射"命令，可弹出"渐变映射"对话框，如图 4.116 所示。在该对话框中，可调整图像的特殊效果。

图 4.116 "渐变映射"对话框

④"可选颜色"命令。单击菜单栏中的"图像|调整|可选颜色"命令,可弹出"可选颜色"对话框,如图 4.117 所示。在"颜色选项"中拖动滑块,可调整图像的特殊效果。

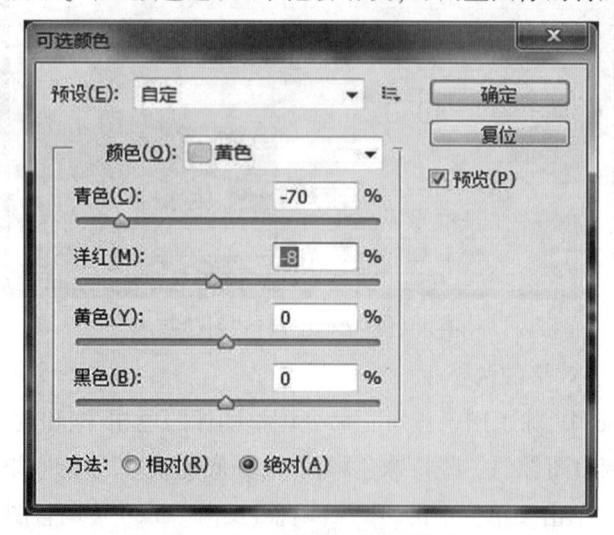

图 4.117 "可选颜色"对话框

⑤"去色"命令。单击菜单栏中的"图像|调整|去色"命令,可将彩色照片变成黑白照片。

⑥"变化"命令。单击菜单栏中的"图像|调整|变化"命令,可弹出"变化"对话框,可在"变化"对话框中给黑白照片上色,如图 4.118 所示。

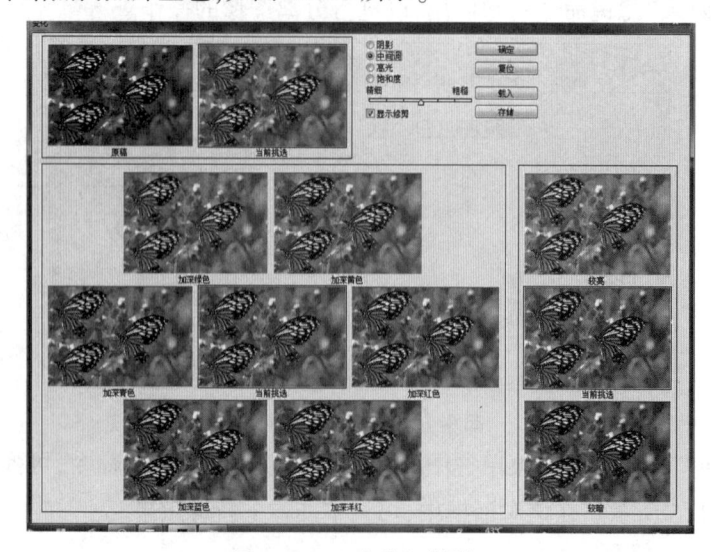

图 4.118 "变化"对话框

10. 滤镜

滤镜主要是用来实现图像的各种特殊效果。所有的滤镜在 Photoshop CS6 中都分类放置在滤镜菜单,使用时只需要从该菜单中选取命令即可。滤镜菜单如图 4.119 所示。

(1)风格化滤镜

Photoshop CS6 中风格化滤镜通过置换像素和通过查找并增加图像的对比度,在选区中生成绘画或印象派的效果。风格化滤镜是完全模拟真实艺术手法进行创作的。在使用"查找边缘"和"等高线"等命令突出显示边缘的滤镜后,可应用"反相"命令用彩色线条勾勒彩色图像的边缘或用白色线条勾勒灰度图像的边缘。

实例:风格化滤镜中的浮雕效果滤镜的使用

第一步:按"CTRL+O"键打开一幅素材图像。

第二步:单击菜单栏中的"滤镜|风格化|浮雕效果"命令,打开"浮雕效果"对话框,如图 4.120 所示。其中,"角度"用于设置浮雕的角度,即浮雕的受光和背光角度;"高度"用于控制创建浮雕的高度;"数量"用于设置创建浮雕的数值,数值越大效果越明显。

第三步:设置好各项参数后,单击"确定"按钮,得到最终浮雕效果。

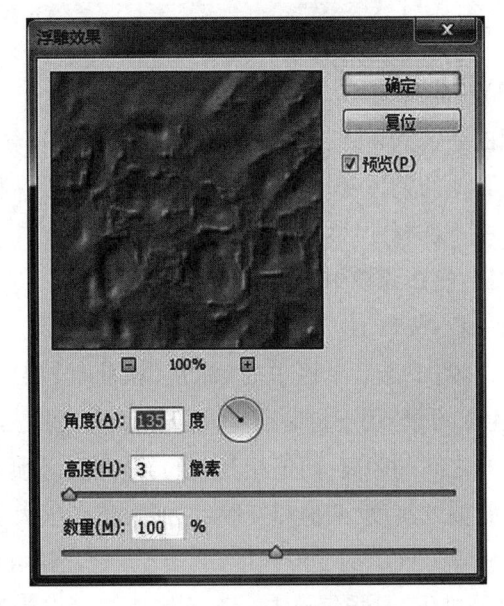

图 4.119 滤镜菜单　　图 4.120 "浮雕效果"对话框

(2)模糊滤镜

在 Photoshop CS6 中模糊滤镜效果共包括 14 种滤镜。模糊滤镜可以使图像中过于清晰或对比度过于强烈的区域产生模糊效果。模糊滤镜通过平衡图像中已定义的线条和遮蔽区域清晰边缘旁边的像素,使图像显得柔和。

实例:模糊滤镜中的高斯模糊滤镜的使用

第一步:按"CTRL+O"键打开一幅素材图像。

第二步:单击菜单栏中的"滤镜|模糊|高斯模糊"命令,打开"高斯模糊"对话框,如图4.121所示。其中,"半径"是指以多少像素为单位进行模糊,数值越大,产生的效果越模糊。

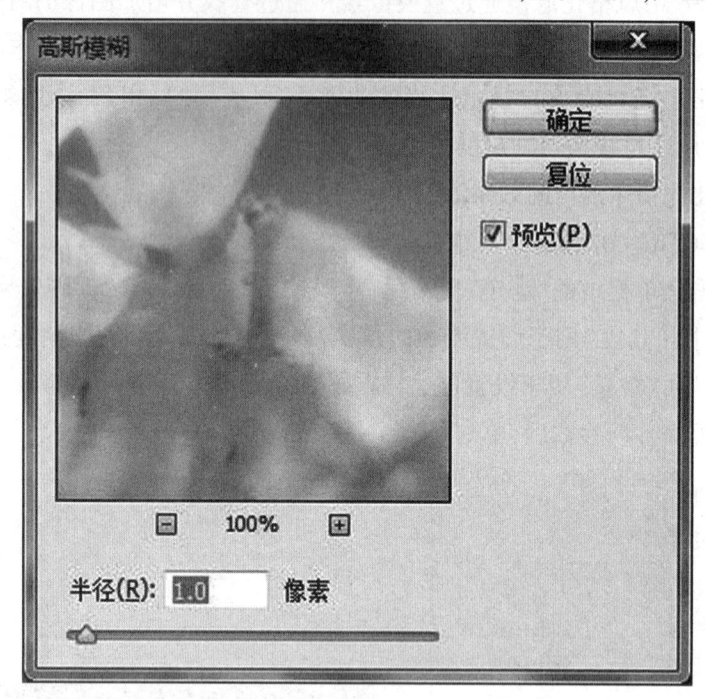

图 4.121 "高斯模糊"对话框

(3)扭曲滤镜

扭曲滤镜共9种,这一系列滤镜都是用几何学的原理来把一幅影像变形,以创造出三维效果或其他的整体变化。每一个滤镜都能产生一种或数种特殊效果,但都离不开一个特点:对影像中所选择的区域进行变形、扭曲。

实例:扭曲滤镜中的波浪滤镜的使用

第一步:按"CTRL+O"键打开一幅素材图像。

第二步:单击菜单栏中的"滤镜|扭曲|波浪"命令,打开"波浪"对话框,如图4.122所示。"生成器数"用于控制产生波的数量,范围是1到999。"波长"的最大值与最小值决定相邻波峰之间的距离,两值相互制约,最大值必须大于或等于最小值;"波幅"的最大值与最小值决定波的高度,两值相互制约,最大值必须大于或等于最小值。"比例"用于控制图像在水平或垂直方向上的变形程度。"类型"有三种可供选择,分别是"正弦""三角形"和"正方形"。"随机化"是指每单击一下此按钮都可以为波浪指定一种随机效果;"折回"是指将变形后超出图像边缘的部分反卷到图像的对边;"重复边缘像素"是指将图像中因为弯曲变形超出图像的部分分布到图像的边界上。

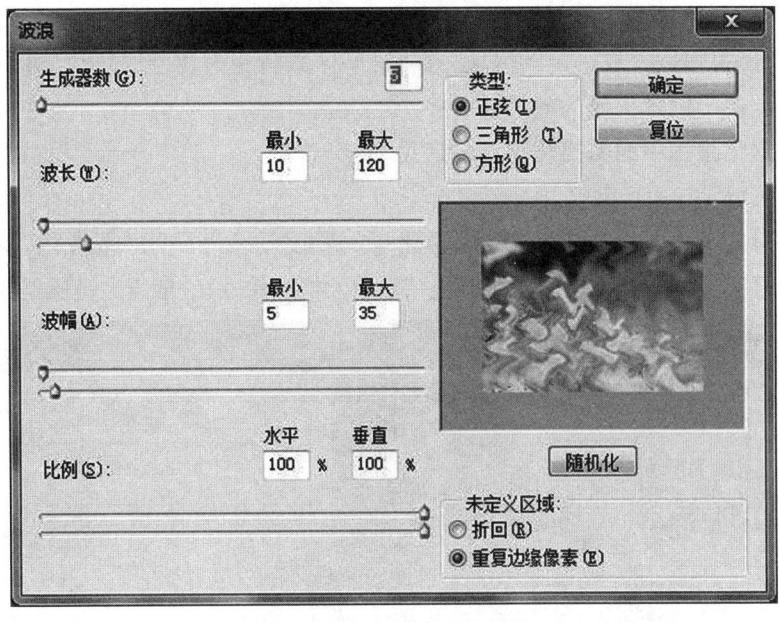

图 4.122 "波浪"对话框

(4)锐化滤镜

锐化可增强图像中的边缘定义。无论图像来自数码相机还是扫描仪,大多数图像都可受益于锐化。图像所需的锐化程度取决于数码相机或扫描仪的品质。锐化无法校正严重模糊的图像。锐化可以锐化整个图像,也可以只锐化选区或蒙版的一部分图像。

实例:锐化滤镜中的 USM 锐化滤镜的使用

第一步:按"CTRL+O"键打开一幅素材图像。

第二步:单击菜单栏中的"滤镜|锐化| USM 锐化"命令,打开"USM 锐化"对话框,如图4.123 所示。其中,"数量"一般设置在 80 到 120 之间,以避免过度锐化;"半径"用于控制影像边缘的锐化范围,为了避免画面出现明显的亮边,不要设置大于 3 的值;"阈值"大多数时候不要设置高于 5 的值,有助于抑制高感光度照片在锐化时出现的噪点问题。

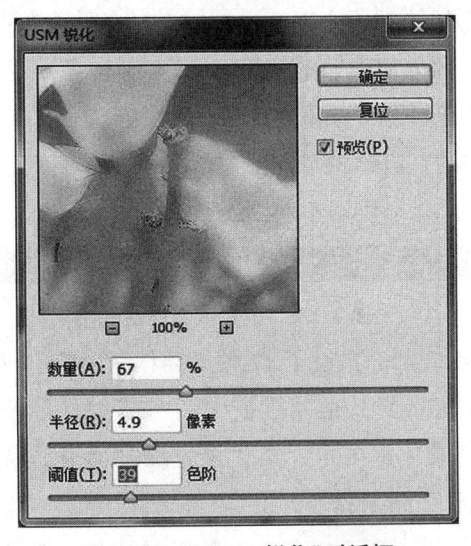

图 4.123 "USM 锐化"对话框

(5) 像素化滤镜

像素化滤镜将图像分成一定的区域,并将这些区域转变为相应的色块,再由色块构成图像,最终形成类似于色彩构成的效果。

实例:像素化滤镜中的晶格化滤镜的使用

第一步:按"CTRL+O"键打开一幅素材图像。

第二步:单击菜单栏中的"滤镜|像素化|晶格化"命令,打开"晶格化"对话框,如图4.124所示。其中,"单元格大小"用于调整结块单元格的尺寸,一般设置范围是3到300。

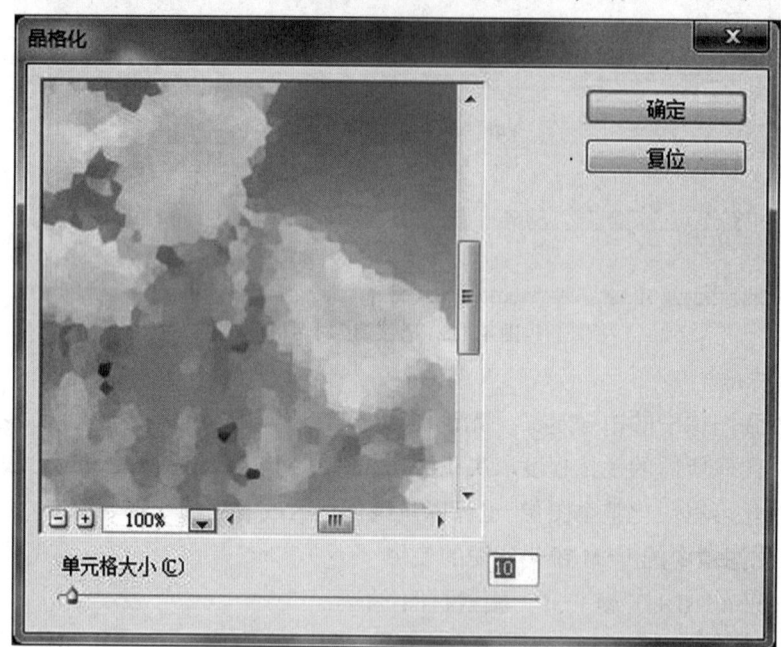

图4.124 "晶格化"对话框

(6) 渲染滤镜

渲染滤镜可以在图像中创建云彩图案、折射图案和模拟的光反射,也可以在3D空间中操纵对象,并从灰度文件创建纹理填充以产生类似3D的光照效果。

实例:渲染滤镜中的光照效果滤镜的使用

第一步:按"CTRL+O"键打开一幅素材图像。

第二步:单击菜单栏中的"滤镜|渲染|光照效果"命令,打开光照效果属性栏,如图4.125所示。

图4.125 光照效果属性栏

"预设"选项中,Photoshop CS6预设了17种光照样式,包括"两点钟方向点光""蓝色全光源""圆形光""向下交叉光""交叉光""默认""五处下射光""五处上射光""手电筒""喷涌光""平行光""RGB光""柔化直接光""柔化全光源""柔化点光""三处下射光""三处点光",并且还可以选择载入和存储光源。

在光照效果右侧的属性栏中还可以调节参数值,如图4.126所示。Photoshop CS6提供了 3 种光源:"点光""聚光灯"和"无限光"。在"光照类型"选项下拉列表中选择一种光源后,就可以在对话框左侧调整光源的位置和照射范围,或添加多个光源。

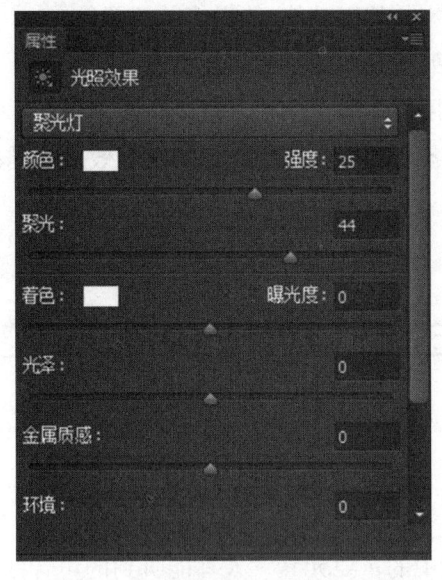

图 4.126　光照效果右侧的属性栏

(7)杂色滤镜

杂色滤镜有 5 种,分别为蒙尘与划痕滤镜、去斑滤镜、添加杂色滤镜、中间值滤镜,主要用于校正图像处理过程(如扫描)引起的瑕疵。

实例:杂色滤镜中的中间值滤镜的使用

第一步:按"CTRL+O"键打开一幅素材图像。

第二步:单击菜单栏中的"滤镜|杂色|中间值"命令,打开"中间值"对话框,如图 4.127 所示。中间值滤镜是通过混合像素的亮度来减少杂色的。"中间值"对话框的"半径"选项就是使用规定半径内像素的平均亮度值,来取代半径中心像素的亮度值。

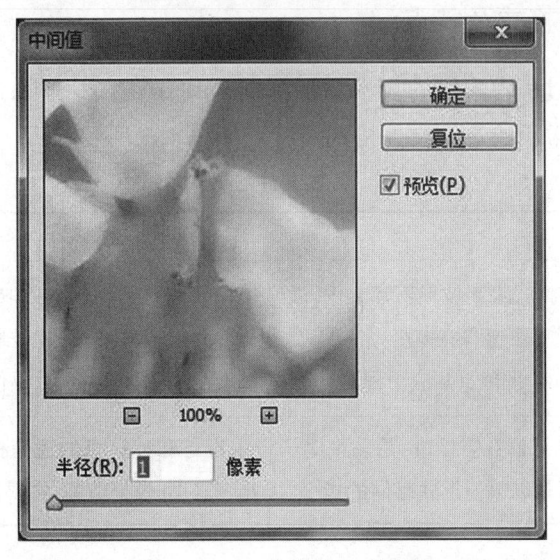

图 4.127　"中间值"对话框

Photoshop CS6 是一个专业图像处理软件,要应用其实不难,难在创意和运用的功底上。这里,把学习 Photoshop CS6 的过程分成以下几个阶段。

①初级阶段,了解最基本的界面功能,能做简单的图像。

②入门阶段,会用滤镜处理一些图片和转换格式。

③进阶阶段,会熟练地用钢笔通道蒙板处理复杂的图像。

④熟练阶段,非常了解各个功能和滤镜之间的组合效果,能够结合其他软件轻松处理广告图片。

第五节　数字音频资源的建设

一、音频的基本知识

音频是多媒体资源建设中的重要元素。人耳能听到的声音的频率范围为 20~20 000Hz。响度、音高和音色为声音的三要素。响度又称音强,即声音的大小,取决于声波振幅的大小;音高又称音调,与声音的频率有关,频率高则声音高,频率低则声音低;音色则是由混入基音的泛音所决定的,每个基音又都有其固有的频率和不同音强的泛音,从而使得每个声音具有特殊的音色效果。

多媒体教学资源建设中常用的音频包括语音、效果声和音乐三种形式。语音指人们讲话的声音;效果声指声音的特殊效果,如雨声、铃声、机器声、动物叫声等,它可以从自然界中录音,也可以采用特殊方法人工模拟制作;音乐则是表达人们思想感情、反映现实生活的一种艺术化声音形式。

二、音频文件的格式及特点

由于音频数字化过程中采用的技术指标不同,因而产生了不同的音频文件格式。在多媒体教学资源建设中常用的音频文件格式及特点如表 4.3 所示。

表 4.3　音频文件的格式及特点

格式	特点
WAV	WAV 格式也叫波形声音文件,通常使用量化位数(16 位)、取样频率(44.1KHz)和声道数(单声道和立体声)三个参数来表示声音。WAV 格式是最早的数字音频格式,被 Windows 平台及其应用程序广泛支持,但文件存储容量大,不便于网络传播
MID	MIDI(乐器数字接口)是一个电子音乐设备和计算机的通信标准。MIDI 数据不是声音,而是以数值形式存储的指令,因此容量小、效果清晰,主要用于音乐制作

续表

格式	特点
MP3	MP3 格式是以 MPEG Layer 3 标准压缩编码的一种音频文件格式。MPEG Layer 3 的压缩率高达 1∶12,但音色和音质还可以保持基本完整而失真,因此 MP3 格式容量小、失真小、音质高,便于网络传输
WMA	WMA 格式是微软公司开发的网络数字音频压缩格式,在保持音质的前提下采用较低的采样率,兼顾网络传输需求和声音质量,在压缩比和音质方面都超过了 MP3 格式,因此应用越来越广泛
CAD	CAD 格式为 CD 唱片所采用的格式,取样频率为 44.1KHz,量化位数为 16 位,CAD 格式是一种近似无损的格式,音质非常好,可以完全再现原始声音,但文件无法编辑,容量很大
MP4	MP4 格式使用 MPEG-2 AAC 技术,与 MP3 格式相比,音质更加完美而压缩比更大

三、音频资源的获取

多媒体教学资源建设中,常用音频文件获取的主要方法有以下几种。

1. 直接录音

利用声卡和相关的录音软件,可以直接录制 WAV 音频文件。为了保证录音文件的质量,除选择高品质的声卡和麦克风外,还应选用足够高的采样频率和量化精度。在 Windows 环境中运行的声卡录音机(Sound Recorder)程序是最常用的录音平台之一。

2. 专业录音棚录音

在专业录音棚内录音,可减小环境的噪音,获得媲美 CD 唱盘的高保真音质。但这种方法的成本较高,课件制作一般很少使用。

3. 网络下载

在互联网上找到教学用的音乐、语文朗读等音频素材,直接下载,下载方法参见第四章第二节"网络教学资源的获取"部分的操作方法。

4. 数字音频库中提取音频素材

像数字图形、图像库一样,把存储在 CD 光盘或磁盘上数字音频库中的音频提取出来,需要注意 CD 中的音频在计算中光驱中打开时找不到具体文件,因此无法用复制的方法存储下来,需要用专门软件来"抓轨"。常用的"抓轨"工具有 Windows 系统自带的 Windows Media Player(WMP)播放器。WAP 播放器转轨速度很快,其使用方法是打开软件窗口,把默认的"外观模式"切换到"完整模式";打开 CD,开始播放;点击"翻录",勾选需要转存的歌曲;单击"翻录音乐",被选中的歌曲就会逐一转换,并存入电脑指定的文件夹。另外,利用 RealPlayer 播放器菜单中的"工具|CD|保存 CD 曲目"功能也可以很方便地"抓轨",从 CD 中

提取出音频素材。

5. 视频文件中分离音频

如果要用到视频中的音频素材时，可以使用专门软件把音频分离出来，如"格式工厂"软件常常用于各类素材格式之间的相互转换，也可以用于分离出视频中的音频信息。

四、数字音频资源的加工处理

音频资源的加工处理软件很多，如 Windows 自带的"录音机"、微软公司的 Sound Recorder、创新（Creative）公司的 Wave Studio、Adobe 公司的 Adobe Audition 等。近年来，比较流行的音频加工处理软件有 Adobe Audition 和 Gold Wave。本书以 Adobe Audition CC 2017 软件为例介绍音频资源的加工处理。

Adobe Audition 是一个专业音频编辑和混合环境软件，原名为 Cool Edit Pro，被 Adobe 公司收购后，改名为 Adobe Audition。Audition 专为声音录制、广播电台和音频节目后期制作的专业人员设计，可提供先进的音频混合、编辑、控制和效果处理功能，最多可混合 128 个声道，可编辑单个音频文件。2013 年，Adobe 公司将版本系列改为 CC，目前 CC 系列已有 4 个版本，分别是 CC、CC 2014、CC 2015 和 CC 2017。

1. Adobe Audition CC 2017 软件的界面

启动 Adobe Audition CC 2017 软件，其界面由标题栏、菜单栏、浮动面板、编辑器窗口、混音器窗口、电平显示等几部分组成，如图 4.128 所示。

（1）标题栏和菜单栏

标题栏位于 Adobe Audition CC 2017 程序窗口的顶部，左侧显示了程序图标和名称，右侧的 3 个控制按钮主要用于控制界面的显示大小与关闭程序。菜单栏位于标题栏的下方，集合了 Adobe Audition CC 2017 大部分的功能和命令，从左向右依次是文件、编辑、剪辑、效果、收藏夹、视图、窗口和帮助，可以完成 Adobe Audition CC 2017 的各种操作。

（2）文件浮动面板

文件浮动面板左侧有"打开文件"按钮、"导入文件"按钮、"新建文件"按钮、"插入多轨混音中"按钮以及"删除"按钮；右侧是"搜索"框。"文件"浮动面板用于存放打开、导入或新建的工程文件，并显示这些文件的一些基本信息，如图 4.129 所示。

（3）媒体浏览器浮动面板

媒体浏览器浮动面板相当于电脑的资源管理器，可以方便用户找到要打开的文件以及新建工程文件的位置，如图 4.130 所示。

（4）效果组浮动面板

效果组浮动面板用于记录在音频编辑过程中所使用的效果，如图 4.131 所示。

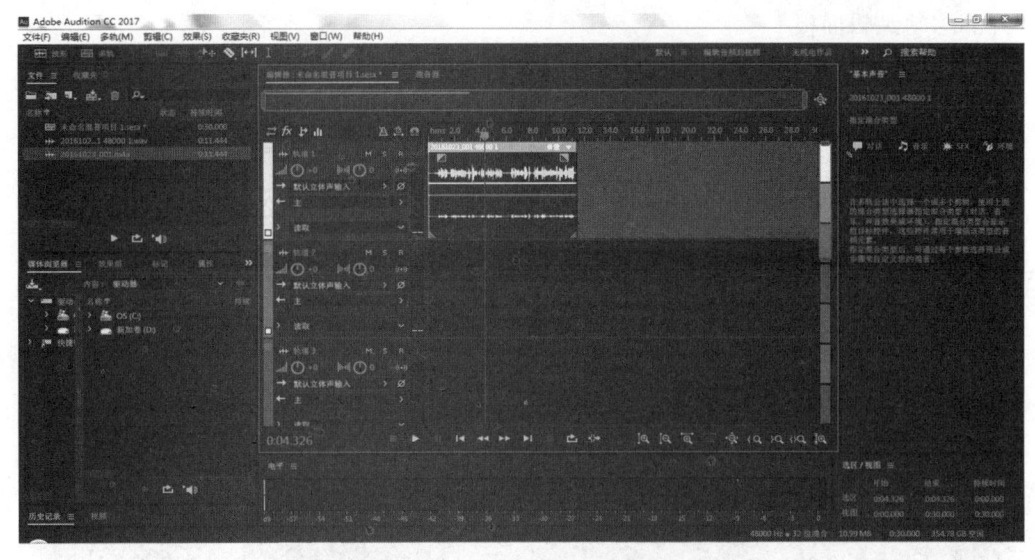

图 4.128　Adobe Audition CC 2017 软件界面

图 4.129　文件浮动面板

图 4.130　媒体浏览器浮动面板

(5) 标记浮动面板

历史记录浮动面板和 Photoshop CS6 中的历史记录的功能类似,如图 4.132 所示。

图 4.131　效果组浮动面板

图 4.132　标记浮动面板

(6)多轨编辑面板

多轨编辑面板主要用于在多轨编辑模式下进行多音频合成编辑,如图 4.133 所示。

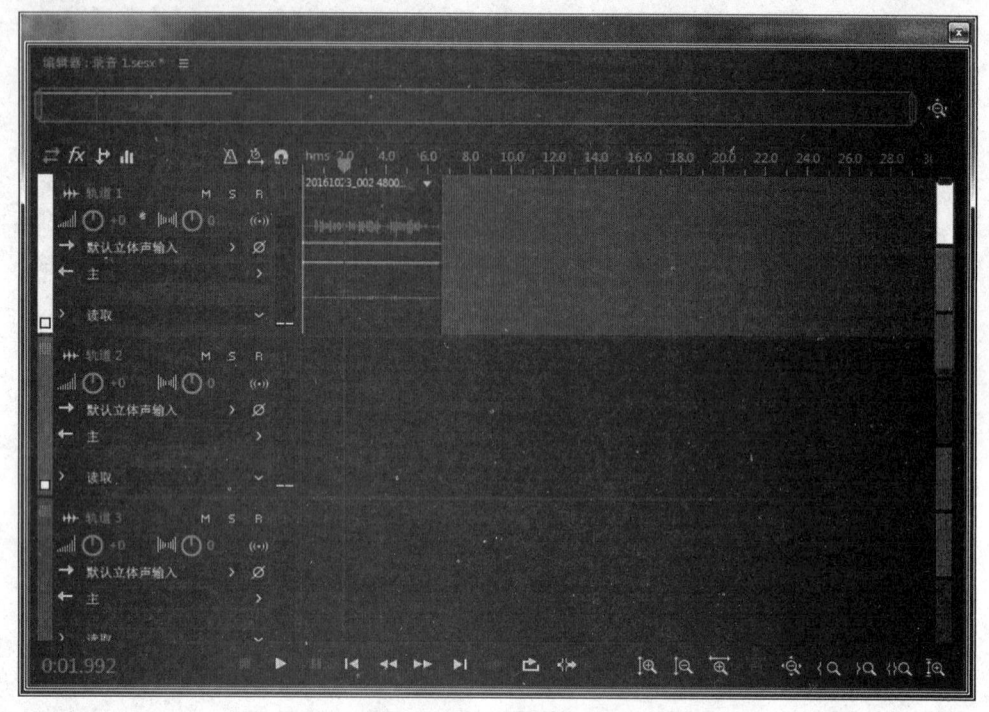

图 4.133 多轨编辑面板

(7)波形编辑面板

波形编辑面板用于在波形编辑模式下对单个音频文件做编辑处理,如图 4.134 所示。

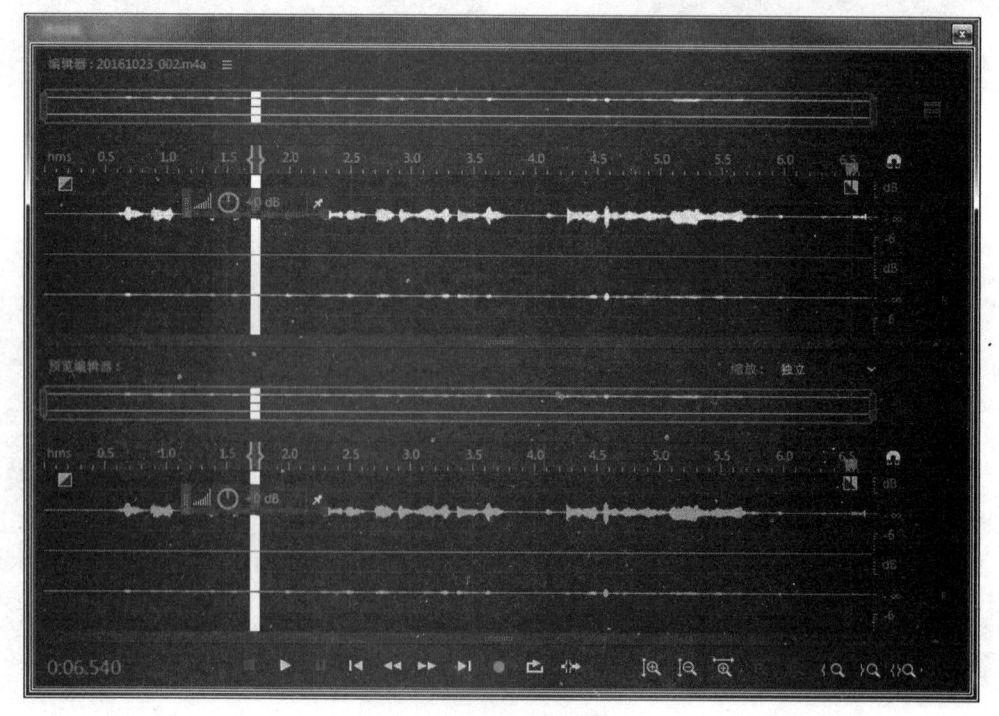

图 4.134 波形编辑器面板

(8)混音器面板

混音器面板用于在多轨编辑模式下对音频信号进行调整和混音,如图 4.135 所示。

浮动面板还有属性浮动面板、电平浮动面板、基本声音浮动面板、选区如视图浮动面板等。

图 4.135　混音器面板

2. 用 Audition CC 2017 软件进行录音

利用 Adobe Audition CC 2017 可以方便地通过麦克风录制外部声音。和"录音机"不同,Adobe Audition CC 2017 可以录制立体声,并且保存成多种音频格式。

(1)波形编辑模式录音

1)正确接插麦克风,启动 Adobe Audition CC 2017 后,单击"波形"按钮 波形 ,进入波形编辑模式。

①对音频硬件进行正确设置,是正常使用 Adobe Audition CC 2017 的前提。选择播放设备,要将扬声器设置为启用(一般默认都为启用),然后在"声音"对话框中选择"录制"选项卡,选择一个麦克风,如图 4.136 所示。

图 4.136 音频硬件设置

②对软件进行设置。单击菜单栏中的"编辑 | 首选项 | 音频硬件"命令,出现如图 4.137 所示的"音频硬件"对话框,选择刚刚设置好的话筒(输入)和扬声器(输出),点击"确定"。

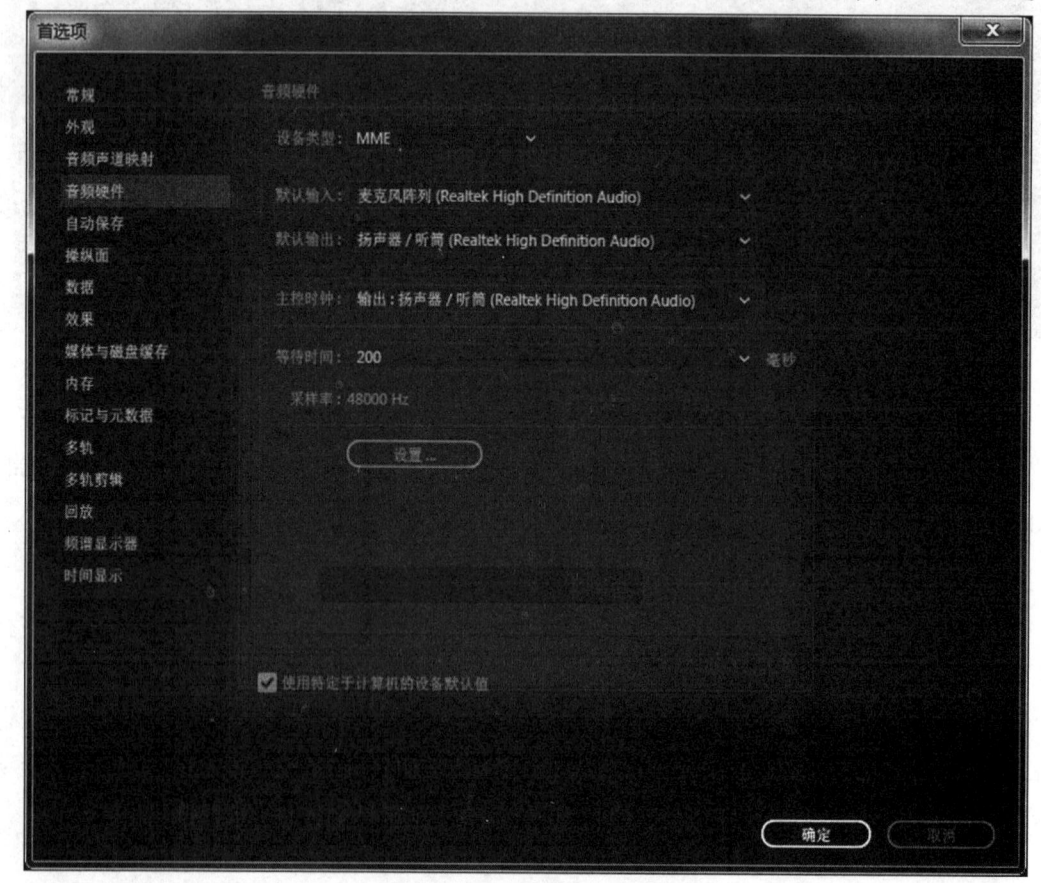

图 4.137 "音频硬件"对话框

2)单击菜单栏中的"文件|新建文件"命令,弹出"新建音频文件"对话框,如图4.138所示。可以在"文件名"文本框中输入文件名称,选择合适的音频参数,然后单击"确定",就可以开始录音了。

图4.138 "新建音频文件"对话框

"采样率"是指录音设备在一秒钟内对声音信号的采样次数,采样频率越高,声音的还原就越真实,当然文件也就越大。Adobe Audition CC 2017所提供的采样频率很多,常用的有22.05KHz、44.1KHz和48KHz;22.05KHz只能达到FM广播的声音品质,44.1KHz是理论上的CD音质,48KHz则更加精确一些。

"声道"有"单声道""立体声""5.1声道"。"单声道"缺乏对声音的位置定位;"立体声"则是声音在录制过程中被分配到两个独立的声道,声音定位效果好;"5.1声道"已广泛运用于各类传统影院和家庭影院中,一些比较知名的声音录制压缩格式,如杜比AC-3、DTS等都是以5.1声音系统为技术蓝本的。如果只录制人声,选择"单声道"即可。

"位深度"表示音频的精度,有8位、16位、24位、32位。CD一般选择16位,电影选择24位或32位。

3)单击界面下方控制条面板中的红色录音按钮开始录音,如图4.139所示。录音时间的长短只与磁盘空间有关,录音过程中可以使用"暂停"键来控制录音的进程。

图4.139 控制条面板

4)录制完成后,单击控制条面板中的"停止"键结束录音。此时录制完毕后的音频文件在编辑轨道上显示出来,如图4.140所示。下方"时间"显示的是录制音频文件的总长度。

5)录制完成后,单击单击菜单栏中的"文件|保存"命令,出现如图4.141所示的"另存为"对话框,可以更改"采样类型"、文件的"格式"等。

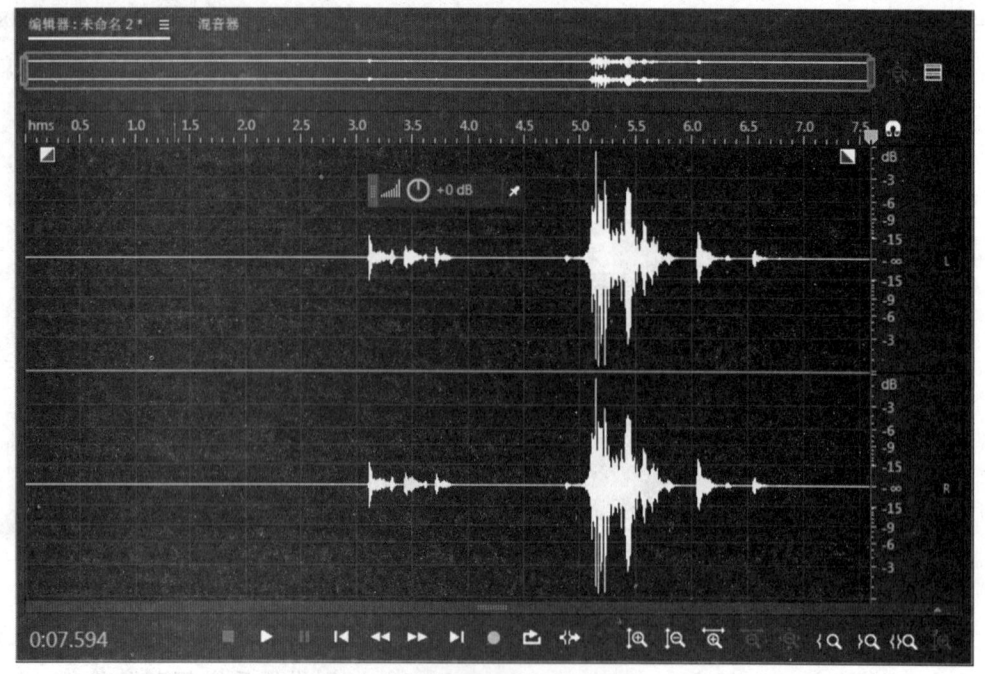

图4.140 音频录制完毕时的界面

(2)多轨编辑模式录音

单击"多轨"按钮 ![多轨]，出现"新建多轨会话"对话框，如图4.142所示。可以在"文件名"文本框中输入文件的名称，选择合适的音频参数，然后单击"确定"。文件存放位置建议不要使用默认位置。

图4.141 "另存为"对话框　　　　图4.142 "新建多轨会话"对话框

如果只需在一个轨道上进行录音，则在多轨编辑面板要录制的轨道上单击"录制准备R"，这时可以看到此轨道上的"电平"在闪烁，证明录音设备和软件正常，就可以录音了。如果计算机配置了比较好的声卡，也可以选择"监视输入"，并调好如"回声""变音"等效果。

如果要在多条轨道上进行录音，则在多轨编辑面板要录制的多条轨道上单击"录制准备R"，这时可以看到所选轨道上的"电平"都在闪烁，证明录音设备和软件正常，就可以录音了。

3. 工程项目的基本操作

(1)工程文件的新建。执行"文件|新建文件"命令，就可以新建一个工程项目，文件的

扩展名默认为.sesx。

(2)工程文件的保存。执行"文件|保存"命令,就可以保存工程文件。

(3)工程文件的打开。执行"文件|打开"命令,就可以打开工程文件。

(4)工程文件的导出。执行"文件|导出|多轨混音|整个会话"命令,出现"导出多轨混音"对话框,如图4.143所示。根据需要选择文件保存的"位置"、文件的"格式"、"混音样式"等。

图4.143 "导出多轨混音"对话框

4.用Adobe Audition CC 2017软件将MIDI音乐转换为波形音频

MIDI音乐不能直接编辑,利用Adobe Audition CC 2017可以将MIDI音乐转换成波形音频文件,然后就可以进行编辑了。

(1)在多轨编辑模式下,用"文件|导入…"命令,打开"导入文件"对话框,导入一个MIDI文件,将该文件拖到音频轨道上。

(2)选择任意一条音频轨道作为"录音备用轨道",单击此轨道的"R"准备录音按钮,弹出一个"保存会话"对话框,保存该会话。

(3)单击界面下方控制条面板中的红色录音按钮开始录音;录制完成后,单击"停止"键结束录音。此时录制完毕后的波形音频文件在录音轨道上显示出来,该文件可以在"单轨"模式下进行编辑,并可保存为WAV、MP3等格式。

5.用Adobe Audition CC 2017软件进行音频的基本编辑

在多轨编辑模式下,可以对单个音频文件简单编辑也可以对多个音频文件做混合处理。

(1)基本编辑与音频剪辑

1)插入音频文件。播入音频文件可以利用"文件|导入…"命令、"文件|打开…"命令,也可在文件浮动面板中用鼠标右键单击要插入的音频文件,选择"插入到多轨混音中";或在文件浮动面板中选择一个要插入到轨道上的音频文件,直接拖拉到某条音频轨道上,如图

4.144所示。

①在轨道上的字母 M S R 中"M"表示静音,"S"表示独奏,"R"是准备录制,"I"是监视输入。

②在轨道上的面板 中,从左往右的第一个是音量调节,数值调大,音量增加,但要注意不要超过电平的标准值,否则会失真;第二个是立体声平衡,调的时候,会出现"L"和"R";第三个则是合并到单声道。

2)移动音频文件。选择轨道上的音频文件,按住鼠标左键不放,就可以移动轨道上的音频文件。

3)剪裁音频文件。在轨道时间线上,将编辑线定位到要剪辑的位置,单击鼠标右键选择"拆分",或用"Ctrl+K"组合键,可剪裁音频文件;剪裁后,原来的一个音频片段变为两个音频片段,如图4.144所示。也可以在轨道时间线上按住鼠标左键不放,选择一个区域后单击鼠标右键,选择"拆分"。

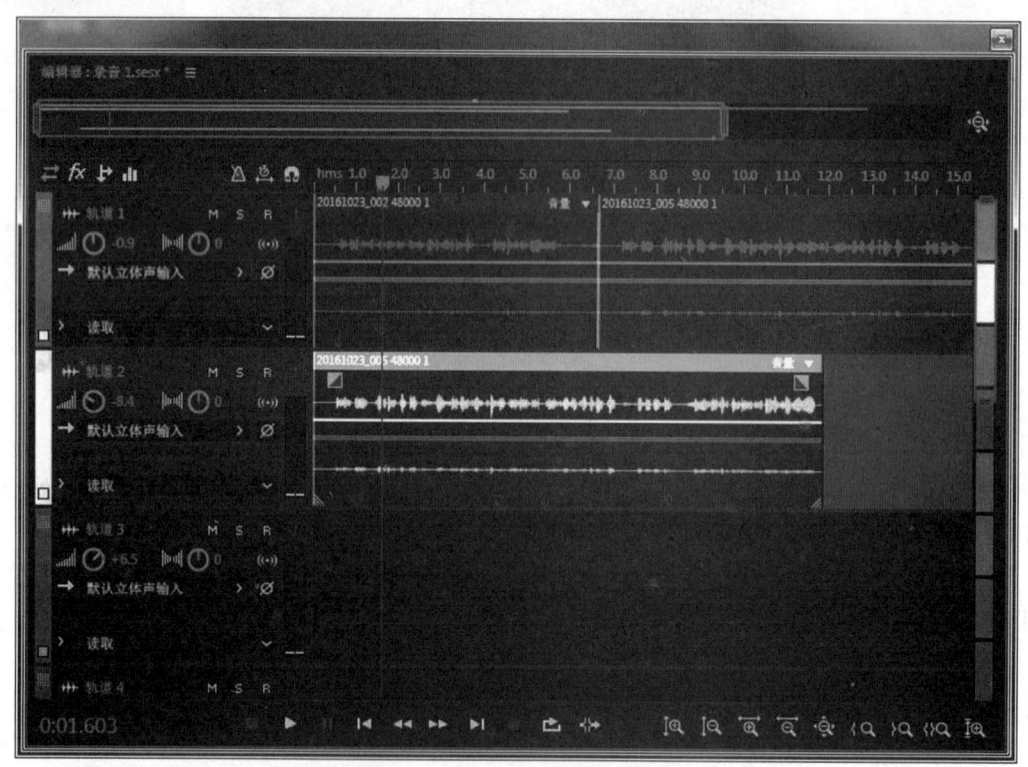

图4.144 插入音频文件和裁剪效果

4)音频片段的合并。选择要合并的音频片段,单击鼠标右键,在快捷菜单中选择"合并剪辑"即可。

5)音频片段的删除。选中要删除的音频片段,按"Delete"键即可删除;删除音频片段后,轨道上出现一段空白区。如果要让后面的音频快速和前面的音频连到一起,可以在空白区单击鼠标右键,选择"波纹删除|间隙"即可。

6)复制音频。选择要复制的音频片段,通过"复制"和"粘贴"来复制此片段。

7)淡入淡出设置。选中要设置淡入淡出的音频片段,用鼠标拖动前面的 和后面的 ,

就可以设置音频片段的淡入和淡出效果,通过左右、上下拖动,可以将线拖动成曲线或直线,如图 4.145 所示。

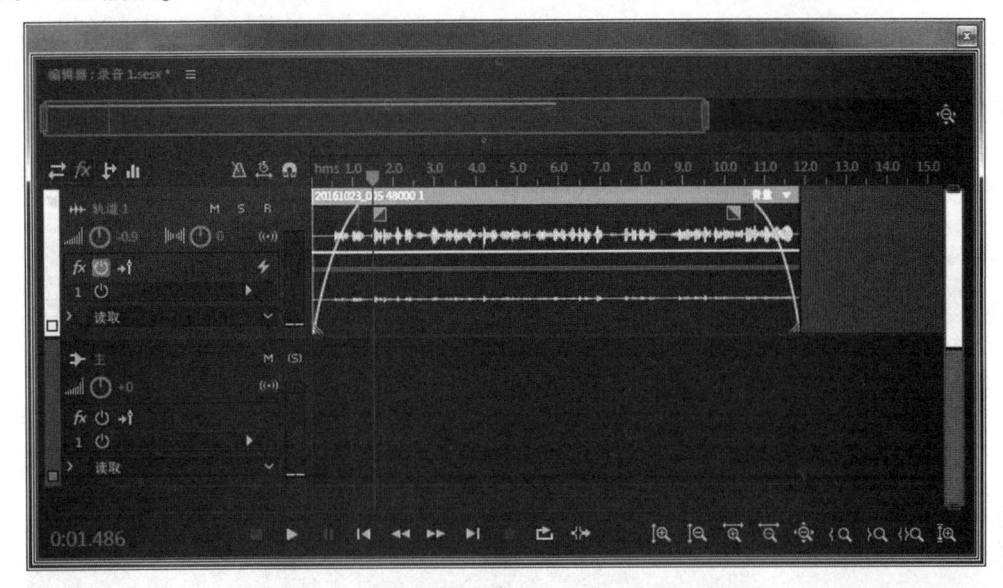

图 4.145　设置淡入淡出

(2)音频效果器的使用

音频效果器使用目的就是为了美化声音。音频效果器的添加方法有以下几种。

1)选择效果组浮动面板中的"预设"效果,如图 4.146 所示。Adobe Audition CC 2017 软件提供了很多的音频预设效果,并且可进行试听。如果对"预设"效果不满意,可以对其进行编辑,在添加的"预设"效果上单击鼠标右键,在快捷菜单中选择"编辑所选效果",出现相对应的编辑对话框,如图 4.147 所示,通过调整曲线来进行进一步的调整,直到满意为止。

如果对添加的"预设"效果不满意,也可以移除,在添加的"预设"效果上单击鼠标右键,选择"移除所选效果"或"移除全部效果"即可。

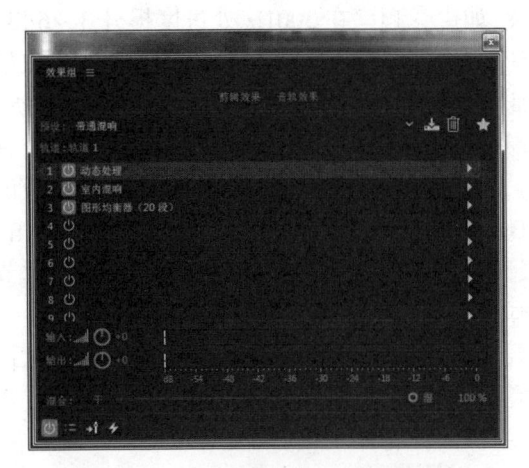

图 4.146　效果组面板中的"预设效果" 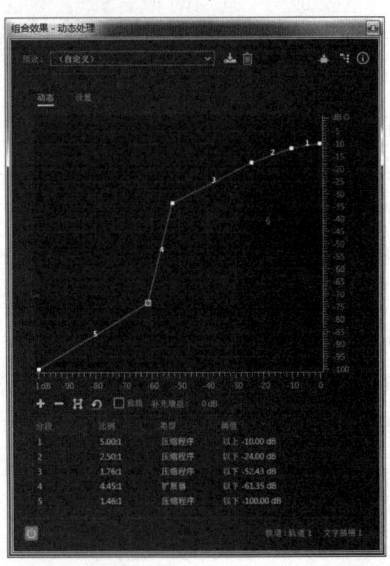　　图 4.147　"预设"效果编辑对话框

2)选择效果组浮动面板自行添加效果。如果是专业人员,可以在效果组浮动面板中自行添加效果。

单击轨道下面数字"1""2"……所对应的"三角形"按钮,在下拉菜单中选择相应的效果,并在弹出的效果设置对话框中进行相应的调整,可以添加多个效果。下面对常用的几种效果做一简单的介绍。

①图形均衡器的使用。单击菜单栏中的"效果|滤波与均衡|图形均衡器"命令,在弹出的"图形均衡器"对话框中可以进行更精准的调整,如图4.148所示。

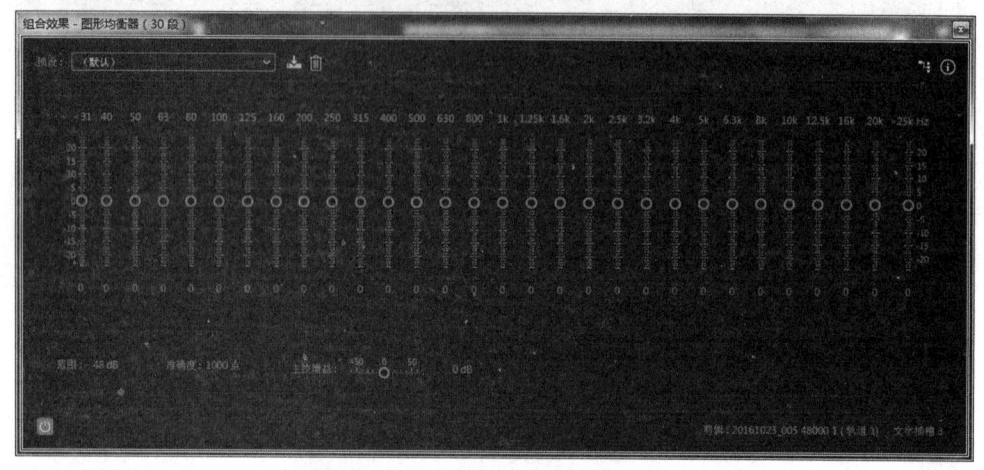

图4.148 "图形均衡器"对话框

通过"图形均衡器"对话框上推拉键的分布,可直观地反映所调出的均衡补偿曲线,各个频率的提升和衰减情况一目了然。图形均衡器采用恒定Q值技术,每个频点设有一个推拉电位器,无论提升或衰减某频率,滤波器的频带宽始终不变。

下面介绍一些图形均衡器调音的小常识。超低音的声音频率为20~40Hz,适当时声音强而有力,能控制雷声、低音鼓、管风琴和贝司的声音,过度则会使音乐变得混浊不清。低音的声音频率为40~150Hz,是声音的基础部分,其能量占整个音频能量的70%,是表现音乐风格的重要成分,适当时低音张弛得宜,声音丰满柔和,不足时声音单薄,过度时会使声音发闷,明亮度下降,鼻音增强。中低音的声音频率为150~500Hz,是声音的结构部分,人声位于这个区间,不足时演唱声会被音乐淹没,声音软而无力,适当提升时会感到浑厚有力,提高声音的力度和响度,过度时会使低音变得生硬,如声音频率在300Hz处过度提升3~6dB,再加上混响,则会严重影响声音的清晰度。中音的声音频率为500Hz~2KHz,包含大多数乐器的低次谐波和泛音,是小鼓和打击乐器的特征音,适当时声音透彻明亮,不足时声音朦胧,过度时会产生类似电话的声音。中高音的声音频率为2KHz~5KHz,是弦乐的特征音(拉弦乐的弓与弦的摩擦声,弹拨乐的手指触弦声音),不足时声音的穿透力下降,过强时会掩蔽语言音节的识别。高音的声音频率为7KHz~8KHz,是影响声音层次感的频率,过度会使短笛、长笛声音突出,语言的齿音加重和音色发毛;极高音的声音频率为8KHz~10KHz,适当时节奏清晰可辨,过度会使声音不自然,易烧毁高频单元。

②混响器的使用。声波在室内传播时,要经过多次反射和吸收,当声源停止发声后,若干个声波混合持续一段时间,这种现象叫做混响,这段时间称为混响时间。混响器进行音频效果处理的方法是将主音进行延时以后再与主音进行混合。

单击菜单栏中的"效果|混响|混响"命令,在弹出的"混响"对话框中可以进行更精准的

调整,如图4.149所示。

下面介绍一些混响调音小常识。衰减时间是指整个混响的总长度,不同的环境会有不同的长度,空间越大、越空旷、物体越少、表面越光滑,衰减时间越长,反之越短。对音乐节目来说,混响声虽可增加音乐的丰满度,但它在增加音乐丰满度的同时,也会降低声音的清晰度和语言的可懂度,因此这个成分不可没有(太小时会使声音发"干"),也不能过大。

③强制限幅的使用。单击菜单栏中的"效果|振幅与压限|强制限幅"命令,在弹出的"强制限幅"对话框中可以进行更精准的调整,如图4.150所示。强制限幅是随着输入信号电平增大而本身增益减少的放大器。

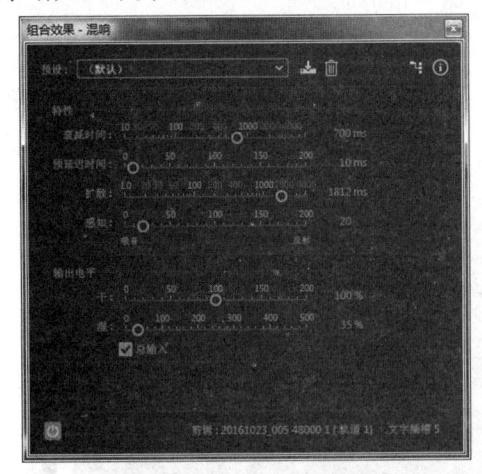

图4.149 "混响"对话框   图4.150 "强制限幅"对话框

预测时间是指当信号电平超出所设置的阈值电平时,压限器会在多长时间内开始工作。如果启动速度太快,可能会影响音乐音头的动态和力度;如果启动速度太慢,又会影响音乐的自然程度和瞬态,还会产生一定的延迟感和浑浊感。恢复时间的作用在于:较长的恢复时间有利于信号的平缓过渡,恢复时间太短则会有突兀感,声音会显得断断续续。

④延迟器的使用。延迟器是产生混响或回声的效果器。延迟时间可以从50毫秒到1秒以上,时间短产生混响效果;时间长则产生回声。声音通过延时器之后会丰富、饱满、有空间感。

单击菜单栏中的"效果|延时与回声|延迟"命令,弹出"延迟"对话框,如图4.151所示,可以进行更精准的调整。

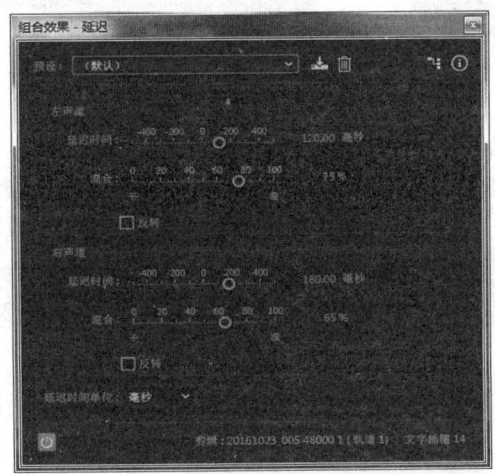

图4.151 "延迟"对话框

(3) 歌曲翻唱录制

1) 在网上下载伴奏音乐,并保存。

2) 选择多轨编辑模式,在要导入伴奏音乐的轨道,单击鼠标右键,在快捷菜单中选择"插入|文件",将伴奏音乐导入到"轨道1"上。

3) 在"轨道2"上进行录制自己的唱声,单击"轨道2"的"R"准备录音按钮,按红色的录制按钮进行录音。为了使录制效果更好,应将"轨道1"上伴音的音量调小一点。

4) 录制完毕,应将"轨道1"上伴音的音量复原。

(5) 为"轨道2"上录制的唱声添加一些效果,使其更好听。

(4) 声音噪声去除

1) 打开项目工程文件,在轨道中查看"噪波",并选择一个区域,如图4.152所示。单击菜单栏中的"效果|降噪/恢复|捕捉噪声样本"命令,出现"捕捉噪声样本"对话框,如图4.153所示,单击"确定"按钮。

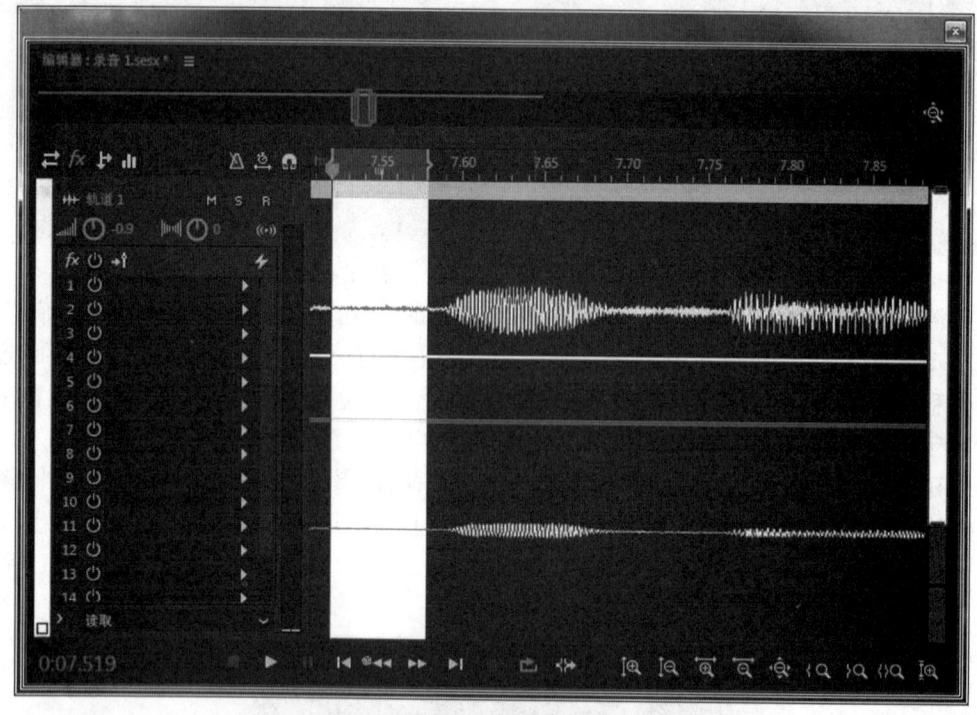

图 4.152 噪声样本

图 4.153 "捕捉噪声样本"对话框

2) 单击菜单栏中的"编辑|选择|全选"命令,或按"Ctrl+A"组合键,全部选中。

3) 单击菜单栏中的"效果|降噪/恢复|降噪处理"命令,出现"降噪处理"对话框,如图4.154所示,单击"应用"按钮。

4)噪声去除的另一种方法是在效果组中添加降噪效果。操作与前面的添加效果方法一样,将声音调整成自己满意的效果即可。

5)降噪处理后,如果发现效果仍然欠佳,可以添加预设效果。

(5)歌曲人声去除办法

1)下载一首原唱歌曲。选择多轨编辑模式,导入原唱歌曲到轨道上。

2)单击菜单栏中的"编辑|选择|全选"命令,或按"Ctrl+A"组合键,全部选中。

3)单击菜单栏中的"效果|立体声声像|中置声道提取"命令(因为在有伴奏的歌曲中,人声处于中间位置),出现"中置声道提取"对话框,如图4.155所示。在"预设"中选择"人声移除",单击"应用",就可以将原唱中的人声去除。

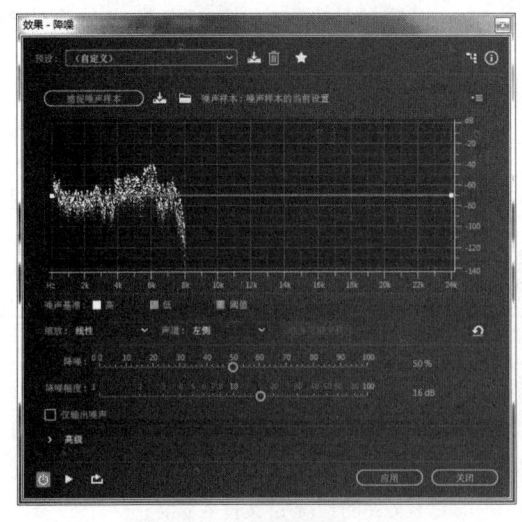

图 4.154 "降噪处理"对话框　　　　图 4.155 "中置声道提取"对话框

(6)混音器的使用

混音器实际上就是调音台,它将多个音频文件、线路输入音频信号混音后,整合至一个立体音轨(Stereo)或单音音轨(Mono)中;混音器的混音输入可以是数字音频文件和线路输入音频信号,输出则为数字音频文件。

在混音的过程中,可将每一个原始信号的频率、动态、音质、定位、残响和声场单独进行调整,让各音轨最佳化,之后再叠加于最终成品上。每路信号输入都有独立的音量调节器,确保音色清晰、动听。

混音器的使用应注意以下事项。

①较低的混音电平会使人的耳朵一直处于"灵敏"状态且不易疲劳;太大的混音电平可以使人亢奋,但是不利于察觉到电平中的细微变化。

②在开始录音时就要为混音做准备。获得优秀混音最关键的要素之一就是在录音时尽量保证各轨声音的干净。

③调节音量时应精益求精,如果有必要,可以微调所有乐章、乐句、甚至音节的平衡。

当要将合成的效果输出时,可以使用"文件|导出|多轨混音"菜单下的"整个会话"命令,在弹出的"导出多轨混音"对话框中进行输出音频的相关设置,然后单击"确定"后导出一个具有混音效果的音频文件。

第六节　数字视频资源的建设

一、视频的基本知识

视频文件是指拍摄、记录和再现真实人物、事物和景物的一组连续播放的数字图像(Video)和一段随连续图像同时播放的数字声音共同组成的多媒体文件。视频文件中的每一幅图像称为一帧(frame)，随视频同时播放的数字声音简称为伴音。由于视频中包含声音信息，因此在对视频进行压缩时，也要对其中的声音信息进行编码和压缩。

二、视频文件的格式及特点

目前，视频文件的格式越来越多，不同的多媒体课件集成工具软件可能兼容不同的视频文件格式。常用的视频文件格式及特点如表 4.4 所示。

表 4.4　视频文件的格式及特点

格式	特点
AVI	AVI 是 Microsoft 公司开发的一种伴音与视频交叉记录的视频文件格式。AVI 格式与硬件无关，可以在 PC 机和 Microsoft Windows 环境下使用，其图像质量好，压缩标准可任意选择(同是 AVI 文件，如果压缩标准不同，在解压时也需要各自不同的算法，因此会出现支持 AVI 格式的软件打不开某个 AVI 文件的情况)，文件容量大
MPGE	MPEG 格式是 VCD、DVD 中常用的格式，压缩比高，有 MPEG-1、MPEG-2 和 MPEG-4 等多种压缩编码标准，其中 MP4 格式目前常用于高质量的网络流媒体传播
RM/RMVB	RM 格式是 Real Networks 公司开发的流媒体视频文件格式。RM 格式文件小、画面仍能保持相对良好的质量，适用于在线播放。RMVB 格式是由 RM 视频格式升级延伸出的新视频格式，画质优于 RM 格式
MOV	MOV 是 Apple 公司为在 Macintosh 微机上应用视频而推出的视频文件格式。同时，Apple 公司也推出了为 MOV 视频文件格式应用而设计的 QuickTime 软件。QuickTime 软件有在 Macintosh 机和 PC 机上使用的两个版本。QuickTime 软件和 MOV 视频文件格式已经非常成熟，应用范围非常广泛
FLV	FLV 流媒体格式是 sorenson 公司开发的一种视频格式，全称为 Flash Video。FLV 格式文件极小、加载速度快，目前在线视频网站多采用这种格式。访问网站时只要能看 Flash 动画，无须再额外安装其他视频播放软件，就能观看 FLV 格式的视频
WMV	WMV 是 Microskft 公司开发的一种数字视频压缩文件格式。WMV 文件包含视频和音频两部分，视频使用 Windows Media Video 编码，音频使用 Windows Media Audio 编码。在同等视频质量下，WMV 格式文件非常小，因此很适合在网上播放和传输
3GP	3GP 是一种常见视频格式，是 MP4 格式的一种简化版本，常用于手机。

三、视频资源的获取

多媒体教学资源建设中,视频资源获取的主要途径有以下几种。

1. 自行拍摄

通过数字摄像机、带录像功能的数码照相机、手机等直接拍摄获取数字视频图像数据。

2. 资源库中获取

从教学光盘、电影光盘、卡拉 OK 光盘等获取视频图像。

3. 网络下载

视频文件也可以通过网上搜索并下载,具体方法参见第四章第二节"网络教学资源的获取"部分的操作方法。

4. 屏幕录像

利用屏幕录制工具录制远程教学视频、电脑屏幕播放的视频。屏幕录制软件很多,可以到网上下载,如屏幕录像专家、EV 录屏、Camtasia Studio 等,图 4.156 所示的是 EV 录屏软件的界面。

图 4.156　EV 录屏软件的界面

Camtasia Studio 是比较专业的屏幕录像和编辑的软件套装,它提供了强大的屏幕录像(Camtasia Recorder)、视频的剪辑和编辑(Camtasia Studio)、视频菜单制作(Camtasia MenuMaker)、视频剧场(Camtasia Theater)和视频播放功能(Camtasia Player)等。该软件套装可以方便地进行屏幕操作的录制和配音,视频的剪辑和过场动画,添加说明字幕和水印,制作视频封面和菜单,视频压缩和播放。

Camtasia Studio 软件的界面如图 4.157 所示。

图 4.157　Camtasia Studio 软件的界面

单击 Camtasia Studio 软件菜单栏中的"文件(File)|新建工程(New Project)"菜单,选择"录制屏幕(Record the screen)",选择全屏或自定义选框,出现"Camtasia Studio"窗口,如图 4.158 所示。单击红色的"录制屏幕"按钮,开始录制,录制完成后,单击结束按钮,出现"保存"对话框,进行相关设置后,即可保存。

图 4.158　"Camtasia Studio"窗口

Camtasia Studio 能在任何颜色模式下轻松地记录屏幕动作,包括光标的运动、菜单的选择、弹出窗口、层叠窗口、打字和其他在屏幕上看得见的所有内容。除了录制屏幕,Camtasia 录像器还能够允许在录制的时候在屏幕上画图和添加效果,以便标记出想要录制的重点内容。在录像时,可以增加标记、增加系统图标、增加标题、增加声音效果、增加鼠标效果,也可在录像时画图。它输出的文件格式很多,如常用的 AVI、GIF 格式,还可输出 RM、WMV 及 MOV 格式等。

四、数字视频资源的加工处理

目前,常用的视频素材处理工具软件有 Microsoft 公司的 Video for Windows、Adobe 公司的 Premiere、Apple 公司的 QuickTime、Creative 公司的 Video Blaster、EDUIS 及会声会影等。本书以会声会影为例介绍视频资源的加工处理方法。

1. 会声会影软件的界面

启动会声会影软件,在启动界面中选择"会声会影编辑器"按钮,即可进入会声会影编辑器操作界面,如图 4.159 所示。会声会影编辑器提供了完整的视频编辑功能,包括导入图像素材、添加标题和效果、添加音频以及按用户所需要的方式刻录或输出影片。

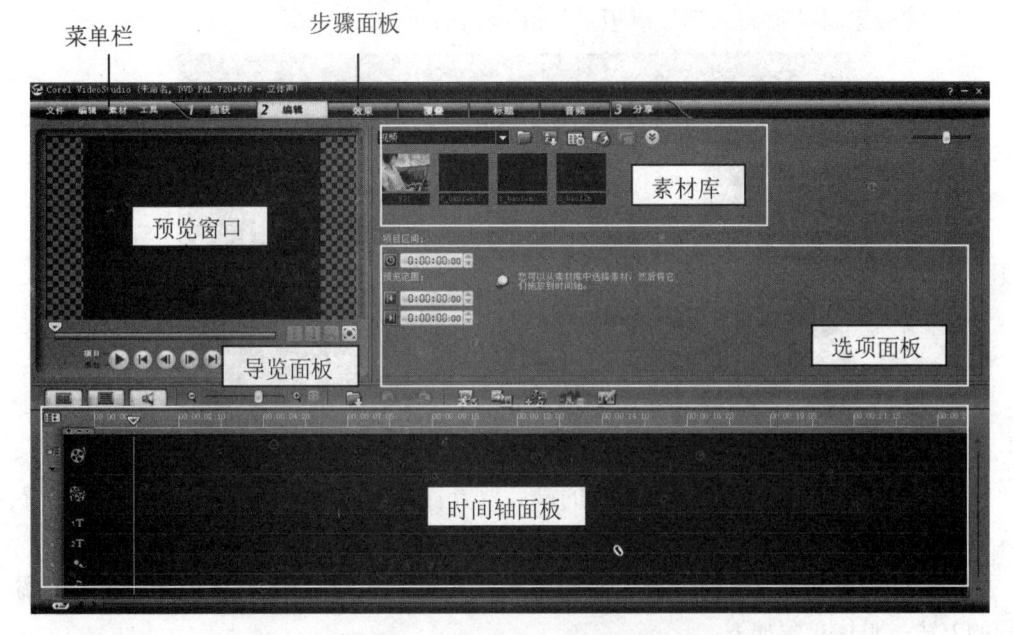

图 4.159 会声会影编辑器操作界面

会声会影编辑器操作界面主要分为以下几个板块。

①菜单栏。菜单栏提供了常用的文件、编辑、素材以及工具等命令。

②步骤面板。步骤面板包括了视频编辑器中不同步骤对应的按钮。

③素材库。素材库保存和整理所有的媒体素材。

④预览窗口。预览窗口能显示当前的素材、视频滤镜、效果和标题。

⑤导览面板。导览面板中的按钮可以浏览所选的素材,进行精确的编辑或修整。

⑥时间轴面板。时间轴面板显示项目中包含的所有素材、标题和效果。

⑦选项面板。选项面板包含控件、按钮和其他信息,可用于自定义所选素材的设置,它的内容将根据用户所在的步骤不同而有所变化。

2. 素材添加与调整

会声会影软件中,添加素材并调整素材的方法如下。

①从素材库中添加视频素材,其具体步骤如下。

第一步:启动会声会影编辑器,单击步骤面板上的"编辑"按钮进入编辑模式。

第二步：单击素材库左上角的三角按钮，在下拉菜单中选择"视频"。

第三步：单击素材库上方的"加载视频"按钮 ▢，在"打开视频文件"对话框中选择所需要添加的视频素材，单击"确定"按钮，选中的视频素材即添加到素材库中，如图4.160所示。

图4.160　添加到素材库中的视频

第四步：单击素材库中需要添加的视频素材，并按住鼠标左键将其拖曳到故事板上，释放鼠标后，视频素材即被添加到故事板上，如图4.161所示。

图4.161　添加视频素材后的故事板

新添加的素材并不一定要放到影片的最后位置，如果将素材拖曳到需要插入的位置，在插入的位置前方将显示"+"标志，释放鼠标后，素材将被插入到设置的位置。

②从文件中添加视频素材。如果将视频素材直接添加到影片中，可以用从文件中添加视频的方法。具体步骤如下。

第一步：单击故事板上方的"将媒体文件插入到时间轴"按钮 ▢，在弹出的菜单中选择"插入视频"，如图4.162所示。

图4.162　"将媒体文件插入到时间轴"按钮的下拉菜单

第二步：在"打开视频文件"对话框中，选择需要添加的一个或多个视频文件，单击"打开"按钮。

第三步：在"改变素材序列"对话框中，根据需要以拖曳的方式调整素材的排列顺序，单击"确定"按钮，所有选中的视频素材便插入故事板最后一段视频的后面，如图4.163所示。

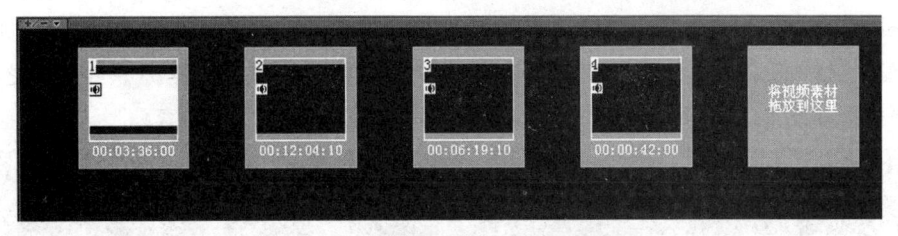

图 4.163　插入视频素材后的故事板

③添加图像素材。在会声会影编辑器中,还可以往影片中插入静态的图像素材,图像素材可以从素材库中添加,也可以从文件中添加,其方法与添加视频素材大致相同。

④使用缩略图修整视频素材。最为常见的视频素材修整就是去除头部与尾部多余的内容,使用缩略图修整视频素材是最为快捷和直观的方式,其具体步骤如下。

第一步:添加素材到故事板上。

第二步:按键盘中的"F6"键,打开"参数选择"对话框,如图 4.164 所示。在对话框中选择"常规"选项卡,在"素材显示模式"下拉菜单中选择"仅缩略"选项,然后单击"确定"按钮,以略图模式显示时间轴上的素材。

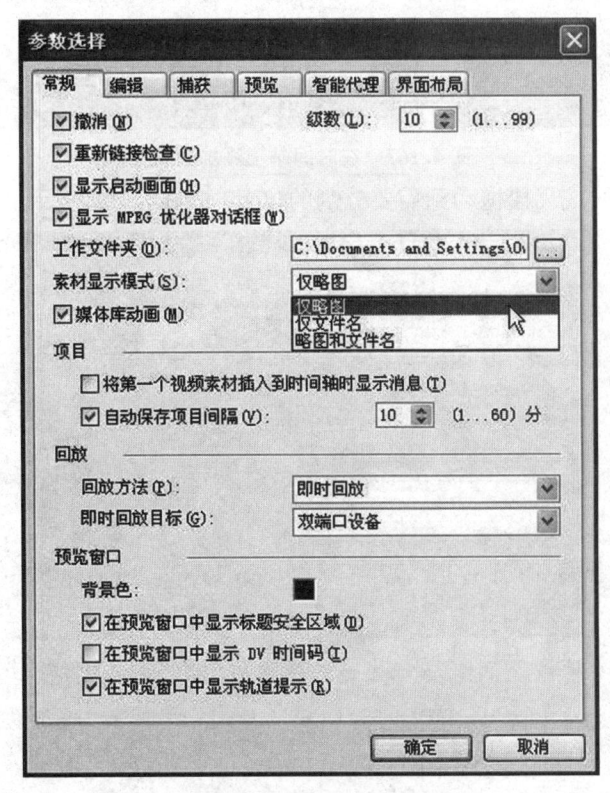

图 4.164　"参数选择"对话框

第三步:单击"模式切换"按钮,切换到时间轴模式,如图 4.165 所示。

图 4.165　"模式切换"按钮

第四步：选择需要修整的素材，选中的视频素材两端会以黄色标记表示。在左侧的黄色标记上按住鼠标左键并拖动到需要保留内容的位置，然后释放鼠标，鼠标释放位置之前的内容将被去除，如图4.166所示。用同样的方法可以去除尾部多余的内容。

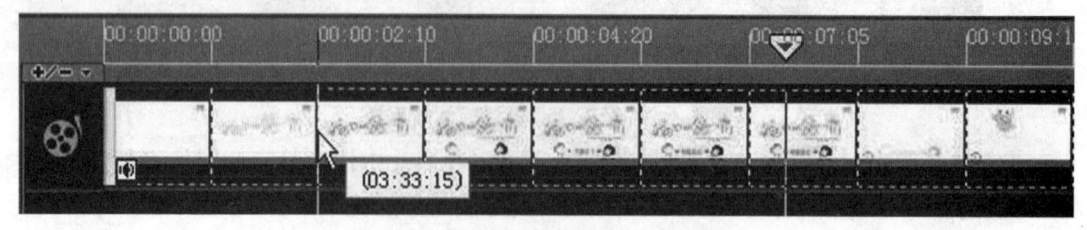

图4.166 去除视频素材头部多余部分

结合时间轴上方的缩放按钮可以让修整点更精确。

⑤分割素材。在剪辑视频素材时，常常需要去除中间的某个片段，这时就需要把素材分割成两部分，然后再删除不需要的内容。分割素材的具体步骤如下。

第一步：将视频素材添加到时间轴上，如图4.167所示。

图4.167 在时间轴上添加素材

第二步：将时间线或飞梭拖动到需要分割的位置，如图4.168所示。

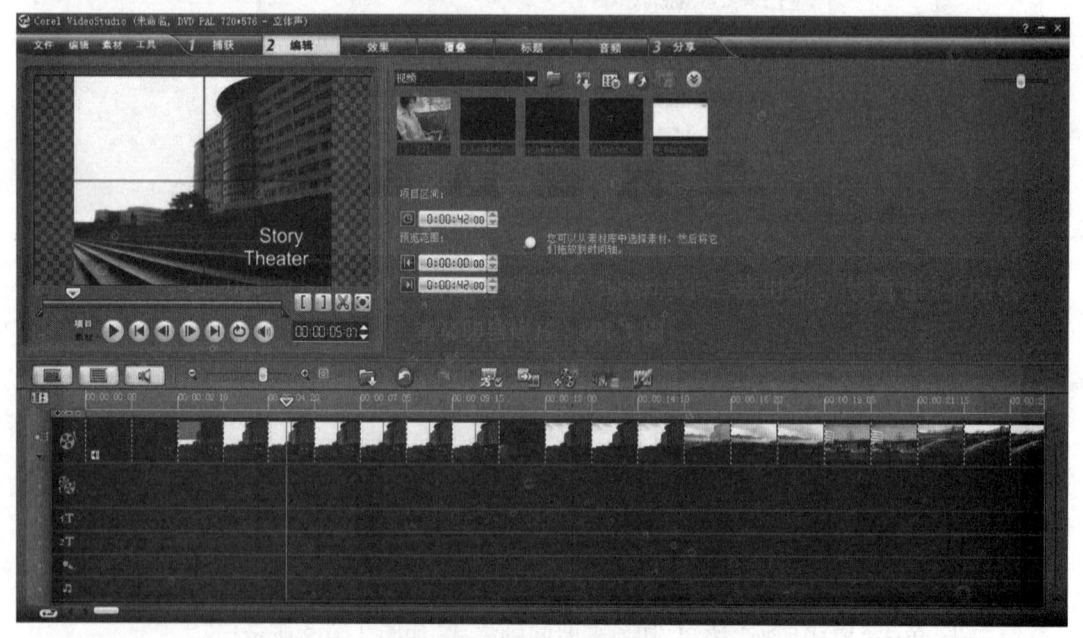

图4.168 将时间线或飞梭拖动到需要分割的位置

第三步：单击"分割视频"按钮，视频素材便从时间线所处的位置分割成两段素材，如图4.169所示。

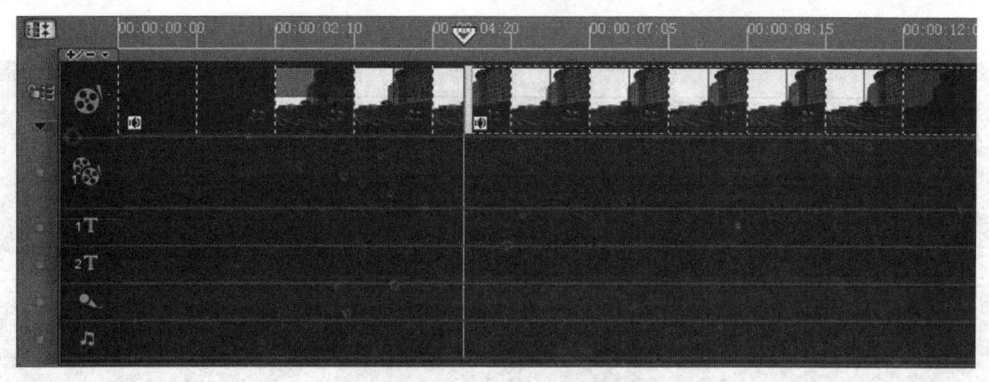

图 4.169　分割后的效果

第四步：重复第二步和第三步的操作，素材被分割成三段，如图 4.170 所示。

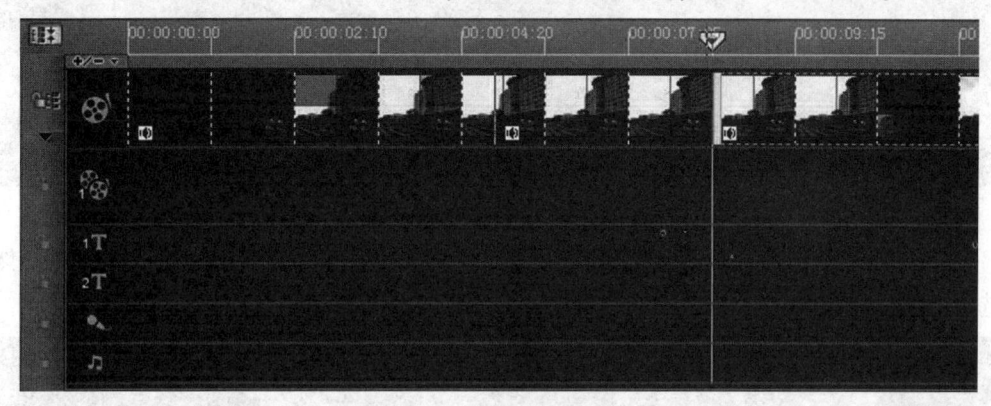

图 4.170　再次分割后的效果

第五步：选中需要删除的素材，按下键盘中的"Delete"键，选中的素材便被删除了，后面的素材自动移到前一段素材的末尾，如图 4.171 所示。

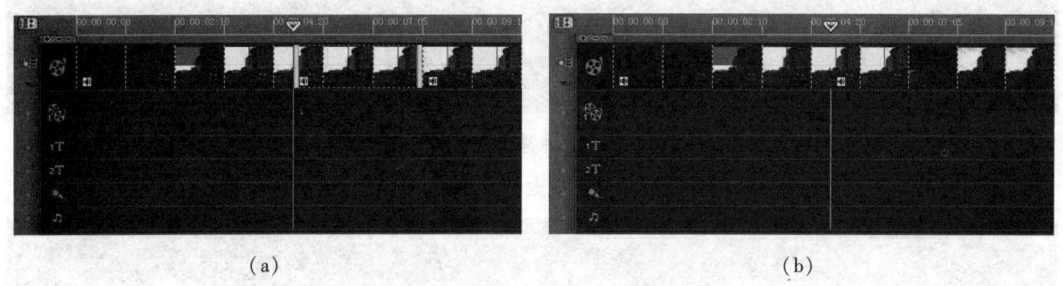

(a)　　　　　　　　　　　　　　(b)

图 4.171　素材删除前后

(a) 删除前；(b) 删除后

⑥调整素材的播放顺序。将素材添加到故事板中以后，如要更改素材的排列顺序，只需要在想调整的素材上按住鼠标左键并拖动鼠标，将它拖曳到希望放置的位置释放鼠标即可。

3. 添加转场效果

会声会影软件为用户提供了多种转场效果。转场效果必须添加到两段素材之间，因此，在操作之前需要先把影片分割成素材片段，或者直接把多个素材添加到故事板上。添加转场效果的具体步骤如下。

①插入两段素材到故事板上。

②单击步骤面板上的"效果"按钮,进入"效果"步骤界面,如图 4.172 所示。

图 4.172 "效果"步骤界面

③单击素材库右侧的三角按钮,如图 4.173 所示,在下拉菜单中选择需要的类别,然后再选中素材库中显示的当前类别中包含的一种转场效果。

图 4.173 选择需要的转场效果

④将选中的转场效果缩略图拖曳到故事板上的两个素材之间即可,如图 4.174 所示。

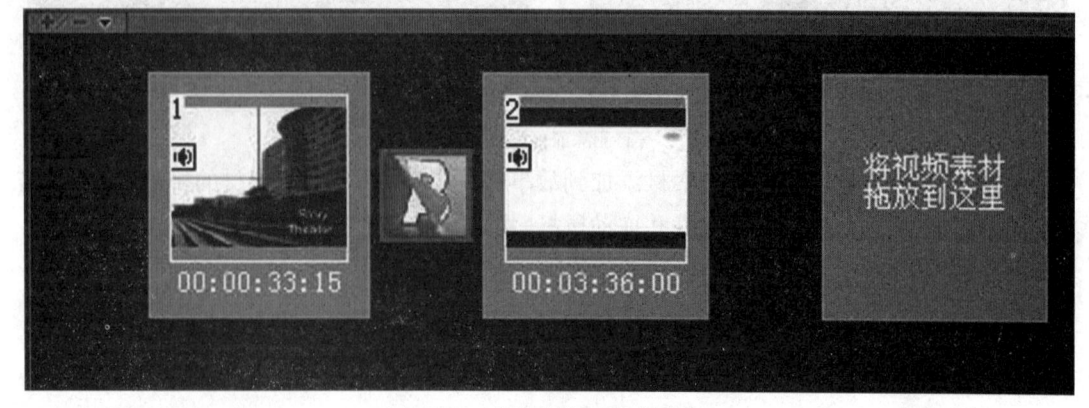

图 4.174 添加转场后的故事板

⑤根据需要调整选项面板中转场效果的设置,如图4.175所示。

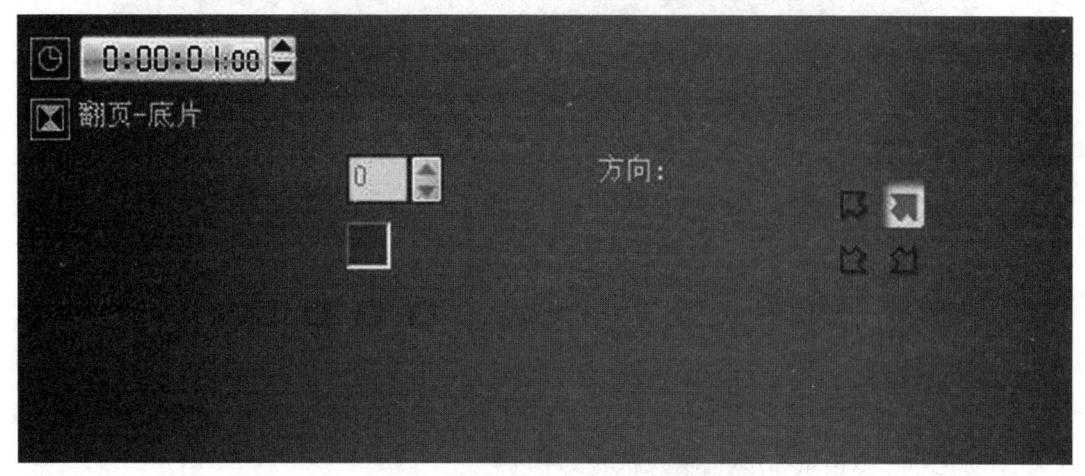

图4.175　设置选项面板中的转场

如果需要更改转场效果,只需要把新的转场效果拖曳到故事板中原来添加的转场效果上,释放鼠标即可。如果需要删除转场效果,只要选中转场效果,按下键盘中的"Delete"键即可。

4. 添加和编辑标题

利用会声会影软件的"标题"按钮能够很方便地创建出专业化的标题。会声会影软件的素材库中提供了丰富的预设标题,可以直接把它们添加到标题轨上,然后修改标题的内容,使它们与影片融为一体。添加和编辑标题的具体步骤如下。

①单击步骤面板中的"标题"按钮,进入"标题"步骤界面,如图4.176所示。

图4.176　"标题"步骤界面

②在素材库中选中需要使用的标题模板,把它们拖曳到标题轨上,如图4.177所示。

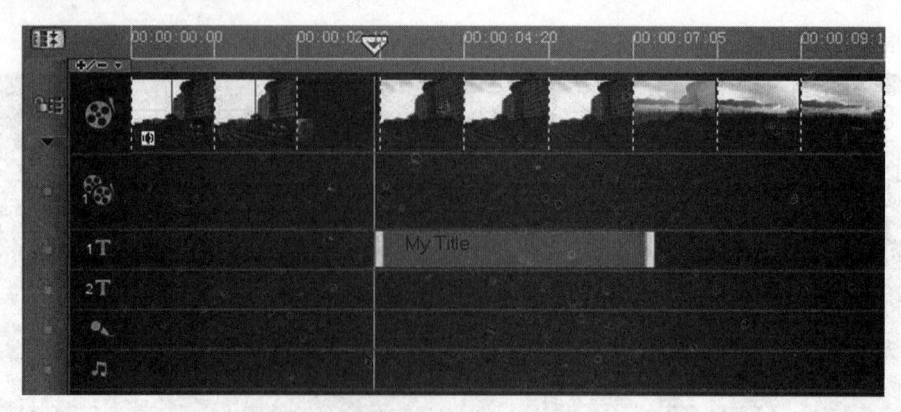

图4.177 添加标题模板

③在标题轨上选中已经添加的标题,然后在预览窗口中单击鼠标,使当前标题处于编辑状态,在标题框中双击鼠标左键,输入新的文字内容。

④按下"Ctrl + A"组合键选中所有文字,然后在选项面板中设置标题的属性,如图4.178所示。

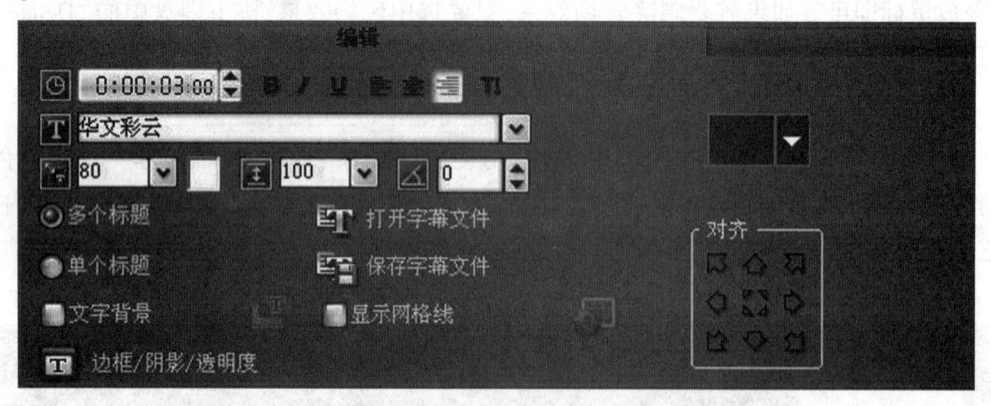

图4.178 在选项面板中设置标题的属性

⑤将鼠标移到文字上,将文字拖曳到画面中合适的位置。

⑥在标题轨上把标题拖曳到合适位置,并向左拖动标题右侧的黄色标记,调整它的长度,使它与水平素材的内容相对应,如图4.179所示。

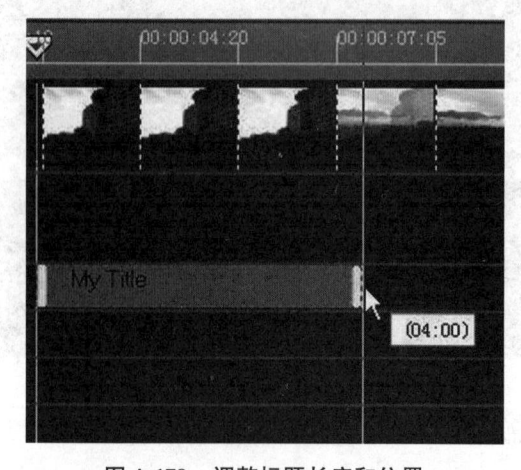

图4.179 调整标题长度和位置

5. 添加与编辑声音

利用会声会影软件的"音频"按钮可以为项目添加音乐和其他声音。一般来说,音乐添加到音乐轨,其他声音添加到音轨。添加与编辑声音的方法和添加与编辑视频的方法大致一样,这里不再赘述。

6. 保存影片

用会声会影软件将视频、图像、音频素材的转场效果都设置好后,单击步骤面板中的"分享"按钮,进入影片的"分享"选项面板,如图 4.180 所示。保存影片的具体步骤如下。

图 4.180 "分享"选项面板

① 影片完成后,单击步骤面板上的"分享"按钮,进入"分享"步骤界面。

② 单击选项面板上的"创建视频文件"按钮,根据输出目的在下拉列表中选择创建视频文件的类型。在打开的"创建视频文件"对话框中指定视频文件保存的名称和路径,然后单击"保存"按钮,程序开始以指定的格式保存文件。

③ 保存完成后,生成的视频文件将在素材库中显示一幅缩略图,如图 4.181 所示,单击预览窗口下方的"播放"按钮,即可查看保存后的影片效果。

图 4.181 保存后显示的缩略图

第七节　数字动画资源的建设

一、动画的基本知识

1. 动画的基本概念

动画是利用人眼的视觉暂留特性,通过快速播放某一系列的静止图像,使人得到一种动态的视觉效果。当播放速度达到 30 帧/秒以上时,人眼就无法辨别出一张张的静止图像,

计算机动画是指采用图形与图像的处理技术,借助于编程或动画制作软件生成的一系列景物画面。

计算机动画分为二维动画和三维动画。二维动画又叫平面动画,无论画面的立体感多强,终究是在二维空间上模拟真实的三维空间效果;三维动画的景物有正面、侧面和反面,调整三维空间的视点,能够看到不同的内容。

2. 动画制作工具

根据计算机动画的分类,常见的动画制作工具分为二维动画制作软件和三维动画制作软件,下面对部分动画制作工具做介绍。

(1)二维动画制作软件。

①Animator Studio——Autodesk 公司的 Animator Studio 软件是基于 Windows 系统的一种集动画制作、图像处理、音乐编辑、音乐合成等多种功能为一体的二维动画制作软件。

②Flash——Macromedia 公司在推出网页编辑工具 DreamWeaver 之后,在 1996 年又推出了用于网页动画制作的交互式矢量动画制作软件(Flash),俗称"闪客"。2015 年 12 月,Adobe 公司宣布 Flash Professional 更名为 Animate CC,在支持 SWF 格式文件的基础上,增加了对 HTML5 格式文件的支持。

③Director——Macromedia 公司的 Director 软件是一种兼具动画制作功能和系统集成功能的多媒体创作工具,它既能集成图像、图形、文本、声音等多种媒体素材,又着重加强了二维动画的制作功能。

④Retas——Retas 软件是日本 CELSYS 株式会社开发的一套应用于普通 PC 的专业二维动画制作系统,其中文版产品为 Retas Master。该软件广泛应用于电影、电视、游戏、光盘等多个领域。

(2)三维动画制作软件。

①Maya——Maya 是美国 Alias Wavefront 公司出品的三维动画软件,主要应用于制作专业影视广告、角色动画、电影特技等。Maya 软件功能完善,工作灵活,制作效率极高,渲染真实感极强,是一款高端制作软件。

②3DS MAX——3DS MAX 是当前世界上销售量最大的三维建模、动画及渲染解决方案,广泛应用于制作视觉效果、角色动画及游戏。

③Poser——Poser 是 Metacreations 公司推出的一款用于三维动物、人体造型和三维人体动画制作的软件。

④LightWave 3D——LightWave 3D 是由美国 NewTek 公司开发的一款高性价比的三维动画制作软件,广泛应用在电影、电视、游戏、网页、广告、印刷、动画等各领域。

3. 动画制作流程

无论是何种规模和类型的动画,其制作过程都可以分为 3 个步骤:前期策划、创作动画、测试及发布动画。

(1)前期策划。前期策划阶段实际上是一个创意过程,主要包括主题的确定、动画脚本的编写、素材的准备、故事情节的安排等。前期策划对动画制作的质量影响非常大。

(2)创作动画。这一阶段主要是根据预先编写的动画脚本,对动画的各元素进行造型设计,在舞台和时间轴中排列这些媒体元素,以及添加各种动画效果等。

(3)测试及发布动画。当一部动画片制作完成后,应多次对其进行测试,从内容、界面、素材、性能等多个方面查找并解决所遇到的问题。经过检查和优化,确认没有问题后,将其进行发布,以便在网络或其他媒体中使用。通过发布设置,可以将动画导出为 SWF、FLIC、HTML、GIF、JPEG、EXE、MOV、QT 等格式。

二、动画文件的格式及特点

不同的动画处理软件支持的动画文件格式不同,常见的动画文件格式及特点如表 4.5 所示。

表 4.5 常见的动画文件格式及特点

格式	特点
GIF	GIF 文件尺寸较小,可以同时存储若干幅静止图像并进而形成连续的动画,目前互联网上大量采用的彩色动画文件多为 GIF 格式文件
FLIC	FLIC 是 Autodesk 公司的 Autodesk Animator / Animator Pro / 3D Studio 等 2D/3D 动画制作软件中采用的彩色动画文件格式。FLIC 是 FLC 和 FLI 的统称,其中,FLC 是 FLI 的扩展格式,采用了更高效的数据压缩技术,被广泛用于动画图形中的动画序列、计算机辅助设计和计算机游戏应用程序
SWF	SWF 是 Micromedia 公司 Flash 的矢量动画格式,这种格式的动画在缩放时不会失真,非常适合描述由几何图形组成的动画,被广泛地应用于网页上,成为一种"准"流式媒体文件
MOV、QT	MOV、QT 都是 QuickTime 的文件格式,支持 256 位色彩,支持 RLE、JPEG 等领先的集成压缩技术,提供了 150 多种视频效果和 200 多种 MIDI 兼容音响和设备的声音效果,能够通过互联网提供实时的数字化信息流、工作流与文件回放

三、动画资源的加工处理

本书以 Adobe Animate CC 2017 为例介绍动画资源的加工处理方法。Adobe Animate CC 2017 是 Adobe Animate CC 系列的一款软件。该系列目前推出的版本有 Adobe Animate CC、Adobe Animate CC 2014、Adobe Animate CC 2017。

1. 开始页

运行 Adobe Animate CC 2017 软件,首先出现如图 4.182 所示的开始页。开始页中包括"最近打开的项目""新建""从模板创建""简介""学习"等内容。

如果要隐藏开始页,可以勾选"不再显示"复选框,然后在弹出的对话框单击"确定"按钮。如果要再次显示开始页,可以通过执行"编辑|首选参数"命令,打开"首选参数"对话框,然后在"常规"类别中设置"重启所有警告对话框"即可。在"首选参数"对话框可以设置"用户界面"颜色的"深"或"浅",本书中将 Adobe Animate CC 2017 软件的"用户界面"设置为"深"色。

图 4.182　Adobe Animate CC 2017 开始页

2. 工作窗口

在开始页，选择"新建"下的"Action Script 3.0"，进入 Adobe Animate CC 2017 的工作窗口并新建一个影片文档，如图 4.183 所示。

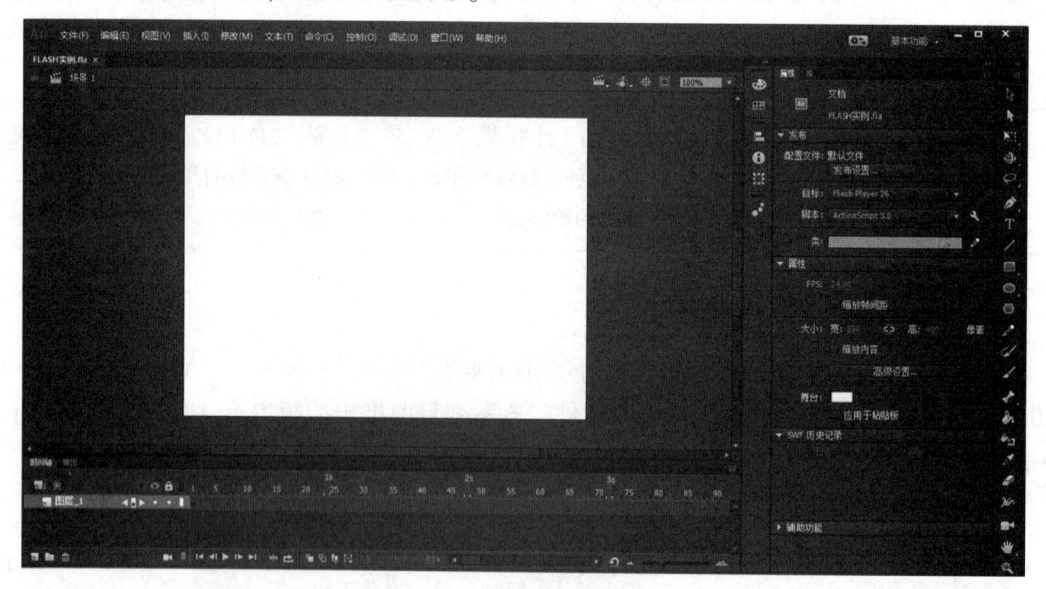

图 4.183　Adobe Animate CC 2017 的工作窗口

Adobe Animate CC 2017 的工作窗口由标题栏、菜单栏、主工具栏、文档选项卡、编辑栏、时间轴、工作区和舞台、工具箱以及各种面板组成。下面对部分内容加以介绍。

(1) 菜单栏

菜单栏包括文件、编辑、视图、插入、修改、文本、命令、控制、调试、窗口和帮助，共 11 个菜单，每个菜单下面都有不同的命令。

①文件菜单。可以执行创建、打开、保存、关闭和导入、导出等文件操作。

②编辑菜单。可以执行剪切、复制、粘贴、撤销、清除与查找等编辑操作。

③视图菜单。可以执行放大、缩小、显示/隐藏标尺与网格等有关视图的操作。

④插入菜单。可以执行插入新元素(如帧、图层、元件、场景及时间轴特效等)操作。

⑤修改菜单。可以执行元素本身或元素属性的变换操作,如将位图转换为矢量图,将选中的对象转换为新元件等。

⑥文本菜单。可以设置与文本有关的属性,如设置字体、字距与检查拼写等。

⑦命令菜单。可以执行与运行程序相关的操作,可以管理和运行命令,实现批处理的目的。

⑧控制菜单。可以执行影片测试有关的命令,如测试影片、测试场景、播放与停止播放等。

⑨调试菜单。可以通过调试发现影片中的错误。

⑩窗口菜单。可以对窗口和面板进行管理,如新建窗口、展开或隐藏某个面板、对窗口进行特定排列等。

⑪帮助菜单。可以提供工作过程的支持。

(2)工具箱

工具箱是 Adobe Animate CC 2017 中最常用的一个面板,如图 4.184 所示。用鼠标单击即可选择工具箱中的工具,这些工具的使用方法和 Photoshop CS6 中工具的一样,这里不再一一讲解。

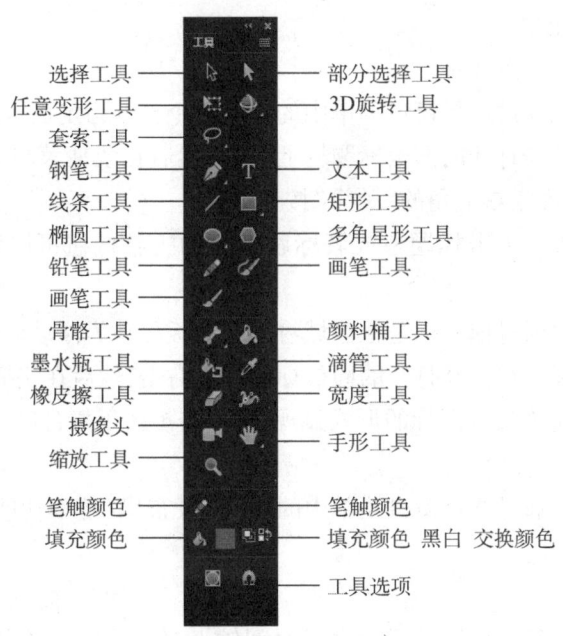

图 4.184 Adobe Animate CC 2017 的工具箱

(3)时间轴

时间轴是创作动画时使用层、帧组织和控制动画内容的窗口,由层、帧和播放头组成。Adobe Animate CC 2017 的时间轴如图 4.185 所示。

图 4.185　Adobe Animate CC 2017 的时间轴

①时间轴左边列出了动画中的层。每个层的帧显示在层名右边的一行中。位于时间轴上部的时间轴标题指示帧编号；播放头指示编辑区中显示的当前帧。

②时间轴的状态行指示当前帧编号、当前帧速度和播放到当前帧用去的时间。在动画播放时显示实际的帧速度。

③时间轴显示帧内容的缩略图，显示哪里有逐帧动画、过渡动画和运动路径。使用时间轴层部分的控件，可以隐藏或显示时间轴（眼睛图标）、锁定或解锁时间轴（锁头图标）或显示层内容的轮廓（方框图标）。

④可以在时间轴中插入、删除、选择和移动帧，也可以把帧拖到同一层或不同层中的新位置。

（4）面板

面板是 Adobe Animate CC 2017 工作窗口中最重要的操作对象，围绕在 Adobe Animate CC 2017 舞台的周围。

1）面板的基本操作

面板的基本操作有以下几种。

①打开面板。可以通过选择窗口菜单中的相应命令打开指定面板。

②关闭面板。在已经打开的面板标题栏上右击，然后在快捷菜单中选择"关闭"命令即可，或者也可直接单击面板右上角的"关闭"按钮。

③折叠或展开面板。单击标题栏或者标题栏上的折叠按钮可以将面板折叠为其标题栏，再次单击即可展开。

④移动面板。可以通过拖动标题栏区域将固定面板移动为浮动面板。

⑤将面板缩为图标。在已经打开的面板标题栏上右击，然后在快捷菜单中选择"折叠为图标"命令即可，它能将面板以图标的形式显现，进一步扩大了舞台区域，为创作动画提供了良好的环境。

⑥恢复默认布局。通过选择窗口菜单中的"工作区布局|基本功能"命令即可恢复默认布局。

2）属性面板

使用属性面板可以很容易地设置舞台或时间轴上当前选定对象的最常用属性，从而加快 Adobe Animate CC 2017 文档的创建过程。属性面板如图 4.186 所示。当选定对象不同时，属性面板中会出现不同的设置参数，本书后面会陆续介绍。

3）对齐面板

对齐面板可以重新调整选定对象的对齐方式和分布，如图 4.187 所示。对齐面板的各选项作用如下。

"对齐"用于调整选定对象的对齐方式,包括:左对齐、水平中齐、右对齐、上对齐、垂直中齐和底对齐。

"分布"用于调整选定对象的顶部、水平居中和底部分布,以及左侧、垂直居中和右侧分布。

"匹配大小"用于调整选定对象的匹配宽度、匹配高度或匹配宽和高。

"间隔"用于调整选定对象的水平间隔和垂直间隔。

"与舞台对齐"勾选此复选框,可以调整选定对象相对于舞台尺寸的对齐方式和分布;如果没有勾选此复选框,则调整是两个以上对象之间的相互对齐方式和分布。

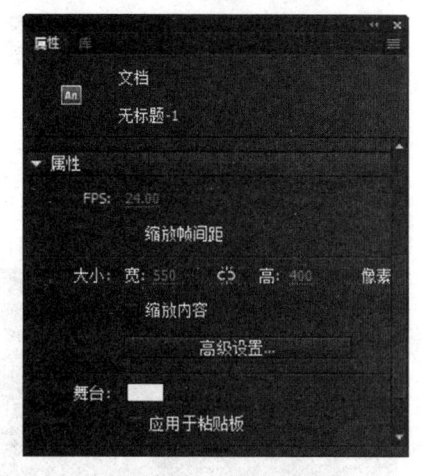

图4.186 "属性"面板　　图4.187 "对齐"面板

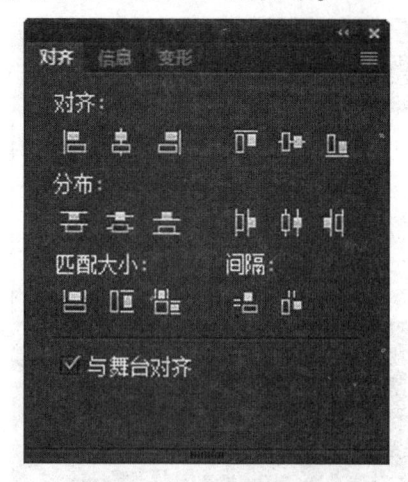

4)颜色面板

在 Adobe Animate CC 2017 中用颜色面板可以创建和编辑"笔触颜色"和"填充颜色"的颜色。颜色面板默认为 RGB 模式,显示红、绿和蓝的颜色值。"Alpha"值用来指定颜色的透明度,其范围在 0~100%,0 为完全透明,100% 为完全不透明。"颜色代码"文本框中显示的是以"#"开头的十六进制模式颜色代码,可直接输入。可以在面板的"颜色空间"单击鼠标,选择一种颜色,上下拖动右边的"亮度控件"可调整颜色的亮度,如图 4.188 所示。

图4.188 颜色面板

5）库面板

Adobe Animate CC 2017 文档中的库可存储用户在文档中使用而创建或导入的媒体资源，还可以包含已添加到文档的组件。组件在库面板中显示为编译剪辑，如图 4.189 所示。

6）预设动画面板

预设动画是预先配置的补间动画，如果想将它们应用于舞台的对象上，只需选择对象并单击预设动画面板的"默认预设"中的动画效果，然后单击"应用"按钮，如图 4.190 所示。用户也可以创建并保存自己的自定义预设，它们可以来自修改过的现有动画预设，也可以来自用户自己创建的自定义补间。每个对象只能应用一个预设动画。如果将第二个预设动画应用于相同的对象，则第二个预设动画将替换第一个预设动画。

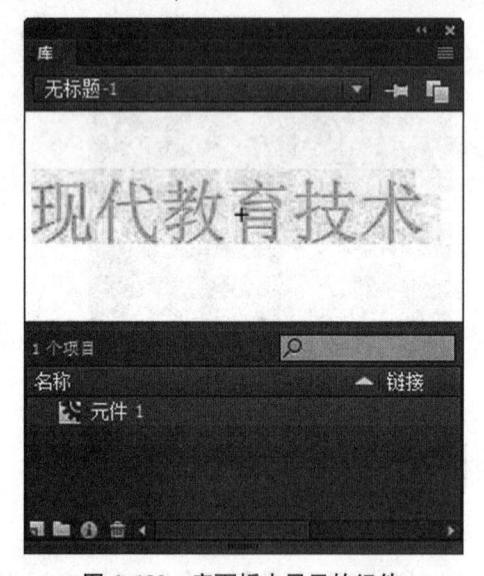

图 4.189　库面板中显示的组件 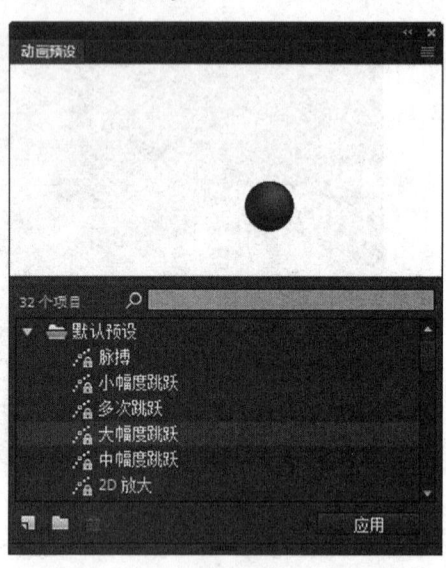　　　图 4.190　预设动画面板的"默认预设"

7）动作面板

使用动作面板可以创建和编辑对象或帧的 ActionScript 代码。选择帧、按钮或影片剪辑实例可以激活动作面板。根据选择的内容，动作面板标题也会变为"按钮动作""影片剪辑动作"或"帧动作"，如图 4.191 所示。

图 4.191　动作面板

8)组件面板

Adobe Animate CC 2017 中的组件面板包含有很多组件。组件是向 Adobe Animate CC 2017 文档中添加特定功能的可重用打包模块。组件可以包括图形和代码,如图 4.192 所示。组件可以是一个单选按钮、一个对话框或一个预加载栏,它还可以是一个完全没有图形的模块,例如定时器、服务器连接实用程序或自定义 XML 分析器。

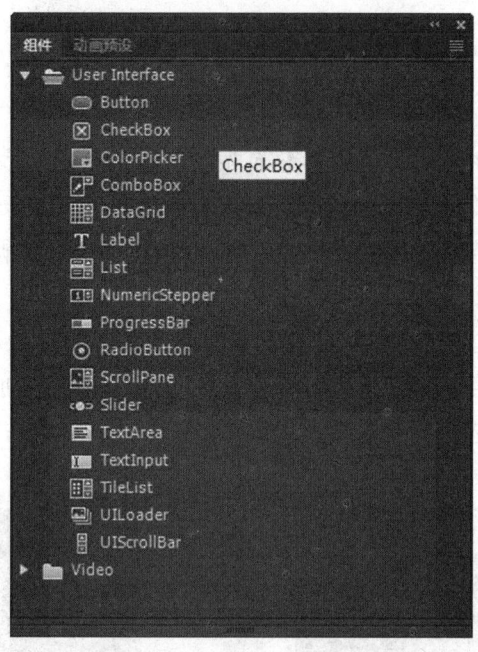

图 4.192　组件面板中的组件

3. Adobe Animate CC 2017 基本动画制作

(1)帧的基本概念

帧是动画制作的最基本单位,相当于电影胶片上的每一格镜头。每一个精彩的动画都是由很多个精心雕琢的帧构成的,在时间轴上的每一帧都可以包含需要显示的所有内容,包括图形、声音、各种素材和其他多种对象。

1)关键帧、空白关键帧和普通帧

关键帧,顾名思义就是有关键内容的帧,是用来定义动画变化、更改状态的帧,即舞台上存在实例对象并可对其进行编辑的帧;空白关键帧是没有包含舞台上实例内容的关键帧;普通帧是在时间轴上能显示实例对象,但不能对实例对象进行编辑操作的帧。

关键帧在时间轴上显示为实心的圆点,空白关键帧在时间轴上显示为空心的圆点,普通帧在时间轴上显示为灰色填充的小方格,如图 4.193 所示。

图 4.193　时间轴上的帧

· 169 ·

2)播放头

播放头指示当前显示在舞台中的帧,将播放头沿着时间轴移动,可以轻易地定位当前帧。播放头用红色矩形■表示,红色矩形下面红色细线所经过的帧表示该帧目前正处于"播放帧"。如果要拖动播放头,可以在时间轴表示帧数目的背景上单击并左右拉动播放头。

(2)帧的基本操作

Adobe Animate CC 2017 中动画的实现过程离不开对帧的操作,下面简要介绍一下帧的基本操作。

1)选择帧

动画中的帧有很多,在操作时首先要准确选择相应的帧,然后才能对帧进行操作。如果选择单帧,直接单击该帧即可;如果要选择很多连续的帧,可以在要选择的帧的起始位置处单击,然后拖动光标到要选择的帧的终点位置,此时所有被选中的帧都显示为黑色背景。

2)翻转帧

在创作动画时,一般是按照顺序从头播放,但为了创造出另外一种效果,有时也会把动画反过来播放,即原来的第一帧变成最后一帧,原来的最后一帧变成第一帧,这可以利用"翻转帧"命令来实现。首先选择所有的帧,然后在帧格处单击鼠标右键,在弹出的快捷菜单中选择"翻转帧"命令即可,如图4.194所示。

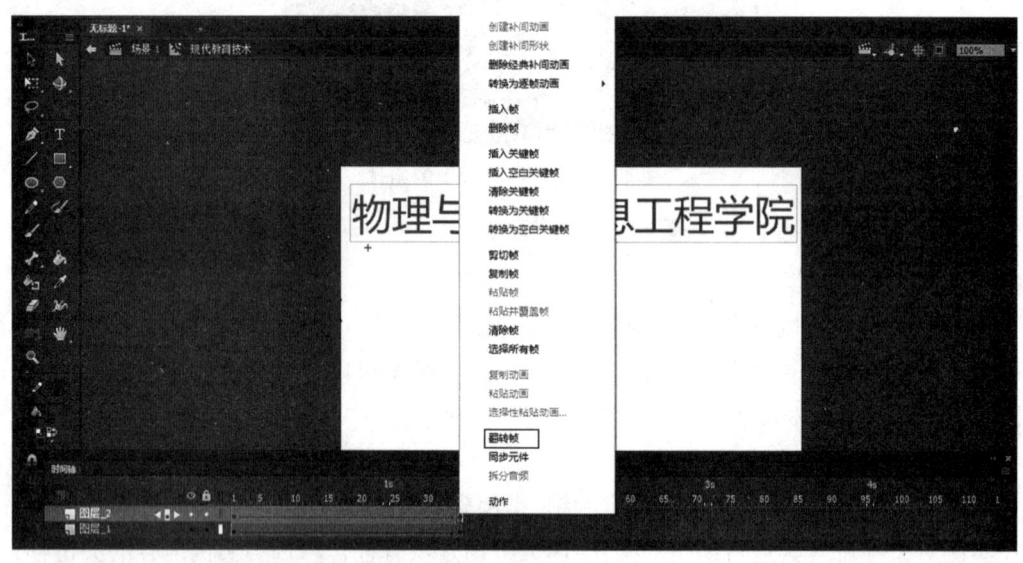

图 4.194 "翻转帧"命令

3)插入帧

制作动画时常常需要添加帧,方法为在要添加的帧处右击,在弹出的快捷菜单中选择"插入帧"命令或选择"插入|时间轴|帧"命令。

除了普通帧,在 Adobe Animate CC 2017 中用户可以根据不同的需求创建不同类型的帧。创建的帧主要有两种:关键帧和空白关键帧。

①插入关键帧。如果要在关键帧后面再插入一个关键帧,只需在时间轴窗口中,选择需要插入关键帧的单元格,单击鼠标右键,在弹出的快捷菜单中选择"插入关键帧"命令即可,也可以选择"插入|时间轴|关键帧"命令。

如果要同时创建多个关键帧的单元格,只需用鼠标选择多个帧的单元格,单击鼠标右键,在弹出的快捷菜单中选择"插入关键帧"命令即可。

②插入空白关键帧。如果要插入空白关键帧,则要在时间轴窗口中,选择需要插入空白关键帧的单元格,单击鼠标右键,在弹出的快捷菜单中选择"插入空白关键帧"命令,也可以选择"插入|时间轴|插入空白关键帧"命令。此时,所选中的单元格以黑线包围,表示此处为空白关键帧;空白关键帧中没有显示内容。空白关键帧可以转换为关键帧,只要在空白关键帧中添加内容,这个单元格里就会出现黑色的小圆圈,说明空白关键帧已经变成了关键帧。

4)移动帧

在制作动画过程中,需要将某一帧或多个帧的位置进行调整。在移动帧的位置时,首先需要使用选择工具将需要移动的帧选中,然后按住鼠标左键将帧拖动到需要移动到的新位置,然后释放左键即可。

5)复制帧

在制作动画过程中,如果要把编辑制作完成的帧直接复制到新位置,首先要选中需要复制的帧,并且单击鼠标右键,在弹出的快捷菜单中选择"复制帧"命令,然后在需要复制帧的新位置单击鼠标右键,在弹出的菜单中选择"粘贴帧"命令,就可以将所选择的帧复制到指定位置。

6)删除帧

由于 Adobe Animate CC 2017 中帧的类型不同,所以删除的方法也不同。

①删除关键帧。选中要删除的关键帧,单击鼠标右键,在弹出的快捷菜单中选择"清除关键帧"命令,或选择"插入|时间轴|清除关键帧"命令。

②删除普通帧或是空白关键帧。选中要删除的普通帧或是空白关键帧,单击鼠标右键,在弹出的快捷菜单中选择"删除帧"命令。

(3)逐帧动画

逐帧动画是一种在连续的关键帧中分解动画动作的动画,即在时间轴的每一帧上绘制不同的内容,在不同的时间段(帧)放置变化的图形以此构成动画。

1)逐帧动画的制作方法

逐帧动画的制作方法包括两个要点:一是逐帧添加关键帧;二是在关键帧中绘制不同的图形。

实例:小鸟飞翔

第一步:新建 Adobe Animate CC 2017 文件,单击第 2 帧并拖动至第 8 帧,在选中帧的单元格中单击鼠标右键,在弹出的快捷菜单中选择"转换为关键帧"命令,将第 2~8 帧全部转换为关键帧(也可以逐帧设置)。

第二步:导入要制作逐帧动画的图像文件(也可以绘制)。单击菜单栏中的"文件|导入|导入到库",出现"导入到库"对话框,如图 4.195 所示。选中第一张图片,单击"打开"按钮(可以一张一张导入,也可以一次性导入),导入的图像出现在库面板中(注意,这里所有图片的尺寸大小相同),如图 4.196 所示。

第三步:选中第 1 帧,将库面板中的第一张图片拖放到舞台中,将图像和舞台调整成大小一致(单击"修改|变形|缩放"命令)。

第四步:右键动画区第 2 帧,在弹出的快捷菜单中选择"插入关键帧",将库面板中的第一张图片拖放到舞台中,依次将第3~8帧的图片拖曳到舞台上。

第五步:按下"Ctrl+Enter"组合键测试动画(或单击菜单栏中的"控制|测试"命令),可以看到逐帧动画的效果。

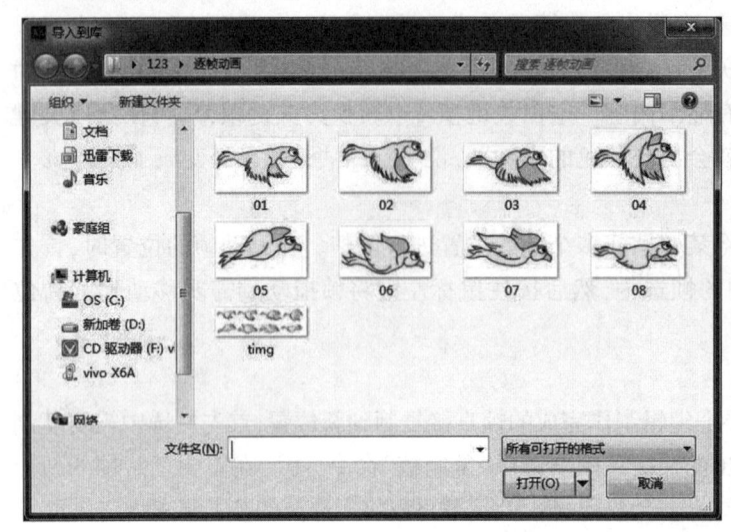

图4.195 "导入"对话框　　　　图4.196 库面板

第六步:保存,并导出影片。单击菜单栏中的"文件|导出|导出为影片"命令,取好文件名,单击保存即可。

实例:振翅的蝴蝶

第一步:新建 Adobe Animate CC 2017 文件,单击菜单栏中的"文件|导入|导入到库"命令,出现"导入到库"对话框,如图4.197所示。选中第一张图片,单击"打开"按钮(可以一张一张导入,也可以一次性导入),导入的图像出现在库面板中(注意,这里所有图片的尺寸大小相同)。

图4.197 "导入"对话框

第二步:选中第 1 帧,从库面板中将第一张图片拖放到舞台中,将图像和舞台调整成大小一致(单击"修改|变形|缩放"命令)。

第三步:右键动画区第 2 帧,在弹出的快捷菜单中选择"插入关键帧"命令,将库面板中的第二张图片拖放到舞台中,依次将第 3~7 帧的图片拖曳到舞台上。

第四步:每一帧导入的图片都是随意放置的,这样会导致切换帧的时候动画抖动太大,所以要对齐所有图片元件,使其每一帧都处在同一个中心点,这里需要使用菜单栏中的"视图|标尺"命令进行调整。

第五步:按下"Ctrl+Enter"组合键测试动画(或单击菜单栏中的"控制|测试"命令),可以看到逐帧动画的效果。

第六步:保存,并导出影片。单击菜单栏中的"文件|导出|导出为影片"命令,取好文件名,单击"保存"即可。

2)绘图纸的使用

通常情况下,Adobe Animate CC 2017 在舞台中一次只能显示动画序列的单个帧,如果要一帧一帧绘制,工作量很大,而且定位非常困难,这时可以利用 Adobe Animate CC 2017 时间轴上的"绘图纸"功能 ▰ ▰ ▰ ▰。图 4.198 所示为使用了"绘图纸"功能后的场景,当前帧中内容全彩色显示,其他帧内容半透明显示。使用绘图纸功能后,就可以在舞台中一次查看两个或多个帧了。

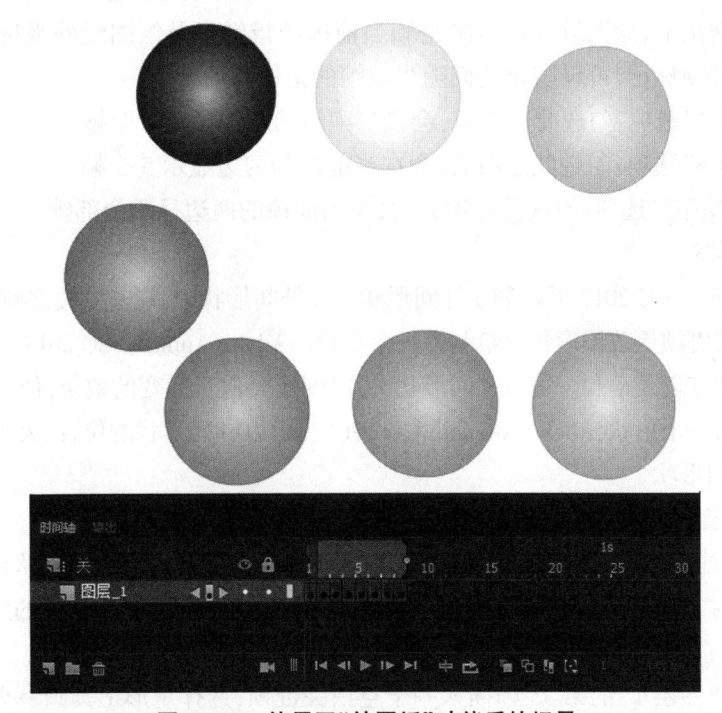

图 4.198　使用了"绘图纸"功能后的场景

"绘图纸"各个按钮的功能如下。

"绘图纸外观"按钮 ▰:按下此按钮后,在时间轴的上方,出现绘图纸外观标记 ▰ ▰。拉动外观标记的两端,可以扩大或缩小显示范围。

"绘图纸外观轮廓"按钮 :按下此按钮后,场景中显示各帧内容的轮廓线,填充色消失。这样特别适合观察对象轮廓,另外可以节省系统资源,加快显示过程。

"编辑多个帧"按钮 :按下此按钮后可以显示全部帧内容,并且可以进行"多帧同时编辑"。

"修改绘图纸标记"按钮 :按下此按钮后,弹出如图4.199所示的下拉菜单。

图4.199 "修改绘图纸标记"选项

"始终显示标记"选项:勾选此选项后,会在时间轴标题中显示绘图纸外观标记,无论绘图纸外观是否打开。

"锚定标记"选项:勾选此选项后,会将绘图纸外观标记锁定在它们在时间轴标题中的当前位置。通常情况下,绘图纸外观范围是和当前帧的指针以及绘图纸外观标记相关的。通过锚定绘图纸外观标记,可以防止它们随当前帧的指针移动。

"标记范围2"选项:勾选此选项后,会在当前帧的两边显示2个帧。

"标记范围5"选项:勾选此选项后,会在当前帧的两边显示5个帧。

"标记所有范围"选项:勾选此选项后,会在当前帧的两边显示全部帧。

(4)补间形状

Adobe Animate CC 2017可以创建补间形状。在补间形状中,在一个关键帧绘制一个形状,然后在另一个关键帧更改该形状或绘制另一个形状。Adobe Animate CC 2017会内插二者之间的帧的值或形状来创建动画。通过补间形状,可以创建类似于形变的效果,使一个形状看起来随着时间变成另一个形状,Adobe Animate CC 2017也可以补间形状的位置、大小、颜色。

1)创建补间形状

实例:圆球变成正方形的动画效果

第一步:新建一个Adobe Animate CC 2017影片文档,保持文档属性默认设置。

第二步:选择椭圆工具,在舞台上画一个圆球,设置填充色为样本色中的"绿色球形",如图4.200所示。

第三步:在"图层1"的第35帧插入一个空白关键帧,选择矩形工具画一个正方形。

第四步:在第1帧和第35帧之间,单击鼠标右键,在弹出的快捷菜单中选择"创建补间形状"命令,此时第1帧到第35帧之间出现了一条带箭头的实线,并且第1帧到第35帧之间的帧格变成绿色,如图4.201所示。

第五步:这样就完成了一个补间形状动画的创建,单击菜单栏中的"控制|测试"命令,可

以看到补间形状的动画效果。

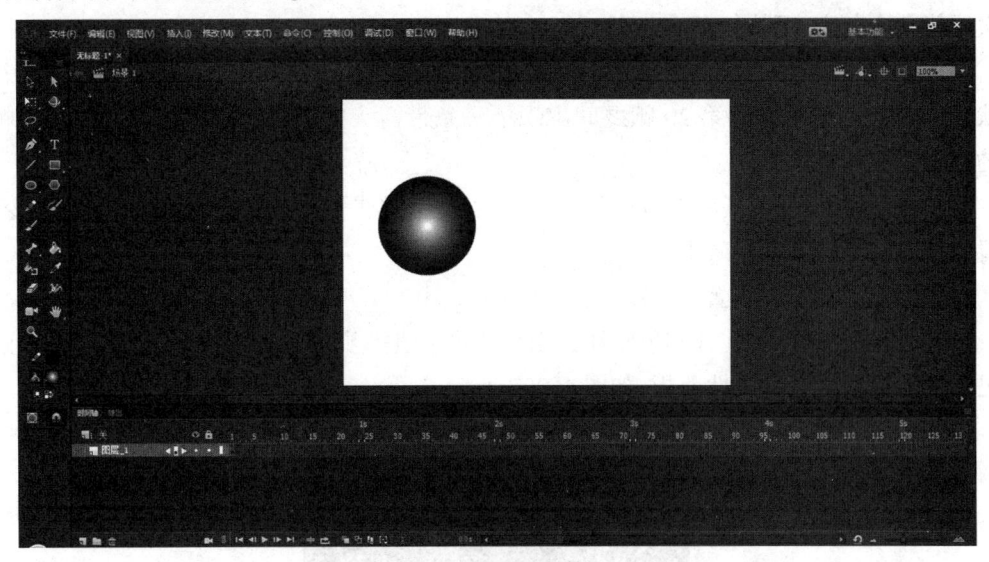

图 4.200　用椭圆工具画圆球

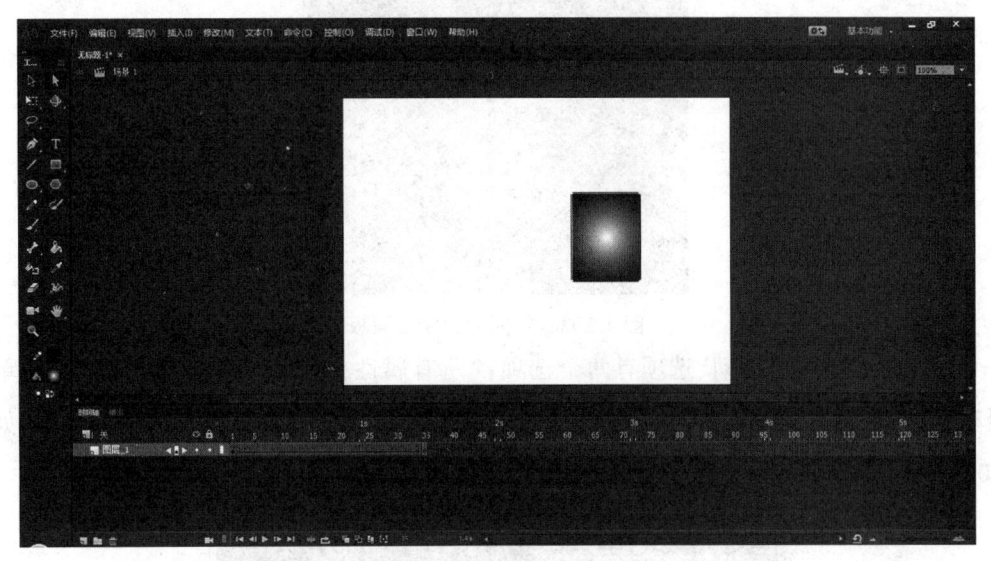

图 4.201　创建补间形状

补间形状除了可以制作图形的变形动画,也可以创建补间形状的位置、大小、颜色。补间形状只能用于形状的变化,不规则的图形变化最好用形状补间(如烟火等);插入形状补间的对象不能是图形元件、按钮、文字等,如果要使用图形元件、按钮、文字,则必须先打散(使用"Ctrl+B"组合键)后才可以做形状补间动画。

实例:将文字"现代教育技术"变成"教育技术学"的动画效果

第一步:新建一个 Adobe Animate CC 2017 影片文档,保持文档属性默认设置。

第二步:选择文字工具,在舞台上单击鼠标输入"现代教育技术"文字,并根据需要设置文字的大小和字体。

第三步:在"图层1"的第 20 帧单击鼠标右键插入一个空白关键帧,使用文字工具键入"教育技术学"。

第四步：分别选择第 1 帧和第 20 帧，单击菜单栏中的"修改|分离"命令，将文字分离，若一次不能完全分离，可执行多次分离。

第五步：在第 1 帧和第 20 帧之间，单击鼠标右键，在弹出的快捷菜单中选择"创建补间形状"命令，此时第 1 帧到第 20 帧之间出现了一条带箭头的实线，并且第 1 帧到第 20 帧之间的帧格变成绿色。

第六步：这样就完成了一个补间形状动画的创建，单击菜单栏中的"控制|测试"命令，可以看到补件间形状的动画效果。

2）补间形状参数的设置

定义了补间形状后，在补间形状属性面板中可以进一步设置相应的参数，以使得动画效果更丰富。补间形状的属性面板，如图 4.202 所示。

图 4.202　补间形状属性面板

①"缓动"选项。"缓动"选项有两个选项："所有属性在一起"和"单独每属性"。单击"缓动"选项下面的按钮，可以打开"自定义缓动"对话框，自定义"缓动"的参数值，如图 4.203 所示。默认情况下，补间帧之间的变化速率是不变的。

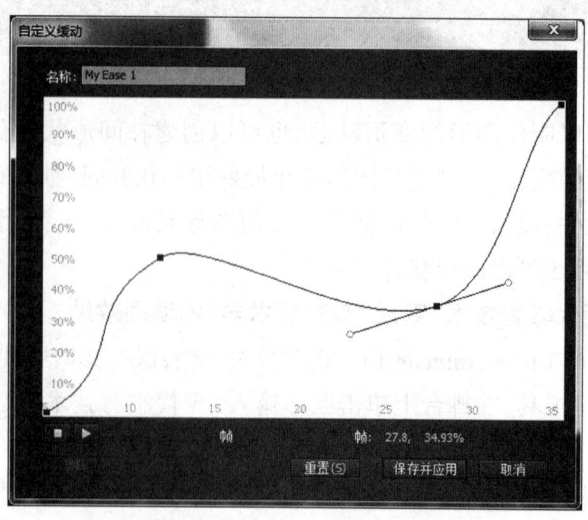

图 4.203　"自定义缓动"对话框

· 176 ·

②"混合"选项。"混合"选项的下拉列表中有两个选项:"分布式"和"角形"。"分布式"选项可以使创建的动画中间形状更为平滑和不规则;"角形"选项可以使创建的动画中间形状保留明显的角和直线。"角形"选项只适合于具有锐化转角和直线的混合形状。如果选择的形状没有角,Adobe Animate CC 2017 会还原到分布式补间形状。

3)添加形状提示

要控制更加复杂多变的形状变化,可以使用形状提示。形状提示会标识起始形状和结束形状中相对应的点。下面以一个正圆转为矩形的转换过程为例,来介绍形状提示的使用方法。

实例:正圆转为矩形

第一步:新建一个 Adobe Animate CC 2017 影片文档,保持文档属性默认设置。

第二步:选取椭圆工具,设置椭圆工具属性为无笔触颜色,填充颜色为黑色,在舞台上画出一个正圆。

第三步:在第 35 帧处单击鼠标右键,插入关键帧,选取矩形工具,设置矩形工具属性为无笔触颜色,填充颜色为红色,在舞台上画出一个矩形,然后创建补间形状,得到如图 4.204 所示的动画。按下"Ctrl+Enter"组合键,观看播放效果。

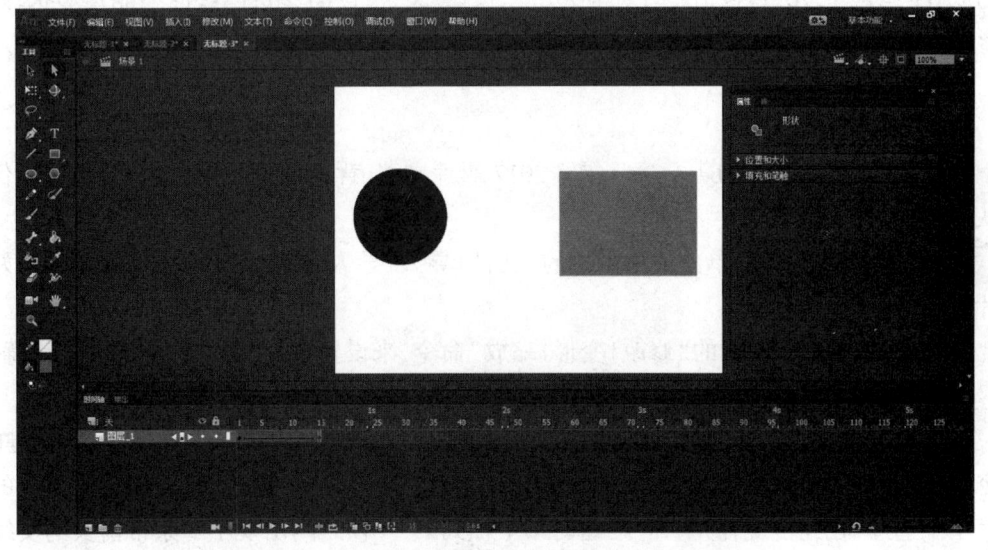

图 4.204 利用补间形状创建将正圆转为矩形的动画

通过观看播放效果,可以知道这个变形过程不规则,不符合所需要的效果。下面通过添加变形提示以改进动画效果。

第四步:选择第 1 帧,在菜单栏中单击"修改|形状|添加形状提示"命令,正圆上会显出一个红色图标;将鼠标放在此图标上,鼠标变成白色箭头右下方带着一个"+"号,按住"Ctrl"键并拖动红色图标到正圆的边上,就复制出另一个形状提示图标,如此操作,在圆的四个方向分别添加形状提示。形状提示图标是有编号的,第一个添加的为"a",第二个添加的为"b",如此类推,如图 4.205 所示。

第五步:选择第 35 帧,在长方形左侧显示出形状提示,按住"Ctrl"键并拖动红色图标到长方形的其中一个角上,再拖出一个放在另一个角上,如此操作,把四个角都添加上形状提示,如图 4.206 所示。

图 4.205　"添加形状提示"命令后的效果　　　　图 4.206　"添加形状提示"命令后的效果

第六步:按下"Ctrl+Enter"组合键,观看播放效果,可以发现,添加形状提示的转换过程与不添加形状提示的转换过程是完全不一样的。

(5)创建补间动画

Adobe Animate CC 2017 支持创建是补间动画。补间动画是指在 Adobe Animate CC 2017 的时间帧面板上的一个关键帧上放置一个元件,然后在另一个关键帧改变这个元件的大小、颜色、位置、透明度等,Adobe Animate CC 2017 根据二者之间帧的值自动创建的动画。元件是构成补间动画的元素,包括影片、图形元件、按钮、文字、位图、组合等,但不能是形状,只有把形状组合(使用"Ctrl+G"组合键)或者转换成元件后才可以用于制作补间动画。

1)创建补间动画的方法

实例:图片变小

第一步:新建一个 Adobe Animate CC 2017 影片文档,背景色设置为白色,其他选项保持默认。

第二步:选择第 1 帧,单击菜单栏中的"文件|导入|导入到舞台"命令,导入已准备好的图片。

第三步:单击菜单栏中的"修改|变形|缩放"命令,来设置图片的大小,让图片充满舞台。

第四步:单击菜单栏中的"修改|转换为元件"命令。

第五步:选择第 25 帧的单元格,单击鼠标右键,在弹出的快捷菜单中选择"插入关键帧"命令,将舞台中的图片缩放,让其变小;在第 1 帧和第 25 帧之间单击鼠标右键,在弹出的快捷菜单中选择"创建传统补间"命令,这时第 1 帧到第 25 帧之间出现了一条带箭头的实线。

第六步:按"Ctrl+Enter"组合键或单击菜单栏中的"控制|测试"命令,可以看到动画预览效果。

2)补间动画参数的设置

定义了补间动画后,在"补间动画属性"面板中可以进一步设置相应的参数,以使动画效果更丰富。

①"缩放"选项。在制作补间动画时,如果在终点关键帧上更改了动画对象的大小,那么"缩放"选项勾选与否会影响动画的效果。如果勾选"缩放"选项,就可以将大小变化的动画效果补出来,也就是说,可以看到动画对象从大逐渐变小(或者从小逐渐变大)的效果。如果没有勾选这个选项,那么大小变化的动画效果就补不出来。"缩放"选项默认被勾选。

②"缓动"选项。"缓动"选项有两个选项:"所有属性在一起"和"单独每属性"。单击

缓动下面的按钮 , 可以打开"自定义缓动"对话框, 自定义"缓动"的参数值, 利用这个功能, 可以制作出更加丰富的动画效果。

③"旋转"选项。"旋转"选项下拉列表中包括 4 个选项。选择"无"选项(默认设置)可禁止元件旋转;选择"自动"选项可使元件在需要最小动作的方向上旋转对象一次;选择"顺时针"或"逆时针"选项,并在后面输入数字,可使元件在运动时顺时针或逆时针旋转相应的圈数。

④"调整到路径"选项。"调整到路径"选项会将补间对象的基线调整到运动路径,主要用于引导路径动画。在定义引导路径动画时,选择"调整到路径"选项,可以使动画对象根据路径调整身姿,使动画更逼真。

⑤"同步"选项。勾选这个复选框,可以使图形元件实例的动画和主时间轴同步。

⑥"对齐"选项。"对齐"选项可以根据其注册点将补间对象附加到运动路径,主要用于引导路径运动。

(6)引导路径动画

前文介绍的动画效果运动轨迹都是直线的,但在实际生活中,有很多运动路径并非是直线的,这时要用到引导路径动画功能。将一个或多个层链接到一个运动引导层,使一个或多个对象沿同一条路径运动的动画形式被称为引导路径动画。一个基本引导路径动画由两个图层组成,上面一层是"引导层",它的图层图标为 ![] ;下面一层是"被引导层",它的图层图标为 ![] 。

实例:利用引导路径动画制作小球沿圆周运动的动画

第一步:新建一个 Adobe Animate CC 2017 影片文档,设置舞台背景色为白色,其他选项保持默认。

第二步:选中第 1 帧,选择椭圆工具,在舞台上画出一个圆球,单击菜单栏中的"修改|转换为元件"命令,将小球转换成元件。

第三步:在"图层 1"的第 50 帧,单击鼠标右键,在弹出的快捷菜单中选择"插入关键帧"命令。

第四步:选择"图层 1",单击鼠标右键,在弹出的快捷菜单中选择"添加传统运动引导层"命令,这样"图层 1"上面就出现一个引导层,如图 4.207 所示。

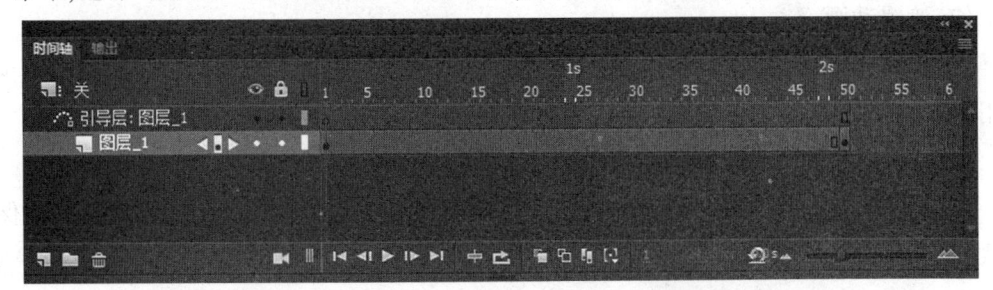

图 4.207 "添加传统运动引导层"命令后出现的引导层

第五步：选择椭圆工具，设置笔触颜色为黑色，填充色为无，在舞台上绘制一个大椭圆。

第六步：选择橡皮擦工具，在选项中选择一个小一些的橡皮擦形状，将舞台上的椭圆擦出一个小缺口，如图4.208所示。

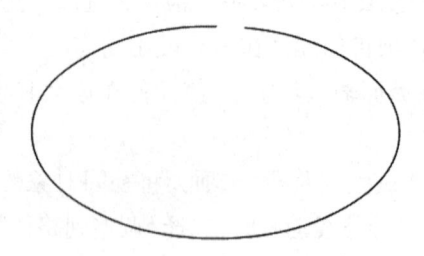

图4.208 有小缺口的椭圆

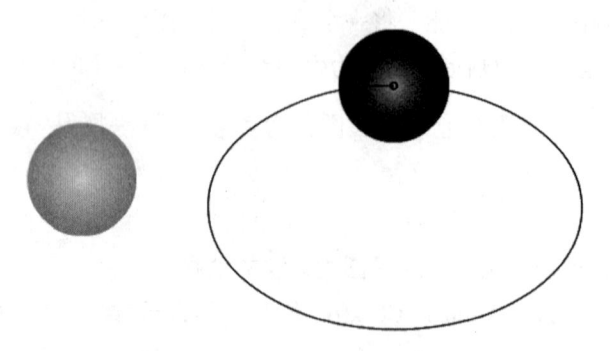

第七步：切换到选择工具。确认"紧贴至对象"按钮 处于被按下状态后，选择第1帧上的小球，拖动它到圆缺口左端点，如图4.209所示。注意在拖动过程中，当小球快接近端点时，会自动吸附到其上。按照同样的方法，选择第50帧上的小球，拖动它到圆缺口右端点。

图4.209 小球吸附到左端点

第八步：在第1帧到50帧中间，单击鼠标右键，在弹出的快捷菜单中选择"创建传统补间动画"命令，按"Ctrl+Enter"组合键或单击菜单栏中的"控制|测试"命令，可以看到动画预览效果。

第九步：选择第1帧，在"属性"面板中选择"调整到路径"复选框后，测试影片时，可以观察到小球姿态优美地沿着圆周行驶。

(7) 遮罩动画

在Adobe Animate CC 2017作品中，常常可以看到很多炫目、神奇的效果，而其中不少就是用遮罩动画完成的，如水波、万花筒、百叶窗、放大镜等动画效果。

实例：利用卷轴创建遮罩动画

第一步：新建一个Adobe Animate CC 2017影片文档，设置舞台背景色为白色，其他保持默认。

第二步：选中第1帧，单击菜单栏中的"插入|新建元件"命令，出现"创建新元件"对话框。并在"创建新元件"对话框的"类型"中选择"图形"，如图4.210所示。

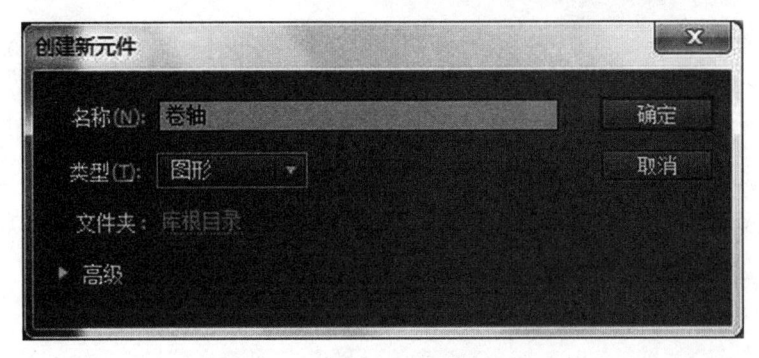

第四章　信息化教学资源建设与应用

图 4.210　"创建新元件"对话框

第三步：单击菜单栏中的"文件|导入|导入到库"命令，导入已准备好的卷轴图片（或自己绘制），并将卷轴元件拖入到场景中，调整好大小和位置。

第四步：插入"图层 2"，选择矩形工具，画一矩形；再选择文字工具，在舞台上输入"恭喜发财"字样，设置合适的文字大小、字体和颜色，并单击菜单栏中的"修改|转换为元件"命令，将文字转换成元件，如图 4.211 所示。

第五步：插入"图层 3"，选择矩形工具，在文本的左侧画一矩形，该矩形要比文本略高一点，如图 4.212 所示。

图 4.211　矩形和文字字样　　　　　　　图 4.212　矩形工具画出的矩形效果

第六步：在"图层 1"和"图层 2"中的第 50 帧都插入普通帧；在"图层 3"的第 50 帧，单击鼠标右键，在弹出的快捷菜单中选择"插入关键帧"命令。

第七步：在"图层 3"的第 50 帧中，选择任意变形工具，把矩形的变形中心拖至左侧边线的中心，如图 4.213 所示，然后拖动矩形改变宽度，如图 4.214 所示。

图 4.213　矩形的变形中心拖至左侧边线的中心　　　　图 4.214　拖动矩形改变宽度

第八步：在"图层 3"的第 2～49 帧的任一帧中单击鼠标右键，在弹出的快捷菜单中选择

"创建补间形状"命令。

第九步:插入"图层4",从库面板中将卷轴元件拖至舞台上,放在"图层1"的卷轴旁边,如图4.215所示。在"图层4"的第50帧中,单击鼠标右键,在弹出的快捷菜单中选择"插入关键帧"命令,选中第50帧,将卷轴拖到右边,并在"图层4"的时间轴中的第2~49帧的任一帧中单击鼠标右键,在弹出的快捷菜单中选择"创建传统补间动画"命令。将卷轴元件拖至右侧的操作如图4.216所示。

图4.215 卷轴元件拖至舞台　　　　　图4.216 卷轴元件拖至右侧

第十步:在"图层3"的图层上单击鼠标右键,在弹出的快捷菜单中选择"遮罩层"命令。"遮罩层"命令在时间轴上的效果,如图4.217所示。按"Ctrl+Enter"组合键或单击菜单栏中的"控制|测试"命令,可以预览动画效果。

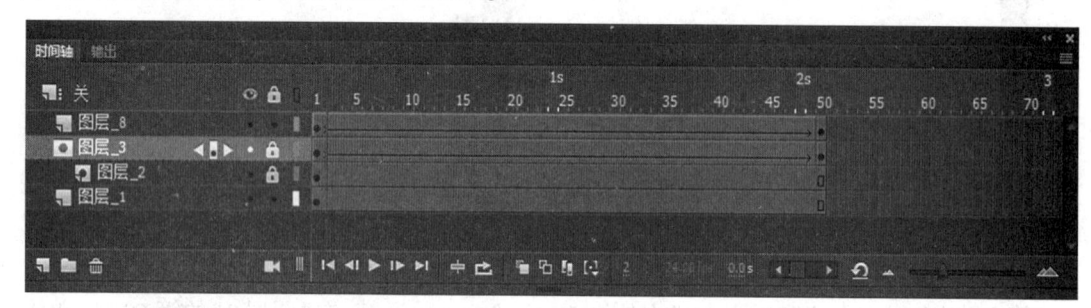

图4.217 时间轴效果

(8) 按钮元件

按钮元件是Adobe Animate CC 2017的基本元件之一,使用按钮元件可以在影片中响应鼠标单击、滑过或其他动作,然后将响应的事件结果传递给互动程序进行处理。当新创建一个按钮元件之后,在图库中双击此按钮元件,可以切换到按钮元件的编辑版面,此时,时间轴上的帧数将会自动转换为"弹起""经过""按下"和"点击"四帧。用户通过对这四帧的编辑,从而做出相应反映鼠标动作的动画效果。按钮元件在使用时,必须配合动作代码才能响应事件的结果。在按钮元件中还可以嵌入影片剪辑,从而编辑出变换多端的动态按钮。

1) 按钮元件。新建一个影片文档,单击菜单栏中的"插入|新建元件"命令,弹出"创建新元件"对话框,在"创建新元件"对话框的"名称"中输入"按钮","类型"选择为"按钮",如图4.218所示。

图 4.218　创建按钮元件

单击"确定"按钮，进入到按钮元件的编辑场景中。按钮元件的时间轴如图 4.219 所示。

按钮元件有特殊的编辑环境，它通过在时间轴上四个不同状态的帧创建关键帧，来指定不同的按钮状态。"弹起"帧表示鼠标指针不在按钮上时的状态；"指针经过"帧表示鼠标指针在按钮上时的状态；"按下"帧表示鼠标单击按钮时的状态；"点击"帧定义对鼠标做出反应的区域，这个反应区域在影片播放时是看不到的。

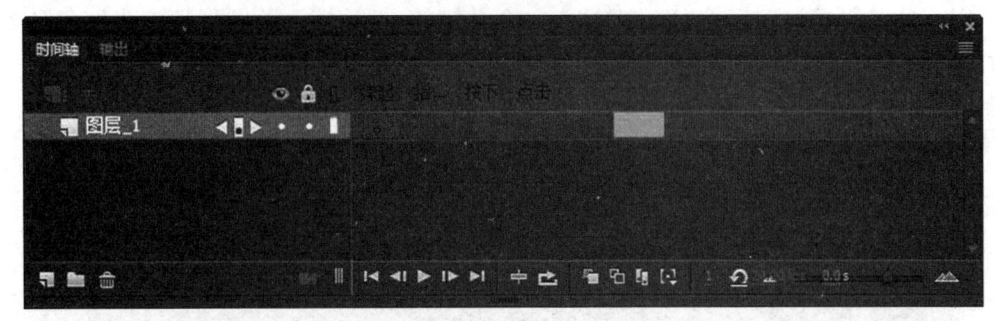

图 4.219　按钮元件的时间轴

2）按钮制作。下面通过一个实例来介绍按钮的制作。按钮是一个蓝色的椭圆形，当鼠标指向按钮时，椭圆变为红色；当鼠标单击按钮时，椭圆变为绿色。按钮的具体制作步骤如下。

①新建一个 Adobe Animate CC 2017 影片文档，单击菜单栏中的"插入|新建元件"命令，弹出"创建新元件"对话框；在"创建新件元"对话框的"名称"中输入"椭圆"，选择"类型"为"按钮"。

②单击"确定"按钮，进入到按钮元件的编辑场景中，选择椭圆工具，设置填充色为样本色中的"蓝色球形"，如图 4.220 所示。

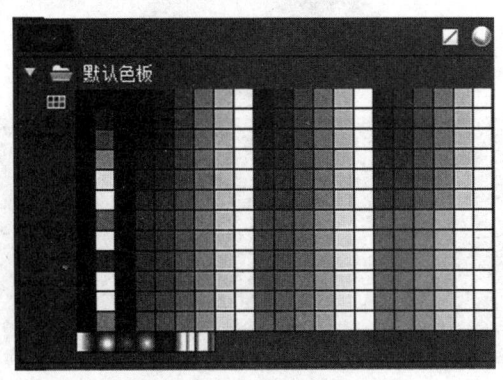

图 4.220　选择填充色

· 183 ·

③单击"蓝色球形",在场景中绘制一个如图 4.221 所示的椭圆。

图 4.221 绘制椭圆

④选择"指针经过"帧,按"F6"键插入一个关键帧,把该帧上的图形填充为红色到黑色的放射状渐变色,如图 4.222 所示。

图 4.222 "指针经过"帧上的图形

⑤选择"按下"帧,按"F6"键插入一个关键帧,把该帧上的图形填充为绿色到黑色的放射状渐变色,如图 4.223 所示。

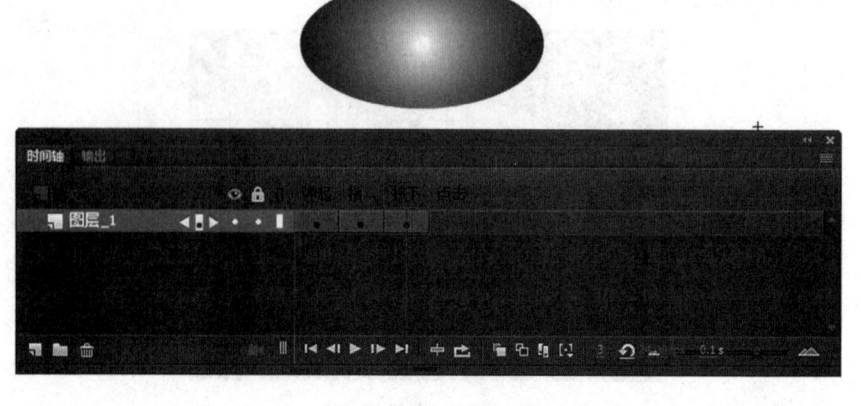

图 4.223 "按下"帧上的图形

⑥选择"点击"帧,按"F6"键插入一个关键帧,就可以定义鼠标的响应区为椭圆。"点击"帧中的内容,在播放时是看不到的,但是它可以定义对鼠标单击所能够做出反应的按钮区域。也可以不定义"点击"帧,这时"弹起"状态下的对象就会被作为鼠标响应区。

⑦返回"场景1",并从库面板中将"椭圆"按钮元件拖放到舞台上,然后按下"Ctrl+Enter"组合键进行测试,将鼠标指针移动到按钮上,按钮的颜色会发生相应的变化。

4. 声音在 Adobe Animate CC 2017 中的应用

在 Adobe Animate CC 2017 动画作品中,仅有动感元素是远远不够的,音视频的支持同样是不可缺少的。Adobe Animate CC 2017 支持音频、视频等多种媒体的导入功能。Adobe Animate CC 2017 提供了多种使用声音的方式,可以使声音独立于时间轴连续播放,或使用时间轴将动画与音轨保持同步。

(1)导入声音

在 Adobe Animate CC 2017 中,只有将外部的声音文件导入后,才能在作品中加入声音效果。导入到 Adobe Animate CC 2017 的声音文件常用的类型有 WAV 和 MP3 两种格式,还可以导入以下声音文件格式:AIFF 格式、Sound Designer Ⅱ(.sd2)格式、Sun AU(.au,.snd)格式、FLAC(.flac)格式、Ogg Vorbis (.ogg,.oga)格式。

①新建一个 Adobe Animate CC 2017 影片文档,设置舞台背景色为白色,其他选项保持默认。

②单击菜单栏中的"文件|导入|导入到库"命令,弹出"导入到库"对话框,如图4.224所示。在该对话框中选择要导入的声音文件,单击"打开"按钮,将声音导入。

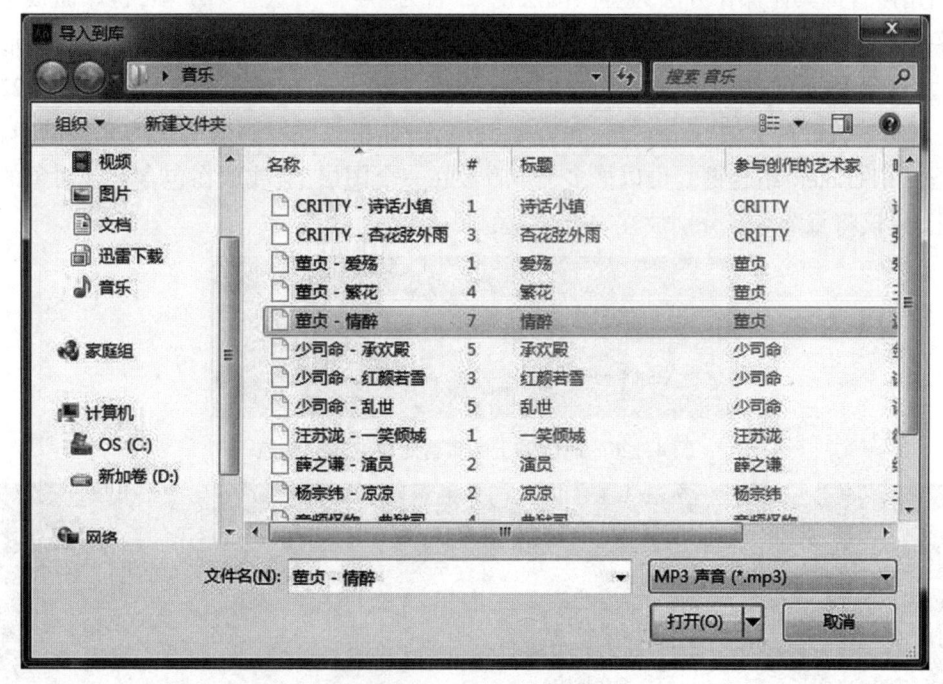

图 4.224 导入到库对话框

③等待一段时间后,导入的声音就可以在库面板中看到,导入声音后可以像使用元件一样使用声音对象,如图 4.225 所示。

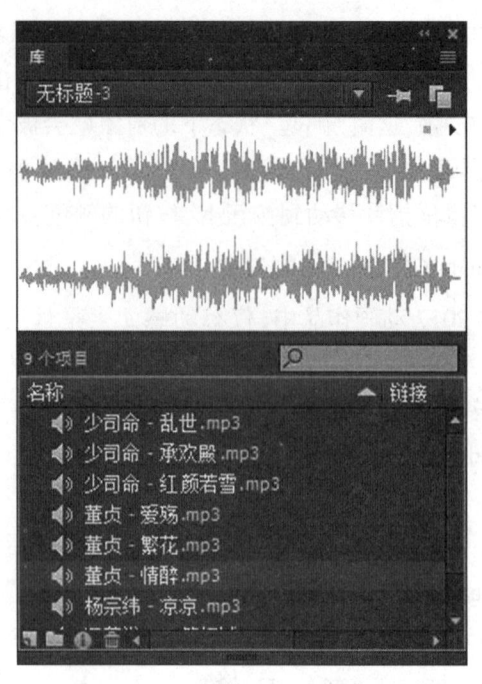

图 4.225　库面板中的声音文件

（2）引用声音

无论是采用导入舞台还是导入到库的方法，必须引用声音文件，声音对象才能出现在时间轴上，才能进一步应用声音。

引用声音的具体操作方法为：将"图层1"命名为"声音"，选择第1帧，将库面板中的声音对象拖放到场景中，这时"声音"图层第1帧出现一条短线，这就是声音对象的波形起始点，任意选择后面的某一帧并按下"F5"键，就可以看到声音对象的波形，如图4.226、图4.227所示。按键盘上的"Enter"键，可以听到声音；如果想要听到效果更为完整的声音，可以按下"Ctrl+Enter"组合键。可以把多个声音放在一个图层上，或放在包含其他对象的多个图层上，建议将每个声音分别放在一个独立的图层上。

图 4.226　时间轴上的声音对象波形起始点

图 4.227　时间轴上的声音对象波形

（3）编辑声音

选择"声音"图层的第 1 帧，在声音属性面板中设置和编辑声音对象的参数，如图 4.228 所示。声音的属性面板中各参数意义如下。

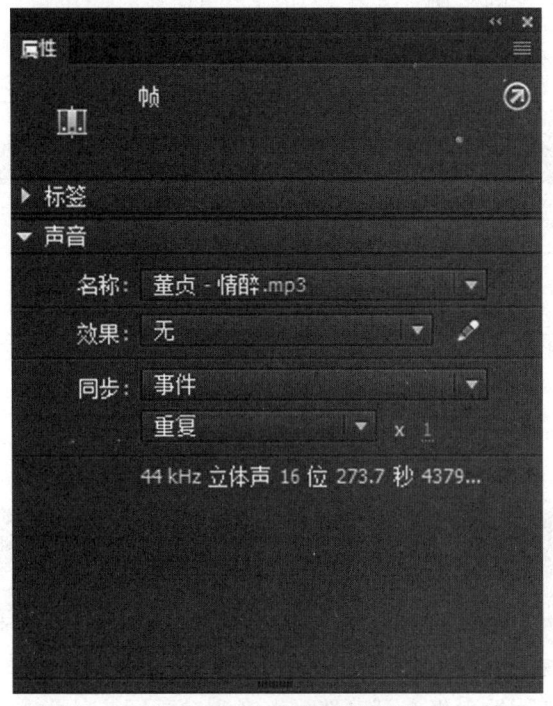

图 4.228　声音的属性面板

①"名称"选项。从"名称"选项中可以选择要引用的声音对象，这也是另一种运用库中声音的方法。

②"效果"选项。从"效果"选项中可以选择一些内置的声音效果。在时间轴上，选择包含声音文件的第一个帧，在声音的属性面板中，单击"效果"选项的下拉按钮，可以设置声音的效果。"效果"选项下的声音效果有以下几种。

"无"表示不对声音文件应用效果，选择此选项将删除以前应用过的效果；"左声道/右声道"表示只在左或右声道中播放声音；"从左到右淡出/从右到左淡出"，会将声音从一个声道切换到另一个声道；"淡入"表示会在声音的持续时间内逐渐增加其幅度；"淡出"表示会在声音的持续时间内逐渐减小其幅度；"自定义"表示使用"编辑封套"创建声音的淡入和淡出点。"编辑封套"可以对声音做一些简单的编辑，实现一些常见的功能，如控制声音的播放音量、改变声音开始播放和停止播放的位置等。"编辑封套"的使用方法为：在帧中添加声音，或选择一个已添加了声音的帧，在声音属性面板中单击按钮 ，弹出"编辑封套"对话框，如图 4.229 所示。

"编辑封套"对话框分为上下两部分，上面的是左声道编辑窗口，下面的是右声道编辑窗口。

要改变声音的起始和终止位置，可拖动"编辑封套"中的"声音起点控制轴"和"声音终点控制轴"，如图 4.230 所示为调整声音的起始位置。

在"编辑封套"对话框中，白色的小方框称为节点，用鼠标上下拖动它们改变音量指示线垂直位置，可以调整音量的大小，音量指示线位置越高，声音越大。用鼠标单击编辑区，在单击处会增加节点；用鼠标拖动节点到编辑区的外边，单击"放大"按钮 ![] 或"缩小"按钮 ![]，可以改变窗口中显示声音的范围。要在秒和帧之间切换时间单位，可单击"秒"按钮 ![] 和"帧"按钮 ![]。单击"播放"按钮 ![]，可以试听编辑后的声音。

图4.229　编辑封套对话框　　　　　　图4.230　调整声音的起始位置

③"同步"。在声音属性面板中可以选择声音和动画同步的类型，默认的类型是"事件"类型，另外还可以设置声音重复播放的次数。单击"同步"下拉按钮，可以设置"事件""开始""停止"和"数据流"四个同步选项。

"事件"选项会将声音和一个事件的发生过程同步起来。事件与声音在它的起始关键帧开始显示时播放，并独立于时间轴播放完整的声音，即使 SWF 文件停止执行，声音也会继续播放。当播放发布的 SWF 文件时，事件与声音混合在一起。

"开始"选项与"事件"选项的功能相近，但如果声音正在播放，使用"开始"选项则不会播放新的声音实例。

"停止"选项将使指定的声音静音。

"数据流"选项将强制动画和音频流同步。与"事件"选项出现的声音不同，音频流随着 SWF 文件的停止而停止。而且，音频流的播放时间绝对不会比帧的播放时间长。当发布 SWF 文件时，音频流混合在一起。

通过"同步"弹出菜单还可以设置"同步"选项中的"重复"和"循环"属性。为"重复"输入一个值，可以指定声音应循环的次数；选择"循环"可以连续重复播放声音。

(4) 按钮声效

Adobe Animate CC 2017 动画最大的一个特点是交互性，交互按钮是 Adobe Animate CC 2017 中重要的元素，如果给按钮添加合适的声效，一定会让作品增色不少。给按钮添加声效的具体步骤如下。

①单击菜单栏中的"文件|导入|导入到库"命令，导入一个合适的声音文件，导入的声音

文件要短。

②单击菜单栏中的"文件|导入|导入到库"命令，导入已准备好的按钮，在库面板中，用鼠标双击需要加上声效的按钮元件，这样就进入到这个按钮元件的编辑场景中。按钮元件编辑场景的时间轴如图4.231所示。

图4.231 按钮元件编辑场景的时间轴

③新建"图层2"，并命名为"音效"。在"音效"图层的"鼠标经过"帧单击鼠标右键，在弹出的快捷菜单中选择"空白关键帧"命令，然后将库面板中导入的声音拖放到场景中，在声音属性面板中，将"同步"选项设置为"事件"，并且重复1次。给按钮加声效时一定要使用"事件"同步类型。

④测试动画，当鼠标移动到按钮上时，声效就出现了。

(5) 压缩声音

在库面板中直接将声音压缩的具体操作方法如下。

①双击库面板中的声音图标，打开"声音属性"对话框，如图4.232所示。

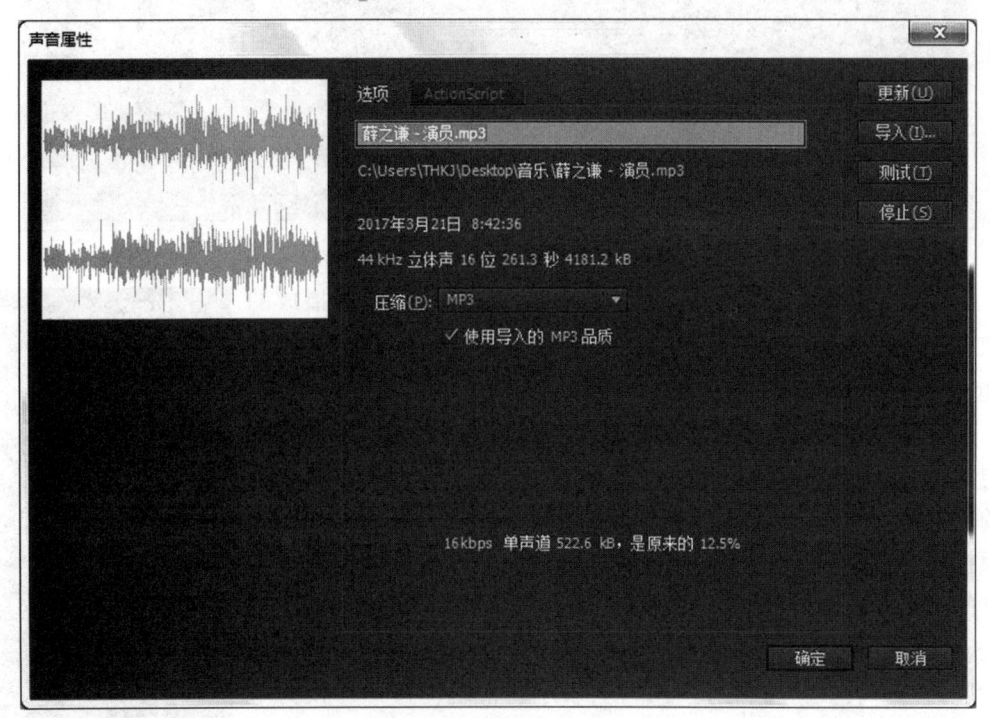

图4.232 "声音属性"对话框

在"声音属性"对话框中可以对声音进行压缩,在"压缩"选项的下拉列表中有"默认""ADPCM""MP3""原始"和"语音"压缩模式,如图4.233所示。这里介绍"MP3"压缩模式。

②在"声音属性"对话框中"压缩"选项的下拉列表中选择"MP3",选择"使用导入的 MP3 品质"复选框,这是一个默认的设置,如果不在库面板里对声音进行处理的话,声音将以这个设置导出。

图 4.233　几种声音压缩模式

如果不想使用与导入时相同的设置来导出文件,则只要在"压缩"选项的下拉列表中选择"MP3"后,取消勾选"使用导入的 MP3 品质"复选框,就可以重新设置 MP3 压缩设置,如图 4.234 所示。

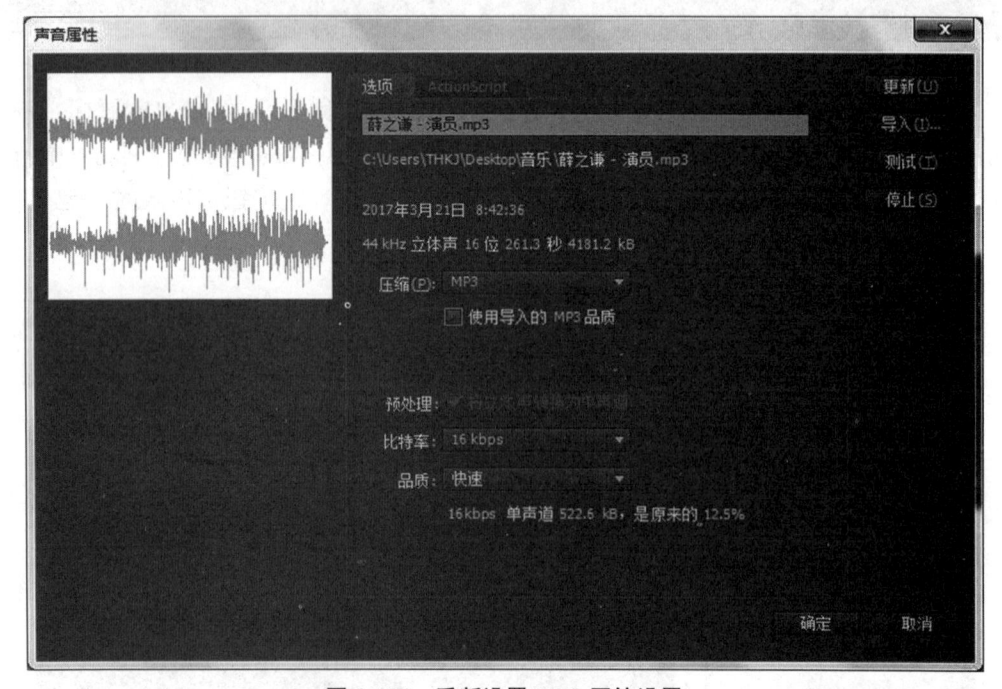

图 4.234　重新设置 MP3 压缩设置

③设置比特率。比特率是确定导出的声音文件中每秒播放的位数。Adobe Animate CC 2017 支持 8 kbPhotoshop CS6 到 160 kbPhotoshop CS6(恒定比特率)的比特率,如图 4.235 所示。

在"声音属性"对话框中,设置的比特率越低,声音压缩的比例就越大,但比特率的设置值不应该低于 16 kbPhotoshop CS6。如果声音的比特率设置过低,将会严重影响声音文件的播放效果。因此应该根据需要选择一个合适值,在保证良好播放效果的同时尽量减小文件的大小。

④设置"预处理"选项。在"声音属性"对话框的"预处理"选项中,"将立体声转换为单声道"复选框,表示将混合立体声转换为单声(非立体声)。这里需要注意的是,"预处理"选项只有在选择的比特率为 20 kbPhotoshop CS6 或更高时才可使用。

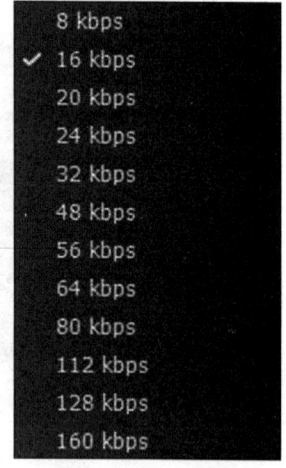

图 4.235　设置比特率

⑤设置"品质"选项。在"声音属性"对话框里选择一个"品质"选项,以确定压缩速度和声音品质。"快速"选项表示压缩速度较快,但声音品质较低。"中"选项表示压缩速度较慢,但声音品质较高。"最佳"选项表示压缩速度最慢,但声音品质最高。

⑥进行压缩测试。在"声音属性"对话框里,单击"测试"按钮,播放声音一次。如果要在结束播放之前停止测试,请单击"停止"按钮。如果感觉已经获得了理想的声音品质,就可以单击"确定"按钮了。

5. 视频在 Adobe Animate CC 2017 中的应用

在 Adobe Animate CC 2017 中,支持的视频类型会因计算机所安装的软件不同而不同,通常使用以 FLV 或 H.264 格式编码的视频,也可以导入 MOV(QuickTime 影片)、AVI 和 MPEG 等格式的视频,视频导入向导会检查所选择导入的视频文件,如果视频不是 Adobe Animate CC 2017 可以播放的格式,便会提醒。在 Adobe Animate CC 2017 中应用视频的步骤如下。

1)新建一个 Adobe Animate CC 2017 影片文档,设置舞台背景色为白色,其他选项保持默认。

2)单击菜单栏中的"文件|导入|导入视频"命令,弹出"导入视频"对话框,如图 4.236 所示。"视频导入"对话框提供了以下视频导入选项。

图 4.236 导入视频对话框

①"使用播放组件加载外部视频"选项,表示导入视频并创建一个 FLVPlayback 组件实例来控制视频播放。如果要导入本地计算机上的视频,应选择"使用播放组件加载外部视频"。

②"将 FLV 嵌入 SWF 中并在时间轴中播放"选项,表示将 FLV 文件嵌入 Adobe Animate

CC 2017 文档中并将其放在时间轴中,可以看到时间轴帧所表示的各个视频帧位置。嵌入的 FLV 视频文件会成为 Adobe Animate CC 2017 文档的一部分。

③"将 H.264 视频嵌入时间轴中"选项,表示将 H.264 视频嵌入 Adobe Animate CC 2017 文档中。使用此选项导入视频时,视频会被放置在舞台上,以用作设计阶段制作动画的参考。在拖曳或播放时间轴时,视频中的帧将呈现在舞台上,相关帧的音频也将回放。

3) 单击"文件路径"选项旁边的"浏览"按钮,出现"打开"对话框,再从计算机中选择视频文件,然后单击"打开"按钮,再单击"下一步",如图 4.37 所示。

图 4.237 "打开"对话框

4) 选择视频剪辑的外观。在选择好视频剪辑外观后,单击"下一步",查看确认消息,然后单击"完成"。视频剪辑的外观选择有两种。

①"无"选项。"无"选项表示不设置 FLVPlayback 组件的外观。

②预定义的 FLVPlayback 组件外观。选择相应的组件,Adobe Animate CC 2017 会将该外观复制到 FLA 文件所在的文件夹。

FLVPlayback 组件的外观会稍有不同,具体取决于创建的是基于 AS2 的 Adobe Animate CC 2017 文档还是基于 AS3 的 Adobe Animate CC 2017 文档。视频显示在舞台上还是库中取决于选择的嵌入选项。

5) 在属性检查器中,为视频剪辑指定实例名,然后对该视频剪辑的属性进行修改。

①在属性检查器左侧的"名称"文本字段中,输入实例名称。

②输入"W"和"H"值以更改视频实例的尺寸。

③输入"X"和"Y"值以更改实例左上角在舞台上的位置。

④单击"交换"。选择一个视频剪辑以替换当前分配给实例的剪辑。

6) 使用时间轴控制视频播放。若要控制嵌入视频文件的播放,应控制包含该视频的时间轴。例如,若要暂停在主时间轴上播放的视频,可以调用将该时间轴作为目标的"stop( )"动作。同样地,可以通过控制某个影片剪辑元件时间轴的播放来控制该元件中的视频对象。

①可以对影片剪辑中导入的视频对象应用以下动作："goTo""play""stop""toggle-HighQuality""stopAllSounds""getURL""FScommand""loadMovie""unloadMovie""ifFrameLoaded"以及"onMouseEvent"。若要对视频对象应用这些动作,首先要将视频对象转换为影片剪辑。

②若要显示来自摄像头的实时视频流,应使用 ActionScript。首先,将视频对象放置在舞台上,然后从库面板菜单中选择"新建视频";若要将视频流附加到视频对象,可以使用 Video.attachVideo。

6. 滤镜和混合模式

滤镜和混合模式是 Adobe Animate CC 2017 在设计动画时非常实用的两项功能,这两个功能极大地增强了 Adobe Animate CC 2017 设计方面的能力。如果能恰如其分地结合使用,将能创造出精彩绝伦的艺术效果。

(1) Adobe Animate CC 2017 的滤镜

在 Adobe Animate CC 2017 中,每当给对象添加一个新的滤镜时,在属性检查器中,就会将新的滤镜添加到该对象所应用的滤镜列表中。在 Adobe Animate CC 2017 可以对一个对象应用多个滤镜,也可以删除以前应用的滤镜。为对象设置滤镜的步骤如下。

1)新建一个 Adobe Animate CC 2017 影片文档,设置舞台背景色为白色,其他选项保持默认。

2)在工具栏选择文本工具,在舞台输入文字"现代教育技术"。在属性面板中的"滤镜"选项中,单击"添加滤镜"按钮 ,可以选择"投影""模糊""发光""斜角""渐变发光""渐变斜角""调整颜色"滤镜,如图 4.238 所示。

图 4.238 属性面板

3)选择"投影"滤镜进行设置。若要设置投影的宽度和高度,需设置"模糊 X"和"模糊 Y"值;若要设置阴影暗度,需设置"强度"值,数值越大,阴影就越暗;选择投影的质量级别,设置为"高"则近似于高斯模糊,设置为"低"可以实现最佳的回放性能;若要设置阴影的角度,需输入一个值;若要设置阴影与对象之间的距离,需设置"距离"值;若要挖空(即从视觉上隐藏)源对象并在挖空图像上只显示投影,需选择"挖空";若要在对象边界内应用阴影,需选择"内侧阴影";若要隐藏对象并只显示其阴影,需选择"隐藏对象"可以更轻松创建逼真阴影;若要打开颜色选择器并设置阴影颜色,需单击"颜色"控件。

4)选择"模糊"滤镜进行设置。若要设置模糊的宽度和高度,需设置"模糊 X"和"模糊 Y"值;选择模糊的质量级别,设置为"高"则近似于高斯模糊,设置为"低"可以实现最佳的回放性能。

5)选择"发光"滤镜进行设置。若要设置发光的宽度和高度,需设置" 模糊 X"和"模糊 Y"值;若要打开颜色选择器并设置发光颜色,需单击"颜色"控件;若要设置发光的清晰度,需设置"强度"值;若要挖空(即从视觉上隐藏)源对象并在挖空图像上只显示发光,需选择"挖空"。

6)选择"斜角"滤镜进行设置。若要设置斜角的类型,需从"类型"菜单中选择一个斜角;若要设置斜角的宽度和高度,需设置"模糊 X"和"模糊 Y"值;若要设置斜角的阴影和加亮颜色,可从弹出的调色板中选择相应选项;若要设置斜角的不透明度而不影响其宽度,需设置"强度"值;若要更改斜边投下的阴影角度,需设置"角度"值;若要定义斜角的宽度,需在"距离"中输入一个值;若要挖空(即从视觉上隐藏)源对象并在挖空图像上只显示斜角,需选择"挖空"。

7)选择"渐变发光"滤镜进行设置。从"类型"弹出菜单中,选择要为对象应用的发光类型;若要设置发光的宽度和高度,需设置"模糊 X"和"模糊 Y"值;若要设置发光的不透明度而不影响其宽度,需设置"强度"值;若要更改发光投下的阴影角度,需设置"角度"值;若要设置阴影与对象之间的距离,需设置"距离"值;若要挖空(即从视觉上隐藏)源对象并在挖空图像上只显示渐变发光,需选择"挖空";指定发光的渐变颜色。渐变包含两种或多种可相互淡入或混合的颜色,选择的渐变开始颜色称为 Alpha 颜色。选择渐变发光的质量级别,设置为"高"则近似于高斯模糊,设置为"低"可以实现最佳的回放性能。

8)选择"渐变斜角"滤镜进行设置。从"类型"弹出菜单上,选择要为对象应用的斜角类型。若要设置斜角的宽度和高度,需设置"模糊 X"和"模糊 Y"值。若要影响斜角的平滑度而不影响其宽度,需为"强度"输入一个值;若要设置光源的角度,需为"角度"输入一个值;若要挖空(即从视觉上隐藏)源对象并在挖空图像上只显示渐变斜角,需选择"挖空"。指定斜角的渐变颜色。渐变包含两种或多种可相互淡入或混合的颜色,中间的指针控制渐变的 Alpha 颜色。

9)选择"调整颜色"滤镜进行设置,可以调整颜色属性的对比度、亮度、饱和度色相数值,对比度调整图像的加亮、阴影及中调,亮度调整图像的亮度,饱和度调整颜色的强度,色相调整颜色的深浅。

(2)混合模式

使用混合模式,可以创建复合图像。混合是改变两个或两个以上重叠对象的透明度或者颜色相互关系的过程。使用混合模式,可以混合重叠影片剪辑中的颜色,从而创造独特的效果。

Adobe Animate CC 2017 提供了 13 种混合模式(不含擦除),如图 4.239 所示。

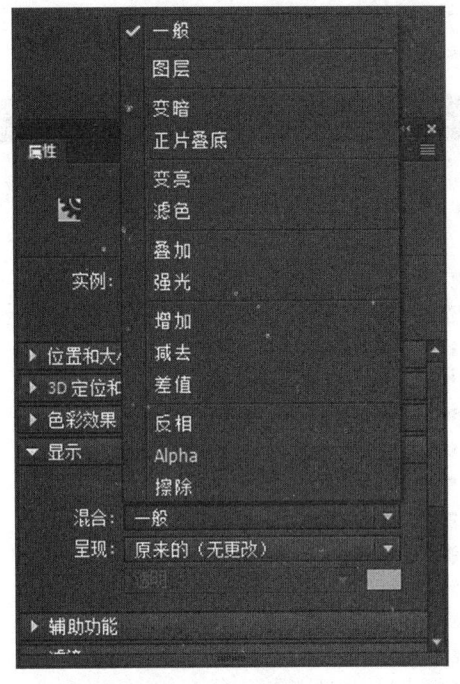

图 4.239　混合模式

7. 动画交互的简单控制

下面通过一个控制动画播放的简单实例来说明动画控制的制作方法。

(1)新建一个 Adobe Animate CC 2017 影片文档,设置舞台背景色为白色,其他选项保持默认。将"图层 1"命名为"背景",在"背景"图层中导入一张已准备好的背景图片。

(2)新建"图层 2"并命名为"动画"。选中第 1 帧后,选择文本工具,设置好文字的大小、字体和颜色,输入文字"欢迎光临清泉工作室",把文字置于舞台左侧,并将其转换为元件。在第 15 帧插入关键帧,将文字水平移动到舞台中间;在第 30 帧插入关键帧,将文本适当放大。选中"图层 2",单击鼠标右键,在弹出的快捷菜单中选择"创建传统补间动画"。这样就制作出了一个文字由舞台左边飞入,然后由小变大的动画效果。该动画的图层结构如图 4.240 所示。

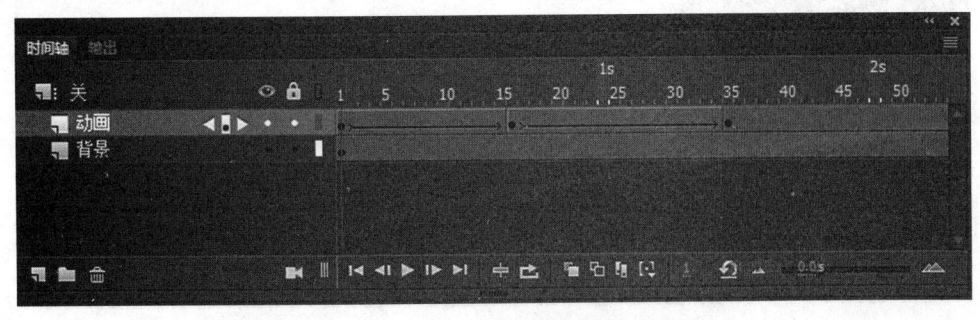

图 4.240　动画图层结构

(3)定义第1帧的停止动作。新建"图层3"并命名为"AS",选择"AS"图层的第1帧,打开动作面板,此时,其中没有内容。单击"代码片段"按钮,打开代码片段面板,如图4.241所示。在ActionScript选项中单击"时间轴导航",双击"在此帧处停止",此时动作面板中出现"stop( )"函数,如图4.242所示。测试影片,由于在第1帧定义了一个"stop( )"函数,所以影片停在第1帧,后面的动画没有接着播放。

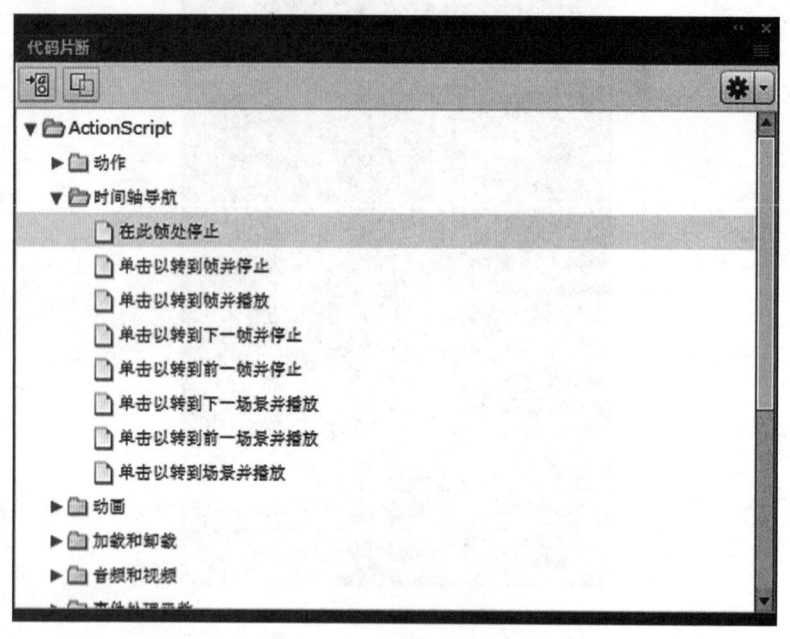

图4.241　代码片段面板

(4)通过按钮元件让动画开始播放。在"AS"图层上面新建一个"按钮"图层。选择"按钮"图层第1帧,单击菜单栏中的"文件|导入|导入到库"命令,导入已准备好的按钮图片;打开库面板,从中选择导入的按钮元件,或者制作一个个性化的播放按钮元件,并将其拖放到舞台的合适位置。

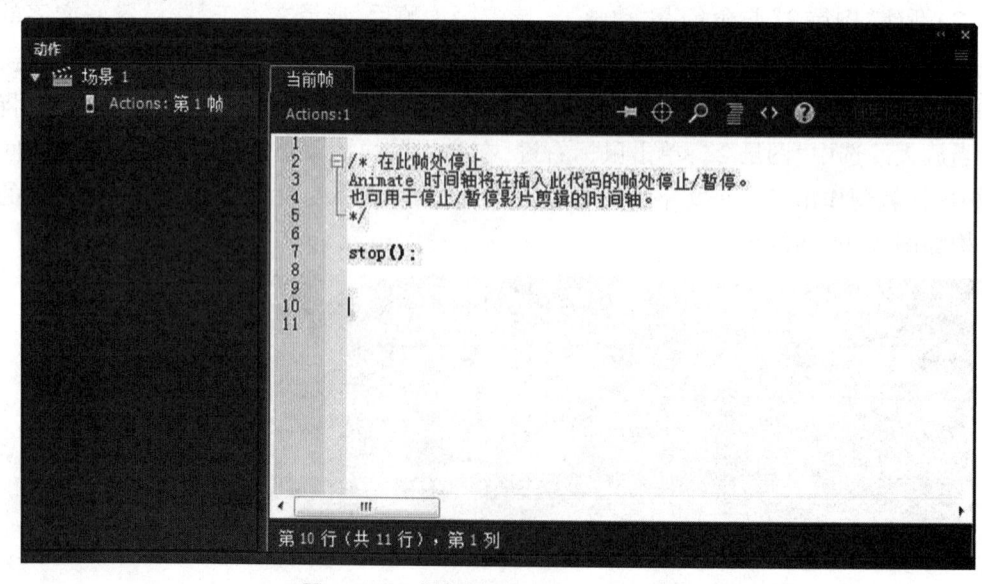

图4.242　动作面板中的"stop( )"函数

第四章　信息化教学资源建设与应用

（5）选中导入的按钮元件，打开"动作"面板，代码片段面板，在 ActionScript 选项中单击"时间轴导航"，双击"单击以转到帧并播放"，动作面板中会出现"gotoAndPlay"函数，如图 4.243 所示。测试影片，然后单击按钮元件，动画开始播放。该动画图层结构，如图 4.244 所示。

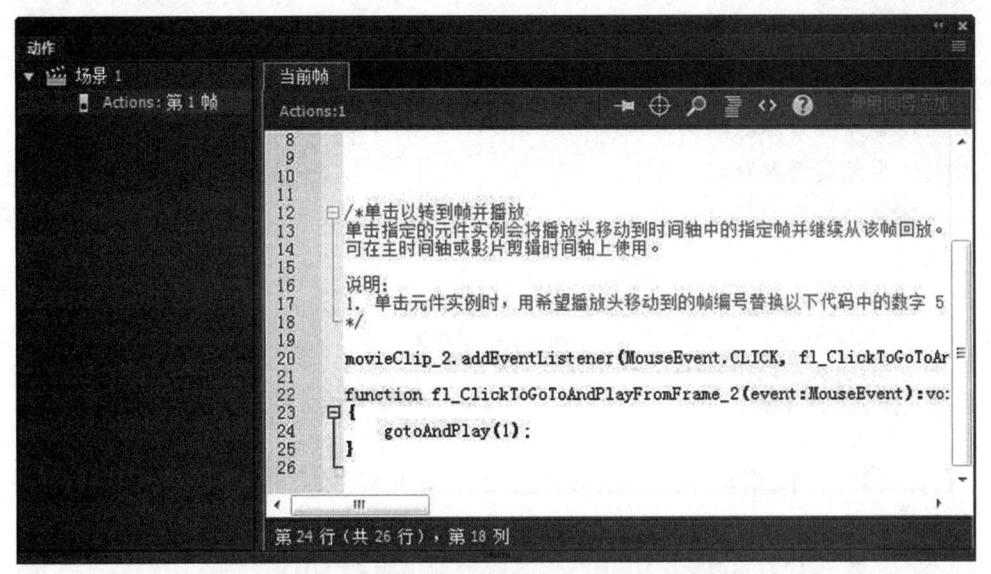

图 4.243　动作面板中的"gotoAndPlay"函数

图 4.244　动画图层结构

（6）若让动画从第 15 帧跳转播放。只需将"gotoAndPlay(1)"中的"1"改为"15"即可。

实践项目

1. 用 Photoshop CS6 软件制作一张宣传海报，内容自选，并将体会和作品在全班进行交流和展示。

2. 用 Adobe Audition CC 2017 软件设计个性化的手机铃声，内容自选，并将体会和作品在全班进行交流和展示。

3. 用 Adobe Animate CC 2017 软件完成 4 分钟的 MV 作品，内容自选，并将体会和作品在全班进行交流和展示。

4. 用会声会影为班级制作某个主题活动，要求加片头、片尾，并将体会和作品在全班进行交流和展示。

复习思考题

1. 信息化教学资源的种类有哪些?
2. 简述信息化教学资源开发的原则。
3. 如何获取网络教学资源?
4. 简述文本类资源获取的方法。
5. 简述图像类资源获取的方法。
6. 简述音频类资源获取的方法。
7. 简述视频类资源获取的方法。
8. 简述动画类资源获取的方法。

参考文献

[1] 黄威荣,刘军,卓毅.现代教育技术应用[M].北京:教育科学出版社,2015.
[2] 陈琳.现代教育技术[M].2版.北京:高等教育出版社,2014.
[3] 汪基德.现代教育技术[M].北京:高等教育出版社,2011.
[4] 张建国.现代教育技术——理论与实践[M].北京:国防工业出版社,2011.
[5] 黄威荣,刘军,卓毅.现代教育技术应用[M].北京:教育科学出版社,2015.
[6] 段新昱.多媒体创作与Authorware[M].北京:高等教育出版社,2004.

第五章　多媒体教学课件的设计与开发

> ●学习目标▶▶▶
> 1. 掌握多媒体课件的定义和类型。
> 2. 了解多媒体课件开发的工具。
> 3. 掌握多媒体课件开发的基本流程。
> 4. 掌握用 PowerPoint 制作演示型多媒体课件的基本原则和基本方法。
> 5. 掌握用 Authorware 制作多媒体课件的基本方法和技巧。

随着计算机辅助教学的发展,多媒体教学课件的设计、开发、利用、管理和评价已成为教师的一项重要工作。多媒体教学课件主要包括电子讲稿、多媒体课件和网络课程等。本章主要介绍演示型多媒体课件与交互型多媒体课件的设计与开发。

第一节　多媒体课件的设计与开发

一、多媒体课件概述

1. 多媒体课件的含义

多媒体课件是在一定的教学理论和学习理论的指导下,根据教学大纲的要求,经过教学目标的确定、教学内容和教学任务的分析、教学活动结构及界面的设计等环节,利用计算机语言、系统开发工具或平台来表现特定的教学内容,反映一定教学策略的计算机教学程序,也就是利用计算机语言或多媒体计算机开发工具将文字、图形/图像、声音、动画、视频等多种媒体综合起来,用来呈现、传递、处理和存储教学信息的软件。

2. 多媒体课件的类型

目前多媒体课件的用途多样、种类繁多,可以从不同的角度进行分类。

(1) 根据使用对象分类

①助教型多媒体课件,从教师的角度出发设计的,为解决教学的重点和难点而开发的多

媒体课件，主要用于配合教师的课堂讲授、讨论、练习和示范。知识点可以不连续，注重对学习者的引导和启发。

②助学型多媒体课件，主要用于学生的自主学习，它具有完整的知识结构，反映一定的教学过程和教学策略，具有良好的人机交互界面和环境，并提供相应的练习和测试供学生进行学习评价。

③教学结合型多媒体课件，兼具助教型多媒体课件和助学型多媒体课件的特点和要求。

(2) 根据使用环境分类

①单机型多媒体课件，可在独立的计算机中运行，人和计算机具有良好的交互性。

②网络型多媒体课件，是指采用 Web 等技术开发，在计算机网络上运行的多媒体课件，能够突破时间和地域限制，交互性较强。网络型多媒体课件除具有单机型多媒体课件的特点外，还要求数据量尽可能小，信息量大，并有练习、测试和评价。

(3) 根据教学功能分类

①课堂演示型多媒体课件，用于在课堂教学中辅助教师的讲授活动，亦即教师利用这类课件讲解和展示知识的原理和规律，揭示事物的发生、发展和变化的内在规律，这类课件是广大教师直接参与设计制作的。

②操作与练习型多媒体课件，主要通过练习和测验的形式，训练、强化、巩固学习者某方面的知识和技能。

③自主学习型多媒体课件，是指计算机扮演讲课教师的角色，主要用于学习者的自主学习，特点和助学型多媒体课件一样。

④教学游戏型多媒体课件，以游戏的形式实现教学内容的传递，可以起到"寓教于乐"的作用。

⑤模拟实验型多媒体课件，可借助计算机仿真技术模拟某种真实的情景，并提供可供修改参数的指标项。当学习者输入不同的参数时，及时给出相应的实验结果供学习者进行模拟实验或探究活动。

⑥资料工具型多媒体课件，可提供大量资源供学习者检索和浏览，包括各种电子资源和媒体素材库等，不反应具体的教学过程，也不对教学过程实施评价和控制。

3. 多媒体课件开发工具

多媒体课件开发工具是指能够把文字、声音、图像、动画、视频等多种媒体素材集成为一个交互式软件的工具。一般来说，多媒体课件开发工具可以划分为以下几种类型。

(1) 电子书页式编辑工具，也称卡片式编辑工具。它采用的是类似于书本的一"页"或者"卡片"来实现对各种多媒体信息的管理，每一"页"就是显示在屏幕上的一个窗口。这种工具的特点是简单易学，不用编写复杂的程序。PowerPoint 就是一个典型的电子书页式多媒体课件开发工具。

(2) 流程图式编辑工具，也称图标式编辑工具。它的特点是以流程图为依据，将各种加工过的图、文、声、像等素材用形象的图标方式依次连接在流程图中，并进行编辑整理后，集成为交互式的软件，Authorware 就是基于图标的编辑工具。

(3) 时间顺序式编辑工具。时间顺序式编辑工具按照时间顺序来管理多媒体信息，将多媒体信息以帧为单位依次播放出来。Director 就是时间顺序式编辑工具的一个代表。

（4）Web 式编辑工具。Web 式编辑工具主要用于开发制作在网络上运行的多媒体软件，如 Macromedia 公司推出的 Dreamweaver 软件。

二、多媒体课件开发的基本流程

多媒体课件开发是一项较为复杂的系统工程，涉及教育学、心理学、传播学、美学、计算机科学等多学科领域知识和不同背景的专业人员，需要开发小组全体人员通力合作，共同完成。一般来说，多媒体课件开发包括环境分析、系统设计、脚本设计、软件编写以及评价与修改等几个阶段，如图 5.1 所示。

1. 环境分析

多媒体课件的设计与开发，首先要进行教学的需求分析，即在某门课程的教学过程中确定如何利用课件弥补传统教学方式的不足，确定采用何种教学模式等。找到了这个需求点，也就找到了课件对的主题（题材），就可以决定设计和制作什么内容的、什么类型的课件。

（1）教学目标的确定

课件的主题和类型确定后，就可以对教学内容进行详细的分析，并在了解学习者特征的基础上制定可行的教学目标，以便指导和控制课件的设计与制作。

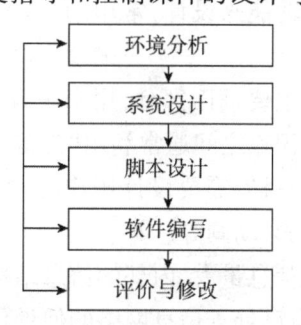

图 5.1　多媒体课件开发的流程

（2）教学内容的选择与排序

教学内容的选择应以教学大纲为依据，并对教学内容做周密的安排，以确定哪部分内容先呈现，哪部分内容后呈现。一般来说，先呈现最简单、最基础的内容，然后向具体的、细节性的知识内容发展，应尽量突出教学中的重点和难点。

（3）运行环境分析

课件的运行环境包括硬件环境和软件环境两个方面。课件的设计和开发既要考虑课件的开发平台、计算机语言选用，也要考虑教学系统中相应的教学环境和教学设备等。

（4）开发成本估算

多媒体课件开发成本的估算也是不可缺少的。开发的总费用一般包括开发组成员的劳务费，各种参考资料费，磁盘、打印纸等各类消耗材料费以及软件维护费等。

2. 系统设计

系统设计是在环境分析的基础上进行课件开发的具体方案、策略和技术办法的整体设计，主要包括教学设计、结构设计、导航策略设计、交互界面与视觉元素设计 4 个环节。

(1)教学设计

课件开发过程中的教学设计最能体现教师的教学经验和个性,也是教学思想最直接和具体的表现。该阶段的主要任务包括对学习者特征的分析、教学目标的确定、教学内容的分析、教学模式的选择、教学策略和教学方法的应用以及教学效果的评价等。

有关教学设计的详细内容请参见本书第六章"信息化教学设计与评价"。

(2)结构设计

多媒体课件信息量大,具有集成性、交互性、控制性强等特点,所以需根据教学设计的结果对课件的整体结构做好设计和规划,它是教学设计的思想在软件设计上的具体体现。

1)课件的总体结构。多媒体课件既有一般计算机软件的结构和组成,同时又具有教材的结构和组成,它是由一页一页或一幅一幅的画面组成。多媒体课件的总体结构一般包括封面和封底、帮助、菜单、内容、界面、导航六部分。

①封面和封底。封面是运行课件时出现的第一幅框面,一般呈现制作单位的名称或课件的名称,常以几秒钟的视频或动画形式表现;封底用于标注课件的出版社、版权、开发时间等。

②帮助。帮助通常放在扉页,用于介绍课件的使用方法,帮助用户解决使用过程中的问题。

③菜单。菜单一般按课件的功能来设计,常用的功能菜单和快捷键要符合主流软件习惯,也有些课件不使用菜单。

④内容。内容是课件呈现的主要框面部分,用来呈现教学内容。各部分或各知识单元之间、知识点与知识单元之间、知识点之间通常利用"热键""图标""按钮"等方式实现跳转。

⑤界面。课件与一般的软件一样,需要设计用户与计算机交互界面,通常包括菜单、按钮、对话框,屏幕的图形、声音、色彩、动画等。

⑥导航。当多媒体课件系统信息量大,内部的信息结构关系复杂时,学习者在学习过程中很容易迷失方向,常常不知道自己处于信息网络的何种位置,这时需要为学习者提供引导措施,这就要用到课件的导航系统。

2)课件的内容结构。课件的内容一般由引入部分、指导部分和练习部分三部分构成。

①引入部分。使学习者通过本部分的学习从而顺利地进入后面的学习,达到预定的教学目标。

② 指导部分。包括主指导成分和补充指导成分。主指导成分用于概念、法则、理论等基本内容的学习,它是使用课件的每一位学习者必须学习的内容;补充指导成分用于对主指导部分进行某种补充。

③练习部分。包括主练习成分和补充练习成分。

3)课件结构设计的基本步骤。课程结构设计一般含以下基本步骤。

①设计课件的封面和导言。封面要求形象生动,并能自动进入导言部分;导言部分要阐明教学目标与要求,介绍课件的使用方法,呈现课件的基本结构。

②确定课件的菜单组成与形式。确定课件的主菜单和各级子菜单,并设计菜单的表达形式。

③划分教学单元并确定每个教学单元的知识点构成。将教学内容划分成若干教学单

元,确定每个教学单元所包含的知识点。

④设计屏幕的风格与基本组成。根据不同的教学单元设计相应的屏幕类型,使相同的知识点具有相对固定的屏幕风格,并考虑每类屏幕的基本组成要素。

⑤确定屏幕内各要素的跳转关系。屏幕内各要素的跳转不能引起屏幕整体框架的翻转,只是屏幕内部某个要素的改变。

⑥确定屏幕与屏幕之间的跳转关系以及屏幕向主菜单或子菜单的返回方式。

⑦确定屏幕向结束的跳转关系。

(3) 导航策略设计

多媒体课件的导航类型很多,如检索导航、帮助导航、线索导航、浏览导航、书签导航等。

1) 检索导航。检索导航使学习者在任何位置都可利用关键词、标题等快速检索所需的学习信息,查询自己的位置,迅速找到自己想要学习的内容。

2) 帮助导航。设计帮助菜单,当学习遇到困难时,学习者可借助帮助菜单获得软件提供的解决问题的方法和途径。

3) 线索导航。线索导航使学习者在浏览访问系统的链和节点时,可以设置和记录学习者的学习历史途径,可使学习者按原来的学习路径返回。

4) 浏览导航。浏览导航用可视化的图形标示出超文本结构,包括超文本网络结构中的各个节点及各节点之间的联系,以帮助学习者明确自己的位置,直接进入任何节点浏览。

5) 书签导航。学习者在浏览学习的过程中,将其认为重要或感兴趣的学习信息标上书签号,以后只要输入某书签号,就能快速检索到该学习信息,并返回设置书签的位置。

(4) 交互界面与视觉元素的设计

交互界面与视觉元素的设计主要是对多媒体课件显示界面的元素进行组织安排、色彩搭配等方面的设计。

1) 界面对象布局。合理安排界面对象的布局是界面设计的第一步,在进行界面布局设计时要注意以下几点。

①恰当布置,主体突出。在界面上的对象应力求上下左右达到平衡;每一个界面对象,如窗口、按钮、菜单条等外观和操作应做到一致化;显示内容应恰当,不应过多,切换不宜过快,界面不应过分拥挤,四周应留出一定的余地。显示不完可采用分页或滚动技术,应选用笔画丰满的字体,大小标题可用不同字体、字号,以区分层次和段落;文字的色彩也应有一定的对比,从而突出主体。

②重点集中,视觉明确。由于屏幕尺寸较小,要求重点集中,视觉明确。同一画面上,不应出现两个以上的兴趣中心,以免分散注意力。

③合理预留空行、空格。必要的空行、空格会使结构合理,条理清楚,阅读、查找方便;相反,过分密集的显示会损害学习者的视觉,也不利于学习者把注意力集中到有用的信息上。

④美观大方,层次清晰。界面设计要美观大方,不落俗套,但也不宜过分花哨。如果必须引入多种媒体,最好能让操作者控制并依次展示,给人以清晰、有序的感觉。

2) 色彩的选用。色彩的选用最重要的是明确色彩使用的目标和任务。要合理运用色彩,应注意以下几点。

①避免同时使用太多的色彩,在同一画面中一般不应超过四种色彩,过多的色彩会增加

学习者的反应时间,增加出错的机会,容易引起视觉疲劳。

②在选择色彩时注意色彩的可分辨性和协调性。既要选择在光谱上有一定间隔的色彩,又要尽量避免将对比过于强烈的色彩放在一起。

③活动对象的色彩与非活动对象的色彩应不相同。活动对象的色彩要鲜艳一些,非活动对象的色彩要暗淡一些。

④定义色彩的含义要与用户的色彩经验和期望相一致。不同国家、民族、宗教、年龄层次、社会地位的人往往对色彩有着不同的理解。

⑤要注意色彩的空间分布位置。

⑥要注意色彩的顺序。如果要用一个色彩的渐变序号来表达某种顺序信息,色彩编排应与光谱顺序相吻合,以符合人们的视觉习惯。

3) 多媒体元素设计。多媒体信息的呈现形式有文本、图形/图像、音频、视频、动画等。这些媒体元素的主要功能是:提供感性材料,加深感知深度;提供具体经验,促进记忆理解;克服时空障碍,丰富课堂教学。

①文本。多媒体课件中应尽量用最少的文字来表明事实的含义。当必须要使用大量文字时,应尽量避免文字集中在一起或在一屏上出现太多的文字;必须要选用容易阅读的字体,颜色也要认真设计,避免分散学习者的注意力。

②底图。很多课件的框面都加入了底图,将教学内容呈现在底图上。建议将底图设置为白色或淡一点的色彩,在框面的右下角加入小块修饰图起平衡画面之用。

③声音。多媒体课件中的声音一定要根据声音的功能来设计。声音不能太多;音量尽量能够可调;声音的选取应配合文字、图像、视频等内容。

④动画、视频。动画和视频在屏幕上出现的位置要保持基本一致,一般放在屏幕的中央。为方便学习者操作,在动画、视频窗口下方应设计播放、停止、快进、倒退等按钮。

4) 交互界面设计。交互界面的设计要求方便操作,应具有一致性、容错性、兼容性。多媒体课件中进行人机交互的方式主要有菜单、按钮、图标、窗口和对话框等,如图5.2所示。

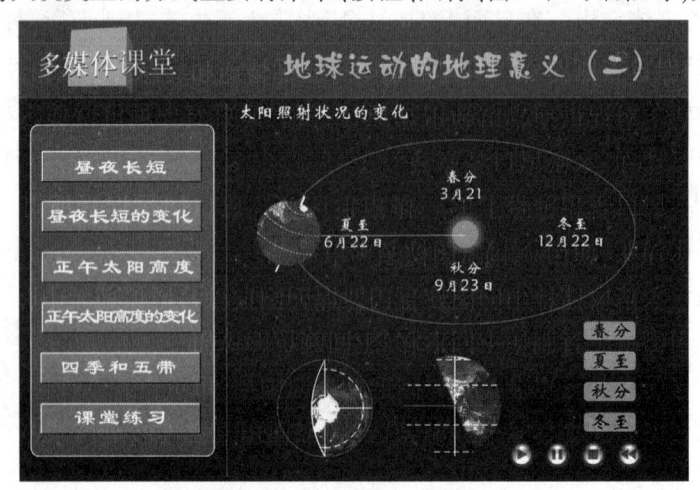

图5.2 交互界面的交互方式

①菜单交互。菜单可以把用户当前要使用的操作命令以项目列表的方式显示在屏幕上,供学习者按需选择。菜单的形式多种多样,常用的有条形菜单、弹出式菜单、下拉菜单、

图标式菜单等。

②按钮交互。按钮通常含有一套源程序,当被使用者激活时可以完成课件的某种功能操作。按钮的形状通常有三角形、矩形、圆形等平面图像,也可以是立体图形。当然,用户也可以根据需要使用编辑工具制作不同形状、不同颜色的按钮。

③图标交互。多媒体课件中的图标是用简洁的图形符号模拟现实中的事物,以形象、逼真地反映各种操作功能,如用"喇叭"图标表示声音等。

④窗口交互。窗口是指屏幕上的一块矩形区域。窗口内包括其他组成屏幕的各种要素,并且可以缩放、移动、多级窗口叠放等。

⑤对话框交互。对话框通常以弹出式窗口呈现,通过对话框可以使学习者和系统进行更细致、更具体的信息交流活动。对话框常由一些选择项和参数设定空格组成。

3. 脚本设计

脚本是在教学设计基础上所做出的计算机与学生交互过程方案设计的详细报告,是下一阶段进行软件编写的直接蓝本,也是课件设计与实现的重要依据。脚本的设计包括总体设计和具体设计两个方面。总体设计是对课件的版面、图形文字、内容呈现方式、颜色和音乐等项目进行整体规划和设计,根据课件的目标、学生的特点和教学内容的需要,提出设计的标准、原则和方向,以保证课件中各媒体要素具有一致的内部设计;具体设计是根据总体设计所确定的原则和标准进行有关屏幕细节的设计,并通过脚本卡片给予准确的描述。

由于多媒体课件的设计包括教学设计和软件的系统设计,多媒体课件的脚本有文字脚本和制作脚本两种。

(1) 文字脚本

文字脚本是由学科教师按照教学要求对课件所要表达的内容进行的文字描述,即"教什么""如何教"和"学什么""如何学"的文字描述,它包括教学目标的确定、教学内容和知识点的划分、学习者特征的分析、学习模式的选择、教学策略的制定和教学媒体的选择等内容。表5.1为多媒体课件文字脚本的一种样表。

表5.1 多媒体课件文字脚本样表

多媒体课件名称		脚本编著者		
适用对象		编著者单位		
使用方式	□课堂演示 □学生自学 □模拟实验 □复习 □资料				
内容知识点划分和媒体选择				
序号	教学单元	知识点	教学目标	媒体类别	呈现方式

(2) 制作脚本

多媒体课件的开发,还应考虑所呈现的各种媒体信息内容的位置、大小、显示特点,所以需要将文字脚本改写成制作脚本。制作脚本是在文字脚本基础上改写而成的,其能体现软件结构和教学功能,并可作为软件编制直接依据的一种具体描述。表5.2为多媒体课件制作脚本的一种样表。

表 5.2　多媒体课件制作脚本样表

多媒体课件名称	
脚本编著者	
脚本编著者单位	
制作单位	
适用对象	
功能与作用	
1	
2	
主要模块分析	
1	
2	
序号	课件框架结构
1	屏幕设计草图　屏幕设计说明： 颜色： 窗口大小： 进入效果： 擦除效果： 解说词： 交互方式：

在多媒体课件的脚本设计中，计算机屏幕布局的合理与否，在一定程度上反映了课件的质量。在脚本设计中，通常都将屏幕划分为若干个功能区，使得同一个课件中各种类型的信息都有相对固定的位置，以避免学生频繁花时间在屏幕上寻找信息而无法集中精力学习教学内容。图 5.3 给出了一种适合于指导型课件和练习型课件的典型屏幕功能区划分。当然，屏幕功能区的划分也不是一成不变的，它可以随着信息容量的变化而做相应调整。

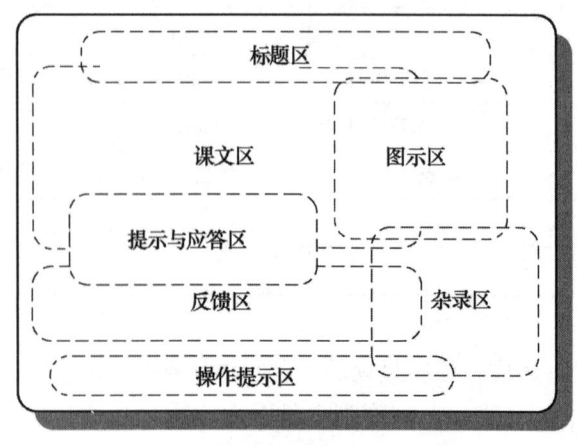

图 5.3　一种典型屏幕功能区划分

4. 软件编写

软件编写阶段的任务是将教学设计阶段所确定的教学策略以及脚本设计阶段所编写的制作脚本用某种计算机语言或多媒体软件工具加以实现的过程,主要包括数据准备、编辑制作与测试等基本环节。

(1) 数据准备

数据准备阶段的工作主要是进行文本的输入、图形/图像的扫描与处理、动画的制作以及视频的编辑等。为了提高效率,应该尽量收集、利用现有的多媒体素材,根据教学内容和教学设计的媒体内容进行编辑加工。素材的选择和应用要贴近教学内容和教学设计的媒体内容,与教学规律和教学内容不符合的素材不应使用。

(2) 编辑制作与测试

在多媒体素材采集、编辑完成后,利用多媒体集成工具或某种计算机高级语言进行编程,将其制作成多媒体课件。课件程序编写完成后应进行仔细的调试,调试的目的是找出程序中隐含的各种可能错误并加以排除,包括教学内容上和计算机语言文法上的各种错误。

5. 评价与修改

评价与修改是课件开发过程中的一个重要环节,贯穿在课件开发的环境分析、系统设计、脚本设计和软件编写等每一个环节中。多媒体课件的评价方法和评价标准很多,但一般来说,都是从教学内容、教学质量以及软件技术三个方面来进行评价。

(1) 教学内容。教学内容方面的评价包括教学内容是否正确、是否有教学价值、是否符合教学规律和因材施教原则等。

(2) 教学质量。教学质量方面的评价包括教学目标是否正确,能否有效激发学生的学习兴趣和积极性,是否有利于培养学生的能力,教学模式是否运用恰当,课件的适用性、实用性怎么样等。

(3) 软件技术。软件技术方面的评价包括界面是否友好,文本、图形/图像、声音、动画、视频的质量如何,屏幕布局是否合理,软件的可靠性和兼容性如何等。

一个完整的课件,除了要在程序中包含联机帮助功能以外,还必须提供相关的文档,如学生手册、教师手册、技术手册等。因此,在课件程序编写和调试结束后,还必须编写相应的文档。

第二节 演示型多媒体课件制作

演示型多媒体课件制作软件类型多样,目前最流行的是 PowerPoint 和 WPS 两种软件。下面以 PowerPoint 为例介绍演示型多媒体课件制作的技巧和方法。

一、用 PowerPoint 制作课件的基本技巧

PowerPoint 内置丰富的动画、过渡效果和多种声音效果,并有强大的超级链接功能,可

以直接调用外部众多文件,能够满足一般教学要求,而且简单易学,是目前大多数教师制作多媒体辅助教学课件的常用软件。利用 PowerPoint 制作课件的基本技巧如下。

1. 结构要清晰

在传统的课堂教学中,教师通过板书呈现重要的教学内容。通常情况下,一节 45 分钟的课程,教师的板书是两到三板,而相同的时间内 PPT(即 PowerPoint 软件的文件格式)幻灯片要用到 10～25 张,PPT 极大地丰富了课堂的信息量。但也带来一个问题,如果没有清晰的层次结构,巨大的信息量会让学生晕头转向,记录课堂笔记也很困难。

要让 PPT 课件结构清晰,要注意以下几个方面:首先,课件中的文字要精练,教材上的大段文字阐述不必在课件中重复出现,即使出现,也要尽量浓缩,以浅显、精练的文字归纳出要点;其次,在课件中可多次重复目录页,每讲完一个大问题,都重复播放目录页,使走神的学生也能追上课程的思路;再次,整个课程的项目符号和编号要统一,并尽量与教材保持一致,以方便学生做笔记。

2. 版面要合理

(1)课件的首页要整洁

课件的首页一般来说是一个欢迎页面或者是课件的标题,不需要太多的内容,但可以稍华丽一点。一幅符合主题的画面加上一段简洁的欢迎词或者标题内容就可以构成课件的首页。为了让等待的过程不至于太枯燥,可以将首页设置为动画形式,最好能插上一段轻音乐或符合主题的其他音乐,但音乐的设置要完整,在正式上课时要能自动停止。

(2)课件的目录要简洁

课件的目录就像是一个导向牌,完整的目录至少应该具备标题、导航条和退出按钮。课件目录应尽量做到简洁、统一,风格一致,让人看上去一目了然。

(3)文字的安排要合理

处理文字时要注意以下几点。

1)文字较少时可采用相对较大的字号,但不要让文字充满整个屏幕,可以在空余的地方插入一些不太容易引人注意的图片或小动画。文字充满整个屏幕会给人一种压迫感。

2)单张 PPT 幻灯片中文字的字数以 30～60 个汉字为宜,讲解时间 3～5 分钟;如果一个问题或概念的内容比较多,应拆分为两张。心理学的研究表明,学生的注意力集中的时间在 15～25 分钟之间。因此,在制作 PPT 课件时,要有意识地在学生容易走神的时间段,插入一段动画、声音或其他能引发学生注意的素材。

3)文字较多时可以采用分屏显示或"移动"手法。但应该注意:标题一般情况下不要随之移动;如果文本比较长,应分屏显示,切忌强行把文字堆积在一张幻灯片上;设置文本移动时,应设置为重复移动,或者在文本移动结束后设置为自动切换到另一张幻灯片或目录,切忌留下一个只有按钮的空屏。

(4)整体色调、风格要协调

1)按钮的设置要统一。在课件中按钮可以采用文字、图片或图标来设置。在设置时应注意:按钮的大小、位置要适当,尽量放在底部;按钮尽量不要吸引学生的注意力,但在需要时能让操作人员很容易找到,而且效果相同的按钮尽量使用统一图标。

2）整体色调、风格要协调。优秀的课件的整体色调、风格应该是统一的,主要体现在对背景色的处理上,切忌花哨、凌乱。没有特别的要求一般不需要更改背景设置的色调或风格。在 PowerPoint 里有很多自带的模板,完全可以满足制作课件的风格需求。

(5) 多媒体元素的应用要恰当

1）图片。运用图片时要符合教学的主题,可以采用进入、退出或移动等手法,但要注意：结构、布局要合理,一个页面里有较多的图片同时出现时,图片和图片之间不要有重叠,并且尽量对齐,或按照一定的规则排列,松紧要得当;图文混排时要注意突出重点,不要让陪衬的其他配件喧宾夺主,文字尽量不覆盖在图案上;自定义动画设置要完整,图片的位置要摆放合理、移动要完整、速度设置不能太快。

2）音乐。把握播放时机,一般来说在观看图片或等待时插入音乐比较合适。

3）视频。尽可能通过插入对象来完成,尽量不直接链接到外部文件,这样可以不用切换到媒体播放程序就能打开并控制所需要插入的视频文件;

4）动画。GIF 动画的插入一般没有太大的问题;对于自制的 Flash 动画,由于其底色不能和课件模板的底色相融,可以在动画的周围画一个边框加以修饰,使页面看上去比较协调。

课件是为教学服务的,过多、过于花哨的多媒体素材反而会分散学生的注意力。

(6) 超链接、动作的设置要完整

一个完整的课件中存在着大量的超链接和动作,在设置完后,一定要通过播放来检查一下链接和动作的正确性,以防出现死链或不应有的动作,这是保证课件质量最重要的一个环节。

二、用 PowerPoint 制作课件的基本方法

1. 构思

根据 PowerPoint 的特点,按照幻灯片一张一张的样式,考虑模板的选取、版式的选择、效果的设置、动画出现的时间以及放映时的链接等,然后精心构思场景,写出多媒体课件制作的方案。

2. 用 PowerPoint 制作课件的基本过程

用 PowerPoint 制作课件的基本过程如下。

(1) 新建文档

1）新建空白文档。当启动 PowerPoint 软件时,系统会自动创建一个空白文档,其包含一张有主、副标题占位符的空白标题幻灯片,用户可以在该幻灯片的相应位置键入需要的标题文字。

在"开始"菜单里找到"幻灯片"栏目,单击"新建幻灯片"命令,创建一个包含一张新幻灯片的演示文稿,如图 5.4 所示。新幻灯片创建后,用户可以根据自己的需要,更改立幻灯片的版式。

图 5.4 "新建幻灯片"命令

2)根据模板新建。为制作统一风格的课件,教师可以根据教案设计,精心选择设计模板。PowerPoint 提供了几十种构思精巧、设计合理、制作精良的模板。利用模板,教师可以在最短的时间内制作出较为理想的幻灯片,大幅节省时间和精力。在制作课件的过程中,还可随时更换或修改模板。

(2)视图方式

PowerPoint 提供了多种视图方式,在"视图切换按钮"工具栏有 3 种常用视图方式:普通视图、幻灯片浏览视图、从当前幻灯片开始放映,如图 5.5 所示。

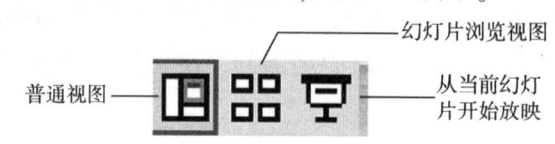

图 5.5 "视图切换按钮"工具栏

1)普通视图。普通视图每次只能显示一张幻灯片,演示文稿窗口所占的区域较大。在普通视图,用户能够方便地建立和编辑幻灯片中的对象。

2)幻灯片浏览视图。在幻灯片浏览视图下,演示文稿以一系列缩小了的幻灯片形式按行依次排列,如图 5.6 所示。这时可以同时观看多张幻灯片,单击需要调整的幻灯片,当其具有黑色边框时,即可对其进行调整;按"Delete"键可将选中的幻灯片删除;单击幻灯片之间的某处,当出现光标插入点时,可插入新幻灯片。

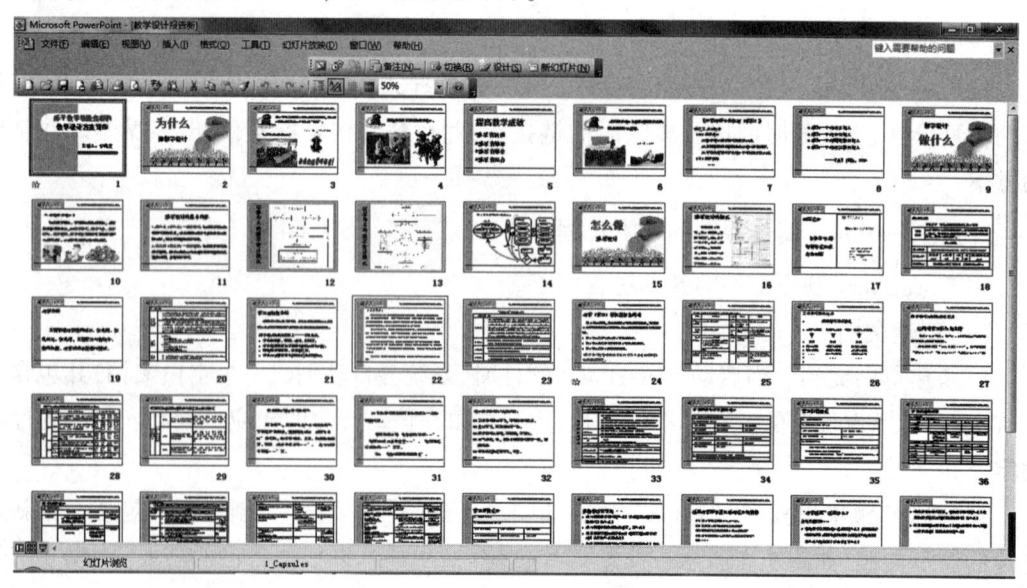

图 5.6 幻灯片浏览视图

3)从当前幻灯片开始放映。从当前幻灯片开始放映视图方式可以将演示文稿从当前窗口显示的幻灯片开始,按照预先设计好的方式进行播放。在放映过程中按下"Esc"键,便可返回到演示文稿窗口。

(3)插入幻灯片

在需要插入幻灯片时,可以直接点击"新幻灯片"插入,也可以单击工具栏中的"插入"按钮来插入新幻灯片。

1)可以选择空白版式,自由发挥想象力,创建有个性的页面。

2)可以选择合适的版式,加快制作进程。程序默认的是大小标题两个文本框版式,如果不用这种版式,要将文本框删除。

(4)添加文本

在教学用多媒体课件中,文字在信息传递方面无疑起主要作用,制作课件时要精心考虑文字内容。要将文字内容做到详略得当、繁简适中。

PowerPoint 中,文本可在幻灯片视图中输入,也可在大纲视图中输入,一般都在幻灯片视图中输入。PowerPoint 中,文本的类型主要有占位符文本、形状图形文本、文本框文本、艺术字文本。

1)占位符文本。在不同的幻灯片版式中均包含了不同形式的文本占位符。利用文本占位符可以快速将文字输入幻灯片中,单击文本占位符中的任意位置,光标将会在插入点闪烁,此时直接输入文字即可。占位符文本的大小、位置、格式都可以进行修改,如图 5.7 所示。

图 5.7　占位符文本示意

2)形状图形文本。在制作演示文稿时,常常会用到一些简单的图形,形状图是一个很方便的作图工具,其中还可输入文本信息。当在形状图中键入文本后,文本附加到图形,并随图形移动或旋转。形状图形文本可以设置边框、填充、阴影或三维效果等各种效果,还可以编辑形状,如图 5.8 所示。

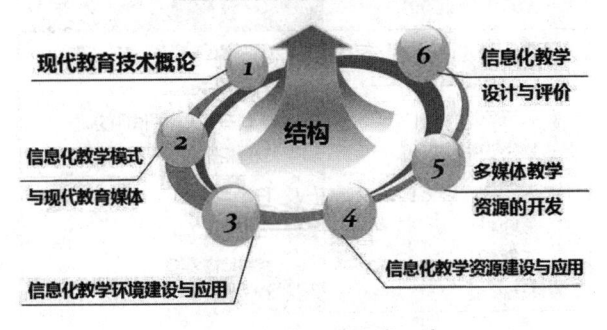

图 5.8　形状图形文本示意

3）文本框文本。页面上的文本是以文本框的形式呈现的，所以要插入文本框才能输入文本。文本框可以通过在工具栏中直接点击"插入文本框"图标插入，也可以通过单击菜单栏中的"插入|插入文本框"命令插入。在 PowerPoint 中可以输入横向的文本，还可以输入竖向的文本。

4）艺术字文本。适当变换字体能吸引人的注意力，艺术字可以通过单击工具栏中的"艺术字"图标插入，也可以通过单击菜单栏中的"插入|图片|艺术字"命令插入。PowerPoint 中，艺术字是以图形的形式出现的，是一个整体，只能进行整体编辑。"艺术字样式"对话框如图 5.9 所示。

图 5.9 "艺术字样式"对话框

（5）添加图形

将图形和文字进行配合，可以增强课件的渲染能力，增强演示效果。

1）插入图片。在 PowerPoint 中，用户可以从剪贴画中为幻灯片添加图片，或者插入外部图片，后者较为常用插入图片的操作如图 5.10 所示。

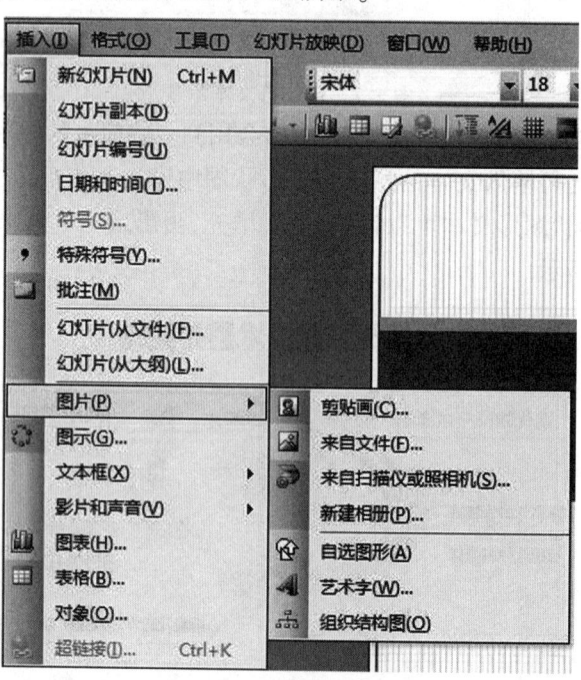

图 5.10 插入图片

无论是插入剪贴画还是来自文件的图片,都可以对图像进行调整、缩放、裁剪等加工处理。如果要改动插入图片的位置,首先单击它,当图片四周出现 8 个控点时,在图片上按住鼠标左键可将其拖动到合适的位置;按住鼠标左键拖动控点,则可以改变图片的大小。若想删除该图片,按键盘上的"Delete"键即可。

2)绘制图形。有时为了使要表达的内容更直观,往往要借助图形加以表现。例如,数据对比时需要用到柱状图、饼状图,分析课文结构时常常用到大括号和箭头,分析选项时常常用到标注性的图形。对编辑好的多个图形进行"组合",可以得到简单明了的效果,如图 5.11 所示。

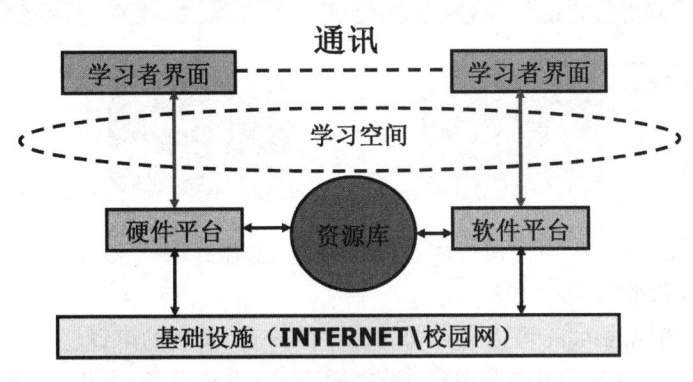

图 5.11 图形的"组合"

(6)插入图表和结构图

1)插入图表。插入新幻灯片时,选择带有图表版式的幻灯片,在"单击图标添加内容"处单击需要插入图表的图标,即可插入图表,如图 5.12 所示。

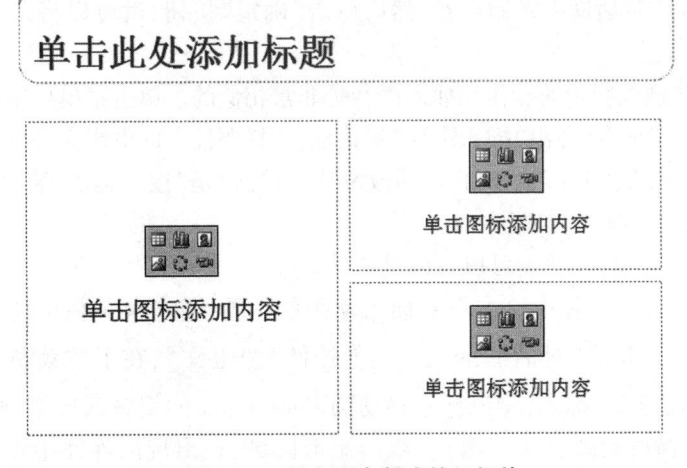

图 5.12 带有图表版式的幻灯片

2)插入结构图。为了形象地表达结构、层次关系,可以在幻灯片中插入组织结构图。在新幻灯片版式图中选择组织结构图的版式,双击组织结构图的占位符,就可启动组织结构图处理窗口,如图 5.13 所示。这时利用组织结构图编辑工具可方便地进行增加、删除组织结构图,并可在文本框中单击添加文本。

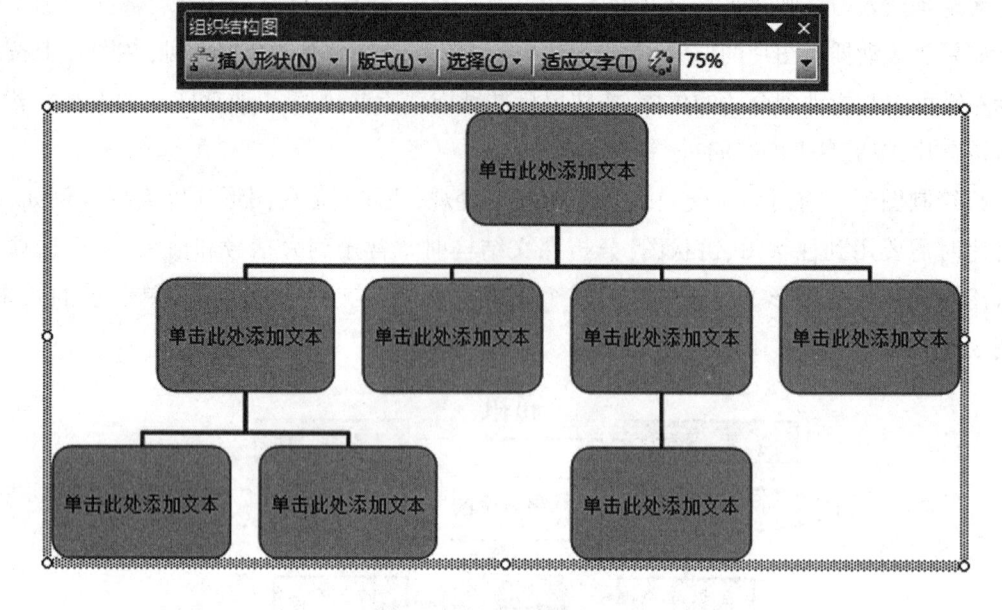

图 5.13　组织结构图处理窗口

(7) 插入声音和视频

1) 插入声音。PowerPoint 可以插入剪辑库中的声音、录制的声音、文件中的声音。

① 插入文件中的声音。单击菜单栏中的"插入|影片和声音|文件中的声音"命令,出现"插入声音"对话框。选中要插入的声音文件,单击"确定"按钮,这时系统提示"是否需要在幻灯片放映时自动播放声音",单击"是"按钮确认。插入的声音在放映幻灯片时会自动播放,如果想在放映之前进行试听,可以双击一下"小喇叭"图标。

② 插入录制的声音。连接好麦克风,单击菜单栏中的"插入|影片和声音|录制声音"命令,在弹出的"录音"对话框中录制声音,然后单击"确定"按钮,就可以将录制的声音添加到演示文稿。

2) 插入视频。插入影片的操作和插入声音是非常相似的。单击菜单栏中的"插入|影片和声音|文件中的影片"命令,弹出"插入影片"对话框,选择要插入的电影文件,单击"确定"按钮。系统提示"是否需要在幻灯片放映时自动播放影片",单击"是"按钮确认;最后双击播放。

(8) 插入 Flash 动画

在幻灯片里插入 Flash 动画可以有两种方法。

1) 利用控件。在幻灯片中单击需要插入动画的位置,单击菜单栏中的"视图|工具栏"命令,在出现"控件工具箱"对话框,单击"其他控件"按钮；在下拉菜单选择"Shockwave Flash Object",出现"+"号标志,将该标志移动到 PowerPoint 的编辑区域中,画出适合大小的矩形区域(也就是播放动画的区域框)。双击矩形区域,在出现的界面中点击窗口左边"属性"对话框中"自定义"旁边的三点,弹出"属性页"对话框。在"影片 URL"中输入 Flash 动画的完整地址(可以是网络地址也可以是本地地址),单击"确定"按钮,即可将 Flash 动画插入幻灯片中。

2) 插入对象。在幻灯片中单击需要插入 Flash 动画的位置,单击菜单栏中的"插入|对象"命令。在弹出"插入对象"对话框中,选择"由文件创建",单击"浏览"按钮,选择需要插

入的 Flash 动画文件,单击"确定"按钮。这时,在幻灯片中就出现了一个 Flash 动画文件的图标,用户可以更改图标的大小或者移动它的位置。在这个图标上单击鼠标右键,选择"动作设置",在弹出的窗口中选择"单击鼠标"或"鼠标移动",再点击"对象动作",在下拉菜单中选择"激活内容",最后单击"确定"按钮,插入动画完成。

(9) 设置对象动画

动画在课件设计中有其极重要的地位,好的动画效果可以明确主题,渲染气氛,产生特殊的视觉效果。PowerPoint 中的动画效果有以下几种。

1) 幻灯片切换。为了增强演示文稿的放映效果,可以为每张幻灯片设置切换方式。首先选中需要设置切换方式的幻灯片,然后单击菜单栏中的"幻灯片放映|幻灯片切换"命令,出现"幻灯片切换"对话框,如图 5.14 所示。在窗口右边打开的"幻灯片切换"对话框中选择切换方式,并根据需要设置好"速度""声音""换片方式"等选项。如果需要将此切换方式应用于整个演示文稿,只需要在对话框中,单击一下"应用于所有幻灯片"按钮就可以了。

2) 幻灯片动画方案。幻灯片动画方案用于定义幻灯片中各个元素(文本、图形、声音、图像和其他对象)的动画,如图 5.15 所示。

3) 自定义动画。自定义动画用于分别定义幻灯片中各个元素(文本、图形、声音、图像和其他对象)的动画。选中需要设置动画的对象,单击菜单栏中的"幻灯片放映|自定义动画",在窗口右边出现的"自定义动画"对话框中,单击"添加效果",在弹出的下拉列表中,选择要添加的动画效果即可。

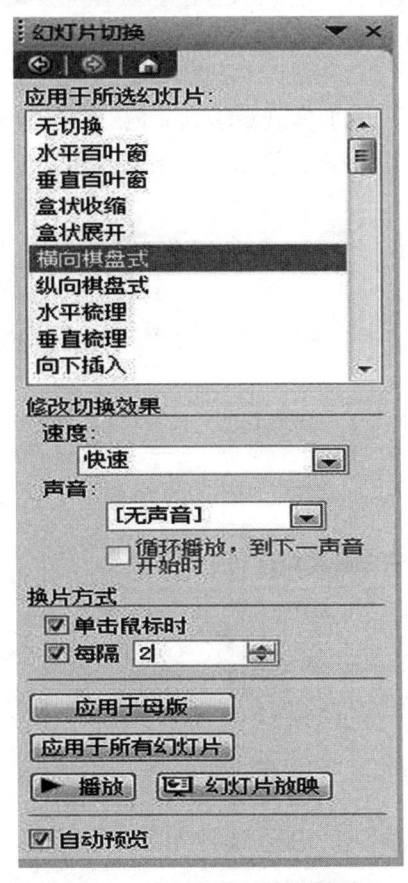

图 5.14 "幻灯片切换"对话框　　图 5.15 幻灯片动画方案

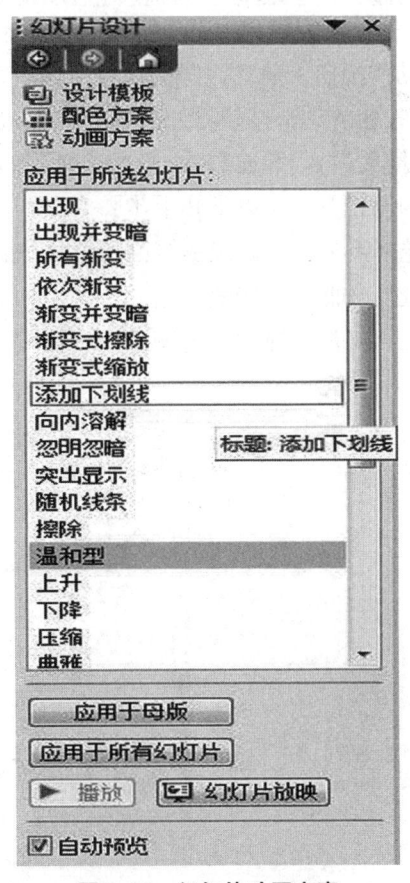

(10)幻灯片的链接

默认情况下,放映幻灯片是从前往后一张一张依次出现的,在 PowerPoint 中可以创建超级链接,单击超级链接后可跳转到其他演示文稿、幻灯片或文本中。

1)超级链接。创建超级链接的方法有以下几个步骤。

①选择幻灯片中需要创建链接的元素,然后选择"插入|超链接"命令,出现"插入超链接"对话框,如图5.16所示。

②在"插入超链接"对话框中,选择要链接到的演示文稿、幻灯片或电子邮件。

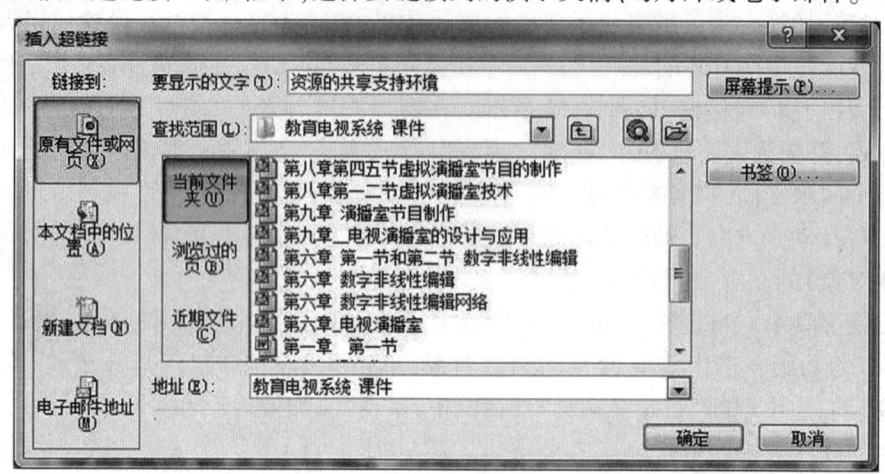

图 5.16 "插入超级链接"对话框

2)动作按钮。建立一些动作按钮,如"上一步""下一步""帮助""播放声音"和"播放影片"文字按钮或图形按钮等。放映时单击这些按钮,就能实现跳转到其他幻灯片或激活另一个程序、播放声音、播放影片、实现选择题的反馈、打开网络资源等操作,实现交互功能。动作按钮的设置方法有以下几个步骤。

①选择需要创建超级链接的幻灯片,然后选择"幻灯片放映|动作按钮"命令,在弹出的菜单中选择任意一种按钮。

②在幻灯片中拖动绘制按钮,出现"动作设置"对话框,在其中设置该按钮链接的位置,如图5.17所示。

图 5.17 "动作设置"对话框

(11)幻灯片的放映

1)改变演示文稿中的幻灯片播放顺序。在"幻灯片浏览"视图中可以修改幻灯片的次序,也可以使用自定义放映来决定要播放哪些幻灯片和以什么次序播放。

2)让演示文稿自动播放。单击菜单栏中的"幻灯片放映|排练计时"命令,进入幻灯片计时状态。在屏幕左上角出现一个排练计时器,可以通过"暂停""重复"按钮,设置当前幻灯片放映时间。如果认为时间不合适,可以选择"重复",重新为当前幻灯片计时。在计时状态下进行排练演示,演示结束到达幻灯片末尾时,单击"是"则接受排练时间,单击"否"则重新开始。设置好放映时间后再进行放映时,演示文稿便可以根据排练时间进行自动放映。

3)在放映时可以将屏幕作为黑板使用。在放映状态下,单击鼠标右键,在弹出的快捷菜单里的"指针选项"中选择"绘图笔"和"绘图笔颜色",便可用彩色线条将重点部分勾画出来,引起观众注意。要擦除彩色线条可按键盘上的 E 键。

4)让演示文稿中的音视频在其他计算机上也正常播放。因为音视频对象在插入幻灯片的时候是以链接方式插入的,播放时需要音视频对象对应的文件支持,不能改变演示文稿和音视频文件存放的相对路径。在制作演示文稿的时候,将演示文稿和音视频文件存放在同一目录下,拷贝的时候一起拷贝,这样能让演示文稿中的音视频在其他计算机也能正常播放。

5)在没有安装 PowerPoint 的计算机上播放演示文稿。在编辑好演示文稿之后,单击菜单栏中的"文件|打包成 CD"选项,出现"打包成 CD"对话框,单击"复制到文件夹"按钮,在弹出的对话框中选择要存放打包文件的地址以及输入演示文稿的名字之后,单击"确定"按钮。将已打包好的文件夹拷贝到要运行演示文稿的另一台计算机上,双击文件夹中的 Ppview32.exe 文件,再单击要运行的演示文稿即可播放。

第三节　交互型多媒体课件制作

交互型多媒体课件的开发工具中,Macromedia 公司推出的 Authorware 是不可多得的开发工具之一。Authorware 易学易用,不需要大量编程,使得非专业开发人员和专业开发人员都能用其创作出一些高水平的多媒体作品。

Authorware 采用面向对象的设计思想,是一种基于图标(Icon)和流程线(Line)的多媒体开发工具。它把众多的多媒体素材交给其他软件处理,本身则主要承担多媒体素材的集成和组织工作。

一、Authorware 的操作界面与应用

同许多 Windows 程序一样,Authorware 具有良好的用户界面。Authorware 的启动,文件

的打开、保存、退出都和其他 Windows 程序类似。Authorware 的操作界面主要由主程序窗口、图标面板、演示窗口、设计窗口、控制面板、属性面板、工具面板七部分组成。

1. 主程序窗口

主程序窗口主要包括标题栏、菜单栏、工具栏等,如图 5.18 所示。

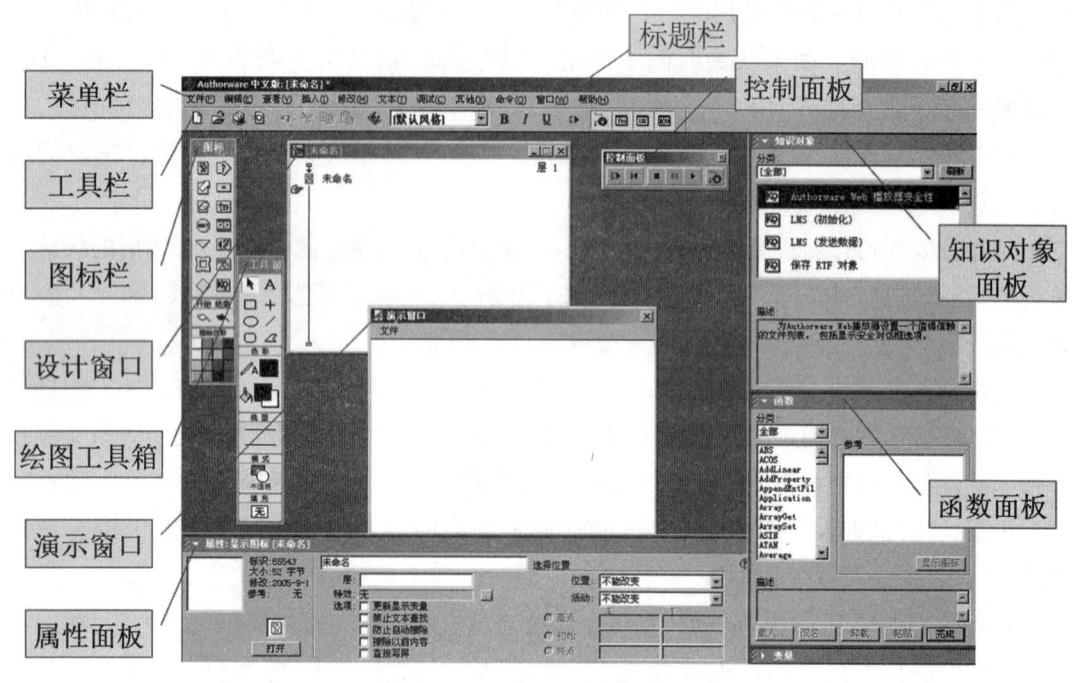

图 5.18　Authorware 的操作界面

（1）标题栏

标题栏是 Authorware 窗口程序最上面的一栏,左端依次显示程序控制图标、Authorware 标题名以及应用程序文件名,右端为三个 Windows 标准按钮。

（2）菜单栏

菜单栏位于标题栏之下。Authorware 的菜单栏包括文件、编辑、查看、插入、修改、文本、调试、特殊效果、命令、窗口、帮助共 11 组菜单,用鼠标单击菜单组名,可打开相应的下拉菜单,下拉菜单中的每个菜单选项都对应一定的功能。下面介绍 Authorware 主要的菜单。

①文件菜单。文件菜单提供了文件的创建、打开、关闭、保存、导入功能以及页面设置、程序打包和发送邮件等命令。

单击"文件|新建"菜单后,会出现"新建"对话框,如图 5.19 所示。在"新建"对话框的"请选取知识对象创建新文件:"的文字提示下有三个选项。其中,"测验"用来创建一个测验用的应用程序,包括拖放、热对象、热点、多重选择和简略文本;"轻松工具箱"会使用轻松工具框架模式来运行轻松工具箱指南或开始一个新建文件;"应用程序"适合于创建包括很多内容的应用程序。

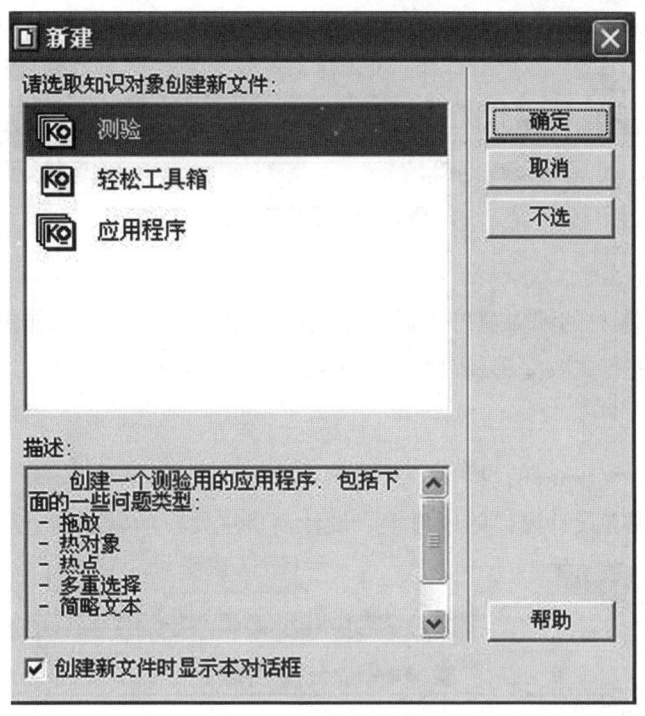

图 5.19 "新建"对话框

一般情况下,不选用 Authorware 提供的"测验""轻松工具箱""应用程序"来编写程序。此时,点击"取消"或"不选"选项,会进入程序设计窗口,建立一个空文件。

知识对象其实就是一种设计好的、带操作向导的模板,但与模板不同的是它已经做了封装,用户不能再对它的结构进行编辑,而只能对既定内容进行修改使用。利用知识对象可以提高开发效率,缩短多媒体作品的开发周期,多用于制作高端、较复杂的课件。

②插入菜单。插入菜单用于插入图像、知识对象、OLE 对象以及导入多媒体素材等命令。

③修改菜单。修改菜单用于修改图标、图像和文件的属性,组建及改变前景和后景的设置等。

④文本菜单。文本菜单提供丰富的文字处理功能,用于设定文字的字体、大小、颜色、风格等。

⑤调试菜单。调试菜单用于调试程序。

⑥特殊效果菜单。特殊效果菜单用于库的链接及查找显示图标中文本的拼写错误等。

⑦命令菜单。命令菜单是 Authorware 6 新增的菜单,里面有关于 Authorware.com 的相关内容,还有 RTF 编辑器和查找特殊效果等内容。

⑧窗口菜单。窗口菜单用于打开展示窗口、库窗口、计算窗口、变量窗口、函数窗口及知识对象窗口等。

⑨帮助菜单。从帮助菜单中可获得更多有关 Authorware 的信息。

(3)常用工具栏

常用工具栏是 Authorware 窗口的组成部分,如图 5.20 所示。常用工具栏中的每个按钮实质上都是菜单栏中的某一个命令,由于使用频率较高,而被放在常用工具栏中。

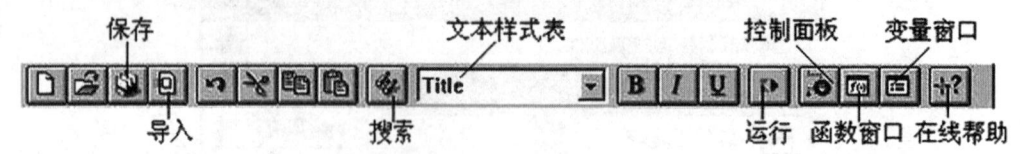

图 5.20 常用工具栏

2. 演示窗口

演示窗口既是素材的编辑窗口,也是作品最终的播放窗口。在制作过程中,必须随时运行程序,并且适当进行修改完善,程序运行的结果会在演示窗口中显示。

3. 设计窗口

设计窗口是 Authorware 的设计中心,如图 5.22 所示。Authorware 具有的对流程可视化编程功能,主要体现在设计窗口的风格上。设计窗口主要包括以下几个部分。

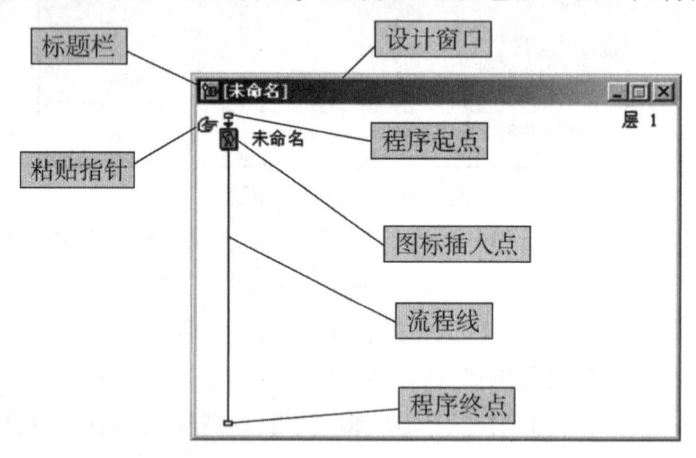

图 5.22 设计窗口

(1)标题栏。标题栏显示被编辑的程序文件名。

(2)流程线。流程线在设计窗口的显示为一条被两个小矩形框封闭的直线,其用来放置设计图标。程序执行时,沿流程线依次执行各个设计图标。程序开始点和结束点的两个小矩形,分别表示程序的开始和结束。

(3)粘贴指针。粘贴指针在设计窗口的显示为一只小手,指示下一步设计图标在流程线上的位置。单击程序设计窗口的任意空白处,粘贴指针就会跳至相应的位置。

4. 控制面板

控制面板提供了各种程序调试按钮。

选择菜单栏中的"窗口|控制面板",单击"控制面板"按钮,出现如图 5.23 所示的"控制面板"对话框。

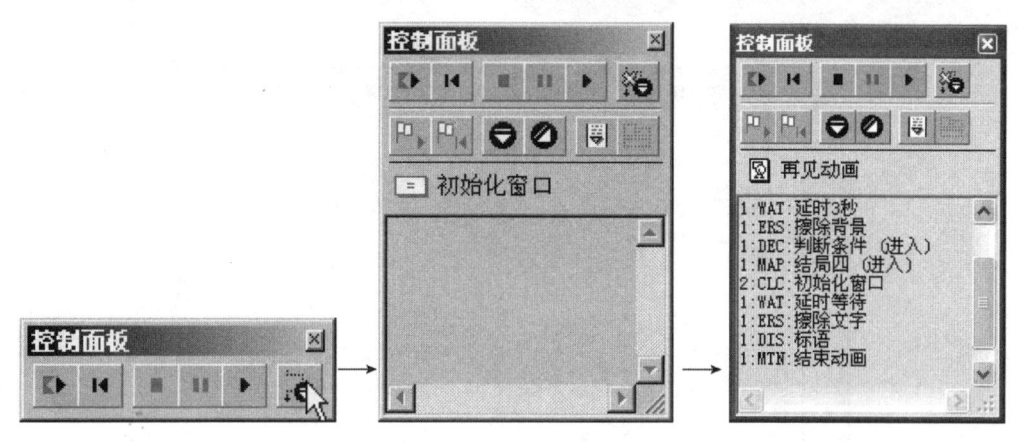

图 5.23 "控制面板"对话框

5. 属性面板

属性面板用于对图标对象的属性进行设置。

6. 图标面板

图标面板是 Authorware 程序设计的重要组成部分,其位于界面左侧,共包括 14 个程序设计图标、两个流程起止标志以及图标调色板,如图 5.24 所示。学习使用 Authorware 制作多媒体课件,首先应学会这些图标的使用方法。

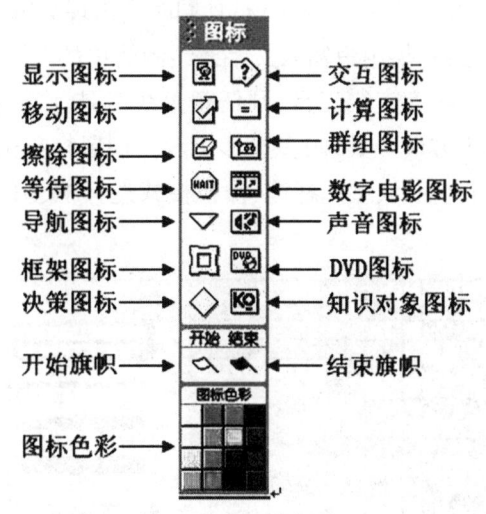

图 5.24 图标面板

(1) 显示图标

显示图标是 Authorware 中最重要、最基本的图标,可用来展现多媒体作品中的文字、图形、图像,显示变量、函数值的即时变化,并在展示过程中将这些对象显示在演示窗口中。显示图标的用法如下。

1) 新建设计窗口,选择菜单栏中的"修改|文件|属性",设置演示窗口大小为 640×480,文件命名为"现代教育技术",然后保存。

2) 从工具面板中将显示图标拖动到流程线上,并命名为"背景"(要养成给图标命名的好习惯,Authorware 默认的图标名字都是"untitled";由于导航的需要,名称不应重复),如图

5.25所示。

图 5.25　显示图标在设计窗口的显示

3）双击"背景"显示图标，打开程序演示窗口，同时会出现编辑工具盒，如图5.26所示。

编辑工具盒中有工具按钮，供用户输入文字或绘制简单的图形，包括选择/移动工具、文本编辑工具、画水平垂直或45度直线工具、画任意直线工具、画椭圆/圆工具、画矩形/正方形工具、画圆角矩形/圆角正方形工具、画多边形工具。用鼠标单击工具按钮下面的不同分栏，将分别打开系统对象调色板、线型选择框、覆盖模式选择框、填充效果选择框，如图5.27所示。

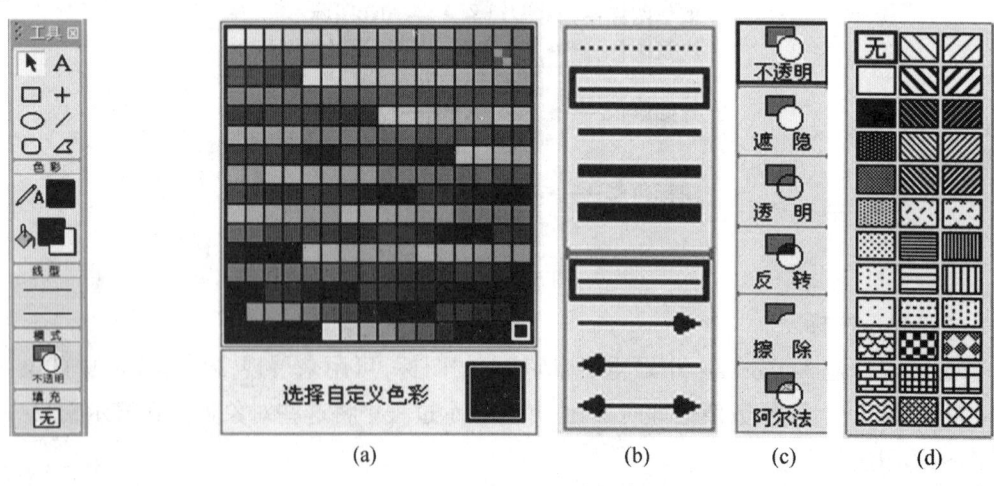

图 5.26　编辑工具盒

图 5.27　工具按钮中的不同分栏

(a)系统对象调色板；(b)线型选择框；(c)覆盖模式选择框；(d)填充效果选择框

4）单击"文件|导入和导出|导入媒体"，出现"导入哪个文件？"对话框，如图5.28所示。将已准备好的图片导入到演示窗口，并调整好图片的大小和位置。

图 5.28 "导入哪个文件?"对话框

5）单击编辑工具盒中的"A"，鼠标指针变为"I"形，在演示窗口中单击，进入文本编辑状态，可输入文本，如图 5.29 所示。输入的文字如果有白色的背景，这时可以单击"覆盖模式"按钮，选择"透明模式"。如果文字较多，可单击"菜单"中的"卷帘文本"。

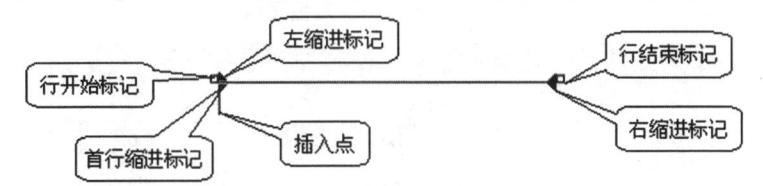

图 5.29 文本编辑状态

6）格式化文本。可以使用"文本"菜单设置文字的格式，不过最好使用文字样式表来格式化文本。文字样式表和 Word 中的样式、HTML 中的 Style 是相似的，即使用了某种样式的文字，在更改样式后，文字将自动更新，而不需要再去重新设置。

7）如果要改变"显示"图标默认的页面过渡效果，可以单击其"属性"中的"特效"，打开"特效方式"对话框，如图 5.30 所示。在"特效方式"对话框中，可以选择一种过渡效果作为切换页面时的过渡效果。

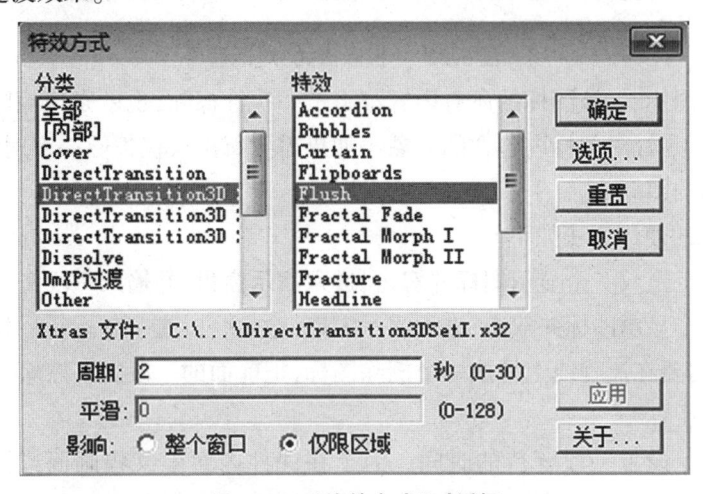

图 5.30 "特效方式"对话框

· 223 ·

（2）擦除图标

擦除图标用于擦除显示在演示窗口或屏幕上的任何对象,如显示图标、交互图标、框架以及数字电影图标显示的内容等。

1）擦除图标属性面板,如图5.31所示。擦除图标属性面板的左端是公共属性,显示基本属性。"特效"选项用于设置擦除过渡效果,单击其右侧的设置按钮 ,将弹出"擦除模式"对话框,如图5.32所示。该对话框与显示图标"特效方式"对话框的内容和使用方法基本相同。

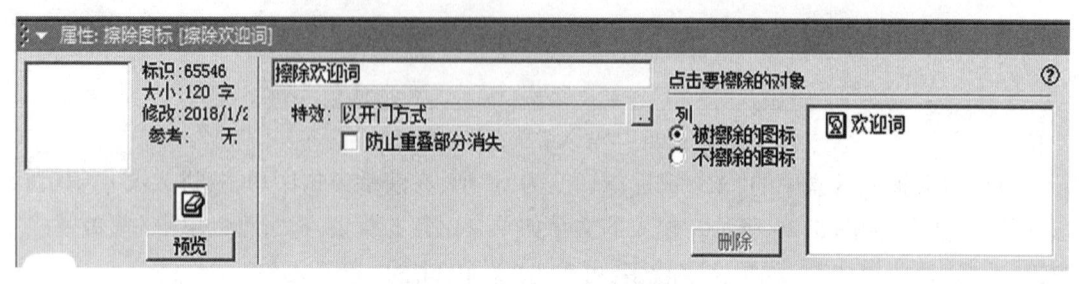

图5.31　擦除图标属性面板

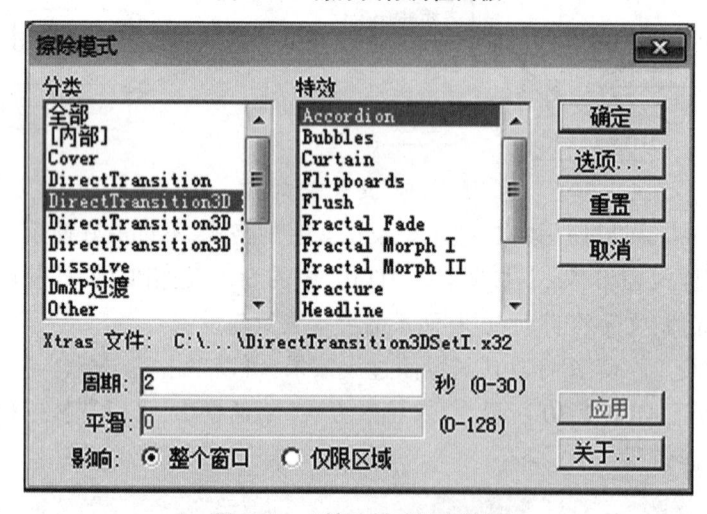

图5.32　"擦除模式"对话框

当擦除一个图标时,该图标的所有内容都将被一次性擦除,也就是说擦除图标的操作是针对图标的,而不是针对图标内包含的对象。如果需要每次仅仅擦除一个对象,可以将多个对象分散在不同的图标内。

2）擦除图标的使用方法如下。

①在流程线上拖放一个显示图标并双击,进入演示窗口,并输入一段文字。

②再拖放一个显示图标并双击,进入演示窗口,输入一段文字。运行后发现两段文字叠加到一起,这时需要在流程线上拖放一个擦除图标,把前面的一段文字擦除。

（3）等待图标

等待图标用于设置一段等待的时间。为了在课件内暂停某幅画面或镜头,Authorware提供了等待图标。需要重新启动演示时,只需单击鼠标、按任意键或经过一段时间的等待之后,演示继续开始。

1)等待图标属性面板如图 5.33 所示。

图 5.33 等待图标属性面板

①"事件"选项。"事件"选项用来设置程序继续运行的触发事件。"单击鼠标"选项的干预方式为鼠标单击;"按任意键"选项的干预方式为按下键盘上的任意键;若同时选中这两个选项,则两个触发事件均有效。

②"时限"文本框。"时限"文本框用以输入一个表示定时的常数或表达式,其值以秒为单位。一到设定时间,程序会自动脱离等待图标继续向下运行。

③若设定了定时时间,则"选项"中的"显示倒计时"选项被激活,若选择该项,则程序暂停时会在演示窗口中显示一个模拟的时钟动画;若选中"显示按钮"选项,则程序暂停时将提示"继续",以提醒用户单击鼠标或按任意键继续执行。

2)等待图标的使用。下面以制作"闪烁字"为例说明等待图标的使用,其程序设计流程如图 5.34 所示。

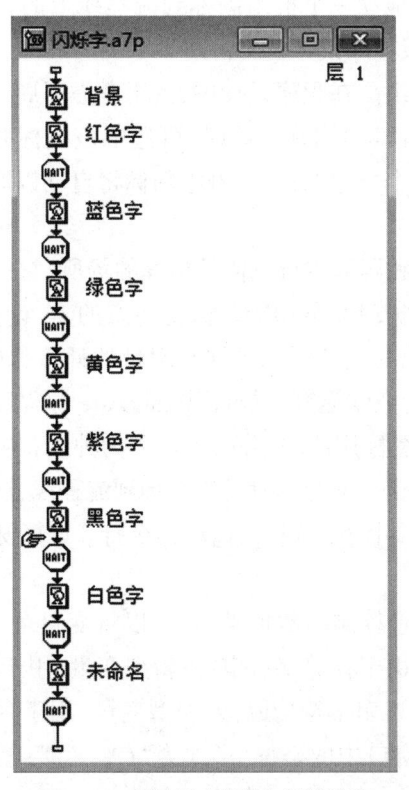

图 5.34 "闪烁字"程序设计流程

实例:制作"闪烁字"

第一步:在流程线上拖动一个显示图标,命名为"背景",双击打开,导入一张图片,并设

置图片的大小和位置。

第二步：在流程线上拖动一个显示图标，命名为"红色字"，双击打开，输入"现代教育技术"，并将文字颜色设置为"红色"。

第三步：在流程线上拖动一个等待图标，设置等待图标的属性，时间为2秒。

第四步：把"红色字"显示图标和等待图标复制，并粘贴到流程线上，把显示图标中的文字颜色改为程序流程线上标注的颜色，运行程序，观看效果。

(4) 群组图标

利用群组图标可以将一组图标组合成一个简单的群组图标。每一个群组图标中可以包含它自己的逻辑结构。群组图标能将一系列图标进行归组并包含于其下级流程内，从而提高程序流程的可读性。群组图标的使用通常有四种方式。

1) 将图标组合成群组。如果将流程线上部分连续的图标组合成一个群组图标，首先用鼠标左键在程序设计窗口中拖出一个虚线方框，也可以用"Ctrl+A"键选中某一级窗口内的所有图标；然后单击菜单栏中的"修改|群组"命令，将选中的图标组成一个群组图标，用户可以对该群组重新进行命名。

2) 将群组图标解组。如果要将一个群组图标解组，首先选中该群组图标，然后单击菜单栏中的"修改|取消群组"命令解组，解组后的图标自动连接在上一级程序设计窗口的流程线上。

3) 新建群组图标。首先拖动一个群组图标到流程线上的合适位置并命名，然后双击该群组图标，打开一个新的二级程序设计窗口。

4) 将单个图标转换成群组。在程序设计中，由于考虑不周，已经设计了单个图标及其内容，而此时需要在分支内设置其他图标。此时，可选中该图标并单击菜单栏中的"修改|群组"命令，将单个图标组成一个群组图标，该群组图标将自动以原图标名称命名。

(5) 计算图标

计算图标是用于对变量和函数进行赋值及运算的场所，它的设计功能看起来虽然简单，但是灵活地运用它往往可以实现复杂功能。值得注意的是，计算图标并不是 Authorware 计算代码的唯一执行场所，其他的设计图标同样有附带的计算代码执行功能。计算图标可以放置到程序的任何位置，执行数学运算和执行 Authorware 源程序。

1) 计算图标。根据计算图标用法的不同，其可分为独立计算图标和附加计算图标两种。要在流程线上添加独立计算图标，直接拖动计算图标到流程线上即可；要给某个设计图标添加附加计算图标，则要右击该设计图标，选择"计算"命令打开计算窗口，再输入程序语句即可。

2) 变量与函数

①变量的类型。根据变量存储的数据类型，可以将变量分为7类：数值型变量，用于存储具体的数值；字符型变量，用于存储字符串；逻辑型变量，用于存储"真"或"假"两种值；符号型变量，由符号"#"带上一连串字符构成；列表型变量，用于存储一组常量或变量；坐标变量，用于描述一个点在演示窗口中的坐标，形式为"(X,Y)"；矩形变量，一种特殊的列表变量，用于定义一个矩形区域。

②使用变量面板。单击工具栏"变量"按钮，会出现变量面板；变量面板中列出了所有的系统变量、当前程序中使用的自定义变量以及变量的相关信息，如图5.35所示。

图 5.35 变量面板

③使用函数参数。Authorware 函数是用于执行某一特定操作的函数,一般由函数名、括号以及括号内的参数组成。多数函数需要给出具体的参数才能执行,如"GoTo(IconID@"IconTitle")"函数的参数是"IconTitle";有的函数不需要给出参数也能执行,如"quit()"函数的作用是退出程序;"Beep()"函数的作用是发出一声铃响,无须给出参数。括号是函数的标志,如果没有括号,Authorware 就将其视为变量。

要想正确使用函数必须遵循特定的语法,其中最重要的是使用正确的参数。参数是交给函数处理的数据,几乎任何一个函数都要使用参数。在使用参数时应注意两点:一是根据需要为参数加上双引号,否则容易混淆字符串和字符型变量;二是参数个数是可变的。有些函数带有多个参数,但这些参数不一定每一个都会用到,而是根据实际情况使用其中的一部分。多个参数之间使用逗号进行分隔。

④使用函数面板。单击工具栏"函数"按钮,会出现函数面板;函数面板中列出了所有的系统函数、自定义函数以及对函数的描述,如图 5.36 所示。

图 5.36 函数面板

· 227 ·

（6）声音图标

声音图标用来存储和播放各种声音文件。利用相关的系统函数变量同样可以控制声音的播放状态。

1）声音图标的主要作用是在多媒体应用程序中添加背景音乐和文字解说，其支持的声音文件格式有 AIFF、MP3、PCM、SWA、VOX、WAVE 等。

2）将声音图标拖入流程线上合适的位置，或将声音文件直接拖入程序流程线，以及单击声音图标，都会弹出声音图标属性面板，如图 5.37 所示。

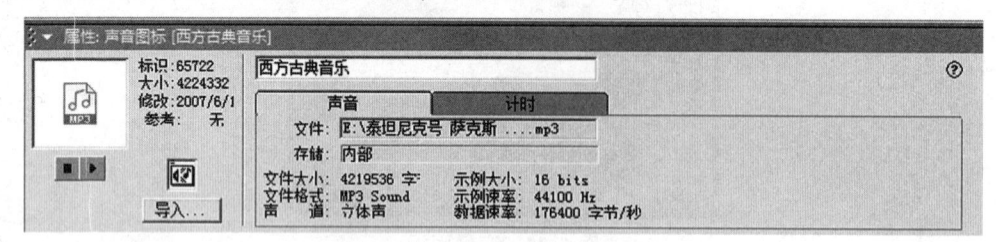

图 5.37　声音图标属性面板

3）单击"导入"按钮，即可打开"导入文件"对话框；在其中找到要导入的声音文件，单击"打开"，提示框提示文件加载过程；文件加载后，声音图标属性面板左上角的预览窗口中提示一个声音图标，单击下面的播放按钮可试听该文件。

声音图标属性面板的"声音"选项卡，可以读取源文件位置、存储模式、文件大小、文件格式、声道模式、采样频率、数据传输速率等。声音图标属性面板"计时"选项卡，主要用于设置声音文件的播放参数。通过"计时"选项卡的设置，可对已导入的声音文件播放进行控制，如图 5.38 所示。

图 5.38　"计时"选项卡

①"执行方式"选项。"执行方式"选项可以设置声音文件如何播放。其中，"等待直到完成"是指声音播放按照流程线进行；"同时"是指播放声音图标的同时也播放其后面图标的内容；"永久"是指只要右侧"开始"的条件为"真"则播放声音图标，同时执行流程线上后面的图标。

②"速率"选项。"速率"选项可以调整声音文件的播放速率。"速率"选项文本框中的数值大于100，将加快播放速度；"速率"选项文本框中的数值小于100，将减慢播放速度；"速率"选项文本框中的数值等于100，将以正常速度播放。

③"播放"选项。"播放"选项用于设置声音文件的播放次数或条件。其中，"播放次数"可在下面的文件框中输入数字、变量或表达式，用于控制播放次数；"直到为真"可在下面的文本框中输入声音播放结束的条件。当条件为"真"时，结束声音的播放。

④"开始"选项。"开始"选项用于设置声音文件开始播放的条件。该条件将直接决定

声音图标是否播放以及在"执行方式/永久"模式下是否重复播放。需要注意的是,只有当条件由"假"变"真"时才开始再一次播放声音图标;由"真"变"假"或始终为"真"均不能使"执行方式/永久"模式下的声音图标播放。

⑤"等待前一声音完成"选项。当执行方式为"同时"或"永久"时,有可能出现前面的声音还没有播放完毕就又遇到了此声音图标的情况。此时,若不勾选"等待前一声音完成"选项,则该图标的声音将会覆盖前面的声音。若勾选"等待前一声音完成"选项,则会等待前面的声音播放完毕后,才开始播放当前的声音文件。

下面以用到了显示图标、交互图标、群组图标与计算图标的"音乐欣赏"实例来进行操作。实例的说明程序设计流程如图 5.39 所示。

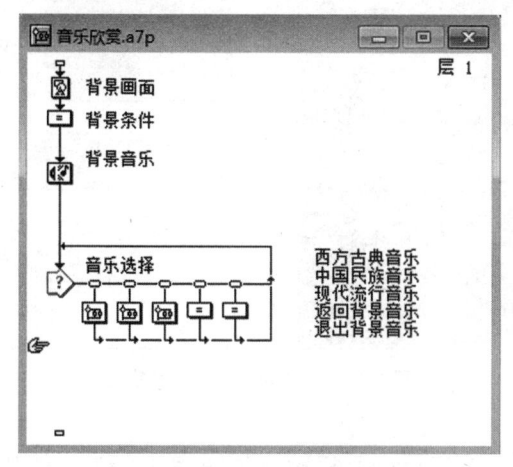

图 5.39　"音乐欣赏"程序设计流程

实例:音乐欣赏

第一步:在流程线上拖放一个显示图标,并命名为"背景画面",双击打开,导入一张背景图片。

第二步:在流程线上拖放一个计算图标,并命名为"背景条件",双击打开,输入"byst:=1",计算图标的属性变量默认为 byst。

第三步:在流程线上拖放一个声音图标,并命名为"背景音乐",导入背景音乐,并设置背景音乐图标的属性,如图 5.40 所示。

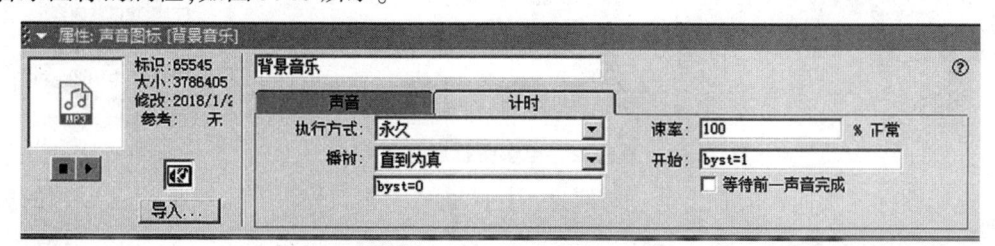

图 5.40　"背景音乐"的属性面板

第四步:拖动一个交互图标,并在其右侧下挂三个群组图标,在每个群组图标内分别添加一个声音图标,并导入对应的音乐,每个音乐图标的属性为:"执行方式"选项为"同时","播放次数"选项为"1",其他属性缺省。

第五步:打开每个群组图标,单击声音图标,按"Ctrl+="快捷键为每个声音图标附加一个计算图标,计算图标内输入"x:=0"。

第六步:在交互图标最右侧的两个计算图标内分别设置内容"byst:=1"和"Quit( )"。

第七步:运行程序,其效果如图 5.41 所示。

图 5.41 "音乐欣赏"演示窗口

(7)电影图标

电影图标主要用于存储各种动画、视频及位图序列文件。利用相关的系统函数变量可以轻松地控制视频动画的播放状态,实现回放、快进/慢进、播放/暂停等功能。

1)在流程线上拖放一个电影图标,单击该图标,出现电影图标属性面板,如图 5.42 所示。通过该属性面板可查看已导入影像文件的各方面参数以及设置和控制影像文件的播放及显示。该属性面板共有三个选项卡"电影""计时"和"版面布局"。

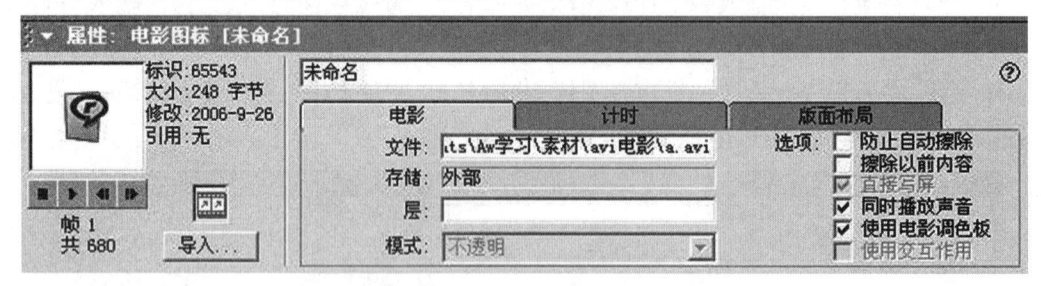

图 5.42 电影图标属性面板

电影图标属性面板的右边是公共信息,其中"播放"按钮 ▶ 用于,试播放已导入的影像文件;"停止"按钮 ■ 用于停止播放。"单步后退"按钮 ◀ 是指每单击一次,则向后退一帧,从面板的帧处可看到帧数减了 1;"单步前进"按钮 ▶ 是指每单击一次,则向前进一帧,从面板的帧处可看到帧数加了 1。

2)单击"导入"按钮,在打开的"导入哪个文件?"对话框中导入需要的电影文件即可,如图 5.43 所示。若在"导入哪个文件?"对话框中勾选"显示预览"复选框,则可在导入该影像文件之前先进行预览。

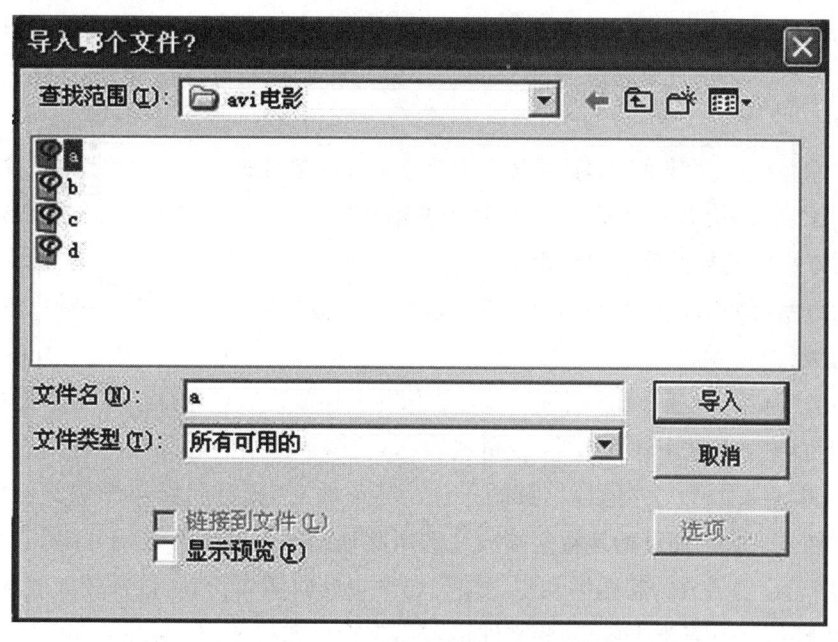

图 5.43 "导入哪个文件?"对话框

3)"电影"选项卡。"电影"选项卡主要用于显示和设置影像文件的路径、存储方式、层、显示模式等内容。其中,"文件"选项显示导入的影像文件路径;"存储"选项显示当前的影像文件是内部文件还是外部文件;"层"选项显示和修改该影像文件的显示层次;"模式"选项显示该影像文件的显示模式——不透明,这是系统设置好的,用户不能修改。"防止自动擦除"选项是指选择该选项后,数字视频图标将不能被其他图标中设置的自动擦除功能擦除。若想擦除它,只能通过一个擦除图标实现。"擦除以前的内容"选项是指播放该影像文件时,系统将擦除该数字电影图标前面显示过的所有内容。"直接写屏"选项是指将在演示窗口中以最高层次显示,这是系统设置好的,用户不能修改。"同时播放声音"选项是指声音和视频同步播放。"使用电影调色板"选项是指使用加载电影本身的调色板而不使用 Authorware 的调色板。"使用交互作用"选项是指对于影像文件的播放,不能使用交互作用,这是系统设置好的,不能修改。

4)"计时"选项卡。"计时"选项卡主要用于设置影像文件的播放参数,实现对已导入的影像文件播放进行控制,如图 5.44 所示。

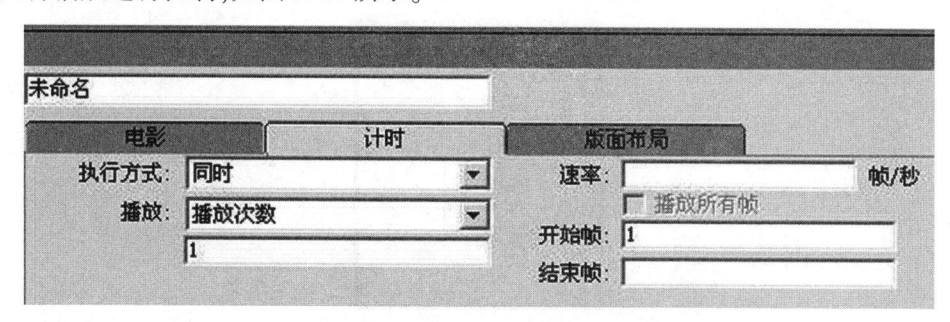

图 5.44 "计时"选项卡

①"执行方式"选项。"执行方式"选项可以设置影像文件如何播放。其中,"等待直到完成"是指影像播放按照流程线进行;"同时"是指播放影像文件的同时也播放其后面的图标的内容;"永久"是指只要右侧"开始"的条件为"真"则播放影像图标,同时执行流程线上后面的图标。

②"速率"选项。"速率"选项可以调整影像文件的播放速率。"速率"选项文本框中的数值大于 100,将加快播放速度;"速率"选项文本框中的数值小于 100,将减慢播放速度;"速率"选项文本框中的数值等于 100,将以正常速度播放。

③"播放所有帧"选项。"播放所有帧"选项可以播放影像文件的每一帧。该选项仅对内置文件有效。

④"播放"选项。"播放"选项可以设置影像文件播放次数或条件。其中,"播放次数"选项可以在下面的文本框中输入数字、变量或表达式,用于控制播放次数;"直到为真"可在下面的文本框中输入影像文件播放结束的条件。当条件为"真"时,结束影像文件播放。"重复"是指影像文件会周而复始地重复播放。选用此项则下面的文本框不可用。"开始帧"和"结束帧"用于设置播放的起始帧和终止帧。如果想反向播放,则应设置较大的起始帧值和较小的终止帧值。但需要注意,某些文件格式不支持反向播放,如 MPEG、MOV 格式文件在反向播放时不支持 MIDI 音效。

5)"版面布局"选项卡

电影图标的"版面布局"选项卡,如图 5.45 所示,其用法与显示图标属性面板中的"版面布局"选项卡的用法相同。

图 5.45 电影图标属性面板的"版面布局"选项卡

下面以"家庭影院"的实例来说明电影图标的使用方法。实例的程序设计流程,如图 5.46 所示。

图 5.46 "家庭影院"程序设计流程

实例：家庭影院

第一步：拖放显示图标到流程线上，命名为"电视机"和"音箱"，找一幅有电视机与音箱的图片，用 Photoshop CS6 软件将它们选取出来，并分别粘贴于"电视机"与"音箱"的显示图标中。

第二步：拖放一个交互图标，系统会自动弹出"交互类型选择"对话框，选择"热区域"交互方式。

第三步：双击交互类型标志，弹出交互类型属性面板，如图 5.47 所示。单击"鼠标"右侧的按钮，弹出"鼠标指针"对话框，用于设置鼠标显示样式，向下拖动滚动条，找到最后一个指针类型——手型指针，单击选中并确定，如图 5.48 所示。

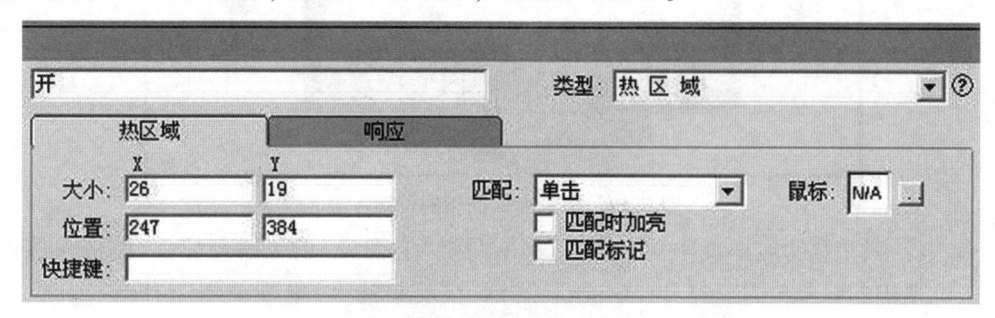

图 5.47 交互类型属性面板

图 5.48 "鼠标指针"对话框

第四步：拖放一个群组图标到交互图标右侧，并命名为"开"。在此群组图标中拖放一个数字电影图标，并导入数字视频文件。

第五步：拖入一个显示图标作为第二个分支，并命名为"关"。双击打开"电视机"显示图标，在其面板上画两个小矩形，其中一个作为"开"按钮，另一个作为"关"按钮。按住"Shift"键，同时打开"电视机""音箱"显示图标，与"开关电视"交互图标的演示窗口，此时会看到有两个虚线框，并且上面还有"开"与"关"字样，如图 5.49 所示。调整"电视机"与"音箱"的相对位置，并将两个虚线框分别放在两个小矩形上。此时，按下"播放"按钮，然后单击"开"按钮，数字电影开始播放。此时双击电视机上的任何部位，使程序停止执行。

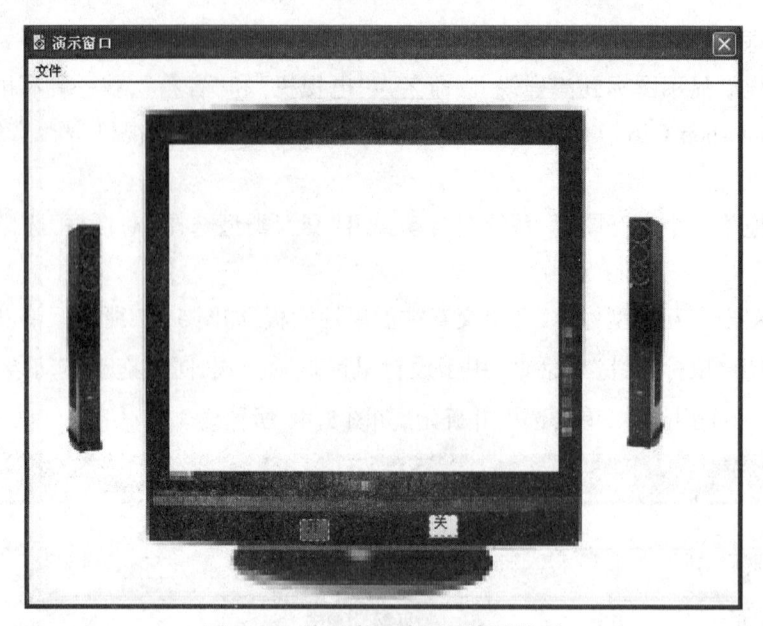

图 5.49　演示窗口的相对位置关系

第六步：调整数字电影视频播放的位置，再调整"电视机"的大小与位置，使视频位置正好处于电视机的屏幕位置。打开"关"显示图标，在其中输入"电视关闭"，并调整其位置到电视机的屏幕位置。运行程序，按下"开"按钮，开始播放；按下"关"按钮，电视关闭。

(8) 移动图标

移动图标是将显示对象从一个位置移动到另一个位置，这里的显示对象可以来源于显示图标、交互图标及计算图标。一旦对某对象设置了移动方式，则该移动方式将应用于此对象所在的显示图标中的所有对象。如果需要移动单个对象，必须保证此对象所在的图标中没有其他对象。移动可以发生在不同时刻，并且移动的类型也能够有所区别，移动对象之间是独立的。

如果要让流程线上某个图标中的对象运动，就必须将移动图标放在它的后面，然后选中移动图标，单击菜单栏中的"修改｜图标｜属性"命令，打开移动图标属性面板，如图 5.50 所示。

图 5.50　移动图标属性面板

1) 在移动图标属性面板最上方的文本框中可以输入该图标的名称(如输入"移动文字")。

2) "层"输入框用于设置运动时对象所处的层数。当有两(多)个对象重叠时，层次高的显示对象就会位于层次低的显示对象之前。输入框中的数字可以是正数，也可以是零和负数。默认情况下，Authorware 将所有对象的移动显示均设置为零层。为了有准确的显示效果,还应对显示图标设置对应的层数。

3)在"定时"下拉列表框中,可选择移动对象的速度度量单位,其有两个选项:"时间(秒)"用于控制运动对象完成全部过程的时间(以秒为单位);"速率"用于控制运动对象的速度(秒/英寸)。"时间(秒)"和"速度"选项下的文本框中可以输入数值、变量或者表达式。

4)"执行方式"下拉列表框中的选项主要是在处理多个对象运动时使用。

"选择等待直到完成"选项是指要在这个运动完成后再向下执行其他图标的内容;"如选同时"在这个运动的同时会向下执行其他图标的内容。

5)在"类型"下拉列表中选择移动对象的方式,共有五种运动方式。

①"指向固定点"运动方式:固定终点的运动方式,这是 Authorware 移动设计方式中最简单的一种,对象按照定义由起始点沿直线移动到终止点,然后结束移动。

下面以"小鸟移动"的实例进行说明,其程序设计流程如图 5.51 所示。

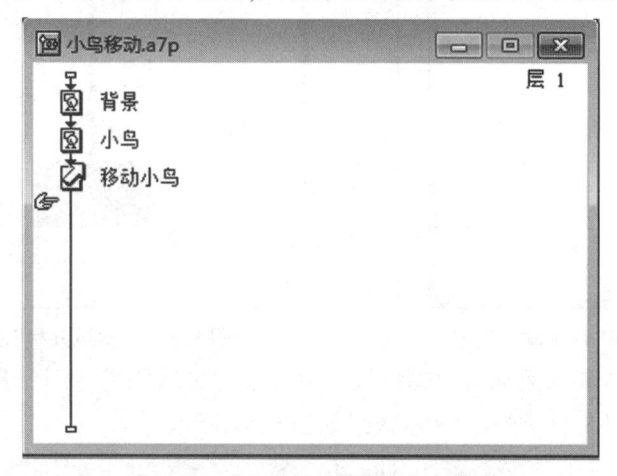

图 5.51 "小鸟移动"程序设计流程

实例:小鸟移动

第一步:在流程线上拖放一个显示图标,并命名为"背景",双击打开,导入一张图片,然后调整图片的大小和位置,如图 5.52 所示。

第二步:在流程线上拖放一个显示图标,并命名为"小鸟",双击打开,导入"小鸟"图片,然后调整图片的大小,并将小鸟图片拖放到演示窗口的下面位置,如图 5.53 所示。

图 5.52 "小鸟移动"实例的背景  　　　　图 5.53 "小鸟移动"实例的"小鸟"图片

第三步:在流程线上拖放一个移动图标,并命名为"移动小鸟"。将移动图标属性中的"类型"设置为"指向固定点",并打开"小鸟"显示图标,选择"移动小鸟"图标;单击"小鸟"图片,"小鸟"就出现在移动图标属性面板的预览窗口中,将"小鸟"拖动到要移动的某点。运行程序,观看效果。

"奥运升旗"实例。要求将三种颜色的旗帜(分别代表冠、亚、季军)从同一水平位置升起,在旗杆的不同位置停止,用时相同。具体操作过程省略,其程序设计流程如图5.54所示。演示效果如图5.55所示。

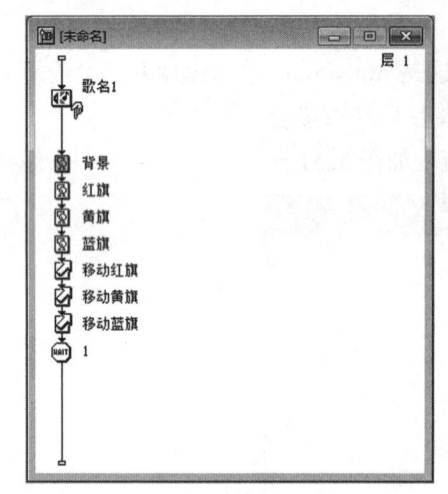

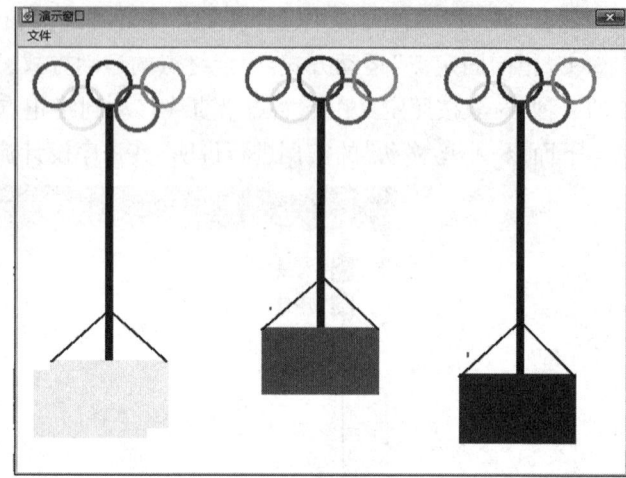

图5.54 "奥运升旗"程序设计流程　　　　图5.55 "奥运升旗"演示效果

"踢足球"实例。要求运动员用脚将从右边飞来的足球踢进球门。具体操作过程省略,其程序设计流程如图5.56所示。演示效果如图5.57所示。

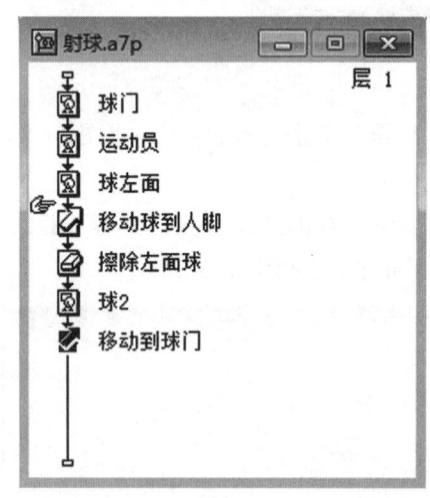

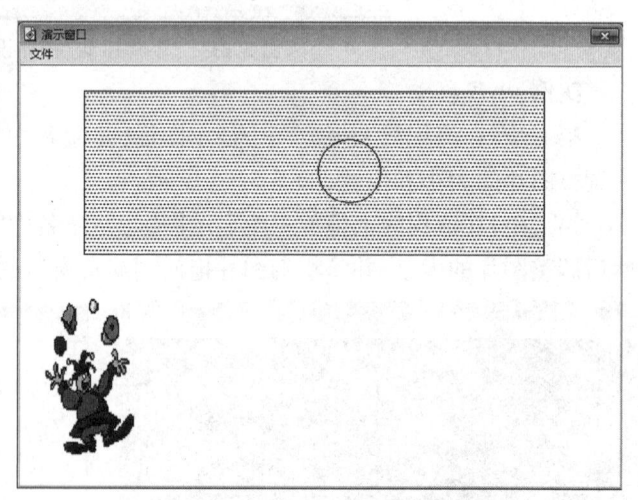

图5.56 "踢足球"程序设计流程　　　　图5.57 "踢足球"演示效果

②"指向固定直线上的某点"运动方式:固定路径的运动方式,也就是将对象从屏幕的当前位置沿直线移动到一条指定的直线路径上的指定位置停止;如果恰巧要移动的对象就在指定的直线路径上,则对象将沿着该直线路径移动到指定位置。

下面以"射箭"的实例来进行说明,其程序设计流程如图5.58所示。演示效果如图5.59所示。

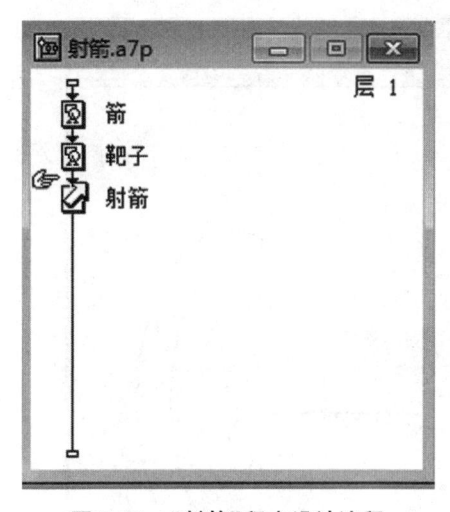

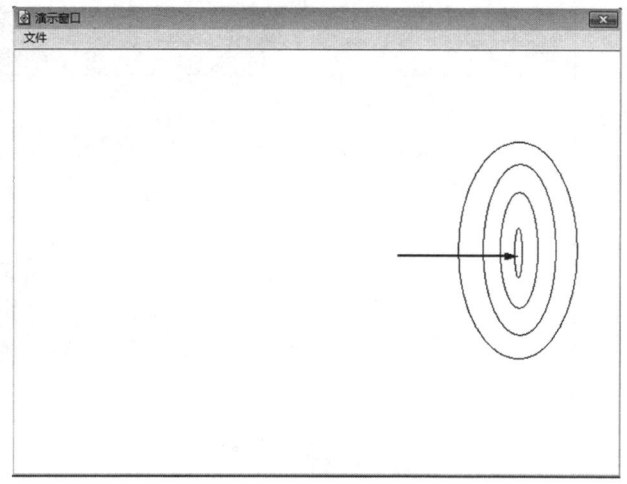

图 5.58 "射箭"程序设计流程　　　　　　图 5.59 "射箭"演示效果

实例：射箭

第一步：拖放一个显示图标到流程线上，并命名为"箭"，双击打开，在演示窗口中用直线工具画"箭"，如图 5.60 所示。再拖放一个显示图标到流程线上，并命名为"靶子"，双击打开，画出"靶子"，如图 5.61 所示。

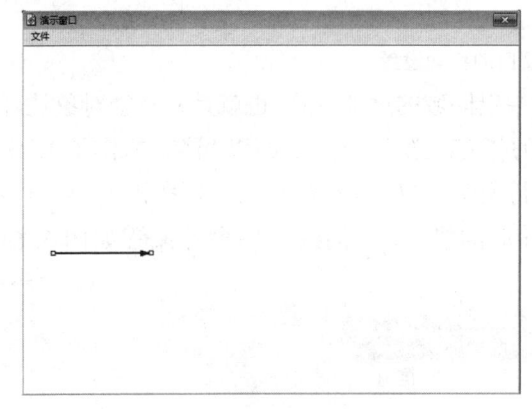

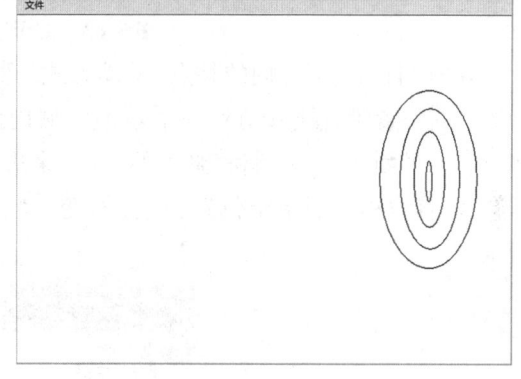

图 5.60 "箭"　　　　　　图 5.61 "靶子"

第二步：拖放一个移动图标，在其属性面板的"类型"下拉列表中选择"指向固定直线上的某点"，打开"箭"显示图标并单击，"箭"就会在移动图标属性面板的预览窗口中，如图 5.62 所示。

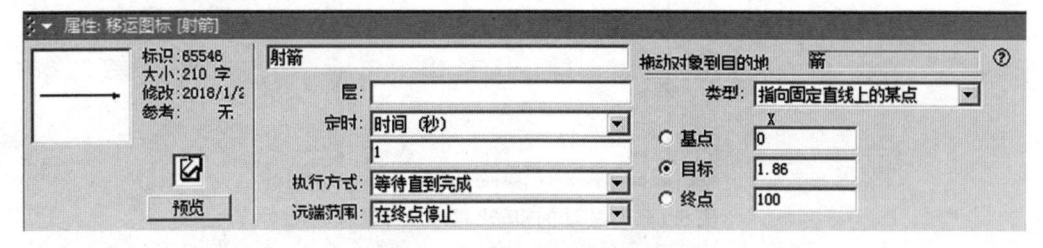

图 5.62 移动图标属性面板

第三步：在移动属性面板中，选中"基点"，并演示程序。在演示窗口中拖动"箭"到"靶子"，会出现一条虚直线，如图 5.63 所示。运行程序，观看效果。

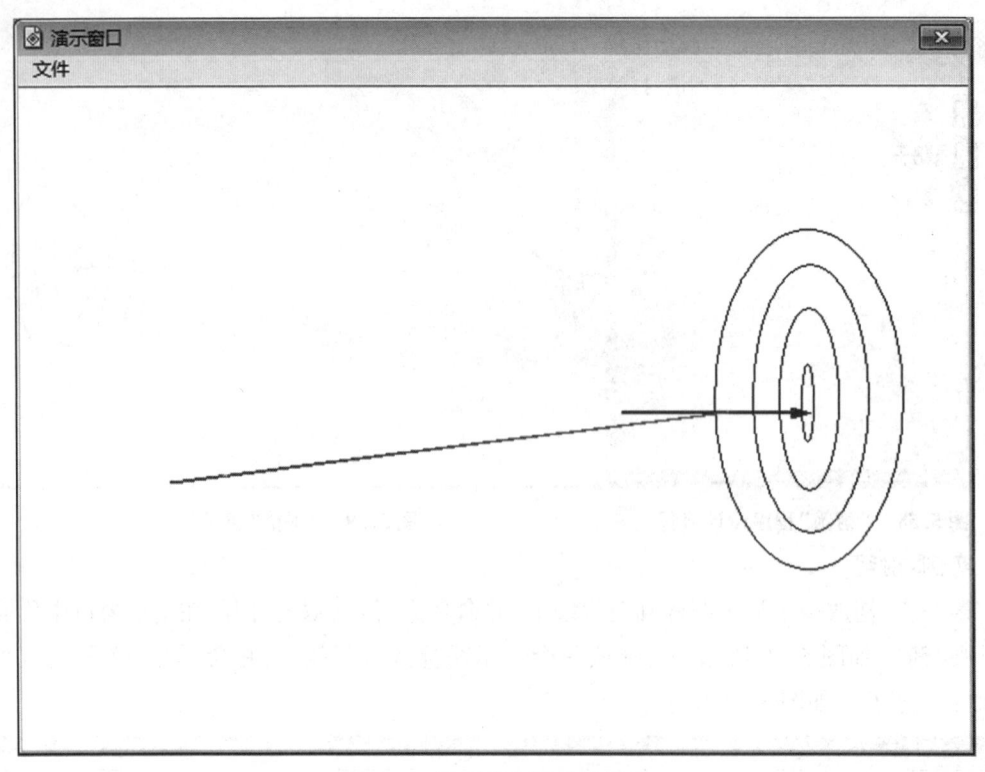

图 5.63　演示窗口的移动设置

③"指向固定区域内的某点"动动方式:到指定区域的运动方式,也就是将移动对象从屏幕的当前位置沿直线移动到一个矩形区域内的指定位置停止。下面以"移动的棋子1"实例、"移动的棋子2"实例和"弹跳的小球"来进行说明。"移动的棋子"实例中"棋子"从当前位置,沿直线移动到指定位置,位置不变。"移动的棋子"实例的程序设计流程如图5.64所示。

图 5.64　"移动的棋子"程序设计流程

实例:移动的棋子1

第一步:在流程线上拖放一个显示图标,并命名为"棋盘",双击打开,画出"棋盘",如图5.65所示。

第二步：在流程线上拖放一个显示图标，并命名为"棋子"，双击打开，画出"棋子"，如图 5.66 所示。

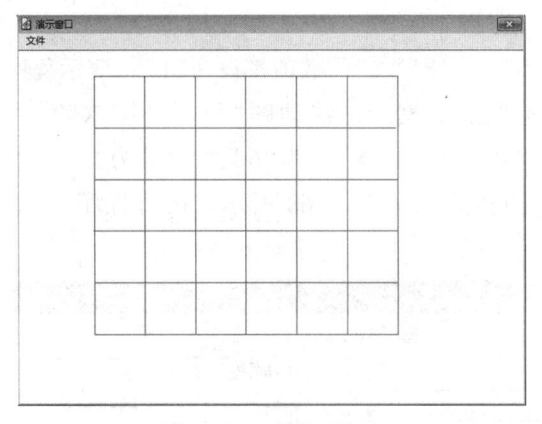

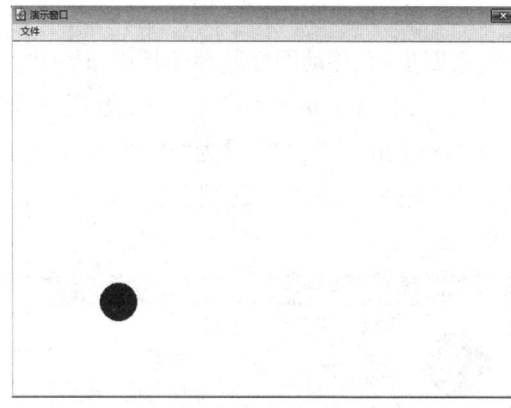

图 5.65　"棋盘"效果　　　　　　　　图 5.66　"棋子"效果

第三步：拖放一个移动图标，在其属性面板的"类型"下拉列表中选择"指向固定区域内的某点"，打开"棋子"显示图标并单击，"棋子"就会在移动图标属性面板的预览窗口中。

第四步：在移动图标属性面板中，选中"基点"，其他选项保持默认值。演示程序时，在演示窗口中拖动"棋子"，会出现一个矩形的虚框，如图 5.67 所示。运行程序，观看效果。

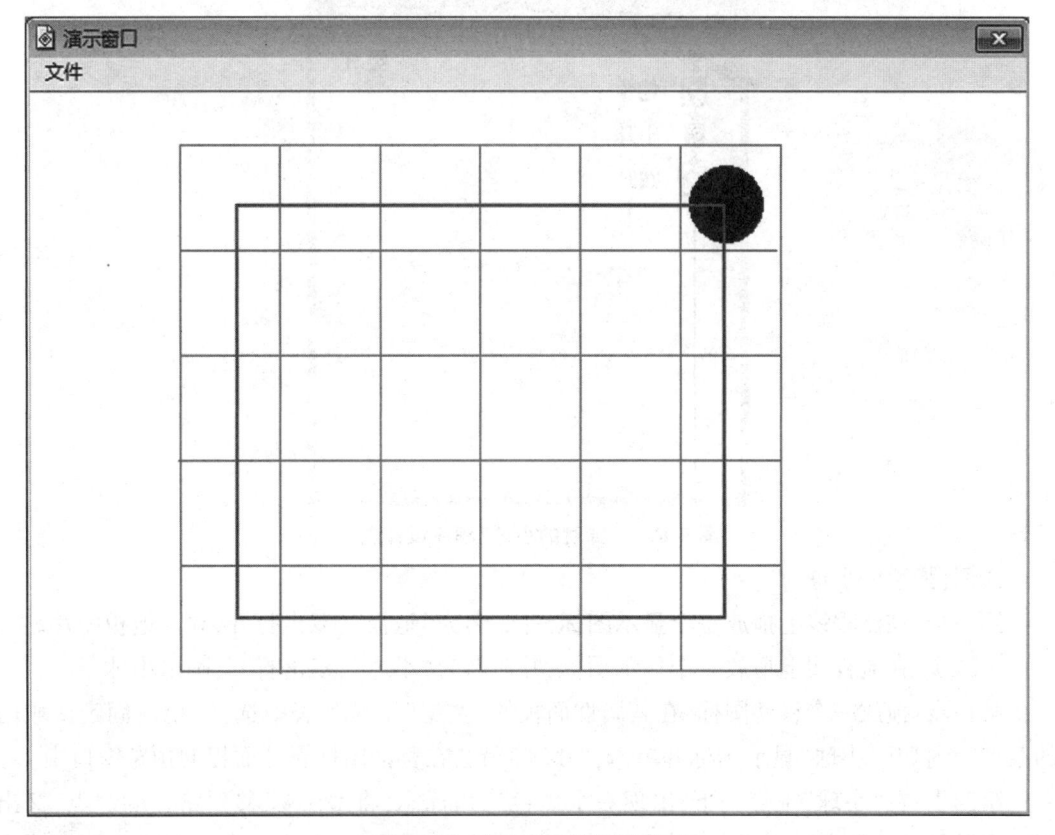

图 5.67　演示窗口的矩形虚框

"移动的棋子 2"实例中"棋子"从当前位置，沿直线移动到指定位置，每次运行，位置会发生变化。其程序设计流程如图 5.64 所示。

实例：移动的棋子2

第一步、第二步和第三步同"移动的棋子1"实例。

第四步：在移动图标属性面板中，选中"基点"，其"X""Y"的数值都设为"1"。演示程序时，在演示窗口中拖动"棋子"，会出现一个矩形的虚框。在移动图"目标"中"X"设为"Random(1,6,1)"，"Y"设为"Random(1,5,1)"；"终点"中"X"设为"6"，"Y"设为"5"；"执行方式"选择"永久"；"远端范围"选择"在终点停止"，如图5.68所示。运行程序，观看效果。

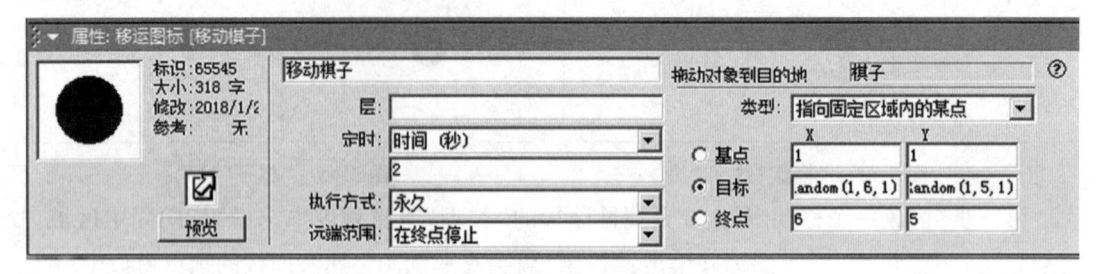

图 5.68 移动图标属性面板

"弹跳的小球"实例的程序设计流程如图5.69所示。

图 5.69 "弹跳的小球"程序设计流程

实例：弹跳的小球

第一步：在流程线上拖放一个显示图标，并命名为"地板"，双击打开，导入地板图片。

第二步：在流程线上拖放一个显示图标，并命名为"小球"，双击打开，画出小球。

第三步：拖放一个移动图标，在其属性面板的"类型"下拉列表中选择"指向固定区域内的某点"。打开"小球"显示图标并单击，"小球"就会在移动图标属性面板的预览窗口中。

第四步：在"小球"上点一下，出现一个黑色三角标志；将"小球"移到路径的起点，又出现一个黑色三角标志。将两个黑色三角标志移在一起并重合，再将一个三角标志拉到下个拐点，然后将"小球"移到下一个拐点，依次定义路径，如图5.70所示。运行程序，"小球"沿着设定好的路径移动。

图 5.70 "小球"移动路径

④"指向固定路径的终点"运动方式：沿路径到终点的运动方式，也就是将对象沿着一条自定义的任意形状(可以是直线、折线、曲线)的路径由起点移动到终点。

下面以"月亮沿地球运动"实例来进行说明，其程序设计流程如图 5.71 所示。演示效果如图 5.72 所示。

图 5.71 "月亮沿地球运动"程序设计流程　　图 5.72 "月亮沿地球运动"演示效果

实例：月亮沿地球运动

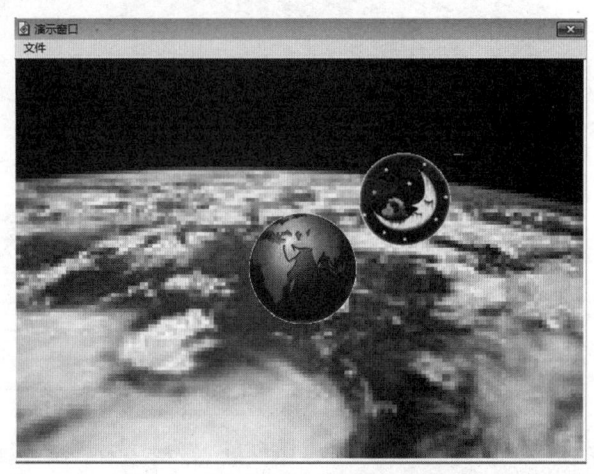

第一步：在流程线上拖放三个显示图标，依次命名为"背景""地球""月亮"，双击打开各显示图标，导入相应的图片。

第二步：在流程线上拖放一个移动图标，并命名为"旋转"，在其属性面板的"类型"下拉列表中选择"指向固定区域内的某点";打开"月亮"显示图标并单击,"月亮"就会在移动图标属性面板的预览窗口中。

第三步:将"月亮"显示图标中的图片放置在正左方。

第四步:在演示窗口中单击要移动的对象"月亮",此时,"月亮"图案上出现一个黑色的三角标志。将移动图标属性面板的"定时"设置为 10 秒,然后根据提示,将月亮对象拖拽至地球的正右方,再将月亮沿顺时针方向拖拽至地球的正左方附近;双击地球右边的三角形路径点,以产生一个圆形路径;最后将三个路径点进一步调整。"月亮沿地球运动"的圆形移动路径如图 5.73 所示;移动图标的属性面板设置,如图 5.74 所示。

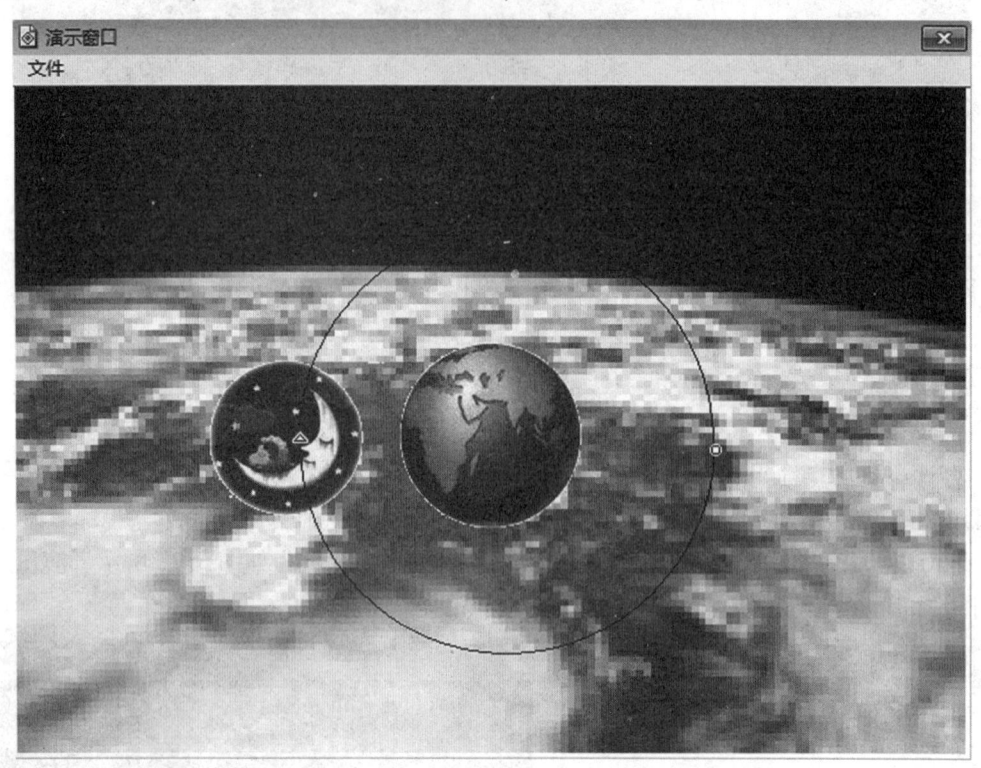

图 5.73 "月亮沿地球运动"的圆形移动路径

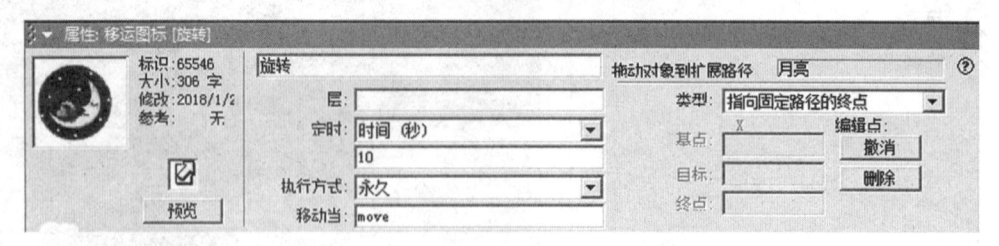

图 5.74 "月亮沿地球运动"移动图标属性面板

⑤"指向固定路径上的任意点"运动方式:沿路径到指定点的运动方式,与"指向固定路径的终点"移动方式非常相似,不同的是"指向固定路径上的任意点"运动方式可以将对象定位在一条自定义的任意位置。

下面以"电子钟"实例来进行说明,其程序设计流程如图 5.75 所示。演示效果如图 5.76 所示。

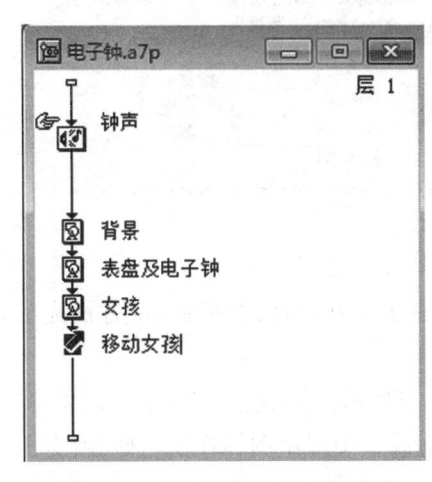

图 5.75 "电子钟"程序设计流程 　　　　图 5.76 "电子钟"演示效果

实例：电子钟

第一步：在流程线上拖放一个声音图标，并命名为"钟声"，导入钟表走动的声音。

第二步：在流程线上拖放三个显示图标，依次命名为"背景""表盘及电子钟""女孩"，双击打开各显示图标，导入相应的图片，并调整好大小和位置。

第三步：在"表盘及电子钟"显示图标中，加载系统变量"{FullTime}"，如图 5.77 所示。勾选显示图标属性面板"选项"中的"更新显示变量"。

第四步：将"女孩"图标中的图片放置在"电子针"的"12 点"正上方。

第五步：在流程线上拖放一个移动图标，并命名为"移动女孩"，其属性面板的"类型"设置为"指向固定路径上的任意点"，在演示窗口中单击要移动的"女孩"对象。此时，"女孩"图案上出现一个黑色的三角标志，移动图标属性面板的"定时"取默认值"0"，然后根据提示，将"女孩"对象拖拽至"电子钟"的"6 点"正下方，再将"女孩"沿顺时针方向拖拽至"电子钟"的"12 点"附近；双击"电子钟"的"6 点"处三角形路径点，以产生一个圆形路径；最后将三个路径点进一步仔细调整，所产生的圆形移动路径如图 5.78 所示。在移动图标属性面板的"终点"中输入"59""目标"中输入"Sec"，特别注意"定时"设为"0"秒，以产生对象跳跃的动态效果。移动图标属性面板设置如图 5.79 所示。运行程序，观看效果。

图 5.77 "表盘及电子钟"显示图标中加载系统变量 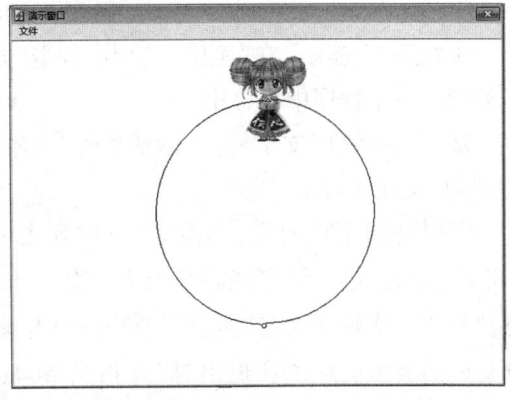　　　　图 5.78 "女孩"的图标移动路径

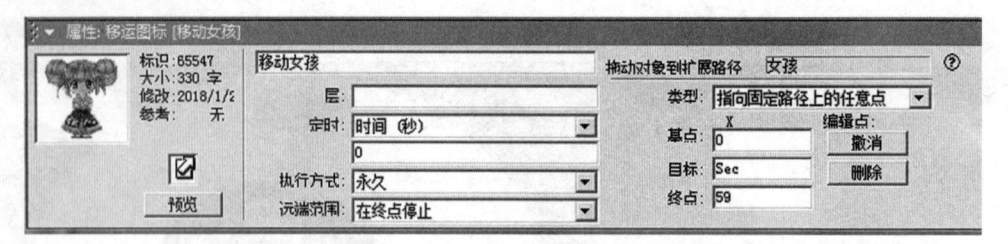

图 5.79　移动图标属性面板设置

（9）交互图标

交互图标是 Authorware 强大交互功能的核心表征，有了交互图标，Authorware 才能完成各种灵活复杂的交互功能。

1）交互的种类。Authorware 提供了 11 种交互类型，与显示图标相似，交互图标中同样可插入图片和文字。拖放一个交互图标到流程线上，再拖放一个群组图标在其右侧，就会出现"交互类型"对话框，如图 5.80 所示。

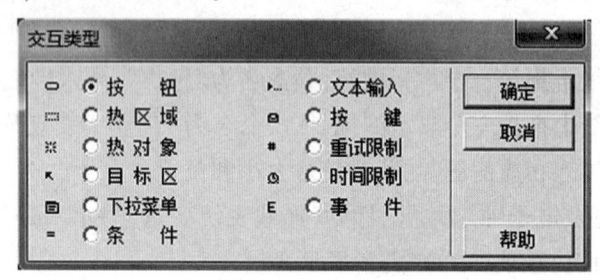

图 5.80　"交互类型"对话框

由于交互图标分属不同的交互类型，Authorware 的交互图标中有不同的属性面板供用户设置。双击交互图标，将打开交互图标属性面板。对于 Authorware 提供的交互图标属性面板中，"响应"选项卡所包含的选项是相同的，如图 5.81 所示。在此统一进行介绍。

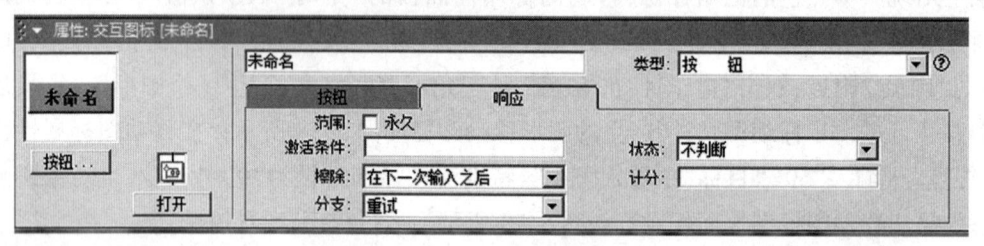

图 5.81　"响应"选项卡

①"范围"选项。在"范围"选项中勾选"永久"属性，则用户在该交互图标中所设置的交互类型在整个程序中都可用。

②"激活条件"文本框。"激活条件"文本框用以输入一个作为条件的表达式，当条件为"真"时，交互才可用。

③"擦除"下拉列表。"擦除"下拉列表可以设置擦除交互图标显示内容的附加要求。"在下一次输入之后"是指在给出下一次交互之前，程序将不擦除本次交互分支内的展示信息；"在下一次输入之前"是指只要程序离开该分支，在下一次交互之前，自动擦除本次交互分支内的展示信息；"在退出时"是指当 Authorware 退出交互时，擦除交互显示对象；"不擦除"是指在屏幕上保留交互显示对象，直到使用擦除图标。

④"分支"选项。"分支"选项用于设置交互后的程序走向。"重试"是指程序执行完该分支后,将返回到交互图标,等待新的交互发生;"继续"是指程序执行完该分支后,分支内沿原路返回,继续执行该分支右边的符合用户交互条件的其他分支,然后返回交互图标;"退出交互"是指程序执行完该分支后,退出交互图标,继续执行流程线上的后续图标。

⑤"状态"选项。"状态"选项用于设置是否记录交互状态,以提供自动跟踪用户交互正误以及自动评分等 CMI 属性。"不判断"是指对是否进入该分支不做判断和记录;"正确响应"是指在该分支图标的名称前显示"+"号标记,此时系统将跟踪用户进入该交互分支的状态,并在系统变量"Correct""CorrectChoice""CorrectChoicesMatched"中记录相关信息;"错误判断"是指在该分支图标的名称前显示"-"号标记,此时系统将跟踪用户进入该交互分支的状态,并在系统变量"WrongChoicesMatched"中记录相关信息。

⑥"计分"文本框。"计分"文本框用以设置对于正确或错误响应的交互得分值。选择"正确响应"属性,则可设置为正值;选择"错误响应"属性,则可设置为负值。

2)交互的结构。一个交互流程包括一个交互图标、若干个响应类型标记、同样数目的响应图标和交互分支 4 部分,如图 5.82 所示。

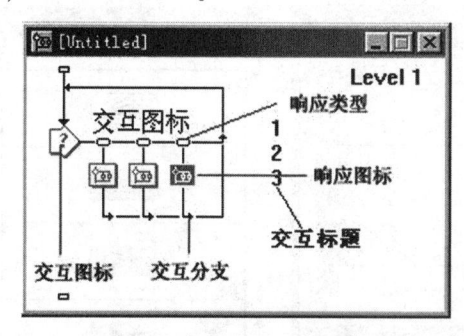

图 5.82 交互流程结构

3)按钮交互。按钮交互是在演示窗口中显示一个按钮供用户交互,程序运行时通过单击按钮实现交互。按钮类型交互图标属性面板中的"按钮"选项卡如图 5.83 所示。

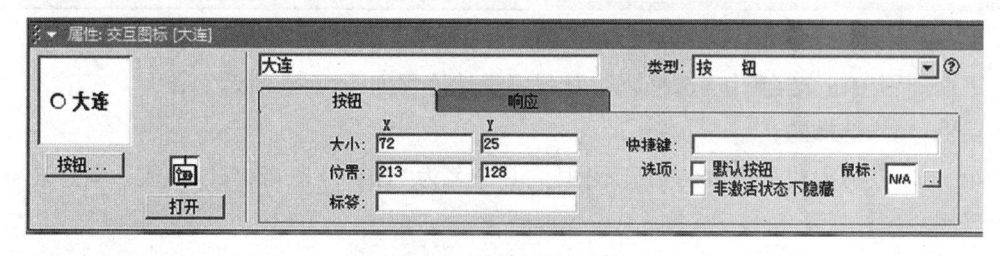

图 5.83 "按钮"选项卡

①"大小"选项。"大小"选项用于定义按钮的大小,"X""Y"的值以像素为单位。

②"位置"选项。"位置"选项用于定义按钮在屏幕上的位置,定义时使用屏幕坐标系,是以按钮的左上点为参照点。

③"标签"选项。在"标签"选项输入框中输入该按钮的名称,按钮的大小会随文字的多少而调整,除非该按钮是一个用户自定义按钮。

④"快捷键"选项。在"快捷键"选项输入框中输入该按钮的快捷键,可以使用快捷键来

激活按钮。

⑤"选项"选项。选中"默认按钮"项,就可以使用系统提供的按钮形式,Authorware 会在按钮四周加上一个粗黑框;如果使用自定义按钮,该选项将变灰,被置为不可用。选中"非激活状态下隐藏"项时,交互无效时被隐藏,有效时则显示。

⑥"鼠标"选项。"鼠标"选项用于改变鼠标指针的形状。单击按钮 ,出现"鼠标指针"对话框,如图 5.84 所示。用户可以在该对话框中选择合适的鼠标显示形式。可以使用系统提供的鼠标显示形式,也可以加载用户定义的鼠标形式,甚至可以调用外部图片来设计自定义按钮。

在按钮类型交互图标的属性面板中单击按钮 按钮… ,打开"按钮"对话框,如图 5.85 所示。在"按钮"对话框中可以选择、添加、删除或编辑按钮属性。"预览"栏列出了按钮库的按钮形状;"描述"栏给出了相应按钮的说明性内容;"系统按钮"的两个下拉列表分别用来设置按钮标题的字体和字号;"添加"按钮,在单击打开后的"按钮编辑"对话框,可以为按钮库添加并设置新按钮。

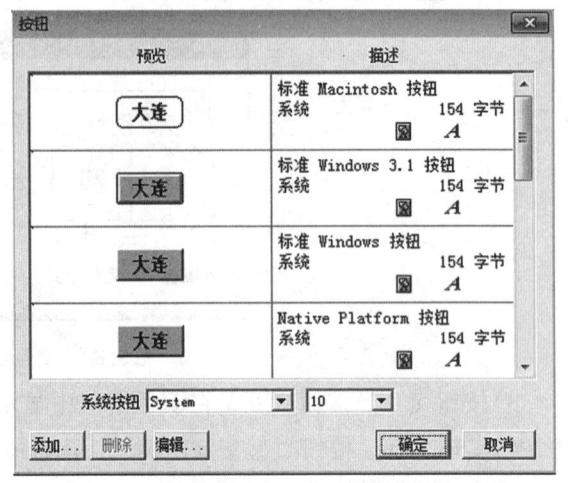

图 5.84 "鼠标指针"对话框   图 5.85 "按钮"对话框

下面利用按钮交互制作"选择题",其程序设计流程如图 5.86 所示。

实例:制作选择题

第一步:在流程线上拖放一个显示图标,并命名为"背景",双击打开,导入一幅已准备好的背景图片。

第二步:在流程线上拖放一个交互图标,选择按钮交互类型,并命名为"问题 1",双击打开,输入选择题的题目,并调整好文字的位置、大小等属性。

第三步:在交互图标的右侧拖放一个群组图标,并命名为"大连"(这是选择题的选项答案)。将群组图标属性"响应"选项卡中的分支选为"退出交互",其他为默认值,并设置按钮的形状。双击打开群组图标,出现"层 2";在"层 2"的流程线上拖放一个显示图标,命名为"提示 1",双击打开,输入文字"恭喜你,答对了!",并调整好文字的大小、位置等属性。在显示图标的下面拖放一个等待图标,并设置为单击鼠标或按任意键。

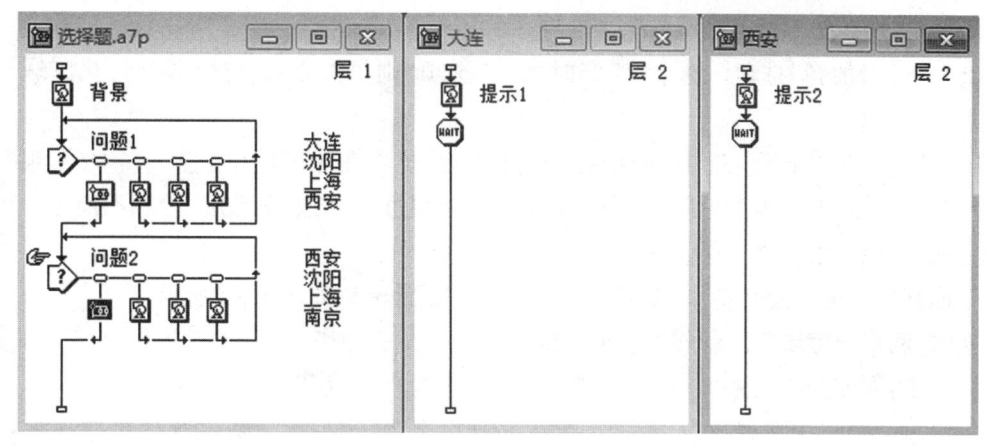

图 5.86 "选择题"程序设计流程

第四步:在群组图标的右侧拖放 3 个显示图标,并命名为"沈阳""上海""西安"(这是选择题的选项答案),群组图标属性"响应"选项卡中的分支选为"重试",其他为默认值,并设置按钮的形状;双击打开显示图标,输入文字"继续努力!"。"选择题"演示效果,如图 5.87 所示。

图 5.87 "选择题"演示效果

4)热区域交互。热区域交互是在演示窗口的某一个位置上建立一个矩形区域(该区域用虚线围成,运行时在演示窗口中不可见),程序运行时由用户通过鼠标单击、双击或进入该矩形区域以实现交互。

热区域类型交互图标属性面板中的"热区域"选项卡,如图 5.88 所示。

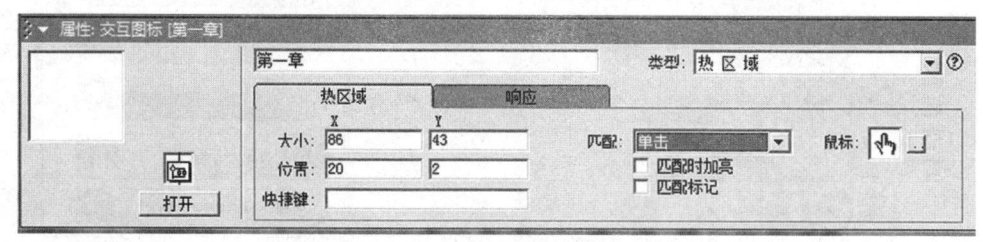

图 5.88 "热区域"选项卡

①"匹配"选项。"匹配"选项用于设置与热区域相匹配的触发方式,有三个选项:"单

击""双击""指针处于指定区域内"。

②"匹配时加亮"选项。选中"匹配时加亮"选项,则单击或双击热区域时,热区域将高亮显示。

③"匹配标记"选项。选中"匹配标记"选项,系统将在热区域中设置一个方格匹配标志。产生交互时,方格被黑色填充,表示此交互被使用过了;结束交互后,标志不消失。程序调试完成后,该选项通常不选。

下面利用热区域交互制作"章节目录",其程序设计流程如图5.89所示。

实例:利用热区域交互制作"章节目录"

第一步:在流程线上拖放一个交互图标,并命名为"主界面"。

第二步:在交互图标右侧拖放群组图标,依次命名为"第一章""第二章""第三章""第四章""第五章"。

第三步:双击打开交互图标,演示窗口中出现以群组图标命名的五个矩形选框,如图5.90所示。在交互图标中可以输入文字、导入图片或按钮来设置交互,并将矩形选框移动到相应的文字、图形或按钮上,如图5.91所示。

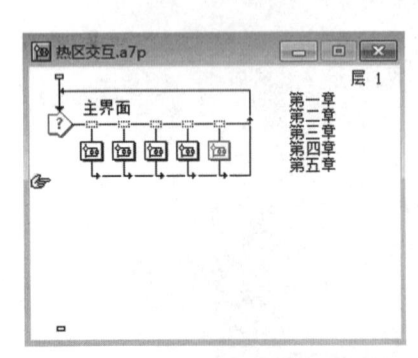

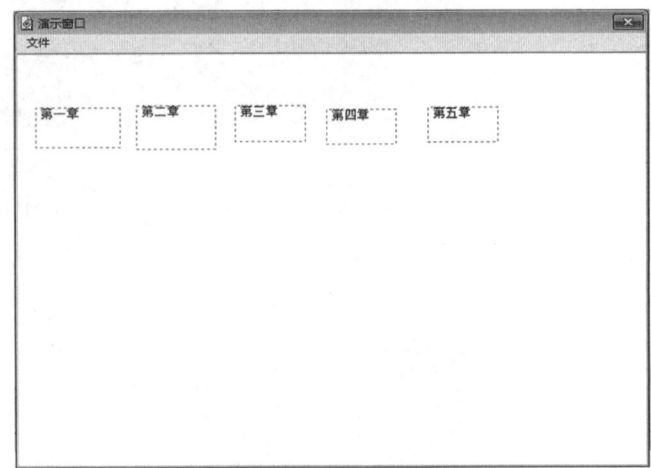

图5.89 "章节目录"程序设计流程

图5.90 "章节目录"演示窗口

第四步:在每一章的群组图标中进行内容制作。运行程序,演示效果,如图5.92所示。当鼠标移到对应章节的按钮,单击、双击或鼠标移到就会进入相应内容中。

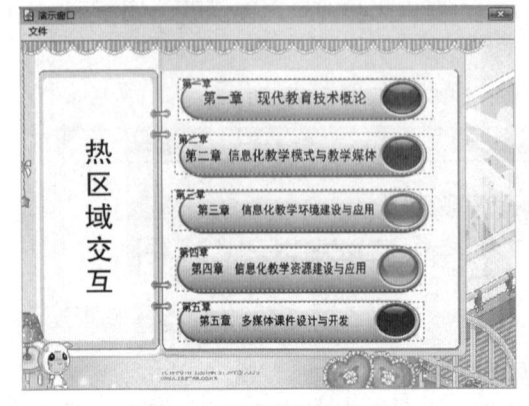

图5.91 矩形选框的设置

图5.92 "章节目录"演示效果

5) 热对象交互。热对象交互通过单击、双击演示窗口中显示或运动的某个对象,或将鼠标移到该对象上以实现交互。

热对象交互图标属性面板中的"热对象"选项卡如图 5.93 所示。

图 5.93 "热对象"选项卡

"热对象"选项卡首行提示用户单击演示窗口的某显示对象以将其设置为热对象。单击某显示对象后(注意,该对象应放置在一个单独的显示图标中),对话框左上角将提示该对象缩略图,同时"热对象"选项卡的"热对象"选项中也将提示该对象所在图标的名称。

在热对象交互图标属性面板中,按照"单击一个对象,把它定义为本反馈图标的热对象"的提示,在演示窗口中选择并单击相应的对象,以建立相应的热对象联系。"匹配"选项有"单击""双击"和"指针在对象上"三种选项。

下面利用热对象交互制作"认识物体"实例,其程序设计流程如图 5.94 所示。

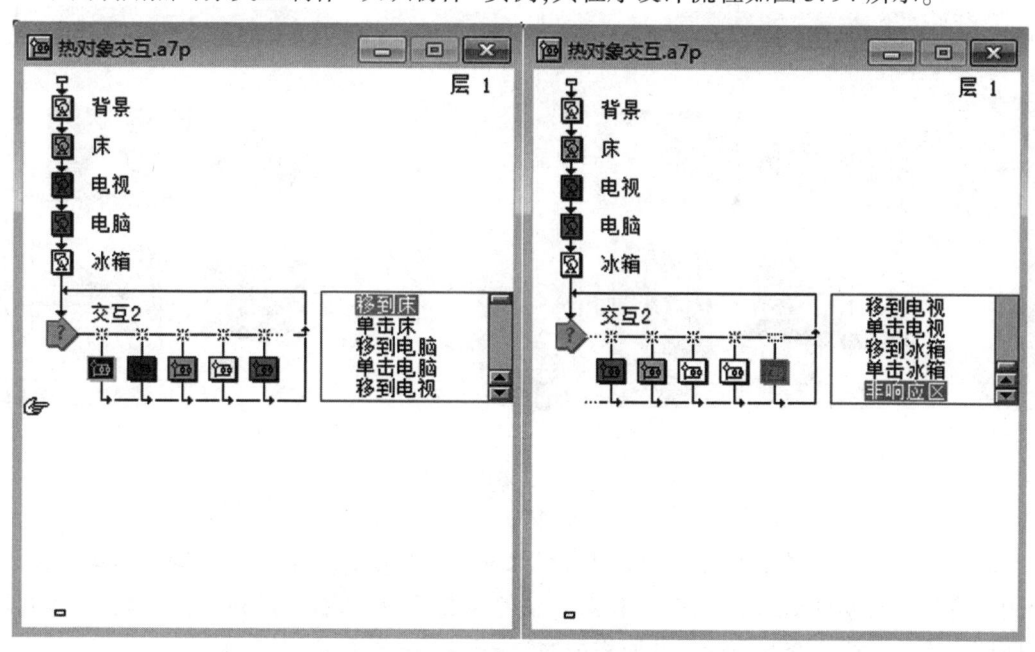

图 5.94 "认识物体"程序设计流程

实例:认识物体

第一步:在流程线上拖放一个显示图标,并命名为"背景",导入已准备好的背景图片,并设置合适的大小和位置。

第二步:在流程线上拖放四个显示图标,分别命名为"床""电视""电脑""冰箱",并在各显示图标中导入对应的图片,通过演示窗口调整好图片的大小和位置。

第三步:在流程线上拖放一个交互图标,选择"热对象"交互方式,并命名为"交互2";在交互图标的右侧拖动一个群组图标,命名为"移到床";单击热对象交互响应标记,在演示窗口中单击"床"显示图标中的床图片,在交互图标属性面板左上角将出现床图片的缩略图。在"热对象"选项卡中"匹配"选择"指针在对象上","鼠标"选用"手型";在"响应"选项卡中"擦除"选择"在下一次输入之后","分支"选择"重试"。双击该群组图标,打开"层2",拖放一个显示图标,并命名为"床名称";打开显示图标,输入文字"床",并调整好文字的大小、位置、颜色等属性。

第四步:在交互图标的右侧再拖放一个群组图标,命名为"单击床";单击热对象交互响应标记,在演示窗口中单击"床"显示图标中的床图片,在交互图标属性面板左上角将出现床图片的缩略图。在"热对象"选项卡中"匹配"选择"单击","鼠标"选用"手型"。双击该群组图标,打开"层2",拖放一个显示图标,命名为"床解释";打开显示图标,输入文字"床是用来睡觉的",并设置好文字的大小、位置、颜色等属性。

第五步:重复第三步和第四步,依次将"电视""电脑""冰箱"设置好。

第六步:在交互图标最后拖放一个群组图标,命名为"非响应区"。在交互图标属性面板中,"交互类型"选择"热区域","匹配"选择"指针处于指定区域内",其他为默认值,群组图标为空;双击打开交互图标,将选框充满整个演示窗口。运行程序,观看效果,部分效果如图5.95所示。

(a)   (b)

图5.95 "认识物体"演示效果

(a)鼠标移到图片上;(b)鼠标单击

6)目标区交互。目标区交互是用户将对象移动到程序指定的目标区域中以实现交互。当用户将交互对象移动到正确位置时,对象就停留在此位置;若移动位置不正确,对象自动返回原位置。目标区交互图标属性面板中的"目标区"选项卡,如图5.96所示。

图5.96 "目标区"选项卡

"目标区"选项卡第一行为系统提示信息。设计人员应遵循提示进行操作:先选择一个目标对象,再将对象拖曳至目标区域,并调整其大小区域。"位置"和"大小"选项提示目标区域的大小及位置坐标;"目标对象"选项提示目标区域交互对象所在图标的名称;"允许任何对象"选项表示该目标区域交互允许接收任何对象。"放下"选项有三个选项。若选择"在目标点放下"选项,则目标区域交互正确时,将对象置于目标位置;若选择"在中心定位"选项,则目标区域交互正确时,将对象沿目标区域居中放置;若选择"返回"选项,则目标区域交互错误时,将对象返回原位。

下面利用目标区交互制作"拼图游戏",其程序设计流程如图 5.97 所示。

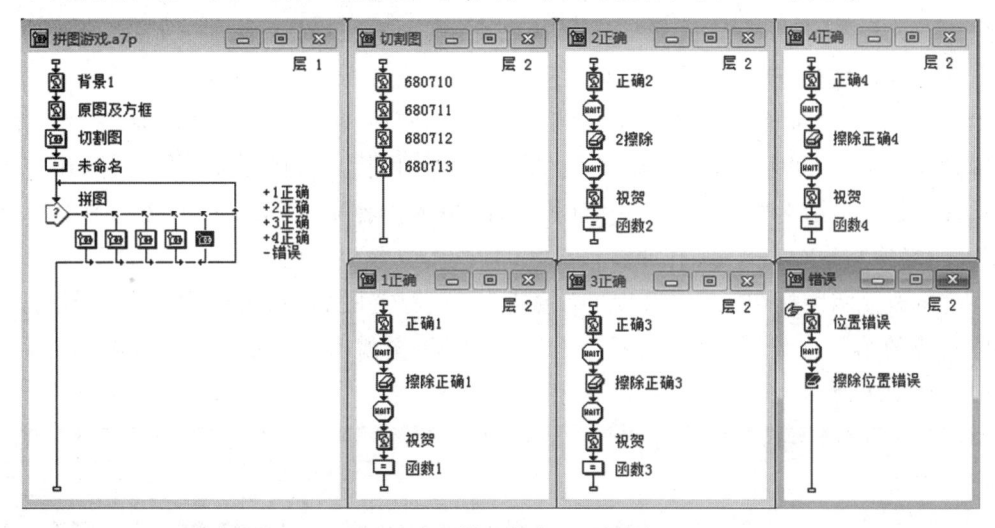

图 5.97　"拼图游戏"设计流程

实例:拼图游戏

第一步:在流程线上拖放一个显示图标,并命名为"背景 1",导入一张已准备好的背景图片。再拖放一个显示图标,导入要拼接的原图,并在其中画出四分方格,如图 5.98 所示。

第二步:拖放一个群组图标,并命名为"切割图",双击打开,在"层 2"的流程线上拖放 4 个显示图标,分别命名为"680710""680711""680712""680713",分别导入对应的分割图,并调整好位置和大小。

第三步:拖放一个计算图标,双击打开,并输入如图 5.99 所示的内容,其意义为:当对象移动到正确位置后,定义该图标属性为最终用户不可再移动。

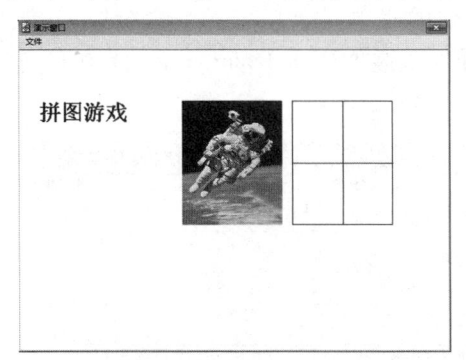

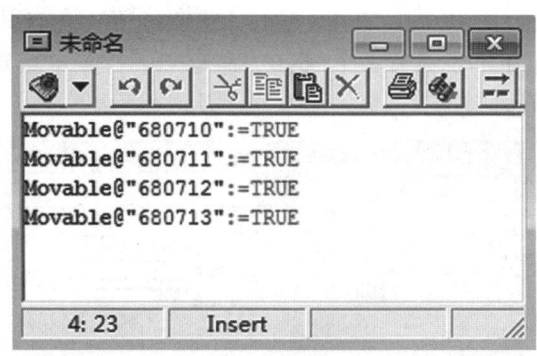

图 5.98　原图及四分方格　　　　　　图 5.99　计算图标输入的内容

第四步:拖放一个交互图标,并命名为"拼图";在交互图标右侧拖放5个群组图标,分别命名为"1 正确""2 正确""3 正确""4 正确",最后一个命名为"错误"。

在前四个交互分支属性面板的"目标区"选项卡中,按照提示,一一对应分别单击并拖曳相应的对象至其区域位置,并将其大小、位置调整好。在"响应"选项卡中,"擦除"选项选择"在下一次输入之后","分支"选项选择"重试","状态"选择"正确响应",则相应的分支名称前附加一个"+"号。

在"错误"交互分支属性面板的"目标区"选项卡中勾选"允许任何对象"复选框,并在"放下"选项中选择"返回"。在"响应"选项卡中,"擦除"选项选择"在下一次输入之后","分支"选项选择"退出交互","状态"选择"错误响应",则相应的分支名称前附加一个"-"号。

5个交互区域及范围,如图5.100所示。

第五步:在前面4个群组图标中,分别拖放显示图标(输入内容为"正确")、等待图标(设置时限0.5秒)、擦除图标(擦除对应的第一个显示图标)、等待图标(设置时限0.5秒)、显示图标(输入内容为"恭喜你!")和计算图标(输入内容为"Movable@ "切割图中对应显示图标的名称": =FALSE"),并调整好文字的大小、位置和颜色等属性。在最后一个群组图标中,拖放显示图标(输入内容为"位置错误")、等待图标(设置时限2秒)、擦除图标(擦除对应的第一个显示图标)。运行程序,进行拼图游戏,并拖动其中一块,其演示效果,如图5.101所示。

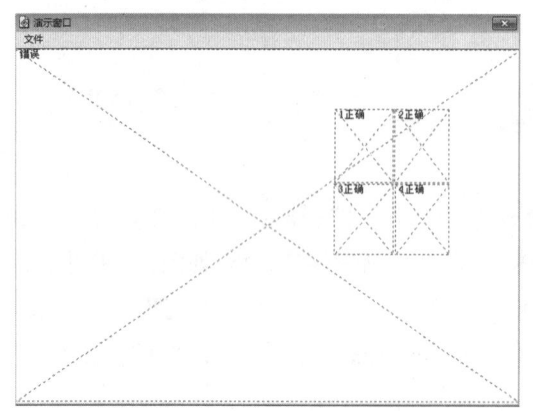

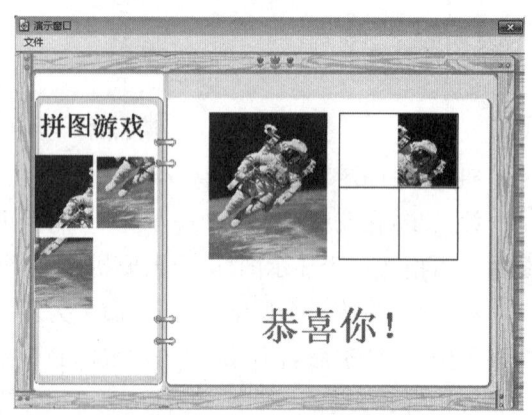

图5.100 交互区域及范围　　　　图5.101 "拼图游戏"演示效果

7)下拉菜单交互。下拉菜单交互是在程序运行过程中通过执行菜单中的命令实现交互。一般情况下,Authorware应用程序中,演示窗口的菜单栏上总有一个"文件"菜单,并且菜单下也只有一个"退出"命令。下拉菜单交互图标属性面板中的"菜单"选项卡,如图5.102所示。

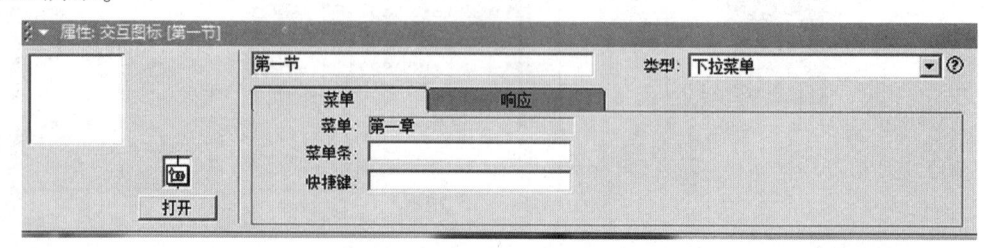

图5.102 "菜单"选项卡

①"菜单"选项。"菜单"选项中自动给出下拉菜单项目名称,也就是交互图标的图标名称。

②"菜单条"选项。"菜单条"选项会显示交互图标下挂的分支图标的图标名称。

③"快捷键"选项。"快捷键"选项用于设置与菜单命令相对应的快捷键操作。

若希望菜单命令在整个应用程序中随时可用,则应在"响应"选项卡中的"范围"选项勾选"永久","擦除"选项中选择"在下一次输入之后","分支"选项中选择"返回"。

下面利用下拉菜单交互制作"章节目录",其程序设计流程如图5.103所示。

实例:章节目录

第一步:在流程线上拖放一个显示图标,命名为"背景",并导入一张背景图片。

第二步:在流程线上拖放一个交互图标,命名为"文件"。拖放一个群组图标构成其分支,选择"下拉菜单"交互,并命名为"退出"。在"响应"选项卡中的"范围"选项选择"永久","擦除"选项选择"在下一次输入之后","分支"选项选择"返回","状态"选项选择"不判断"。

第三步:在流程线上拖放三个交互图标,分别命名为"第一章""第二章""第三章";在其各自的右方拖放群组图标,组成具体的交互分支,并命名。交互图标属性设置与第二步一样。在每个群组图标下面,根据内容进行设计和制作,并按照教学设计和脚本设计的要求完成整个课件。运行程序,观看效果,部分程序演示效果如图5.104所示。

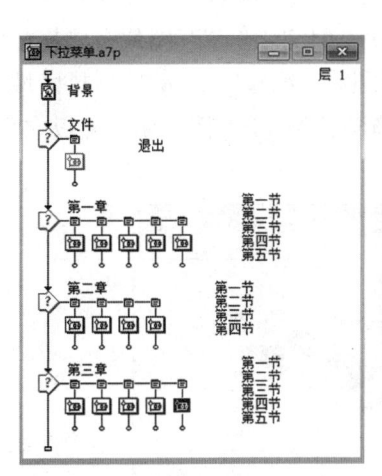

图5.103 "章节目录"设计流程　　图5.104 "章节目录"演示效果

8)条件交互。条件交互是在程序运行过程中,只有当设定条件为"真"时才能实现的交互类型。条件交互很少单独使用,一般都是与其他交互配合使用。条件交互图标属性面板中的"条件"选项卡如图5.105所示。

图5.105 "条件"选项卡

①"条件"选项。"条件"选项用以输入设定的条件表达式(也就是条件分支图标的图标名称),表达式可以是变量或常量。若表达式的运算结果为"0",则为"假",否则为"真",为"真"时匹配交互。

②"自动"选项。"自动"选项下拉列表中的"关"表示关闭系统自动匹配,交互分支只能通过用户人为设定程序匹配交互条件;"为真"表示实行自动匹配,系统将自行计算条件表达式的值,若为"真",将自动匹配该条件交互;"当由假为真"表示实行自动匹配,但必须由用户人为交互,以匹配"由假变真"的条件。

下面利用条件交互制作"竞猜价格"实例,其程序设计流程如图5.106所示。

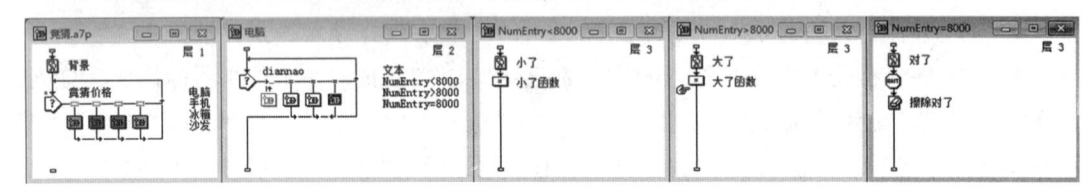

图5.106 "竞猜价格"程序设计流程

实例:竞猜价格

第一步:在流程线上拖放一个显示图标,命名为"背景",并导入一张已准备好的背景图片。

第二步:在流程线上拖放一个交互图标,命名为"竞猜价格",并输入文字和导入要竞猜的商品图片,设置好文字的大小、位置、颜色等属性以及图片的大小;在交互图片右侧拖放四个群组图标,交互类型选为条件交互,并命名为"电脑""手机""冰箱""沙发",将热区域对应地放置在四幅商品图案区域内,如图5.107所示。将"竞猜价格"交互图标属性面板中"交互作用"选项卡下的"擦除"选择为"在退出之前"。

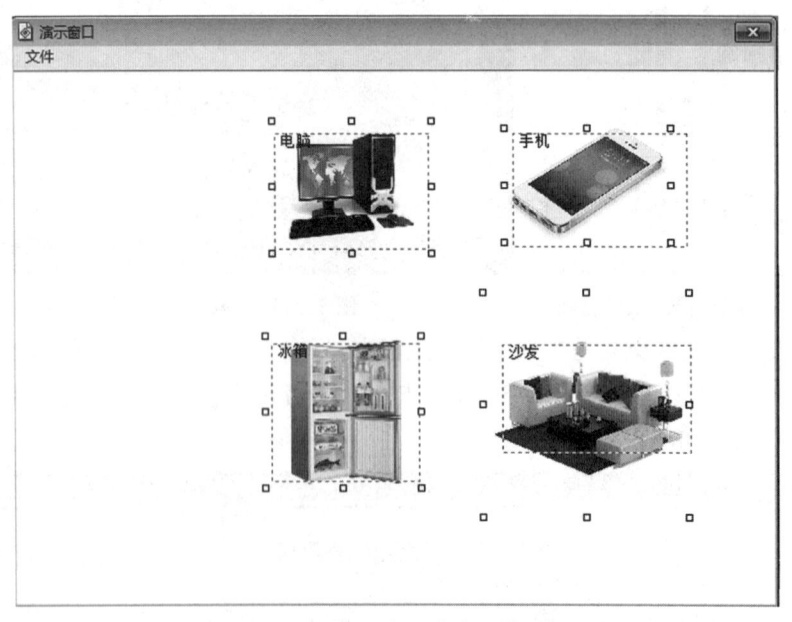

图5.107 热区交互响应属性面板

第三步:按"Ctrl+="组合键为"竞猜价格"交互图标附着计算图标,计算图标中输入如图5.108所示的内容,将4个自定义变量清零,为计数做准备。

图 5.108　计算图标中的内容

第四步：在热区域交互分支中，进一步组织二级程序流程，这里以"电脑"为例进行说明。在"层 2"的流程线上拖放一个交互图标，命名为"diannao"；在右侧拖放 4 个群组图标，其中第一个设置交互类型为文本输入，其余三个设置为条件。

在文本输入类型的交互图标属性面板下的"响应"选项卡中，"分支"设为"继续"，其余为默认值；打开"diannao"交互图标，在其中输入提示文字，如图 5.109 所示。

图 5.109　"diannao"交互图标

"NumEntry"为系统变量，用于记录用户键盘响应的数值。条件交互分支"响应"选项卡如图 5.110 所示。"条件"选项卡中的"自动"应设为"关"。

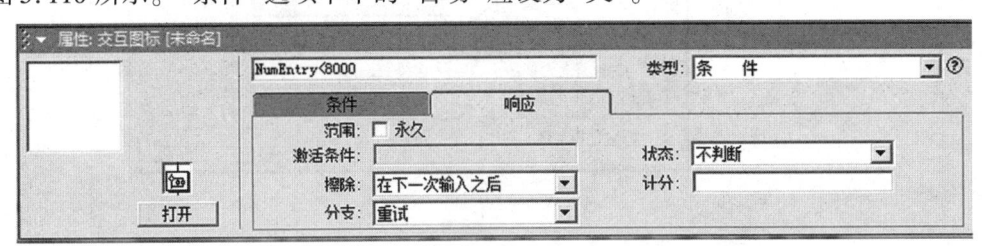

图 5.110　条件交互分支"响应"选项卡

第五步：三个条件交互分支内均设置一个显示图标提示交互数值是"大了""小了"还是"对了"。对于"大了""小了"两种情况，设置一个计算图标，内容为"diannao：=diannao+1"；对于"对了"情况，提示竞猜次数（"恭喜你猜对了！您共猜了 diannao+1 次"）。

· 255 ·

第六步：用同样的方法设置"手机""冰箱""沙发"。运行程序，选择某一商品竞猜价格，系统提示猜大或猜小的响应信息；直到猜中，系统提示所猜次数；之后进入下一个商品竞猜。程序运行的演示效果，如图5.111所示。

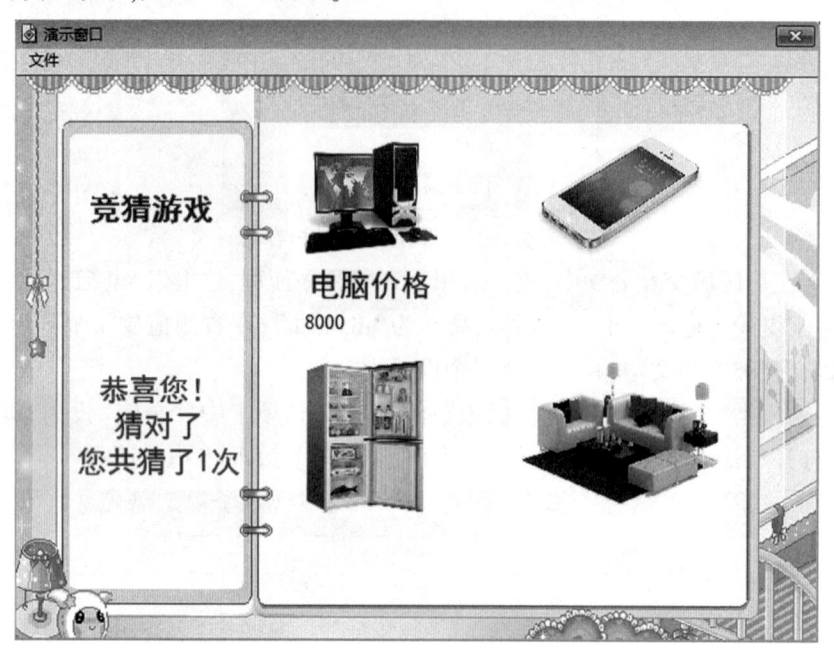

图5.111 "竞猜价格"演示效果

9) 文本输入交互。文本输入交互是指在 Authorware 演示窗口中定义的文本交互区域通过输入期待的文本而产生交互。

在交互作用文本字段(文本交互区域)中可以设置文本交互区域的大小、位置及其属性等。打开交互图标，在演示窗口中双击文本交互区域选框，如图5.112所示。

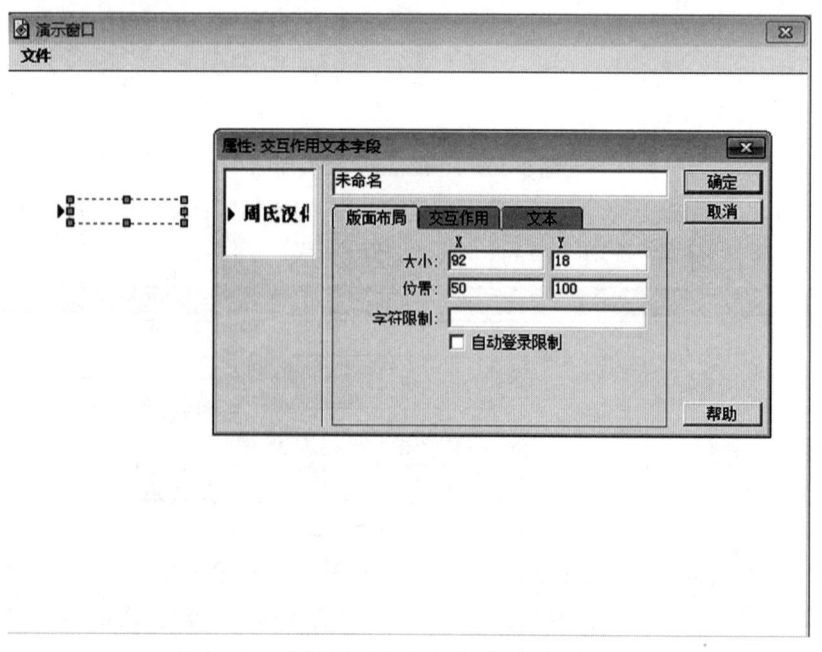

图5.112 交互作用文本字段(文本交互区域)

·256·

"版面布局"选项卡。"版面布局"选项卡用于设置文本交互区域的大小、位置。其中，"字符限制"文本框中可以输入一个数字，用来限制用户在交互时最多允许输入的字符个数。若勾选"自动登录限制"选项，则当用户输入的字符数达到限定值时，自动结束输入；若此时输入正确，系统将自动实现交互，无须按回车键确认。

"交互作用"选项卡。"交互作用"选项卡如图 5.113 所示。其中，"作用键"选项允许用户设置文本交互确认键。当用户完成字符输入后，按下确认键，程序向下执行。系统默认的确认键为回车键，设计时也可以使用竖线分隔符"|"设置多余一个的文本交互确认键。"选项"选项有三个选项。若选中"输入标记"，则在文本输入区的起始位置将显示一个向右黑三角文本输入标记；若选中"忽略无内容的输入"，则规定当用户没有输入任何字符就按下确认键时交互无效；若选中"退出时擦出输入的内容"，则在文本输入交互完成后将擦除所输入的字符。

"文本"选项卡。"文本"选项卡用来设置输入文字的各种属性，如图 5.114 所示。

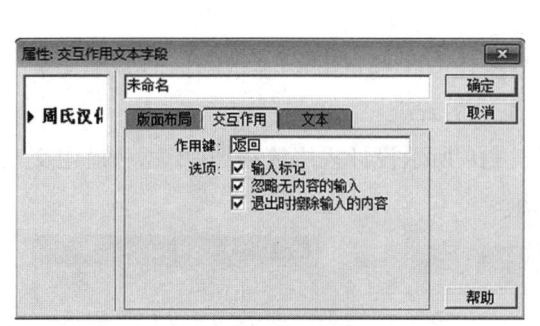

图 5.113 "交互作用"选项卡

图 5.114 "文本"选项卡

双击文本输入类型交互图标，打开文本输入类型交互图标属性面板中的"文字输入"选项卡，如图 5.115 所示。

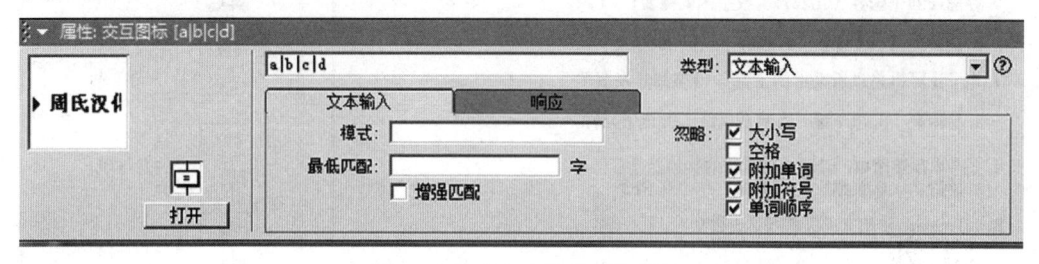

图 5.115 "文本输入"选项卡

"文本框"选项。"文本框"用来设置交互时所需输入的文本对象，即文本交互分支图标的标题名称。

"最低匹配"选项。"最低匹配"选项用于规定交互时至少需匹配的单词个数。

"增强匹配"选项。"增强匹配"选项用于设置用户交互时可否多次尝试匹配不同的文本，当期待文本被全部输入时产生交互。

"忽略"选项。"忽略"选项规定交互时对于输入的文本可以忽略的内容。如忽略大小写、空格、附加单词、附加符号以及单词顺序。

下面利用文本输入交互制作"信息技术试卷"，其程序设计流程如图 5.116 所示。

图 5.116 "信息技术试卷"程序设计流程

实例：信息技术试卷

第一步：按图 5.116 组织一套 10 道题的"信息技术试卷"。

第二步：在"背景"显示图标中导入一张背景图片；在"题目组 1"显示图标内采用文字工具输入试题，并调整好文字的大小和位置，如图 5.117 所示。

第三步：在"答题组 1"群组图标内按照图 5.118 所示设计程序流程，其中每一道题交互结构完全类似，下面以"1 题"交互为例进行说明。

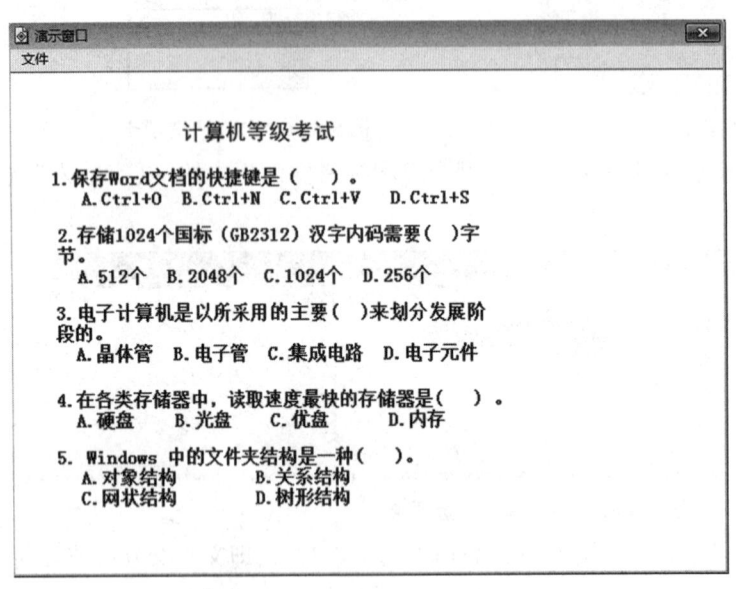

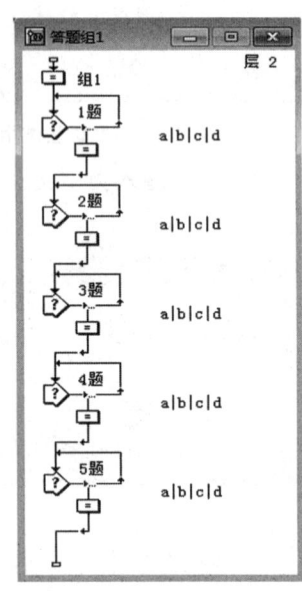

图 5.117 "题目组 1"显示图标   图 5.118 "答题组 1"程序设计流程

在"组 1"计算图标中输入"--escore"初值为"0"；在"1 题"交互图标中输入文字和导入图片，如图 5.119 所示。交互作用文本字段（文本交互区域）属性设置为：文本交互区域的大小、位置在"1 题"交互图标中可以自行调整；"版面布局"选项卡中的"字符限制"文本框输入值为"1"；"交互作用"选项卡中的"选项"只选"输入标记"和"忽略无内容的输入"。

交互分支计算图标命名为"a|b|c|d"，交互时只允许输入这 4 个文本字符。交互分支计算图标属性面板"响应"选项卡中的"分支"选项选择"退出交互"；"文本输入"选项卡中的

258

第五章　多媒体教学课件的设计与开发

"忽略"选项选择"大小写""附加单词""附加符号"以及"单词顺序";"a|b|c|d"计算图标的内容为"if EntryText = " d " | EntryText = " D " then escore：= escore+1"（本题 d 或 D 为正确答案）。

"2 题""3 题""4 题""5 题"设置方法与"1 题"类似。需要注意的是，"1 题""2 题""3 题""4 题""5 题"的交互图标中，每增加一题，其中文本交互区域输入的背景图片就应删除一张（如增加"2 题"时就应删除"1 题"的背景图片，其他不变，否则在答题时就会将 1 题的答案覆盖）。

第四步："擦组 1"擦除图标具体擦除"题目组 1"和"答题组 1"中交互图标中所展示的信息。

第五步：按照"题目组 1"和"答题组 1"制作方式来制作"题目组 2"和"答题组 2"。

第六步："成绩显示"显示图标中嵌入文本对象："满分是 10 分,您的成绩是{escore}分",并输入答题结束,再见等信息,如图 5.120 所示。

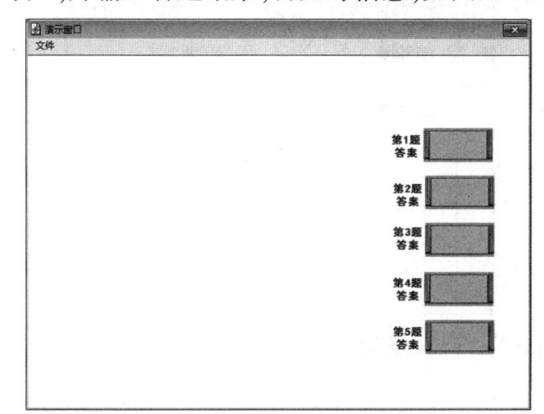

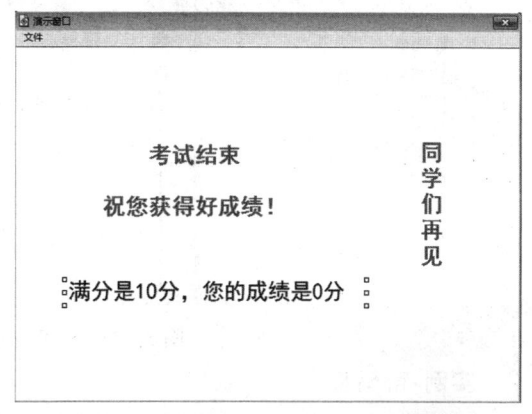

图 5.119　"1 题"交互图标　　　　图 5.120　"成绩显示"显示图标显示效果

程序设计完毕后,运行程序,查看演示效果。图 5.121 所示的是第一套题目的演示效果和交互情况。

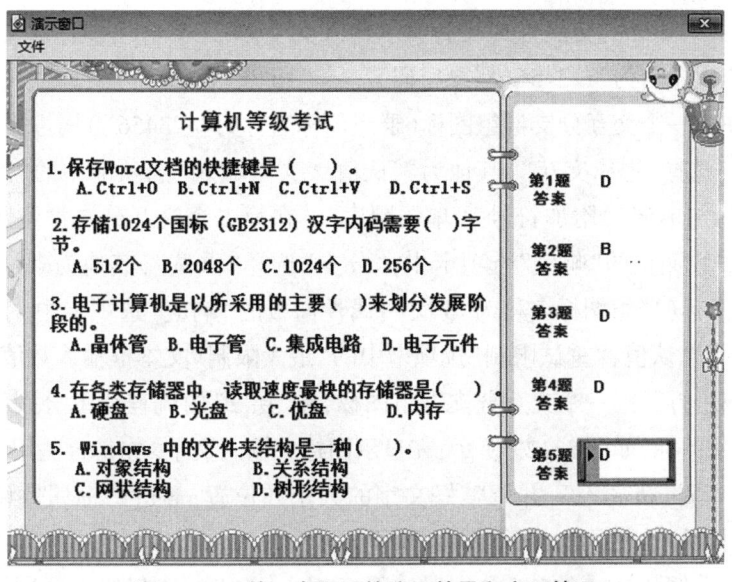

图 5.121　第一套题目的演示效果和交互情况

10）重试限制交互。重试限制交互是通过限制用户交互次数来实现的交互，该方式很少单独使用，通常和其他交互类型配合使用。

重试限制交互图标属性面板中的"重试限制"选项卡，如图5.122所示。该选项很简单，用户只需在"最大限制"文本框中输入最大尝试次数。

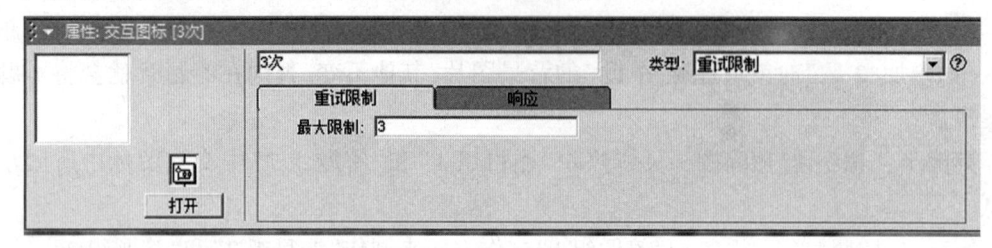

图5.122 "重试限制"选项卡

下面利用"重试限制"交互制作"密码验证"，其程序设计流程如图5.123所示。

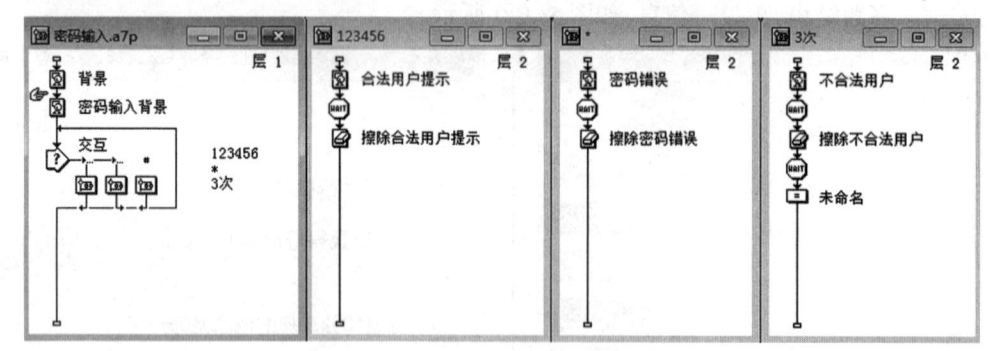

图5.123 "密码验证"程序设计流程

实例：密码验证

第一步：在流程线上拖放两个显示图标，分别命名为"背景""密码输入背景"，分别导入已准备好的图片。

第二步：在流程线上拖放一个交互图标，命名为"交互"，在其右侧拖放三个群组图标，第一个和第二个群组图标的交互方式设为文本输入交互，第三个群组图标的交互方式设置为重试限制，并依次命名为"123456（登录密码）""＊"和"3次"。

第三步：在第一个交互分支群组图标（群组图标名称为"123456"）属性面板的"响应"选项卡中，"分支"选择"退出交互"，其他为默认值；"文本输入"选项卡中的"忽略"选项可选择"大小写""附加单词""附加符号""单词顺序"。在第二个交互分支群组图标（群组图标名称为"＊"）属性面板的"响应"选项卡中，"分支"选择"重试"，其他为默认值。在第三个交互分支群众图标（群组图标名称为"3次"）属性面板的"响应"选项卡中，"分支"选择"退出交互"，其他为默认值；"重试限制"选项卡中的"最大限制"文本框输入数值"3"。

第四步：双击打开第一个交互分支群组图标，在"层2"的流程线上分别拖放显示图标、等待图标和擦除图标，如图5.123所示；在显示图标中输入文字"你是合法用户，单击鼠标进入""密码错误，请重新输入"，并调整好文字的大小和位置；等待图标属性设置为"单击鼠标"；擦除图标擦除"合法用户提示"显示图标。

第五步：双击打开第二个交互分支群组图标，在"层2"的流程线上分别拖放显示图标、等待图标和擦除图标,如图5.123所示;在显示图标中输入文字"密码错误,请重新输入",并调整好文字的大小和位置;等待图标属性设置为2秒;擦除图标擦除"密码错误"显示图标。

第六步:双击打开第三个交互分支群组图标,在"层2"的流程线上分别拖放显示图标、等待图标、擦除图标和计算图标,如图5.123所示;在显示图标中输入文字"你不是合法用户,请单击鼠标退出",并调整好文字的大小和位置;等待图标属性设置为"单击鼠标";擦除图标擦除"不合法用户"显示图标;后一个等待图标属性设置为2秒;计算图标中输入"quit( )"。运行程序,演示效果如图5.124所示。当三次密码输入错误,会提示"你不是合法用户,请单击鼠标退出"。

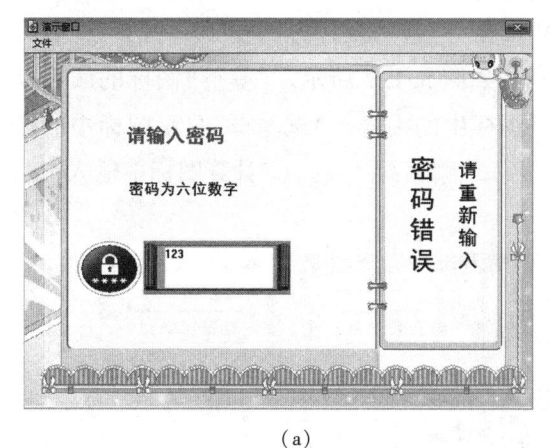

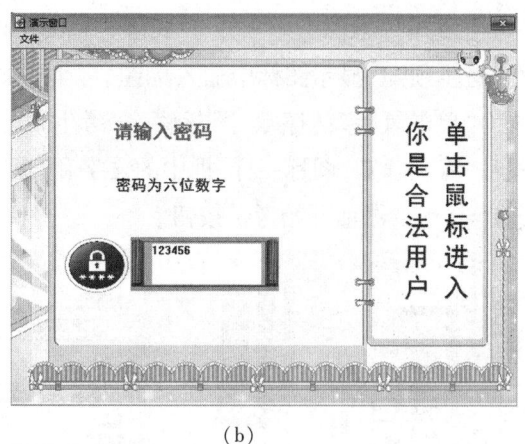

图5.124 "密码验证"演示效果

(a)密码错误;(b)密码正确

11)时间限制交互。时间限制交互要求用户在指定的时间内做出交互,如果用户在指定的时间内未能正确交互或没有交互,则系统将自动执行该时间限制交互分支的内容。该方式很少单独使用,通常和其他交互类型配合使用。时间限制交互图标属性面板中的"时间限制"选项卡,如图5.125所示。

图5.125 "时间限制"选项卡

"时限"选项。"时限"选项用以设置交互限定时间,单位为秒。

"中断"选项。"中断"选项是指如果在该时间限制交互定时的同时,用户的操作又触发了其他Perpetual属性的交互类型,此选项决定交互是否暂停以及暂停后如何恢复该时间限制交互。"继续计时"是指不暂停,继续计时;"暂停,在返回时恢复计时"是指暂停计时,执行其他交互,返回后在原计时基础上恢复计时;"暂停,在返回时重新开始计时"是指暂停计时,执行其他交互,返回后重新从零开始计时,即使本次定时结束,任何Perpetual属性的交互都可以使该时间限制交互计时重新开始。"暂停,如果运行时重新开始计时"与"暂停,在返回时重新开始计时"类似,其不同点是,若计时过程已结束,则执行其他 Perpetual 属性的交互将无法触发该时间限制交互,计时重新开始。

"选项"选项。勾选"显示剩余时间"选项,则屏幕上提示一个倒计时时钟;勾选"每次输入重新计时"选项,则每一次交互后系统都将重新计时。

下面利用时间限制交互制作"信息技术教师资格考试",其程序设计流程如图 5.126 所示。

实例:信息技术教师资格考试

第一步:在流程线上拖放显示图标、等待图标、擦除图标、计算图标,并命名为"背景""考生须知""擦除考生须知""试题框""begin0"。在"背景"显示图标中导入一张背景图片;在"考生须知"显示图标中输入标题、考生须知等,如图 5.127 所示。"等待"图标的属性设置为"单击鼠标";"擦除"图标擦除"考生须知"图标中的内容。"试题框"显示图标中的样式和"考生须知"图标一样,框中的文字和"考生须知"删除;在"begin0"计算图标中输入"begin0=0--",激活开始考试按钮。

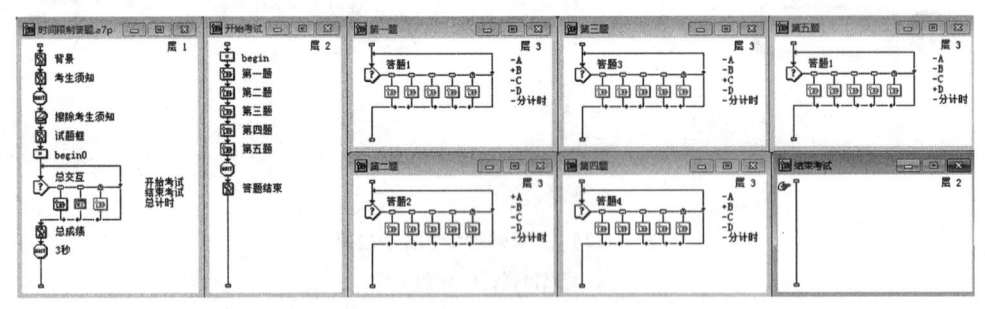

图 5.126 "信息技术教师资格考试"程序设计流程

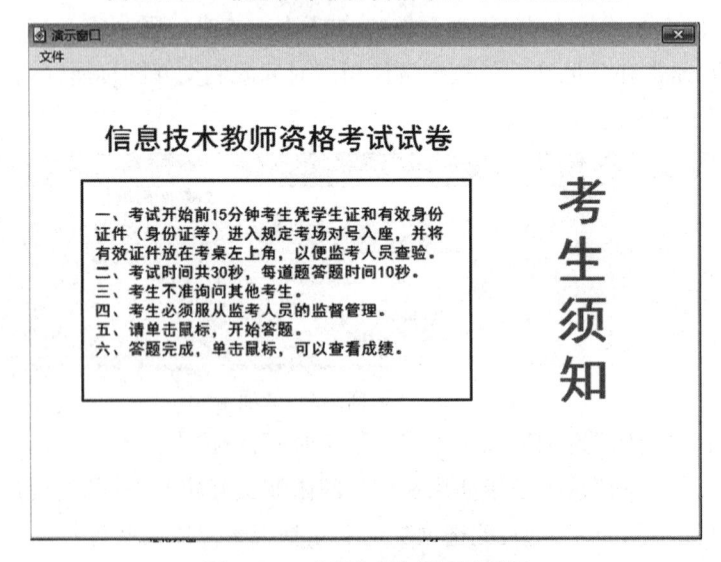

图 5.127 "考生须知"显示图标

第二步:在流程线上拖放一个交互图标,命名为"总计时",在其右侧拖放三个群组图标;"开始考试""结束考试"的交互方式为按钮交互,"总计时"的交互方式为时间限制交互。"结束考试"交互分支群组图标的属性面板"响应"选项卡中的"分支"选择"退出交互","结束考试"交互分支群组图标内容为空。"总计时"时间限制类型交互图标属性面板的"时间限制"选项卡如图 5.128 所示。在"总计时"时间限制交互图标的属性面板"响应"选项卡中,"分支"选择"退出交互";"总计时"时间限制交互分支群组图标内容为空。在"总计时"交互图标中嵌入文本"考试剩余时间{TimeRemaining}",并调整好文字的大小、位置等属性。需要注意的是,要在"总计时"交互图标属性面板的"显示"选项卡中勾选"更新显示变量",以正确更新系统变量提示时间。

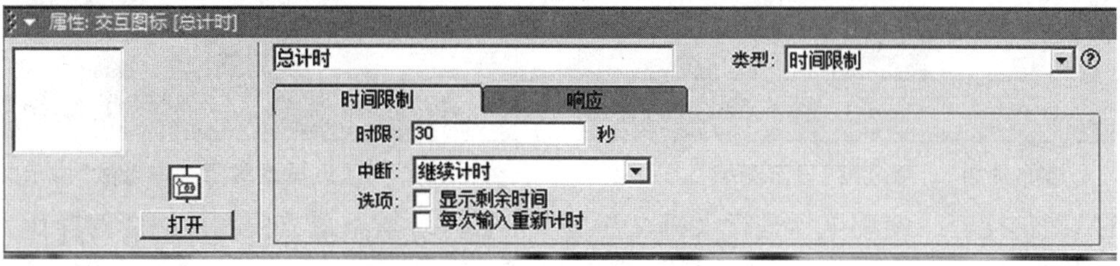

图 5.128 "时间限制"选项卡

第三步:双击打开"开始考试"交互分支群组图标,并拖放一个计算图标,命名为"begin"。在计算图标中输入"begin:=1",其功能为:一旦开始考试,则无法重新开始考试。

第四步:在"开始考试"交互分支群组图标流程线上拖放 5 个群组图标,并分别命名为"第一题""第二题""第三题""第四题""第五题"(本例只设置了 5 道题以做示例);拖放一个等待图标,属性设置为"单击鼠标";拖放一个显示图标,命名为"答题结束",并输入文字"考试结束,请单击鼠标查看成绩"。

第五步:设计"第一题"群组图标中的内容,其程序设计流程如图 5.126 所示的第一题。

在流程线上拖放一个交互图标,命名为"答题 1",在其右侧拖放四个交互分支,分别命名为"A""B""C""D"。

在"A""C""D"交互分支(对应错误答案)的"响应"选项卡中,"状态"选择"错误判断","计分"文本框中输入"0"(不扣分),"分支"选择"重试"。

在"B"交互分支(对应正确答案)的"响应"选项卡中,"状态"选择"正确响应","计分"文本框中输入"2","分支"选择"退出交互"。

在"答题 1"交互分支的最后拖放一个时间限制交互分支,并命名为"分计时",其"时间限制"选项卡中的"时限"设为 10 秒,"中断"选项选择"继续计时",其他不设置;"响应"选项卡中的"分支"选择"退出交互"。

第六步:在"答题 1"交互分支图标内设置题目内容,并调整好各按钮、题目、题目选项、"分计时"倒时提示的位置等。需要注意的是,要在"答题 1"交互图标属性面板的"显示"选项卡中勾选"更新显示变量",以正确更新系统变量提示时间。

第七步:"第二题""第三题""第四题""第五题"群组图标的设计与"第一题"类似,只需更改题目及题目选项。

第八步:在主程序流程线上拖放一个显示图标,命名为"总成绩",在其中嵌入文本"您的总得分是:{TotalScore}分",并调整好文字的大小、位置等属性,如图 5.129 所示。"TotalScore"为系统变量,其内存储的是用户对于某课程内所有交互响应的总得分。程序设计完成,运行程序,其演示效果如图 5.130 所示。

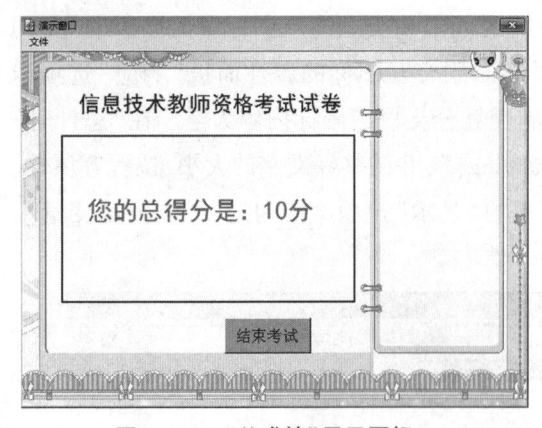

图 5.129　"总成绩"显示图标 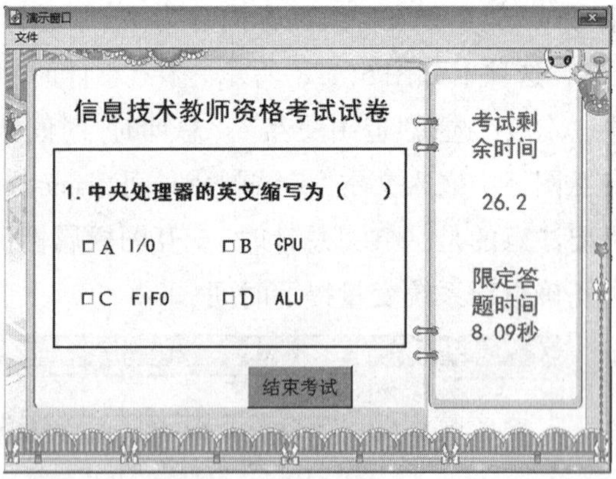　　　　图 5.130　"信息技术教师资格考试"演示效果

12）按键交互。使用鼠标进行人机交互是 Windows 环境下最方便和最快捷的操作方式。但 Authorware 在提供鼠标交互的同时也提供了按键交互。按键交互是用户通过敲击键盘上的指定键而产生的交互。按键交互图标属性面板中的"按键"选项卡如图 5.131 所示。

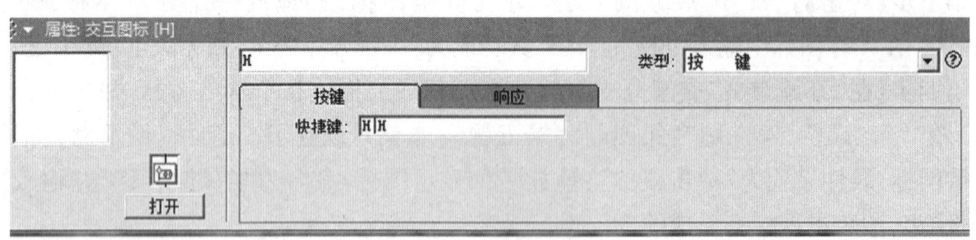

图 5.131　"按键"选项卡

"按键"选项卡很简单,按键交互分支图标的名称即为按键交互时需要敲击的按键。Authorware 允许使用键盘上的每一个按键进行按键交互。Authorware 的按键交互严格区分键盘字母键的大小写状态;若不希望系统区分大小写,则应使用符号"|"分隔开大小写字母;若设置为按任意键交互方式,则应以"?"表示。按键交互这里不再举实例说明,有兴趣的读者可参阅其他 Authorware 相关书籍或通过网络进行学习。

13）事件交互。事件交互是在程序执行的过程中,由用户操作或 Sprite Xtras 和 ActiveX 控件所触发的交互。事件交互图标属性面板中的"事件"选项卡如图 5.132 所示。事件交互这里亦不再举实例说明,有兴趣的读者可参阅其他 Authorware 相关书籍或通过网络进行学习。

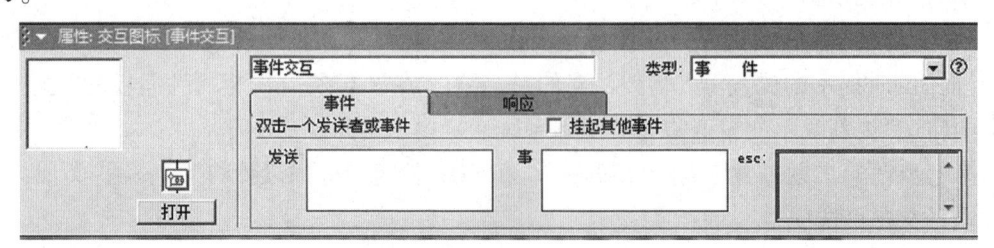

图 5.132　"事件"选项卡

（10）框架图标

框架图标提供了一个简单的方式来创建并显示 Authorware 的页面。框架结构由框架图标和下挂在其下面由其他图标组成的框架分支所组成,每个下挂分支被称为框架的一页,页

中既可以显示文字、图片,也可以播放视频和声音。Authorware 框架图标用于构建框架结构,其中自带一套导航机制,帮助用户在框架所包含的页面之间来回浏览。

1)框架图标的属性。在流程线上选中某框架图标,单击鼠标右键,选择"属性",打开框架图标属性面板,如图 5.133 所示。

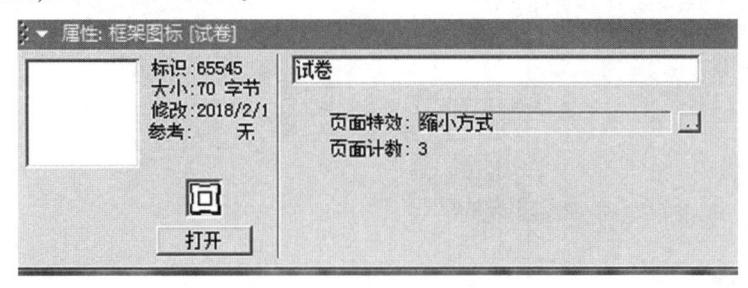

图 5.133　框架图标属性面板

"页面特效"选项。"页面特效"选项用于设置页面间的过渡效果。

"页面计数"选项。"页面计数"选项表示该框架图标下设几个分支页面。

在框架图标属性面板中,单击左侧的按钮 打开 ,出现如图 5.134 所示的框架图标程序窗口。框架图标程序窗口分为入口窗格(进入)和出口窗格(退出)两部分,拖动中间分割线右侧的黑色方块可以调整入口、出口窗格的大小。入口窗格包含 8 个缺省的导航按钮和一个以导航面板为内容的显示图标。运行程序时,导航按钮和导航面板会出现在该框架结构所包含的每一页面中。程序设计时,用户可以根据需要自行删除、修改、添加导航控制。

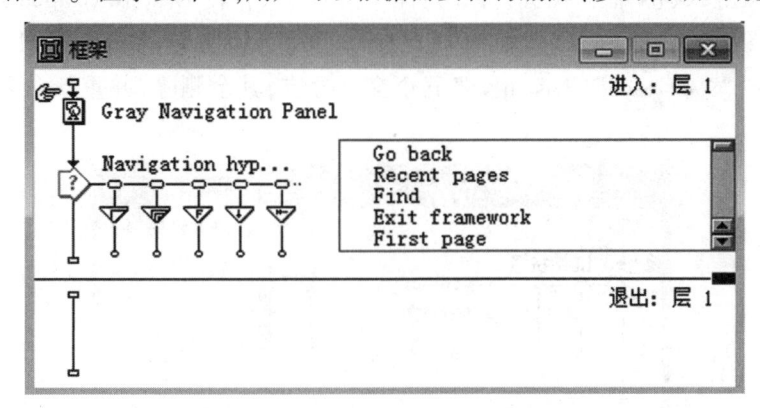

图 5.134　框架图标程序窗口

2)导航控制面板。Authorware 的框架图标提供了一整套导航控件,这些导航控件共由 8 个按钮构成,框架图标的页管理功能就是通过这 8 个按钮实现的。导航控制面板中,8 个按钮的默认名称分别在交互作用子流程中列出,每个按钮与名称的对应关系如图 5.135 所示。

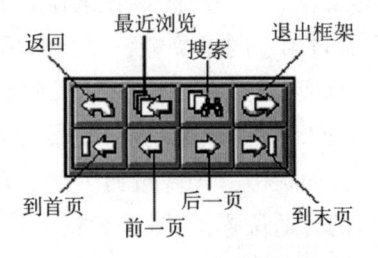

图 5.135　导航控制面板

下面以"信息技术考试""电子相册"两个实例来说明框架图标的用法。"信息技术考试"（可以设计多选题）实例的程序设计流程如图5.136所示。

图5.136 "信息技术考试"程序设计流程

实例：信息技术考试

第一步：在流程线上拖放一个显示图标，命名为"背景"，并导入一张背景图片；再拖放一个计算图标，命名为"计分"。在打开计算图标后，输入内容"score：=0"。

第二步：在流程线上拖放一个框架图标，命名为"试卷"，在其右侧拖入三个群组图标，依次命名为"第一题""第二题""第三题"。

第三步：双击"试卷"框架图标，打开其程序窗口；删除原"Gray Navigation Panel"显示图标；修改交互图标的名称为"试卷按钮"，且交互图标下保留"Exit framework""First page""Previous page""Next page""Last page"五个交互分支，其余删除，并重新命名，如图5.137所示。

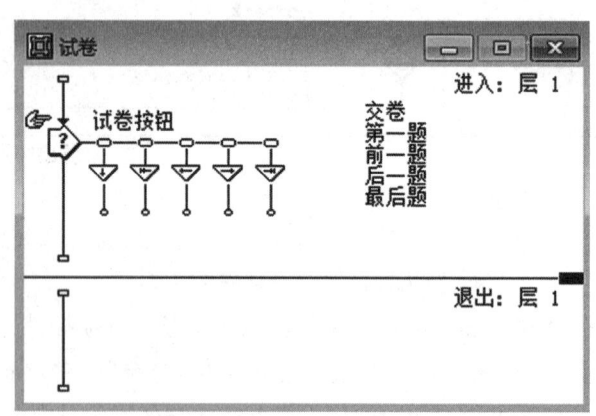

图5.137 "试卷"框架图标程序窗口

为避免"前一题"向前翻页翻过第一题以及"后一题"向后翻页翻过最后一题的情况，这两个按钮交互分支属性面板的"响应"选项卡"激活条件"应分别设置为"CurrentPageNum<>1"和"CurrentPageNum<>PageCount"；其他按钮交互分支属性面板按原设置不变。

第四步：在五个交互分支属性面板中，单击"按钮"按钮，在打开的同名对话框中设置按钮样式，并将其摆放在演示窗口的合适位置，如图5.138所示。所有导航图标属性面板按原设置不变。

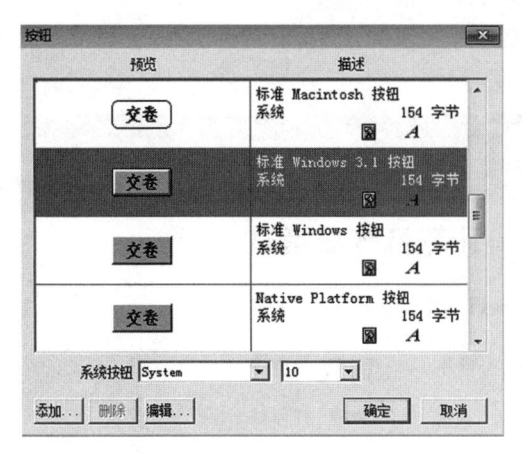

第五章　多媒体教学课件的设计与开发

图5.138　设置按钮样式

第五步:以"第一题"为例制作框架分支程序,其设计程序流程如图5.139所示。"第二题""第三题"的设计流程与"第一题"相同,注意交互图标各分支群组图标的命名不能相同。

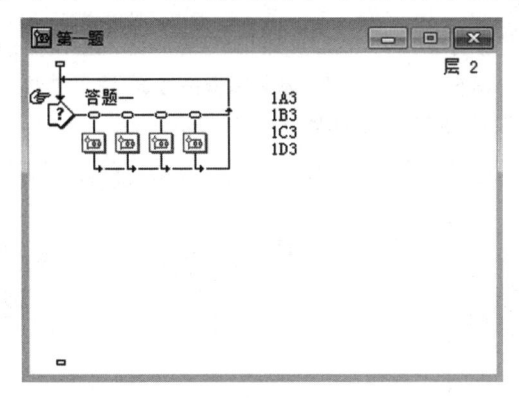

图5.139　"第一题"框架分支程序流程

第六步:在流程线上拖放一个计算图标,并命名为"加分"。由于要设置复选、扣分功能,"加分"计算图标针对每一题统一设置语句如下。

```
if Checked@ "1A3" =1 then score:=score+1        正确选项
if Checked@ "1B3" =1 then score:=score-1        错误选项
if Checked@ "1C3" =1 then score:=score+1        正确选项
if Checked@ "1D3" =1 then score:=score-1        错误选项
if Checked@ "2A3" =1 then score:=score-1        错误选项
if Checked@ "2B3" =1 then score:=score+1        正确选项
if Checked@ "2C3" =1 then score:=score-1        错误选项
if Checked@ "2D3" =1 then score:=score+1        正确选项
if Checked@ "3A3" =1 then score:=score+1        正确选项
if Checked@ "3B3" =1 then score:=score+1        正确选项
if Checked@ "3C3" =1 then score:=score+1        正确选项
if Checked@ "3D3" =1 then score:=score+1        正确选项
```

第七步:在流程线上拖放一个显示图标,命名为"总成绩",在显示图标内部嵌入"您的得分是{score}分。",并设置好文字的大小、位置和颜色等属性。运行程序,其演示效果如图5.140所示。

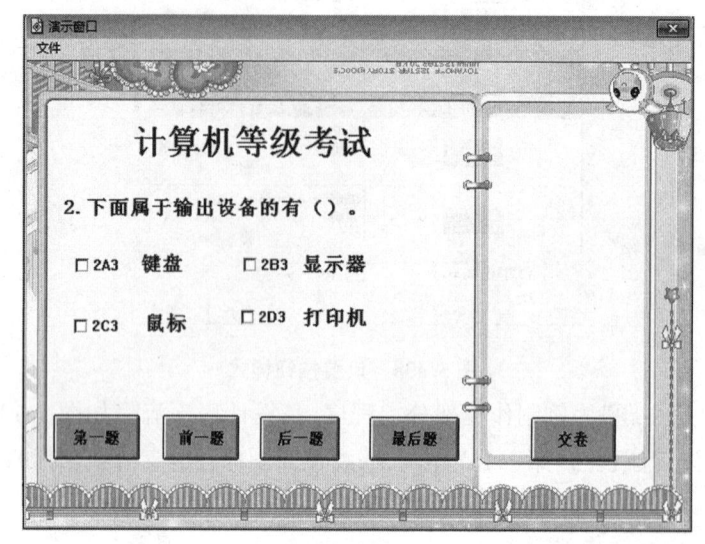

图5.140 "信息技术教师资格考试"演示效果

"电子相册"实例的程序设计流程如图5.141所示。

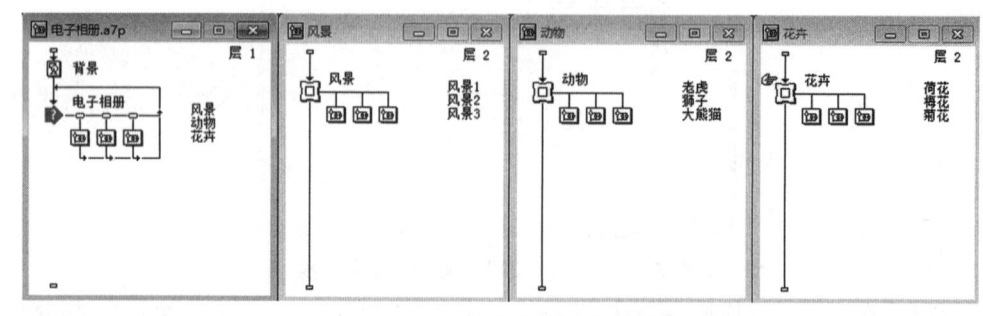

图5.141 "电子相册"程序设计流程

实例:电子相册

第一步:拖放一个显示图标,命名为"背景",导入背景图片。

第二步:拖放一个交互图标到流程线上,命名为"电子相册";在交互图标右侧拖放一个群组图标,命名为"风景",在弹出的交互类型中选择按钮交互,设置按钮响应类型属性面板中的"鼠标"为"手形";采用同样的方法,再拖放2个群组图标至交互图标右侧,分别命名为"动物"和"花卉",并调整好按钮的大小和位置。

第三步:双击"风景"群组图标,将其打开,在流程线上拖放一个框架图标,在其右侧依次放置3个群组图标,分别命名为"风景1""风景2"和"风景3"。

第四步:双击打开"风景1"群组图标,在其中拖入一个显示图标,命名为"华山",并插入一张华山的图片。采用同样的方法,在"风景2"和"风景3"的群组图标中插入黄山和武当山的图片。

第五步:按照上面的方法,在"动物"和"花卉"群组图标中设计其内容。

运行程序,在演示窗口中单击其中一个按钮即可进入对应图片浏览,单击演示窗口右上角的各个导航按钮,便可实现响应内容的跳转。

（11）判断图标

判断图标通常用于创建一种决策判断执行机构，当 Authorware 程序执行到某一决策图标时，它将根据用户事先定义的决策规则自动计算并执行相应的决策分支路径。

1）判断图标的属性。在流程线上拖放一个判断图标，然后双击该图标，打开判断图标属性面板，如图 5.142 所示。

图 5.142 判断图标属性面板

"重复"下拉列表框有五种循环方式。"不重复"表示 Authorware 执行完一条分支路径后就直接退出该判断结构；"所有的路径"表示执行完所有分支路径后才会退出判断结构；"直到单击鼠标或按任意键"表示重复执行决策判断结构，直到按下任意键或单击鼠标，才退出判断结构；"固定的循环次数"和"直到判断为真"用于设置循环次数及循环条件。

"时限"文本框用于在其中输入某个数值后，这个数值就限制了程序执行判断图标所需的时间。选择"显示剩余时间"复选框，则程序运行时，在窗口上会显示一个时钟。

"分支"下拉列表框有四个选项。"顺序分支路径"选项表示按分支号从左至右开始执行，要使用此功能，必须将"复位路径入口"选项关闭。"随机分支路径"选项表示在程序执行时，Authorware 随机选择任一分支来执行，因此可能会将同一分支执行多次而有些分支从未执行过。"在未执行的路径中随机选择"选项表示 Authorware 会在从未执行的分支中选择一条来执行，这样就会保证 Authorware 在重复执行同一分支之前，将所有分支执行完毕，选择此项时，不能选择"复位路径入口"复选框。"计算分支路径"选项表示通过在下面的文本框中输入变量或表达式，由变量或表达式的值决定判断图标将执行哪一条分支。

2）判断路径。同交互图标一样，在判断结构中也要对判断路径属性进行设置。双击判断图标分支上的响应按钮，打开判断路径属性面板，如图 5.143 所示。

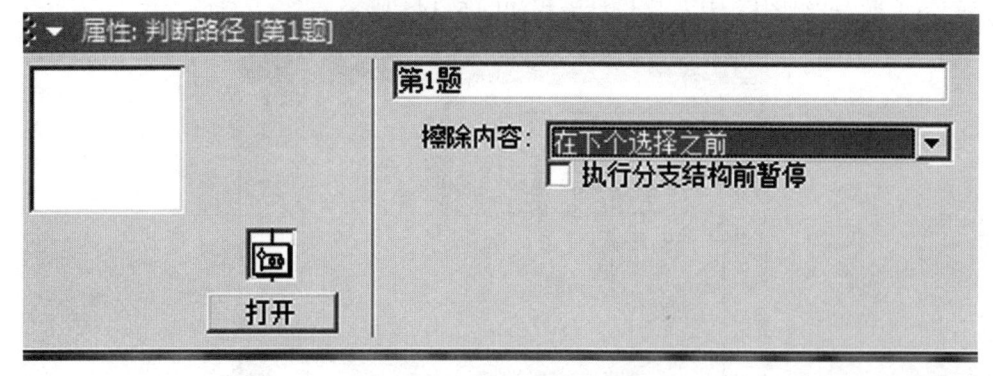

图 5.143 判断路径属性面板

"擦除内容"下拉列表框里面设置了三种内容擦除方式。"在下个选择之前"表示程序在执行下一分支前擦除当前内容；"在退出之前"表示程序在退出判断图标时擦除当前内容；

"不擦除"表示当前内容将停留在屏幕上,除非使用擦除图标将其擦除。

"执行分支结构前暂停"表示若选中该项,则在退出分支流程之前将提示"继续",则用户必须单击"继续"按钮才能退出该分支流程。

下面以"电视节目制作考试"实例来说明判断图标的使用方法,其程序设计流程如图5.144 所示。

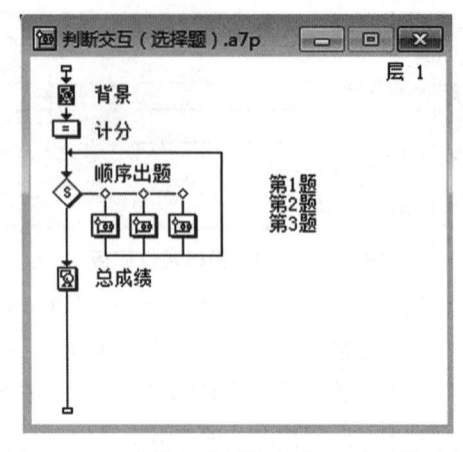

图 5.144 "电视节目制作考试"程序设计流程

实例:电视节目制作考试

第一步:在流程线上拖放一个显示图标,命名为"背景",导入背景图片,并输入"电视节目制作考试"。

第二步:在流程线上拖放一个计算图标,命名为"计分",在计算图标中输入"score:=0"。

第三步:在流程线上拖放一个判断图标,命名为"顺序出题","顺序出题"判断图标的属性设置为:"重复"选择"固定循环次数",次数为3次;"分支"选择"顺序分支路径";"时限"为60秒(由于只设计了3道题)。

第四步:在判断图标右侧施放3个分支群组图标,依次命名为"第1题""第2题""第3题",其判断路径属性面板全部缺省设置。

第五步:3个群组图标内部的结构完全相同,因此,下面以"第1题"为例加以说明。双击打开"第1题"群组图标,其程序设计流程如图5.145所示。

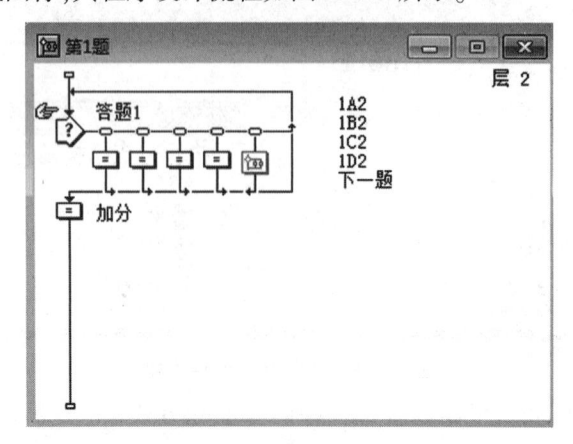

图 5.145 "第1题"程序设计流程

在流程线上拖放一个交互图标,命名为"答题1",在其右侧拖放4个计算图标,"交互类型"选择按钮交互,并依次命名为"1A2""1B2""1C2""1D2"。计算图标的属性响应分支流程走向中的"分支"选择"重试";在交互图标的最后拖放一个群组图标,命名为"下一题",其分支流程走向中的"分支"选择"退出交互"。

"1A2"计算图标的语句设置如下。

Checked@ "1A2" : = 1

Checked@ "1B2" : = 0

Checked@ "1C2" : = 0

Checked@ "1D2" : = 0

"1B2"计算图标的语句和"1A2"一样,只需将"Checked@ "1D2" : = 0"改为"Checked@ "1B2" : = 1",其余语句等号后为"0"。"1C2"计算图标的语句和"1A2"一样,只需将"Checked@ "1C2" : = 0"改为"Checked@ "1C2" : = 1",其余语句等号后为"0"。"1D2"计算图标的语句和"1A2"一样,只需将"Checked@ "1B2" : = 0"改为"Checked@ "1D2" : = 1",其余语句等号后为"0"。

题目内容和选项在"答题1"交互图标中输入,并调整好文字的大小、位置和颜色等属性。在流程线上拖放一个计算图标,命名为"加分",输入内容为"if Checked@ "1C2" = 1 then score: = score+1"(本题"1C2"为正确答案)。这样设置的好处有:一是"1A2""1B2""1C2""1D2"四个答案只能单选;二是退出"答题1"交互后,在"加分"计算图标中判断正、误并累计得分。

第六步:按照"第1题"的方法,设计并制作"第2题""第3题"。

第七步:在流程线上拖放一个显示图标,命名为"总成绩",在其中嵌入文字:"您的得分是:{score}分",并调整好文字的大小、位置和颜色等属性。运行程序,演示效果如图5.146所示。

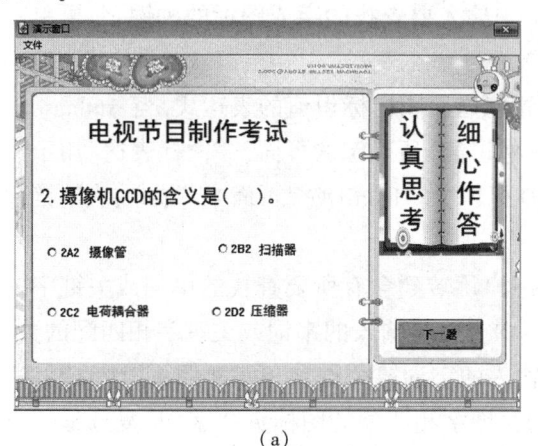

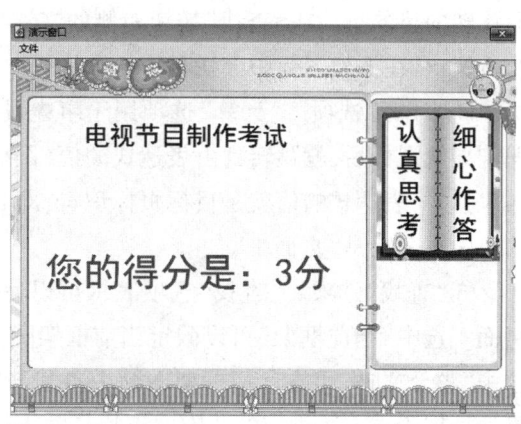

(a)

(b)

图5.146 "电视节目制作考试"演示效果

(a)答题页;(b)计分页

(12)导航图标

导航图标原则上可以设计在流程线上的任意位置,但通常将其置于框架模块内,以实现程序在不同框架页面之间的链接和跳转。

1）导航图标的属性。在流程线上选中一个导航图标，双击打开导航图标属性面板，如图 5.147 所示。

图 5.147　导航图标属性面板

导航图标的属性面板随"目的地"选项的不同而不同。Authorware 提供了 5 种链接"目的地"的方式。用户可以通过"目的地"下拉列表框选择所需的方式。

①"最近"选项。"最近"选项表示在用户近期浏览过的页和当前页之间建立导航链接。程序运行时，通过对应的按钮可使用户返回到最近访问过的页面。"返回"表示查阅刚刚查阅完的那一页；"最近页列表"表示程序运行中执行到此导航图标时，屏幕会显示"已近查阅过的页"。

②"附近"选项。"附近"选项表示允许用户在框架图标的所有页面中跳转或跳出页面系统。选中"前一页"可退回到上一页；选中"下一页"可进入下一页；选中"第一页"可跳到框架图标的第一页；选中"最末页"可跳到框架图标的最后一页；选中"退出框架/返回"可退出框架图标。

③"任意位置"选项。"任意位置"选项表示允许用户跳转到附属在任意框架的任意页。选中"跳到页"可建立单程定向链接，程序会继续执行流程线后的图标，而不会返回到调用它的原程序处；选中"调用并返回"可建立环程定向链接，即程序执行了任意目的页后，会返回原程序调用处。在"框架"下拉列表框中可选择某一或全部框架；在"页"列表框中可选中定向跳转的目的页。在"查找"按钮右侧的文本框中输入要查找的字或图标的关键字，再单击此按钮，可在框架图标中寻找相应的图标页。

④"计算"选项。"计算"选项用于事先设置能返回图标标识值的表达式，当 Authorware 遇到导航图标后，就跳转到由表达式的值（图标标识值）所确定的页面。"图标表达"用于输入表达式，表达式的值就是目标页标识符，即 ID 标识，如"IconID@"页面 1""语句，表示链接的目的页名字是"页面 1"。

⑤"查找"选项。"查找"选项表示可以使用户跳转到含有所要查找的单词或关键字的页面。选中"当前框架"可以限定当前框架图标中查找与输入的字词或关键字相匹配的页；选中"整个文件"可在所用框架图标中查找与输入的字词或关键字相匹配的页。"关键字"复选框用于在上述指定的范围中查找与输入的关键字相匹配的图标页；"字词"复选框用于在上述指定的范围中查找与输入的字词相匹配的图标页。在"预设文本"中输入单词或存储单词的变量，可以用来预设要查找的字词，字词必须用双引号括起来。选中"立即搜索"复选框会立即查找"预设文本"文本框中设定的字词；选中"高亮显示"复选框将在查找的对话框中显示要查找的字词及其上下内容。

下面讲解利用导航图标来制作"课件"的实例，其程序设计流程如图 5.148 所示。

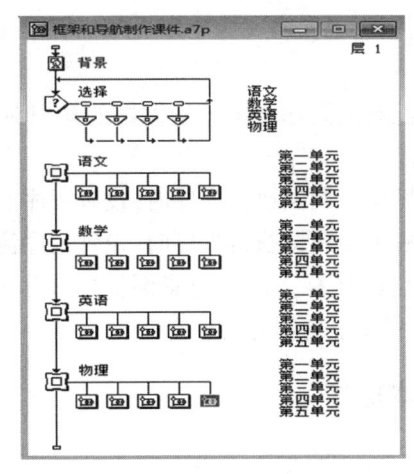

图 5.148 "课件"程序设计流程

第一步:拖放一个显示图标到流程线上,命名为"背景",导入一张背景图片;拖放交互图标到流程线上,命名为"选择";拖放 4 个导航图标到交互图标右侧,选择按钮交互类型,设置好按钮的形状和大小,将其命名为"语文""数学""英语"和"物理"。

第二步:在流程线上放置一个框架图标,命名为"语文",并在该框架图标右侧放置 5 个群组图标,分别命名为"第一单元""第二单元"……"第五单元"。

双击"语文"导航图标,打开导航图标属性面板,如图 5.149 所示。设置"目的地"为"任意位置","框架"选择"语文","页"为"第一单元"。

图 5.149 导航图标属性面板

第三步:设置"语文"框架图标程序窗口,调整按钮的形状、大小和位置。
第四步:重复步骤第二步、第三步,建立"数学""英语""物理"三个框架图。
运行程序,单击其中一个按钮即可进入课程学习,其演示效果如图 5.150 所示。

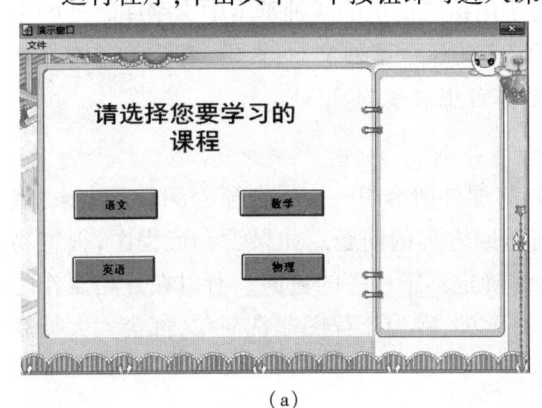

(a)　　　　　　　　　　　　　　(b)

图 5.150 "课件"演示效果

(a)框架窗口;(b)语文课程

（13）DVD 图标。DVD 图标用于在多媒体应用程序中引入视频信息数据,然后在视频播放器上播放。

（14）知识对象图标。知识对象图标会将已经做好的知识对象嵌入到课件中,可以提高课件开发效率,缩短开发周期。

（15）开始旗帜。开始旗帜用于调试执行程序时,设置程序流程的运行起始点。

（16）停止旗帜。停止旗帜用于调试执行程序时,设置程序流程的运行终止点。

（17）图标色彩(图标调色板)图标。图标色彩图标用来为图标着色。在程序的设计过程中,可以使用该图标来为流程线上的图标着色。

二、Authorware 的基本操作

1. 准备工作

在开始制作 Authorware 作品之前要注意以下几方面的问题。

（1）规范各种外部文件的位置。如果在 Authorware 作品中嵌入了大量的文件,特别是视频、音频文件,会使主程序文件体积过大,影响播放速度,所以常常将这些文件作为外部文件发布。一般来说,不同类型的文件要放在不同的目录下,以便管理,如图片放在+image 文件夹中,声音放在 sound 文件夹中等等。

（2）设置分辨率。Authorware 默认的作品分辨率大小是 640×480,这样大小的作品很适合在 14 寸显示器上运行,现在的主流显示器分辨率一般为 800×600,所以,一般将作品的分辨率大小设为 800×600。这项工作在开始设计之前就要做好,要是等到程序设计完成之后,再来更改分辨率大小,那么原来调整好的图片、文字、按钮的位置将都发生变化,重新调整十分麻烦。

（3）确认是否需要标题栏和菜单栏。Authorware 默认显示标题栏和菜单栏。如果在完成作品后又想去掉菜单栏,就需要对所有图片进行位置的调整,因为菜单栏和标题栏也在屏幕上占了一定的高度。

（4）规划外部扩展函数存储。使用外部扩展函数库之前,要考虑好这个外部文件的位置。比如,要使用"Winapi. u32"这个扩展函数,这个文件应该在 Authorware 安装目录下。其实,最好的办法是在主程序文件下建立目录,将这些外部函数都放在这个目录里,设置好搜索路径,否则在没有安装 Authorware 的机器上会找不到这些函数,从而无法实现这些函数的功能。

（5）特殊字体的使用。如果在作品中,需要使用系统提供的四种基本中文字库之外的字体,在确认用户机器上有这种字体时,可以以字符方式显示这种文本,否则,就要将这些文字转化为图片,这样才能保证用户看到的效果正是作者想表现的。

2. 设计程序流程图

在开始启动 Authorware 制作程序之前,最好将课件内容用一个线框流程图表示出来,规划好如什么时候进行跳转、跳到什么地方、如何返回之类的问题。如果没有流程图,很容易在设计程序时随心所欲,导致不停地修改,却始终确定不了程序的流向。所以在开始制作之前,理好课件各层次的关系、画出流程图是很有必要的,哪怕流程图非常简单,都会大大提高工作效率。

3. 添加图标

选择并拖放所需图标至设计窗口的流程线上。

4. 文本的输入

文本可以利用文本工具输入,也可以把已经保存好的文字用复制、粘贴的办法输入到显示、交互等图标中。

5. 图片、视频、音频的导入

在对应的图标中,选择"文件"菜单中的"导入和导出|导入媒体"命令,即可导入图片、声音、视频。

6. 程序的调试

Authorware 程序的调试非常方便,在程序运行时可逐步跟踪程序运行和程序的流向,甚至在程序运行时也可以对程序进行修改。

(1) 直接运行程序。程序编辑完成以后,点击工具栏上的运行按钮 ▣ ,或选择"菜单调试|重新开始"命令,Authorware 即开始运行程序;如果要停止运行,可选择"菜单调试|停止"命令。

(2) 调试部分程序。当编辑的程序很长时,将程序分成几个部分调试就会比较方便。在图标栏下方,有两个标志旗,白色的标志旗 ▣ 为起始标记,黑色标志旗 ▣ 为停止标记。

(3) 跟踪程序的运行。在调试程序时,还可以使用控制面板来跟踪程序的执行情况,点击工具栏上的按钮 ▣ ,就会出现控制条(图5.151(a)),单击控制条最右边的按钮,就会展开控制面板,如图5.151(b)所示。

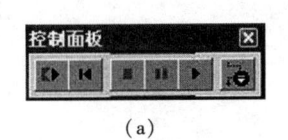

图 5.151 控制条和控制面板
(a)控制条;(b)控制面板

控制面板由十二个按钮和一个跟踪窗口组成。通过拖动边界可以改变窗口大小,把鼠标停留在按钮上,程序会自动显示各个按钮的名称。当用鼠标点击其中的某个按钮时,便可以执行此按钮相应的功能,并将结果显示在跟踪窗口中。

7. 程序发布

(1) 一键发布。一键发布是集程序打包与程序发布于一体的智能型、综合性的工具。它只需要一步命令(即执行"文件|发布|一键发布"命令),就可以将源程序打包、保存、发布等多项操作步骤一并完成。在此过程中,Authorware 会自动发布所有与该程序相关的文件,如 Xtras 插件、DLLs 动态链接库等,同时还会兼顾到其他发布情况,如发布到 CD-ROM 和发布到 Web 等。在 Authorware 属性设置中,为用户提供了打包和发布所需要的大多数选项。

(2)发布设置。发布时先要保存需发布的文件,然后选"择菜单文件|发布|发布设置"命令,打开"一键发布"对话框,如图 5.152 所示。

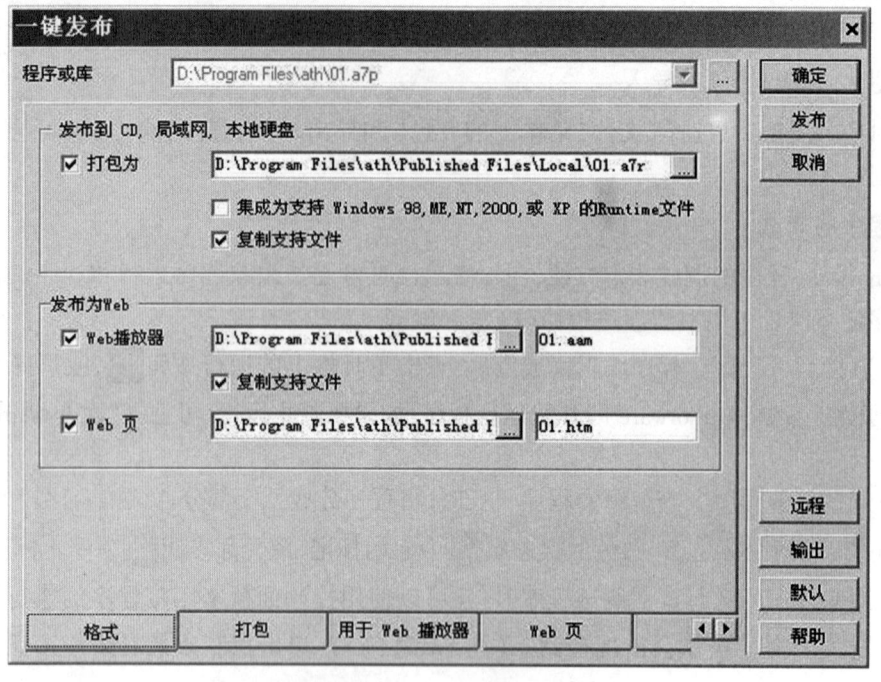

图 5.152 "一键发布"对话框

8. 作品文件打包

文件打包是将多媒体源程序发布为多媒体光盘、局域网文件、本地硬盘等产品形式。通过选择"一键发布"对话框中的"打包"选项卡打包作品文件,如图 5.153 所示。

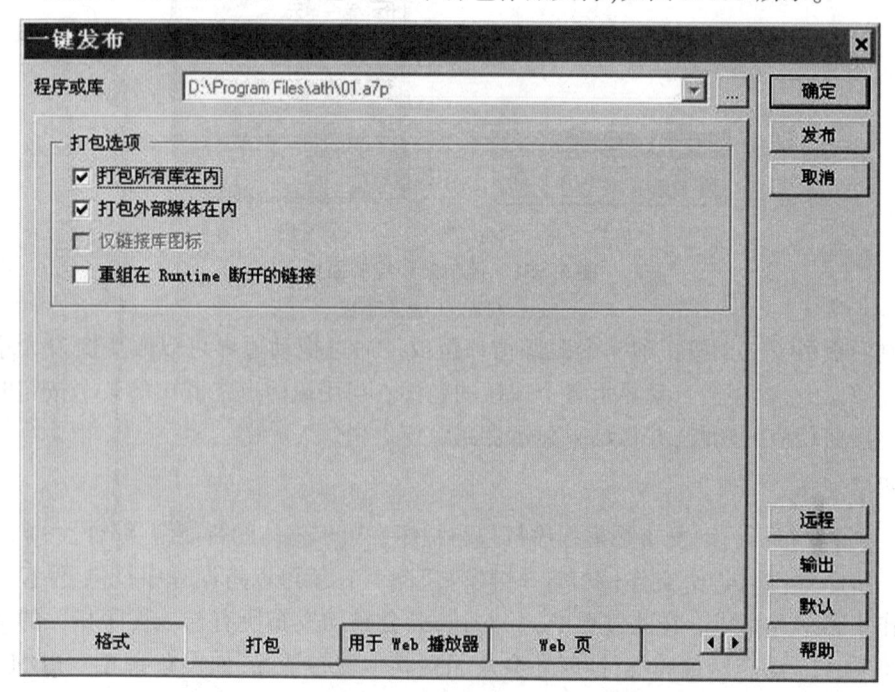

图 5.153 "打包"选项卡

"打包"选项卡中,各选项的含义如下。

"打包所有库在内"选项会将所有的库文件打包到可执行文件中,有利于防止因为链接不当而产生的错误,但会使文件变得过大。"打包外部媒体在内"选项会将外部媒体文件打包到程序中。"仅链接库图标"选项只会打包与文件相关联的图标,而忽略无关的图标,有利于文件"减肥"。"重组在 Runtime 断开的链接"选项会使 Authorware 在运行程序时自动重新链接已经断开链接的关联图标,使程序可以正常运行。

需要注意的是为了使打包后的 EXE 文件能够脱离 Authorware 环境运行,需要将 Authorware 的这些系统文件都复制到 EXE 文件所在目录下。另外,程序中所用到的外部素材文件(如 MIDI 音乐文件、SWF 动画文件、AVI 动画文件、MPEG 动画文件、GIF 动画文件和外部 EXE 文件等)如果是以链接文件的方式存在,就必须将它们也复制到 EXE 文件所在目录下或指定的位置。

实践项目

1. 根据所学专业,选择一门中小学课程,完成 1~2 节课的教学设计;使用 PowerPoint 完成课堂演示型多媒体课件的设计与制作。

2. 根据所学专业,选择一门中小学课程,建构整门课程的体系;使用 Authorware 完成交互式多媒体课件的设计与制作。多媒体课件要求结构清晰、逻辑流畅、版面清爽(首页整洁、目录简洁、文字合理、多媒体元素恰当、图文声像并茂)、风格协调;学生完成学习后,能够进行自我评价。

复习思考题

1. 什么是多媒体课件?
2. 简述多媒体课件开发的基本流程。
3. 多媒体课件开发的工具有哪些?
4. 简述用 PowerPoint 制作多媒体课件的基本技巧。

参考文献

[1]张建国.现代教育技术——理论与实践[M].北京:国防工业出版社,2011.
[2]段新昱.多媒体创作与 Authorware[M].北京:高等教育出版社,2004.
[3]汪基德.现代教育技术[M].北京:高等教育出版社,2011.
[4]黄威荣,刘军,卓毅.现代教育技术应用[M].北京:教育科学出版社,2015.
[5]李克东.新编现代教育技术基础[M].上海:华东师范大学出版社,2002.
[6]祝智庭,顾小清,闫寒冰.现代教育技术——走进信息化教育[M].北京:高等教育出版社,2005.

[7]徐福荫,袁锐锷.现代教育技术[M].北京:人民教育出版社,2005.

[8]钟志贤.信息化教学模式——理论构建与实践例说[M].北京:教育科学出版社,2005.

[9]陈琳.现代教育技术[M].2版.北京:高等教育出版社,2014.

[10]何克抗,林君芬,张文兰.教学系统设计[M].北京:高等教育教育出版社,2006.

[11]乌美娜.教学设计[M].北京:高等教育教育出版社,1994.

第六章　信息化教学设计与评价

> **学习目标**
>
> 1. 了解教学系统设计的发展。
> 2. 掌握教学系统设计的概念和层次。
> 3. 理解教学设计模式的含义。
> 4. 掌握教学系统设计的基本要素分析方法。
> 5. 理解信息化教学系统设计的含义、原则和过程模式。
> 6. 掌握信息化教学系统设计方案编写的方法和技巧。

在学习了现代教育技术的相关理论与信息化教学环境建设、信息化教学资源设计与开发的技能之后,师范生要能将理论和技能整合到课堂教学中去,这是学习现代教育技术的最终目的,而信息化教学系统设计就是理论和技能相结合的桥梁。

第一节　教学系统设计概述

教学系统设计是 20 世纪 60 年代以来逐渐形成和发展起来的一门实践性很强的新兴学科,是教育技术学领域中的一个重要分支。教学系统设计以解决教学问题、优化学习为目的,是一个跨学科的研究领域。

一、教学系统设计发展简介

教学设计的发展历程与其他学科的发展一样,都经历了思想萌芽、理论形成、学科建设等几个阶段。

早期人们对教学的研究集中于探索学习机制和教学机制上,对教学过程中涉及的教师、学生、教学内容、教学方法和手段等各个要素和他们之间的相互关系进行了大量的研究,但是在实践中遇到了许多问题(如对这些要素如何协调、如何控制),因而萌发了教学设计的构想。最初提出教学设计构想的代表人物是美国教育家杜威和美国心理学家桑代克。杜威在 1900 年提出应建立一门连接学习理论和教学实践的"桥梁科学",其目的是建立一套系统的、与设计教学活动有关的理论知识体系，以达到优化教学的目的。桑代克也曾提出设计教学过程和程序学习的主张。

二战期间，由于战争的需要，美国要在最短的时间内为军队输送大批合格的士兵，为工厂输送合格的工人。这一急迫任务把当时的心理学领域和视听领域专家的视线引向学校正规教育体系之外，进而关注当时社会所能提供的一切教学手段，关注教学的实际效果和效率，由此引发了教学设计的最初尝试。

20世纪60年代后期，许多教育家和心理学家逐渐发现决定教学（学习）效果的变量是极其复杂的，要设计最优的教学过程，必须将系统方法引入教学过程之中。随着教学系统方法的形成及其在各层次教学系统中的应用，教学设计的理论与方法体系得以建立。20世纪70年代以来，认知心理学、系统科学等相关理论的研究成果，技术在教育中的应用研究等成果被吸收到教学系统设计中，教学系统设计的理论与方法体系得以建立起来，进而逐渐发展成为一门独立的学科。

二、教学系统设计的概念

什么是教学系统设计？由于参与教学系统设计研究与实践人员的背景不同，他们界定这一概念的视角也存在差异，因而人们在教学系统设计的定义上尚未取得完全的统一。

乌美娜教授认为："教学系统设计是运用系统方法分析教学问题和确定教学目标，建立解决教学问题的策略方案、试行解决方案、评价试行结果和对方案进行修改的过程。它以优化教学效果为目的，以学习理论、教学理论和传播学为理论基础。"

何克抗教授认为："教学设计是运用系统方法，将学习理论与教学理论的原理转换成对教学目标（或教学目的）、教学条件、教学方法、教学评价等教学环节进行具体计划的系统化过程。"

总而言之，教学系统设计是为达到特定目标而由各要素按照一定互动方式组织起来的结构和功能的集合体。它以促进学习者的学习为根本目的，运用系统方法，将学习理论、教学理论、系统理论、传播理论等原理转换成对教学目标、教学内容、教学方法、教学策略、教学评价等环节进行具体计划，创设有效的教学与系统的"过程"或"程序"。它可以是学校的全部教学工作，也可以是一门课程、一个单元或一节课的教学或是为达到某种教学目的而实施的、有控制的教学信息传递过程。

三、教学系统设计的层次

教学系统设计是一个问题解决的过程，根据教学中问题范围、大小的不同，教学系统设计也相应地具有不同的层次。

1."产品"级教学系统设计

"产品"级教学系统设计把教学中需要使用的媒体、教学资源和教学环境等当作产品来进行设计。教学产品的类型、内容和教学功能常常由教学系统设计人员、教师和学科专家共同确定，有时还吸收媒体专家和媒体技术人员参与产品的设计、开发、测试和评价。

2."课堂"级教学系统设计

"课堂"级教学系统设计包括一门课或一个单元的教学设计，它是根据教学大纲（课程标准)的要求,针对一个班级的学生,在固定的教学设施和开放的教学资源条件下进行教学系统设计。"课堂"级教学系统设计工作的重点是充分利用已有的设施,并选择或编辑现有的教学材料来完成目标,而不是开发新的教学材料(产品)。

3. "系统"级教学系统设计

"系统"级教学系统设计的设计对象是大型、综合和复杂的教学系统,如一所学校、一个专业、一个学科或某行业职业教育中职工培训方案的设置等。这一层次的设计通常包括系统目标的确定、实现目标方案的建立、试行和评价、修改等环节,其涉及内容面广,设计难度较大,必须充分考虑系统中各个要素之间的相互作用和组合。因此,这一层次的设计需要由教学系统设计人员、学科专家、教师、行政管理人员、甚至包括有关学生的试验小组来共同完成。

四、教学系统设计模式

教学系统设计模式是在教学系统设计的实践当中逐渐形成的一套程序化步骤,其实质是说明做什么、怎样做,而不是为什么要这样做。教学系统设计过程模式指出了应以什么样的步骤和方法进行教学系统的设计,它是关于设计过程的理论。

由于教学系统设计实践中所涉及的教学系统的范围和任务的层次有很大的差别,而且设计的具体情况和针对性也不完全一样,再加上设计人员教学工作环境(不同地域、不同教育层次)和个人专业背景(学科专家、教学设计专家、媒体专家、教师、评价专家等)的差异,使他们对教学设计的理解和认识不尽相同,因而出现了众多的教学设计过程模式。

1. 以"教"为主的教学系统设计模式

(1)肯普模式——ID1(基于行为主义学习理论)的代表模式

肯普模式由肯普(J. E. Kemp)在1977年提出,后来又经过多次修改才逐步完善,该模式的特点可以用3句话概括:在教学系统设计过程中应强调四个基本要素,需要解决三个主要问题,要适当安排十个教学环节。肯普模式如图6.1所示。

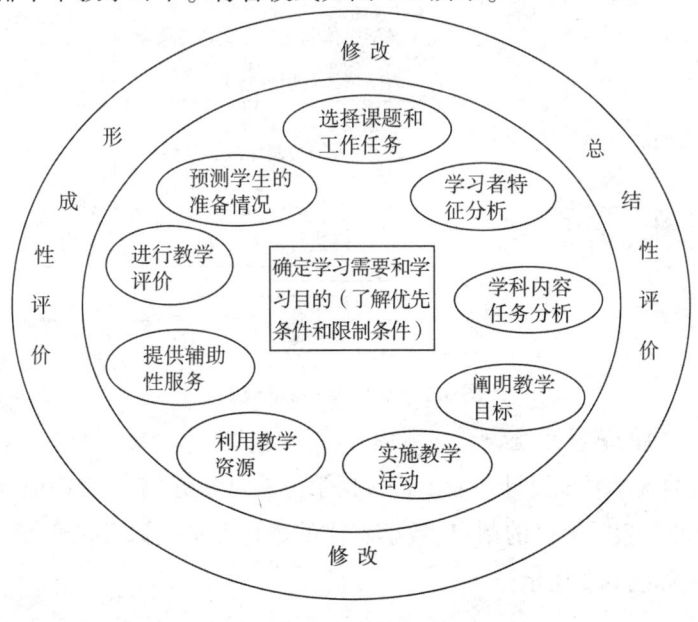

图6.1 肯普模式

①四个基本要素。四个基本要素是指教学目标、学习者特征、教学资源和教学评价。肯普认为,任何教学设计过程都离不开这四个基本要素,由它们即可构成整个教学设计模式的总体框架。

②三个主要问题。三个主要问题一是学生必须学习到什么(确定教学目标);二是为达到预期的目标应如何进行教学(即根据教学目标的分析确定教学内容和教学资源,根据学习者特征分析确定教学起点,并在此基础上确定教学策略、教学方法);三是检查和评定预期的教学效果(进行教学评价)。

③十个教学环节。十个教学环节一是确定学习需要和学习目的,为此应先了解教学条件(包括优先条件与限制条件);二是选择课题与任务;三是分析学习者特征;四是分析学科内容;五是阐明教学目标;六是实施教学活动;七是利用教学资源;八是提供辅助性服务;九是进行教学评价;十是预测学生的准备情况。

(2)史密斯-雷根模式——ID2(基于认知主义学习理论)的代表性模式

史密斯-雷根模式由史密斯(P. L. Smith)和雷根(T. J. Ragan)于1993年提出,如图6.2所示。该模式将教学过程明确分为教学分析、策略与模式设计和教学评价三部分,使各部分内容的安排更具科学性,更强调对学习者认知策略和认知能力的分析。

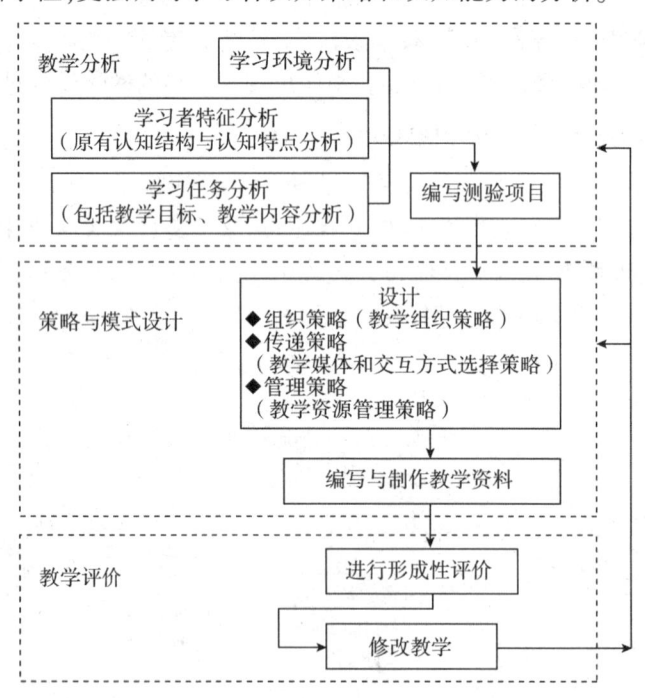

图6.2 史密斯-雷根模式

(3)以"教"为主的教学系统设计一般模式

以"教"为主的教学系统设计一般模式包括学习需要分析、学习者特征分析、学习内容分析、教学目标的阐明、教学策略的制定、教学媒体的选择和运用以及教学设计成果的评价七个基本组成部分,如图6.3所示。

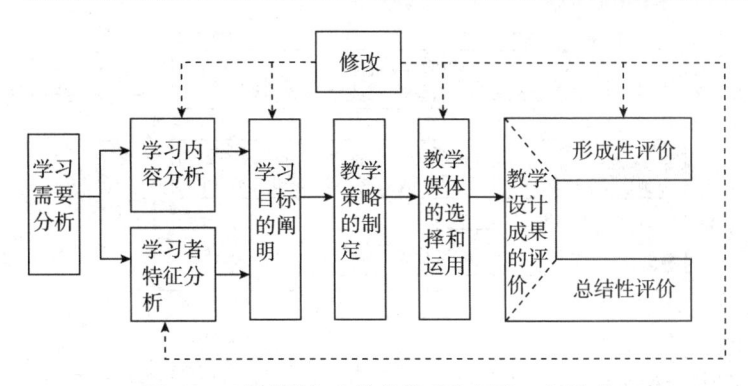

图 6.3　以"教"为主的教学系统设计一般模式

2. 以"学"为主的教学系统设计模式

以"学"为主的教学系统设计模式是基于建构主义学习理论和教学理论的教学系统设计模式，如图 6.4 所示。

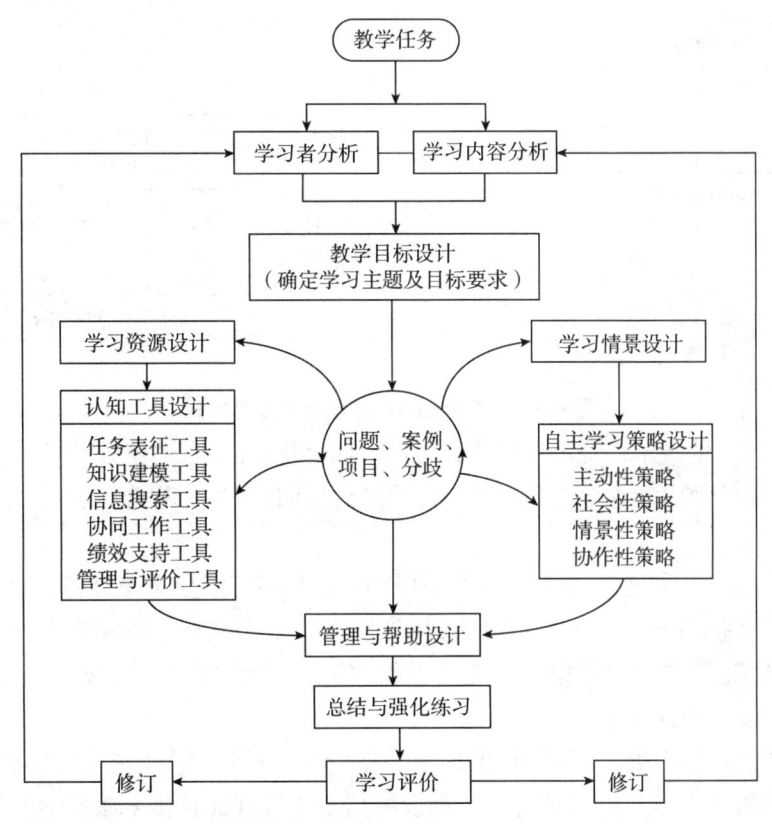

图 6.4　以"学"为主的教学系统设计模式

3. "主导-主体"教学系统设计模式

何克抗教授通过对以"教"为主和以"学"为主的教学系统设计模式取长补短，提出了"主导-主体"的教学系统设计模式，如图 6.5 所示。

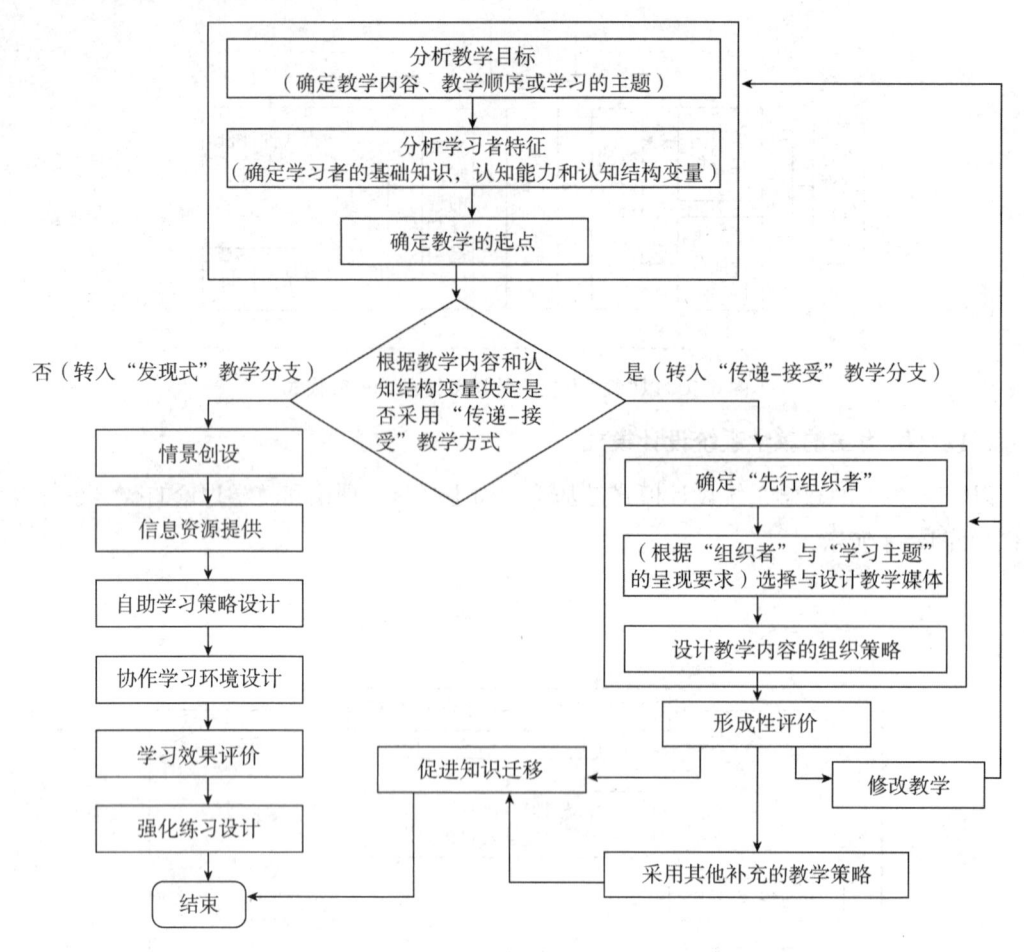

图 6.5 "主导–主体"教学系统设计模式

"主导–主体"的教学系统设计模式具有以下四个特点。

(1) 可根据教学内容和学生的认知结构情况灵活选择"发现式"或"传递–接受"教学分支。

(2) 在"传递–接受"教学过程中基本采用"先行组织者"教学策略,同时也可采用其他的"传递–接受"策略(甚至是自主学习策略)作为补充,以达到更佳的教学效果。

(3) 在"发现式"教学过程中也可充分吸收"传递–接受"教学的长处(如进行学习者特征分析和促进知识的迁移等)。

(4) 便于考虑情感因素(即动机)的影响。在"情境创设"环节(左分支)或"选择与设计教学媒体"环节(右分支)中,可通过适当创设的情境或呈现的媒体来激发学习者的动机;而在"学习效果评价"环节(左分支)或根据形成性评价结果所作的"修改教学"环节(右分支)中,则可通过讲评、小结、鼓励和表扬等手段促进学习者三种内驱力的形成与发展(学习者的年龄与个性特征决定内驱力的种类)。

"主导–主体"教学系统设计模式从方法和步骤上来说,是将以"教"为主和以"学"为主的教学系统设计方法和步骤相结合,强调既要发挥教师在教学中的主导作用,又要体现学生在学习中的主体地位。在实际教学中,教师需根据学科特点和具体教学内容的特点选择相应的教学系统设计模式。

需要说明的是,教学系统设计的模式既有一定的稳定性,但也是开放、灵活的,因此在学习借鉴别人模式的同时,教师还要能够根据具体的实际情景创造性地运用模式,甚或开发自己的模式。

第二节　教学系统设计基本要素分析

教学系统设计的过程虽然不尽相同,但也可以从中总结出教学系统设计过程的基本要素,包括学习需要分析、学习者特征分析、学习内容分析、教学目标的阐明、教学策略的制定、教学媒体的选择和运用以及教学设计成果的评价七个基本要素。需要说明的是,这里把教学系统设计的过程分解为诸多要素,是为了更加深入地了解、分析及掌握整个教学系统设计过程的技术,而在教学系统设计的实践中,教师要从教学系统的整体功能出发,对各要素进行综合考虑,使其产生整体效应。

一、学习需要分析

1. 学习需要分析的概念

学习需要是指学习者目前的学习状况与所期望达到的学习状况之间的差距,也就是学习者目前水平与期望学习者达到的水平之间的差距,如图6.6所示。

| 期望达到的学习状况 | - | 目前的学习状况 | = | 学习需要 |

图6.6　学习需要的概念

学习需要分析是一个系统化的调查研究过程,这个过程的目的就是借助需要分析法,揭示学习者现状与期望值之间存在的差距,确定学习需要并进一步分析造成差距的真正原因是什么,教学设计是否是解决这个问题的必要途径,通过对现有的资源及限制条件的分析,论证解决该问题的可能性。再在此基础上,确定优先解决的问题和要达到的总的教学目标,为后续工作提供依据。因此,学习需要分析属于一种前端分析。

2. 学习需要分析的方法

学习需要分析的方法有内部参照需要分析法和外部参照需要分析法。内部参照需要分析法是由学习者所在的组织机构内部以确定的教学目标(或工作要求)对学习者的期望与学习者学习(工作)现状作比较,找出两者之间的差距,从而鉴别学习需要的一种分析方法。外部参照需要分析法是根据机构外社会(职业)的要求来确定对学习者的期望值,以此为标准来衡量学习者学习的现状,找出差距,从而确定学习需要的一种分析方法。外部参照需要分析法揭示的是学习者目前的状况与社会实际要求存在的差距,通常可采用对毕业生跟踪调查、现场调研、专家访谈等方式来获得相关的信息。内部参照需要分析法操作容易,省时省力,但却无法保证机构的检测合理;外部参照需要分析法操作比较困难,但却与社会需求直接发生联系,从而能保证系统目标的合理性。

3. 学习需要分析的步骤

（1）分析教学中需要解决的问题是什么；

（2）分析产生教学问题的原因；

（3）分析现有资源和限制条件；

（4）分析问题的重要性，决定解决问题的先后顺序。

4. 学习需要分析应注意的问题

（1）学习需要是指学习者的差距与需要，而不是教师的差距与需要，更不是对教学过程、手段的具体需要。

（2）收集的数据必须真实可靠，避免从"感觉"需要入手。

（3）要以学习行为结果来描述差距，而不是用过程（手段）。

（4）学习需要分析是一个永无止境的过程。

二、学习者特征分析

教学系统设计的目的是有效促进学习者的学习，而学习者是学习活动的主体，学习者具有的认知、情感、社会等特征都将对学习的信息加工过程产生影响。因此，教学系统设计是否与学习者的特征相匹配，是决定教学系统设计成功与否的关键因素。学习者特征涉及很多方面，对教学系统设计产生重要影响的特征可分为智力因素和非智力因素两个方面。与智力因素有关的特征主要包括个体认知发展的一般特征、知识基础、认知能力、认知结构变量等；与非智力因素有关的特征则包括兴趣、动机、情感、学习风格、焦虑水平、意志、性格以及学习者的文化背景等。

1. 学习者起点能力分析

在进行学习者特征分析时，应尽可能了解学习者各方面的特征，这样才能设计出最适合学习者的教学系统。但在实践中，通常不可能收集到学习者的所有特征，因此，在进行学习者特征分析时，重点要了解哪些因素会对当前教学系统设计产生直接且重要的影响，这样才能提高教学系统的适用性和针对性。

（1）学习者特定的知识和能力基础特征分析

学习者特定的知识和能力基础是指学习者在学习特定学科、领域知识和技能时，与学习相关的知识和能力的基础状况。了解学习者特定的知识和能力基础是为了确定教学的起点。如果将教学的起点定得太高，脱离学习者的实际水平，会使学习者在高难度的学习内容面前望而却步，就会降低教学效果；如果将教学的起点定得太低，则会使学习者在低水平的内容上做无效的劳动，造成时间和精力的浪费。如何确定学习者的知识和能力基础呢？一般可通过测验、访谈、观察、填写学生情况调查表以及开展态度调查等方式确定。准确地确定学习者的知识和能力起点，可在一定程度上提高教学的效率，收到良好的教学效果。

（2）学习者的认知能力特征分析

进行学习者认知能力分析主要是为了了解学习者在不同认知发展阶段所表现出的感知、记忆、思维、想象等方面的特征。瑞士著名心理学家让·皮亚杰经过多年的观察研究，提出了认知发展阶段理论，为分析学习者认知能力或认知发展水平提供了一个清晰的框架。

他将儿童认知发展划分为四个阶段,即感知运动阶段、前运算阶段、具体运演阶段、形式运演阶段。具体内容这里不再赘述。依据不同的认知能力水平设计和实施教学是达到有效教学的重要前提。

(3)学习者的认知结构分析

美国著名教育心理学家奥苏贝尔在他的有意义学习理论中提出:当学习者把教学内容与自己的认知结构联系起来的时候,意义学习就发生了。这一理论特别强调学习者已有的认知结构对学习的影响。什么是认知结构?所谓认知结构,就是指学习者现有知识的数量、清晰度和组织结构,它由学生能回想起来的事实、概念、命题、理论等构成。

奥苏贝尔认为在认知结构中有三个方面的特性对于有意义学习的发生与保持产生重要影响,这三个方面的特性是指认知结构的"可利用性""可分辨性"和"稳固性"。要确定认知结构是否具有"可利用性",就是要确定当前所学的新概念、新命题、新知识与学习者原有认知结构中的某种概念、命题或知识之间是否存在类属关系(下位关系)、总括关系(上位关系)或并列组合关系中的某一种关系;确定了原有概念与当前所学的新概念之间的关系,也就确定了认知结构的"可分辨性";接着需要分析学习者认知结构中起同化、吸收作用的原有观念的"稳固性"。一般来说,若能找到和新观念具有类属关系或总括关系的原有观念,那么,这种原有观念对于绝大多数的学习者都是比较稳定而牢固的。假如原有观念与新观念之间是并列组合关系,则这种原有观念的稳固性将随不同的学习内容而有较大的差别。

奥苏贝尔指出,认知结构的组织特征是分层次的。为了了解学习者究竟具有哪些知识,可以让学习者编制特定学科的概念图。然后,根据学习者所绘制的概念图,评估学习者理解知识的程度(知识水平)。概念图不仅可以作为一种查明学习者原有知识、外化学习者知识结构的工具,还可以作为一种分析和组织教学内容的有效方法。

2. 学习者的学习动机和学习风格分析

(1)学习者的学习态度

学习者对教学传递系统的态度或喜好涉及学习者对什么样的教学传递方式更加感兴趣。例如,学习者已经具有了课堂听讲、网上学习和模拟真实问题求解的经历,而他们更喜欢网上学习,这就反映了他们对教学传递系统的态度。因此,了解学习者对所学内容的认识水平和态度(包括他们对教学传递系统的态度或喜好)对选择内容、确定教学方法等都很重要的影响。判断学习者态度最常用的方法是态度问卷调查、观察、访谈等方法。

(2)学习动机分析

学习动机、学习兴趣等因素对学习的影响日益引起教育界的普遍关注。教师在日常教学中遇到的很多问题都可以归结为学习动机问题。所谓学习动机,是指直接推动学生进行学习的一种内部动力,是激励和指引学生进行学习的一种需要。有人认为,对知识价值的认识(知识价值观)和对学习的直接兴趣(学习兴趣),对自身学习能力的认识(学习能力感),以及对学习成绩的归因(成就归因)是学生学习动机的主要内容。

学习动机和学习是相辅相成的关系。学习能产生动机,而动机又能推动学习。一般来说,动机具有加强学习的作用。根据耶克斯-多德森定律可知,动机中等程度的激发或唤起,对学习具有最佳的效果。动机过强或过弱,不仅对学习不利,而且对保持也不利。

对教学实践有影响的学习动机主要有两种:一是内部动机(对学习本身的兴趣所引起的

动机,不需要外部的诱因、惩罚)和外部动机(外部诱因所引起的动机);二是认识内驱力(是一种要求了解和理解的需要、要求掌握知识的需要以及系统地阐述问题并解决问题的需要)、自我提高内驱力(是个体因自己的胜任能力或工作能力而赢得相应地位的需要)和附属内驱力(是一个人为了保持他人的赞许或认可而表现出来的把工作做好的一种需要)。

学习者的动机水平是成功教学的重要因素。当学习者对学习内容没有兴趣或缺乏动机时,学习几乎是不可能的。1987年,Keller 开发了一个模型,说明了成功所必需的各类动机,他还对如何利用这些信息来设计有效的教学提出了建议。

Keller 的模型叫做 ARCS 模型,其中 A(Attention)即注意力,R(Relevance)即关联性,C(Confidence)即自信心,S(Satisfaction)即满足感。在注意力方面,对于低年级学生,可以通过卡通片、彩色图片、故事等激发其学习兴趣;对于高年级学生,可以通过提出能引起他们思索的问题激发其求知欲。在关联性方面,教学目标和教材内容应与学生的需要和生活相贴近,为了提高课程目标的贴切性,可以让学生参与目标制定。在自信心方面,教学中应提供学生容易获得成功的机会以建立其自信心。在满足感方面,每节课都应让学生学有所得,让学生从成功中得到满足;对学生学业的进步多做纵向比较,少做横向比较,避免学生产生挫折感。

(3)学习风格分析

要对学习风格进行分析,必须要知道什么是学习风格。关于学习风格的定义很多,这里引用 Keefe 和我国学者谭顶良的定义。Keefe 在1997年从信息加工的角度界定学习风格,Keefe 认为:"学习风格由学习者特有的认知、情感和生理行为构成,它是反映学习者如何感知信息、如何与学习环境相互作用并对之作出反映的相对稳定的学习方式"。我国学者谭顶良认为:"学习风格是学习者一贯的带有个性特征的学习方式,是学习策略和学习倾向的总和"。综上所述,学习风格也就是指对学习者感知不同刺激,以及对不同刺激做出反应所产生影响的所有心理特征。

三、学习内容分析

通过对学习需要分析,确定了教学系统设计的课题和总教学目标。为了保证总教学目标能够实现,教学必须要有正确的、合乎目标的教学内容。所谓教学内容,就是指为实现教学目标、由教育行政部门或培训机构有计划安排的、要求学生系统学习的知识、技能和行为经验的总和。分析教学内容是对学生起始能力转变为终点能力所需要的从属技能进行详细剖析的过程,主要包括选择与组织单元、确定单元学习目标、确定学习任务的类别、分析任务以及评价所选内容等步骤。经过对教学内容选择与组织的评价,确定了教学内容的基本框架后,就要对各个单元的教学内容逐一进行更深入的分析,具体的分析方法有以下几种。

1. 归类分析法

归类分析法主要用于分析言语信息。对言语信息进行分析的最有效手段是确定信息的主要类别,如一个国家的省市名称可按地理区域的划分来归类,人体外表各部位的名称可由上向下、按头、颈、躯干、上肢、下肢分类等。确定分类方法后,可用图示或列提纲的方式,把需要学习的知识归纳成若干方面,从而确定教学内容的范围。

2. 层级分析法

层级分析法是用来揭示教学目标所要求掌握的从属技能的一种内容分析方法,这是一个逆向分析的过程,即从已确定的教学目标开始考虑。首先考虑要求学习者获得教学目标规定的能力,他们必须具有哪些次一级的从属能力。然后考虑要培养这些次一级的从属能力,又需具备哪些再次一级的从属能力,依次类推。可见,在层级分析中,各层次的知识点具有不同的难度等级——越是在底层的知识点,其难度等级越低(越容易),越是在上层的知识点,其难度越大。

3.信息加工分析法

信息加工分析法由加涅提出,其是将教学目标要求的心理操作过程揭示出来的一种内容分析方法。这种心理操作过程及其所涉及的能力构成教学内容。在许多教学内容中,完成任务的操作步骤不是按"1→2→3→…→n"的线性程序进行的。当某一步骤结束后,需根据出现的结果判断下一步怎么做。在这种情况下,就要使用流程图表现该操作过程。

4.解释结构模型法(ISM分析法)

解释结构模型法(Interpretative Structral Modelling Method,ISM分析法)是用于分析和揭示复杂关系结构的有效方法,它可将系统中各要素之间复杂、零乱的关系分解成清晰的多级递阶的结构形式。解释结构模型法包括以下三个操作步骤:一是抽取知识元素——确定教学子目标;二是确定各个子目标之间的直接关系,画出目标矩阵;三是利用目标矩阵求出教学目标形成关系图。

四、教学目标的阐明

教学目标也称行为目标,是对学习者通过教学以后将能达到何种状态的一种明确的、具体的表述,它是预先确定的、通过教学可以达到的并且能够用现有技术手段测量的教学效果。教学目标具有客观性和主观性并存、动态性和稳定性并存、系统性、层次性和时限性等特点。

1.教学目标分类理论

美国教育心理学家布鲁姆将教学活动所要实现的整体目标分为认知、动作技能、情感三大领域,并从实现各个领域的最终目标出发,确定了一系列目标序列。

(1)认知学习领域目标分类

布鲁姆将认知学习领域的目标划分为识记、领会、应用、分析、综合、评价六个等级。

①识记。识记指对先前学习过的知识材料的回忆,包括具体事实、方法、过程、理论的回忆。识记是认知目标中最低层次的能力,它所要求的心理过程主要是记忆,如记忆名词、基本原则等。

②领会。领会指把握知识材料意义的能力。要测量是否对知识领会,可以借助转换、解释、推断三种形式。转换就是用自己的话或用与原先的表达方式不同的方式来表达所学的内容;解释就是对一项信息(如图表、数据等)加以说明或概括;推断就是预测发展的趋势。

③运用。运用指将所学到的规则、方法、步骤、原理、原则和概念等运用到新的情境,解决实际问题的能力。运用的能力以识记和领会为基础。

④分析。分析指把复杂的知识整体分解为几个组成部分,并理解各部分之间联系的能力,包括部分的鉴别,分析部分之间的关系和认识其中的组织原理。分析代表了比运用更高的智力水平,因为它既要理解知识材料的内容,又要理解其结构。

⑤综合。综合指将所学知识、原理、原则与事实等重新组合,形成一个新的知识整体。它所强调的是创造能力,即形成新的模式或结构的能力。

⑥评价。评价是认知学习领域的目标中最高层次的能力,它要求超越原先的学习内容,并需要依据某项标准做出价值判断。

(2)动作技能学习领域目标分类

动作技能在实验课、体育课、职业培训、军事训练等科目中是主要的教学目标。这里介绍辛普森等人于1972年提出的分类系统,该系统将动作技能目标分成七级。这里将动作技能目标,分为模仿、独立操作、迁移、技能动作和有意交流五级。

①模仿。模仿是指复杂动作技能学习的早期阶段,包括模仿和尝试错误,主要了解某动作技能的有关知识、性质、功用等。

②独立操作。独立操作是指能够独立完成操作,并进行调整与改进,尝试与已有技能建立联系等。

③迁移。迁移是指在新的情境下运用已有技能,理解同一技能在不同情境中的适用性等。

④技能动作。技能动作是指熟练完成复杂动作的能力。以基础性动作为基础,结合感知能力和一定的体力,经过一段的综合练习,就可熟能生巧地掌握技能动作。

⑤有意交流。有意交流是指传递感情的体态动作,它亦称体态语,既包括反射性的,也包括习得的,如手势、姿态、脸部表情、艺术动作和造型等。

(3)情感学习领域目标分类

情感学习与形成或改变态度、提高鉴赏能力、更新价值观念、培养高尚情操等密切相关,1964年,克拉斯伍(D. R. Krathwohl)等人制定了情感领域的教育目标分类,将情感领域的目标共分为五级。

①接受或注意。接受或注意指学习者愿意注意某特定的现象或刺激,如静听讲解、参加班级活动、意识到某问题的重要性等。学习结果包括从意识到某事物存在的简单注意到选择性注意,是低级的价值内化水平。

②反应。反应指学习者主动参与,积极反应,表示出较高的兴趣,如完成布置的作业、提出意见和建议、参加小组讨论、遵守校纪校规等。学习的结果包括默认、愿意反应和满意的反应。这类目标与教师通常所说的"兴趣"类似,强调对特定活动的选择与满足。

③价值判断与评价。价值判断与评价指学习者用一定的价值标准对特定的现象、行为或事物进行评判。它包括接受或偏爱某种价值标准和为某种价值标准作出奉献,如刻苦学习外语等。这一阶段的学习结果所涉及的行为表现出一致性和稳定性,与通常所说的"态度"和"欣赏"类似。

④组织。组织指学习者在遇到多种价值观念呈现的复杂情境时,将价值观组织成一个体系,对各种价值观加以比较,确定它们的相互关系及它们的相对重要性,接受自己认为重要的价值观,形成个人的价值观体系,如先处理集体的事,然后考虑个人的事;或是形成一种与自身能力、兴趣、信仰等协调的生活方式等。值得重视的是,个人已建立的价值观体系可以因为新观念的介入而改变。

⑤价值与价值体系的性格化。价值与价值体系的性格化指学习者通过对价值观体系的组织,逐渐形成个人的品性。各种价值被置于一个内在和谐的构架之中,并形成一定的体

系,个人言行受该价值体系的支配;观念、信仰和态度等融为一体,最终的表现是个人世界观的形成。达到这一阶段以后,行为是一致的和可以预测的。例如,保持谦虚态度和良好的行为习惯;在团体中表现出合作精神等。

目标分类理论对我国的教学研究和实践产生了一定的影响,国内学者为了使教学目标设计更加科学,提出了三维目标体系,即知识与能力、过程与方法、情感态度与价值观三个目标维度,比较全面地概括了教学活动的整体目标,有利于学生的全面发展。

2. 教学目标的具体编写方法

一个规范的教学目标包括对象(Audience)、行为(Behaviour)、条件(condition)、程度(Degree)四个要素,为了便于记忆,把编写教学目标的基本要素简称为 ABCD 模式。对象指教学对象;行为主要说明通过学习以后,学习者应能做什么;条件主要说明上述行为在什么条件下产生;程度,规定行为应达到的程度或标准。

例如:初中二年级上学期的学生,能在 5 分钟内,完成 10 道因式分解题,准确率达 95%。
　　　　　　A　　　　　　　　　C　　　　　　　B　　　　　　　D

在运用 ABCD 方面编写具体的教学目标时,应注意以下几个方面。

(1)教学目标的行为主体必须是学习者,而不是教师。根据新课程的有关理念,在编写教学目标时,无论是一般的行为目标或是具体的行为目标,在描写时都应写成学生的学习行为而不是教师的教学行为,教学目标一般不用来描述教师的教学程序或活动的安排,如编写教学目标时一般不使用"使学生……""让学生……""提高学生……"及"培养学生……"等描述,而用"能认出……""能解释……""能设计……""能写出……""对……作出评价"或"根据……对……进行分析"等描述,要清楚地表明达成目标的行为主体是学生。

(2)教学目标必须用教学活动的结果而不能用教学活动的过程或手段来描述。有时需要表明学生在什么情况下或什么范围内完成指定的学习活动,如"用所给的材料探究……""通过合作学习小组的讨论,制定……""通过自行设计小实验,体验……"等。

(3)教学目标的行为动词必须是具体的,而不能是抽象的。教学具体目标应采用可观察、可操作、可检验的行为动词来描述。而传统应用的"了解""掌握""知道""熟悉"等几个笼统、含糊的,难以观察到的,仅表示内部心理过程的动词,往往难以测量、无法检验。表 6.1、表 6.2、表 6.3 给出了编写具体教学目标时,可供选用的部分动词。

表 6.1　编写认知学习目标可供选用的动词

学习目标层次	特　征	可参考选用的动词
识　记	对于信息的回忆	定义、列举、排列、说出、复述、背诵、辨认、回忆、陈述、说明、指出
领　会	用自己的语言解释信息	叙述、解释、鉴别、转化、区别、举例说明、预测、猜测、摘要、改写
运　用	将知识运用到新的情境中	运用、计算、演示、阐述、解答、证明、计划、制定、修改、发现、操作、利用
分　析	将知识分解,找出各部分之间的联系	分析、分类、比较、对照、区别、分辨、检查、评析

续表

学习目标层次	特 征	可参考选用的动词
综 合	将知识各部分重新组合,形成一个新的整体	编写、写作、设计、创造、提出、归纳、总结、综合、收集、建议
评 价	根据一定标准进行判断	鉴别、比较、评定、判断、说出……价值、衡量、分辨

表 6.2 编写动作技能学习目标可供选用的动词

学习目标层次	特 征	可参考选用的动词
模仿	在原型示范和具体指导下完成操作;对所提供的对象进行模拟、修改等	模拟、重复、再现、例证、临摹、扩展、缩写
独立操作	独立完成操作;进行调整与改进;尝试与已有技能建立联系等	完成、表现、制定、解决、拟订、测量、尝试、设计、操作、会、能试验
迁移	在新的情境下运用已有技能;理解同一技能在不同情境中的适用性等	联系、转换、灵活运用
技能动作	进行复杂的动作	演奏、使用、装配、操作、调节
有意交流	传递情感的动作	用动作手势、眼神或脸色表达……感情

表 6.3 编写情感学习目标可供选用的动词

学习目标层次	特 征	可参考选用的动词
接受或注意	愿意注意某事件或活动	听讲、知道、看出、注意、选择、接受、容忍
反应	乐意以某种方式加入某事,以示做出反应	陈述、回答、完成、选择、列举、遵守、称赞、表现、帮助、欢呼、记录
价值判断与评价	对现象或行为做价值判断,从而表示接受、追求某事,并表现出一定的坚定性	接受、承认、参加、完成、决定、影响、区别、解释、评价、辩论、论证、判别
组织	把许多不同的价值标准组成一个体系并确定它们之间的互相关系,建立重要的和一般的价值观念	讨论、组织、判断、确定、选择、比较、定义、权衡、系统阐述、决定、权衡、制定计划
价值与价值体系的个性化	能自觉控制自己的行为,并逐渐发展为性格化的价值体系	修正、改变、接受、判断、拒绝、相信、解决、要求、抵制、继续、正视

五、教学策略的制定

关于教学策略的定义很多,如施良方教授的定义为:"教学策略是指教师在课堂上为达到课程目标而采取的一套特定的方式或方法。教学策略要根据教学情景的要求和学生的需要随时发生变化。无论在国内还是在国外的教学理论与教学实践中,绝大多数教学策略都涉及如何提炼或转化课程内容的问题。"袁振国教授的定义为:"所谓教学策略,是在教学目标确定以后,根据已定的教学任务和学生的特征,有针对性地选择与组合相关的教学内容、教学组织形式、教学方法和技术,形成的具有效率意义的特定教学方案。教学策略具有综合性、可操作性和灵活性等基本特征。"综上所述,教学策略是对完成特定的教学目标而采用的教学活动的程序、方法、形式和媒体等因素的总体考虑。目前比较流行的教学策略有以下几种。

1. 五段教学策略

五段教学策略来源于赫尔巴特学派的"五段教学法"(预备、提示、联系、统合、应用),经凯洛夫等人改造后传入我国,是一种接受学习策略。这种教学策略的主要步骤是:激发学习动机→复习旧课→讲授新课→运用巩固→检查效果。该策略的优点是能使学生在较短时间内掌握较多的系统知识,缺点是学生在这种教学过程中往往处于被动地位,不利于他们学习主动性的发挥。

2. 九段教学策略

九段教学策略是美国教育心理学家加涅将认知学习理论应用于教学过程的研究而提出的一种教学策略。加涅认为,教学活动是一种旨在影响学习者内部心理过程的外部刺激,因此教学程序应当与学习活动中学习者的内部心理过程相吻合。根据这种观点,他把学习活动中学习者内部的心理活动划分为九个阶段,相应的教学程序也包含9个步骤。加涅的九段教学策略如表6.4所示。

表6.4 加涅的九段教学策略

九段教学步骤	过程和方法
引起注意	利用有意注意和无意注意的特点,采用不同的方法唤起和控制学习者注意
阐述教学目标	教师让学习者具体了解学习的目标是什么,包括他们将学会哪些知识、会做什么等,使学习者形成对学习的期望,监控和调整自己的学习活动
刺激回忆	在学习新知识之前,指出学习新技能所需具备的先决知识和技能,以刺激学习者回忆学过的有关知识和技能,为实现有意义接受学习做好准备
呈现刺激材料	教师呈现新知识材料
提供学习指导	教师根据学生对新知识的掌握和领会程度,指导学生对教学内容编码,帮助学生消化新知识
诱发学习行为（反应）	教师通过让学生积极参与教学活动,并对所呈现的信息以各种方式做出真实的反应
提供反馈	在学习者做出各种学习行为和反应后,教师要及时让学习者知道学习结果
评价表现	教师通过各种形式的练习和测试,促使学生进一步回忆和整合所学的知识,并对学生的学习表现做出价值判断
促进记忆与迁移	教师采用间隔复习的方法,增强学生对已习得知识的保持,帮助学生把这些新知识贯穿到后续的学习内容中去

九段教学策略由于有认知学习理论做基础,所以不仅能发挥教师的主导作用,还能激发学生的学习兴趣,在一定程度上调动学生的学习主动性、积极性。此外,九段教学策略的实施步骤具体明确,可操作性强,便于编程实现,因而比较适用于CAI系统。

3. 假设-推理教学策略

假设-推理教学策略是一种着眼于培养学生逻辑思维能力的教学策略,其主要步骤为:问题→假设→推理→验证→结论。在问题阶段,教师应提出难易适中的问题,并使学生明确问题的指向性;在假设阶段,教师应运用问题情境引导学生通过分析、综合、比较,努力提出各种假设,并围绕假设进行推理,从而逐步形成当前教学目标所要求掌握的概念;在验证阶段,由教师或学生自己进一步提出事实来说明刚获得的概念;在结论阶段,由教师引导学生回顾教学活动,分析思维过程,总结学习收获。这种策略的优点是有利于发展学生的逻辑思维能力,不足之处在于比较局限于数理学科的教学内容。

4. 示范-模仿教学策略

示范-模仿教学策略特别适合于实现动作技能领域的教学目标,其主要步骤为:动作定向→参与性练习→自主练习→技能的迁移。在动作定向阶段,教师既要向学生阐明动作要领和操作原理,同时也要向学生做示范动作;在参与性练习阶段,教师指导学生从分解动作开始做模仿练习,并根据每次练习结果给予帮助、纠正和强化,使学生基本掌握动作要领;在自主练习阶段,学生由单项动作与技能的练习转向合成动作与技能的练习,并可逐步减少甚至脱离教师的现场指导;在技能的迁移阶段要求学生不仅能独立完成动作技能的操作步骤,还能将习得的技能应用于其他类似的情境。

5. 情境-陶冶教学策略

情境-陶冶教学策略有时也称为暗示教学策略,主要是通过创设某种与现实生活类似的情景,让学生在思想高度集中但精神完全放松的情景下进行学习,其主要步骤为:创设情境→自主活动→总结转化。在创设情境阶段,教师通过语言描绘、实物演示、音乐渲染等方式为学生创设一个生动形象的场景,激起学生的情绪;在自主活动阶段,教师安排学生加入游戏、表演、操作、听音乐等活动中,在潜移默化中从事各种智力活动;在总结转化阶段,通过教师启发总结,使学生领悟所学内容的情感基调,达到情感与理智的统一。

6. 支架式教学策略

支架式教学策略是通过对较为复杂的问题建立支架式概念框架,使得学习者自己能沿着"支架"逐步攀升,从而完成对复杂概念意义建构的一种教学策略。这种教学策略来源于维果斯基的最邻近发展区理论。维果斯基认为,在儿童智力活动中,所要解决的问题和儿童的能力之间可能存在差异,通过教学,儿童在教师的帮助下可以消除这种差异,这个差异就是最邻近发展区。换句话说,儿童独立解决问题时的实际发展水平(第一个发展水平)和教师指导下解决问题时的潜在发展水平(第二个发展水平)之间的距离,就是最邻近发展区。

建构主义者正是从维果斯基的思想出发,借用建筑行业中使用的脚手架作为对上述概念框架的形象化比喻,其实质是利用上述概念框架作为学习过程中的"脚手架"。通过这种"脚手架"的支撑作用(或称支架作用),不停顿地把学生的智力从一个水平提升到另一个新的更高水平,真正做到使教学走在发展的前面。

支架式教学由以下几个环节组成。

(1)搭"脚手架"。搭"脚手架"是指围绕当前学习主题,按最邻近发展区理论的要求建立概念框架。

(2)进入情境。进入情境是指将学生引入一定的问题情境(概念框架中的某个节点)。

(3)独立探索。独立探索是指让学生独立探索。探索内容包括:确定与给定概念有关的各种属性,并将各种属性按其重要性大小顺序排列。探索开始时要先由教师启发引导(例如演示或介绍理解类似概念的过程),然后让学生自己去分析;探索过程中教师要适时提示,帮助学生沿概念框架逐步攀升。起初的引导、帮助可以多一些,以后逐渐减少——放手让学生自己探索;最后要争取做到无须教师引导,学生自己也能在概念框架中继续攀升。

(4)协作学习。协作学习是指进行小组协商、讨论。讨论的结果有可能使原来确定的、与当前所学概念有关的属性增加或减少,各种属性的排列次序也可能有所调整,并使原来多种意见相互矛盾且态度纷呈的复杂局面逐渐变得明朗、一致起来,在共享集体思维成果的基础上达到对当前所学概念比较全面、正确的理解,即最终完成对所学知识的意义建构。

(5)效果评价。效果评价是指对学习效果的评价,包括学生个人的自我评价和学习小组对个人的学习评价。评价内容包括:自主学习能力;对小组合作学习所作出的贡献;是否完成对所学知识的意义建构。

7. 抛锚式教学策略

抛锚式教学策略也称为"实例式教学策略""基于问题的教学策略"。这种教学策略要求教学建立在有感染力的真实事件或真实问题的基础上。建构主义者认为,学习者要想完成对所学知识的意义建构,即达到对该知识所反映事物的性质、规律以及该事物与其他事物之间联系的深刻理解,最好的办法是让学习者到现实世界的真实环境中去感受、去体验(即通过获取直接经验来学习),而不是仅仅聆听别人(例如教师)关于这种经验的介绍和讲解。

抛锚式教学策略由以下几个步骤组成。

(1)创设情境。创设情境要求使学习能在和现实情况基本一致或相类似的情境中发生。

(2)确定问题。确定问题是指在上述情境下,选择出与当前学习主题密切相关的真实性事件或问题作为学习的中心内容(让学生面临一个需要立即去解决的现实问题)。选出的事件或问题就是"锚",这一环节的作用就是"抛锚"。

(3)自主学习。自主学习是指不是由教师直接告诉学生应当如何去解决面临的问题,而是由教师向学生提供解决该问题的有关线索(例如需要搜集哪一类资料、从何处获取有关的信息资料以及现实中专家解决类似问题的探索过程等),并要特别注意发展学生的"自主学习"能力。自主学习能力包括:确定学习内容表的能力(学习内容表是指为完成与给定问题有关的学习任务所需要的知识点清单);获取有关信息与资料的能力(知道从何处获取以及如何去获取所需的信息与资料);利用、评价有关信息与资料的能力。

(4)协作学习。协作学习是指学生讨论、交流,通过不同观点的交锋,补充、修正、加深每个学生对当前问题的理解。

(5)效果评价。由于抛锚式教学要求学生解决面临的现实问题,学习过程就是解决问题的过程,即由该过程可以直接反映出学生的学习效果。因此,对这种教学效果的评价往往不需要进行独立于教学过程的专门测验,只需在学习过程中随时观察并记录学生的表现即可。

8. 随机进入式教学策略

由于事物的复杂性和问题的多面性,要做到对事物内在性质和事物之间相互联系的全面了解和掌握,即真正达到对所学知识的全面而深刻的意义建构是很困难的。为克服这方面的不足,教师在教学中就要注意对同一教学内容,要在不同的时间、不同的情境下,为不同的教学目的,用不同的方式加以呈现。换句话说,学习者可以随意通过不同途径、不同方式进入同样教学内容的学习,从而获得对同一事物或同一问题的多方面认识与理解,这就是随机进入式教学。

所谓随机进入式教学策略,是指学习者可以随意通过不同途径、不同方式进入同样教学内容的学习,从而获得对同一事物或同一问题的多方面认识和理解的一种教学策略。

随机进入式教学策略的基本环节如下。

(1)呈现基本情境。呈现基本情境是指向学生呈现与当前学习基本内容相关的情境。

(2)随机进入学习。随机进入学习是指依据学生随机进入学习所选择的内容,呈现与当前学习主题不同侧面特性相关联的情境。在此过程中,教师应注意发展学生的自主学习能力,使学生逐步学会自己学习。

(3)思维发展训练。由于随机进入学习的内容通常比较复杂,所研究的问题往往涉及许多方面,因此在这类学习中,教师还应特别注意发展学生的思维能力。思维发展训练的基本方法是:教师与学生之间的交互应在"元认知级"进行(即教师向学生提出的问题,应有利于促进学生认知能力的发展而非纯知识性提问);要注意建立学生的思维模型,即要了解学生思维的特点;注意培养学生的发散性思维。

(4)小组协作学习。小组协作学习是指围绕依据不同情境所获得的认识展开小组讨论。在讨论中,每个学生的观点在和其他学生以及教师一起建立的社会协商环境中受到考察、评论。同时,每个学生也对别人的观点、看法进行思考并做出反映。

(5)学习效果评价。学习效果评价包括自我评价与小组评价,对学习效果的评价包括学生个人的自我评价和学习小组对个人的学习评价,评价内容包括自主学习能力、对小组协作学习所做出的贡献、是否完成对所学知识的意义建构等。

9. 启发式教学策略

启发式教学策略是指教师在教学过程中根据教学任务和学习的客观规律,从学生的实际出发,采用多种方式,以启发学生的思维为核心,调动学生学习的主动性和积极性,促使他们积极学习的一种教学指导思想。启发式教学策略的关键在于设置问题情境。启发式教学策略的基本环节如下。

(1)设置问题情景。

(2)创设竞赛情景、操作情景,将学生带入现实生活情景。

(3)利用评价反馈,给予学生表扬/批评。

(4)利用典型事例说明,培养学生正确的学习动机和勤学好问的态度。

(5)教授学习方法,使学生学会学习。

（6）变换教学方式，多让学生自学思考、活动、讨论，调动学生学习兴趣，发挥学生能动性。

六、教学媒体的选择和运用

教学媒体是承载和传播教学信息的载体和工具。为了达到预期的教学目标，需要对功能各异的教学媒体进行选择。本节将从以下几个方面介绍教学媒体选择与运用的相关内容。

1. 教学媒体选择的方法和模型

为了使选择教学媒体时所做出的主观判断更为客观、准确，在教学媒体应用实践中还需要借助一些选择媒体的方法或程序。

（1）教学媒体选择的程序。教学媒体选择工作程序主要分为三个步骤。

①在确定教学目标和知识点的基础上，首先确定媒体使用目标。媒体使用目标主要包括创设情境、引发动机、反映事实、显示过程、示范演示、验证原理、提供练习、训练技能等。

②媒体类型的选择。可借助第二章媒体选择的依据进行选择。

③媒体内容的选择。媒体内容是指把教学信息转化为对学习者的感官产生有效刺激的符号成分，具体包括画面资料、画面组合序列、教师的活动、语言的运用、刺激的强度等内容。媒体内容选择可通过选编、修改、新制三种途径进行。

（2）教学媒体选择的方法。教学媒体选择的方法有以下几种。

①问题表。问题表实际上是列出一系列要求媒体选择者回答的问题，通过对这些问题的逐一回答，来确定适用于一定教学情景的媒体。

②矩阵式。矩阵式通常是两维排列，以媒体的种类为一维，教学功能和其他考虑因素为另一维，然后用某种评判尺度反映两者之间的关系。对照此矩阵图就可以选择出所需要的媒体。

③算法型。算法型是对备选媒体使用的代价、功能特征和管理上的可行性等诸因素都分别给予一个定值，然后按某些公式加以运算，比较备选媒体的效益指数，从而确定优选媒体。

④流程图。流程图建立在问题表模型的基础上，它将选择过程分解成一套按序排列的步骤，每一步骤都设有一个问题，由选择者回答"是"或"否"，然后按照逻辑顺序引入不同的分支。回答完最后一个问题，就可确定一种或一组被认为是最适合于特定教学情景的媒体。目前，人们已开发出专门用于多媒体教学的视觉媒体和听觉媒体选择的流程图。此外，美国教学设计专家肯普也提出了针对集体教学、小组教学和个别化教学的相应的媒体选择流程图。

2. 课堂教学中教学媒体的选择和运用

（1）从教学目标入手，选择合适的教学媒体。备课时首先依据教学目标选用教学媒体。另外，教学媒体的选择要实用，不一定选择最科技前沿的，只要能够最优化完成教学目标，提高课堂效果，就是最佳的教学媒体。

（2）从学科及内容要求着手，选择合适的教学媒体。因为各门学科的知识差异，适用的教学媒体也会有所不同，有些学科适合于一步步去演示，有些学科适合于一张张展示。

（3）从学生的接受能力着手，选择合适的教学媒体。不同年龄阶段、学习能力有差异的学生，对学习内容的接受程度不一样，选用教学媒体时必须考虑学生的接受能力。

（4）从学校实际情况出发，选择合适的教学媒体。由于各地区经济发展不均衡，造成每个学校办学条件不同，所以要根据具体学校的教学资源状况、师生技能、教学环境、管理水平等因素选择合适的媒体。

七、教学系统设计结果的评价

教学设计结果评价的实质是从结果和影响两个方面对教学设计活动给予价值上的确认，使教学设计工作沿着预定的方向进展。

教学系统设计结果评价是指以教学目标为依据，制定科学的标准，运用一切有效的技术手段，对教学活动过程及其结果进行测量，并给予价值判断。教学系统设计结果评价的目的是为了确定教学活动是否达到预期的教学目标。因此，评价是教学过程中不可缺少的基本环节，是对教学工作进行改进、完善的重要依据。

1. 教学系统设计结果评价的类型

依据不同的分类角度和标准可以划分出不同的评价种类。按照评价基准的不同，教学系统设计结果评价可分为相对评价、绝对评价和自身评价；按照评价内容的不同，其可分为过程评价和成果评价；按照评价功能的不同，其可分为诊断性评价、形成性评价和总结性评价；按照评价方法的不同，其可分为定性评价和定量评价。这里介绍诊断性评价、形成性评价和总结性评价。

（1）诊断性评价。诊断性评价也称教学前评价和前置评价，是在教学活动开始之前进行的评价。诊断性评价的目的是了解学生已经具备的知识、技能和能力水平，了解他们对所有学习内容的态度以及情感等状况。通过了解学生的实际水平和学习准备的状况，为教学决策提供依据。

教学中的诊断含义较广，除了查明、辨认和确定学生的不足和问题外，还包括对各种优点和特殊才能的识别。教学诊断的目的不是给学生贴上标签，证明其在学业上"能"与"不能"，而是根据诊断结果设计适合学生实际的教学方案，即在了解学生的基础上"长善救失"，帮助学生在原有的基础上和可能的范围内获得最大的进步。

（2）形成性评价。形成性评价一般是在教学过程中进行的评价。当教师按照既定的教学方案实施时，要时常检查按设计方案进行的教学是否有效，是否存在问题。如果发现问题，及早采取补救措施，调整和改进教学工作。形成性评价比较频繁，根据教学目标的不同可多次进行，其目的是利用各种反馈改进教师的"教"和学生的"学"，使教学在不断地测评、反馈和改进中趋于完善。

（3）总结性评价。总结性评价也称结果评价或事后评价，是在教学活动进行了一个完整阶段后对教学效果做出结论和评价，如期末考试、年末考试等。总结性评价的目的在于检查和总结一个阶段教学后，学生是否达到了预期的教学目标，并对学生们的学习结果做出总结。

上述三种评价有着各自的特点，如表6.5所示。

表 6.5　三种评价的比较

项目	诊断性评价	形成性评价	总结性评价
评价时间	教学之前	教学过程中	教学之后
评价目的	了解学生实际水平和学习准备情况，以便有针对性安排教学	了解教学进行的情况，及时获得反馈，调整和改进教学	检查和总结教学结果，评定学生的学习成绩
评价作用	查明学习准备和不利因素	确定学习效果	评定学业成绩
评价方法	观察法、调查法	日常观察、作业、形成性测验等	考试或考查

2. 教学系统设计结果评价的方法

(1)观察法。观察法是指为了达到某种评价的目标，教师专注于学生的行为和所处的环境，并记录所观察的内容，从而获得必要资料的一种方法。观察法是教师在教学过程中经常采用的一种收集信息反馈方法。如果连续对学生进行观察，就会得到许多珍贵的教学信息，从而发现教学方案的不足之处，加以改进。

观察法可以全面地了解包括教学现场气氛、偶发事件等在内的各种教学情况和问题。它还可以不依赖被观察者的语言能力，对各类学生的反应都能做到比较客观地了解。另外，它也可以创造性地处理和分析从教学现场中所获得的各种信息，把无规律、不成体系的大量信息按照一定的规律和顺序加以分类和整理，找出问题的原因和解决问题的方法。

在观察时，使用录音机、录像机把观察现场的情况记录下来是十分重要的。因为这种记录是客观的，当观察者的记忆或评价发生问题时，录像、录音资料就可以提供方便。可以反复地观看和监听，使分析更加深入和准确。

(2)调查法。调查法又可分为问卷调查法和访谈法。作为教学数据的收集方法，问卷调查法更具有工具性质，因此我们下面介绍一下问卷调查法。

问卷调查法是通过书面形式向回答者提出问题，从答案获取数据的一种方法。问卷调查法没有预先确定的标准答案或正确答案，一般采用无记名方式，它不受时间和空间的限制，能够在短时间内获得较多的信息，并且比较容易处理和具有真实性。

问卷调查方法主要有两个环节：一是设计问卷调查表，主要是围绕调查的目的来设计调查内容和问卷形式；二是对问卷调查的数据资料进行统计分析，得出调查结论。

(3)测验。测验是重要的一种教学评价方法，主要用来评定学生的学习成绩。测验的关键是确定测验的形式以及编写测试题。测验的形式一般有两种：考试或考查。考试又可分为闭卷考试和开卷考试。

编制测验题就是确定测验的试题类型和测试内容。常见的试题类型大致可以分为主观题和客观题两大类。

主观题要求学生自己组织材料，采用合适方式表述答案，主要有论述题、问答题、操作题、计算题、证明题、填空题、改错题等。主观题的优点是：可以考查学生的组织、创造与表达能力；试题的事件容易编写，省时省力；能够促使学生的学习向理解、探究方向发展。主观题的缺点主要表现在评分缺乏客观标准,往往带有主观性从而造成主观误差;试题取样不广泛,题目少;评定费时费力,使评定的有效性和可靠性受到影响。

客观题是在试题中提供正确和错误的答案,由学生选择,主要有选择题、判断是非题、配对题等。客观题的优点是评分客观准确,不受评分者主观因素的影响,只要比较学生答案和预定的标准答案,就能得出结果;试题取样广泛,数量较大,可以考查学生是否达到各项教学目标的要求和多方面知识的掌握情况。客观题的缺点主要是不能考查学生的组织能力、创作能力和文字表达能力。

第三节　信息化教学设计

一、信息化教学设计的概念

信息化教学就是在信息化环境中,教育者与学习者借助现代教育媒体、教育信息资源和教育技术方法进行的双边活动。黎加厚教授认为:"信息化教学设计就是运用系统方法,以学为中心,充分利用现代信息技术和信息资源,科学地安排教学过程的各个环节和要素,以实现教学过程的优化。应用信息技术构建信息化环境,获取、利用信息资源,支持学生的自主探究学习,培养学生的信息素养,提高学生的学习兴趣,从而优化教学效果。"也就是说,信息化教学设计就是信息化教学的设计,提倡教师不仅要通晓信息技术,而且需要掌握如何设计以信息技术为支持的教学过程。信息化教学设计的目标是帮助全体教师在教学中充分利用信息技术和信息资源,培养学习者的信息素养、创新精神和问题解决能力,增强学习者的学习能力,提高学业成就,使他们最终成为具有信息处理能力的、主动的终身学习者。

信息化教学的特点是:以信息技术为支撑;以现代教育教学理论为指导;强调新型教学模式的构建;教学内容具有更强的时代性和丰富性;教学更适合学生的学习需要和特点。信息化教学不仅仅是在传统教学的基础上对教学媒体和手段的改变,而且是以现代信息技术为基础的整体教学体系的一系列改革和变化。

二、信息化教学设计的原则

信息化教学设计是以多媒体和网络技术为支持,但信息技术的支持仅仅是信息化教学设计的表面特征。信息化教学设计还有两个更为重要、更为根本的特征:一是以学生为中心,关注学生能力的培养;二是关注学习过程。这两大特征渗透到学习过程的各个要素中,形成了更具指导意义的设计原则。

1. 强调以学生为中心,关注学生能力的培养

教师作为学习的促进者引导、监控和评价学生的学习进程。在信息化教学中,教师不再维持自己作为"专家"的角色,而是通过帮助学生获得、解释、组织和转换大量的信息来促进学习,以解决实际生活中的问题。在这种模式中,学生承担着自我学习的责任,需要通过协同作业、自主探索的方式进行主动的知识建构。

2. 充分利用各种信息资源来支持学习

在信息化教学设计中,信息技术工具和信息资源在信息化教学设计中具有不可替代的作用。教师要关注信息技术运用方式的变化,技术的关键任务不是以操练的形式来呈现信息从而控制学习,而是提供问题空间和探索问题的工具及资源来支持学习。这些工具和资源应当与学生的主题任务相关,能够帮助学生完成问题解决的过程,促进学生的意义建构,如给学生提供与教学主题或问题相关的网络资源、典型案例,对学生的学习进行一定的指导和帮助等。

3. 以问题为核心驱动学习

以任务驱动和问题解决作为学习和研究活动的主线。任务驱动是一种建立在建构主义学习理论基础上的教学法,其原则就是:学生的学习活动性质与大的任务或问题相结合,以探索问题来引动和维持学习者的学习兴趣和动机;创建真实的教学环境,让学生带着真实的任务去学习。在这个过程中,学生拥有学习的主动权,教师不断地挑战和激励学生前进,从而使学生真正掌握所学内容,并通过此任务举一反三,学习隐含于问题背后的科学知识和解决问题的技能,形成自主学习能力。这样,学习者能够批判性地学习新的思想和事实,并将它们融入原有的认知结构中,能够在众多思想间进行联系,将已有的知识迁移到新的情境中,作出决策并最终解决问题。这就是信息时代倡导的深度学习,这种教学方法符合探究式教学模式,有利于培养学生的创新能力和独立分析问题、解决问题的能力。

4. 强调协作学习的重要性

这种协作学习不仅指学生之间、师生之间的协作,也包括教师之间的协作。在信息化教学中,学习者通常是以小组或其他协作形式展开学习;在学习过程中,每个学习者都担当一定的角色,承担一定的任务,学习者之间相互协作,共享他人的知识和背景,共同实现组织目标。协作学习的组织形式,把同学当成学习的一种资源,为学习者创设了良好的学习情境,是建构主义学习理论的一种体现。

5. 强调针对学习过程和学习资源的评价

信息化教学设计是一个连续的、动态的过程。在学习过程中,在教师和学生水乳交融的活动中,展示教学评价所能提供的总结、矫正、促进和催发功能是非常重要的。学生成为课堂主体的前提是必须调动学生的主观能动性,使学生有意识、有兴趣地去参与教学活动。通过教学评价激起学生的主体参与性,让学生在课堂中体验成功的喜悦及协作学习的力量。教师通过不断的研究和质量评估,收集数据,并使用过程性评价达到改进设计的目的。同时,由于信息化学习资源种类繁多,为了有效地利用信息化学习资源,教师也必须对资源进行优化选择。

三、信息化教学设计的过程

信息化教学设计的过程如图 6.7 所示。

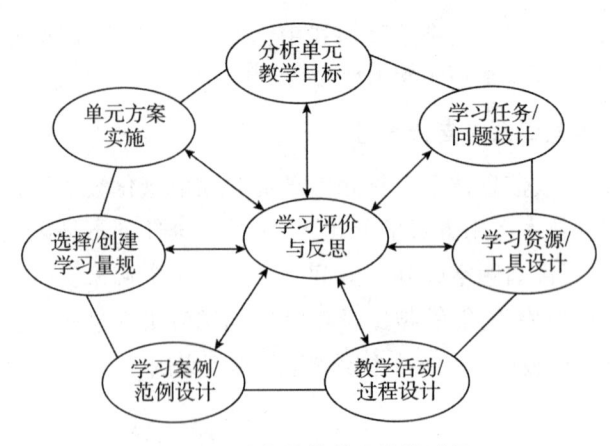

图 6.7 信息化教学设计的过程

1. 分析单元教学目标

教师需要根据国家或地方课程标准,分析学生特征和课程学习的特点,在此基础上确定单元学习目标,明确将要在教学活动中解决的问题或任务,这是信息化教学设计的起点。

2. 学习任务/问题设计

学习问题或任务的确定应与单元目标一致,而且应具有趣味性、吸引力和挑战性,应当反映学科的基本概念、原理、规律/法则,充分描述其产生的情景、恰当地呈现/模拟、描述对问题的可操控方面,使学生进入问题情境,拥有问题意识或主人翁意识。

3. 学习资源/工具设计

学习资源和技术工具如果由教师提供,教师就必须提前寻找、搜集并认真评价相关资源的学习价值,以确保学生获得可靠、有用的学习信息。如果规定学生自行查找,教师则应设计好信息资源查找和搜集的目的、要求、策略等,以免学生在信息搜索过程中漫无目的地浪费时间。

4. 教学活动/过程设计

教师要仔细设计帮助学生进行学习和探究的步骤,包括学习进程计划,教材分析与研究,学习活动方案和组织形式,课堂教学的日常开展,以及根据不同学生的差别设计出相应的教学策略和情景要求等,如告知学生学习过程中如何开展探究活动、需要遵循哪些步骤才能完成任务等。

5. 学习案例/范例设计

为了拓展学生的学习经验,教师需要为学生提供与主题学习任务有内在联系的各种学习案例或作品范例。学习案例要有益于唤醒学生已有的知识经验,并与学生已有的知识经验相关联;案例必须要能描述问题的复杂性,不能采用抽象化和简单化的案例来替代复杂化的问题。

6. 选择/创建学习量规

学习评价量规应当建立在教师和学生共识的基础上,量规的选择与创建必须具有科学性,应该符合对学生预期的学习结果和形式,符合课程或单元学习目标、主题任务、学习者心理特点的需求。学习评价量规应该事先提供给学生,以便使每位学生都知道教学要求和学习结果,从这个意义上说,评价量规工具也是学生进行学习活动的指导原则。

7.实施单元教学计划

在课程或单元教学计划的实施过程中,教学计划可以根据实际的教学情形不断进行适当的调整。

教学方案的实施过程中应该体现学生的自我管理和组织参与,教师应该为学生提供适当的策略建议、咨询帮助、学习指导和心理激励等。

8.学习评价与反思

学习评价与反思应贯穿于信息化教学设计过程。在教学设计方案实施的过程中,教师应适时组织学生展示学习结果(作品),并引导学生说明结果产生的过程。学生应按预定的学习量规开展自我评价、同伴评价、教师评价或外部评价。教师可以为学生创建一个学习过程自我评价表,以便学生检视自己的学习过程,并根据评价结果反思学习得失,改进学习策略或调整学习活动等。

四、信息化教学设计的过程模式

信息化教学设计的过程模式如图 6.8 所示。

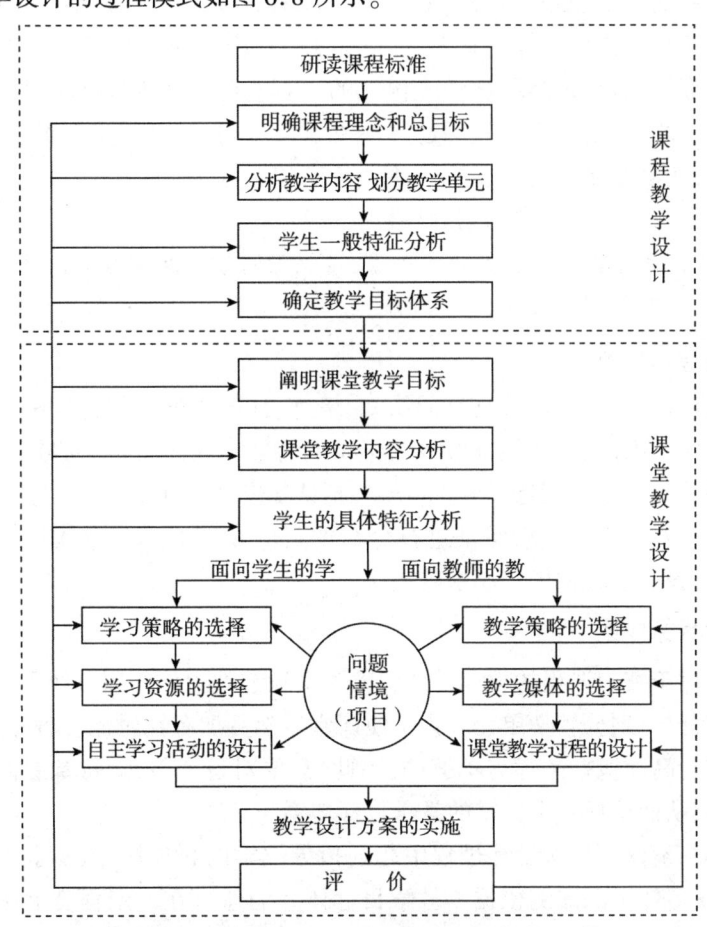

图 6.8 信息化教学系统设计的过程模式

1. 研读课程标准

《基础教育课程改革纲要(试行)》提出:"国家课程标准是教材编写、教学、评估和考试命题的依据,是国家管理和评价课程的基础。应体现国家对不同阶段的学生在知识与技能、过程与方法、情感态度与价值观等方面的基本要求,规定各门课程的性质、目标、内容框架,提出教学和评价建议。"课程标准阐述了课程性质、课程理念、设计思路和实施建议,这就使得教师既能够从课程结构上把握课程,也能够从宏观理念上理解课程。

2. 明确课程理念和总目标

课程教学设计的第二步是明确课程理念和总目标。课程理念是课程标准制定者提出的对课程实施具有哲学指导意义的观念,它应该被渗透到课堂教材编写、课程教学等各个环节当中。如《科学》(初中)的课程理念是:面向全体学生,立足学生发展,体现科学本质,突出科学探究,反映当代科学成果。课程目标包括课程总目标和分目标。课程总目标是对学生学完本课程后应达到的各方面能力水平要求的总体描述。课程分目标从知识与技能、过程与方法、情感态度和价值观等方面对学生应能达到的能力水平进行概括性描述。课程理念和目标是进行后续教学设计步骤的出发点和归宿,对教学设计起到方向性指导作用。

3. 分析教学内容,划分教学单元

教学内容是指为了实现教学目标,要求学生系统学习的知识、技能和行为规范的总和。分析教学内容的工作以课程目标为基础,旨在规定教学内容的范围、深度和揭示教学内容各组成部分之间的联系,以保证达到教学最优化的内容效度。课程标准中已经明确规定了内容标准,罗列出了教学内容体系。教师通过研读这部分内容,进一步明确、理顺教学内容各组成部分的联系,为教学单元划分、教学顺序的安排奠定了基础。

教学单元作为一门课程内容的划分单位,一般包括一项相对完整的学习任务。通过选择与组织单元,可以确定课程内容的基本框架,这又为后续的课堂教学设计的内容选择奠定基础。

4. 学生一般特征分析

学生是学习活动的主体,学生具有的认知、情感、社会等方面的特征都将对学习的信息加工过程产生影响。因此,教学设计应该与学生的特征相匹配,做到因材施教,才有可能取得理想的教学效果。学生一般特征分析主要包括认知发展特征分析、学生的总体水平分析、兴趣爱好分析等。对于学生一般特征进行分析的目的在于对学生整体情况有一个大概了解,使教师在教学设计过程中做到心中有数。

5. 确定教学目标体系

课程总目标对于整门课程的教学设计和教学实施起到指导作用。课程目标的设立有利于进行教学内容分析、划分教学单元。为了使课堂教学更加有针对性,仅使用课程总目标对课堂教学要求进行高度概括是远远不够的,因此,需要对每个单元、每堂课甚至每个知识点制定明确的目标,从而构成一个完整的教学目标体系。

教学目标体系不仅在教学设计过程中起到指导教学内容选择、激发学生学习动机的作用,还可以作为学习效果的评测依据。教学目标体系的建立在一定程度上保证了教学设计的科学性,有效避免了教学的经验性和随意性。

（1）阐明课堂教学目标。分析课堂教学目标是为了确定学生学习的主题(与基本概念、基本原理、基本方法或基本过程有关的知识内容)，对教学活动展开后需要达到的目标作出一个整体描述。教学目标包括学生通过这节课的学习将学会什么知识和能力、会完成哪些创造性产品以及潜在的学习结果等。

（2）课堂教学内容分析。课堂教学内容分析的任务有三个：一是评价教学内容是否直接为课堂教学目标服务；二是分析教学内容(知识点)间的相互关系，确定教学顺序；三是分析教学内容的类型、特点，为后续的制定教学策略、选择教学媒体、制定学习策略和提供学习资源等步骤提供依据。

6. 问题情境(项目)

信息化教学是基于问题驱动的教学模式。提出有意义与有价值的问题，是信息化教学设计模式的核心和重点。学习问题可以是一个问题、案例、项目、分歧，它们都代表连续性的复杂问题。提出问题的原则是：一是问题要有意义；二是问题的解决过程要隐含所要传授的知识；三是问题要有一定的复杂性与歧义性；四是问题要有开放性；五是问题要与学习对象的认知特征相匹配，要结合学习者的最邻近发展区；六是学习主题具有可挑战性，问题具有可争论性。

7. 教学策略的选择

信息化教学设计的最基本策略，是教学情境的创设和信息资源的开发。

（1）教学情境的创设。建构主义认为，个体、认知和意义都是在相关环境中交互、协作完成的，不同的环境能够给学习者带来不同的活动效果。设计环境是信息化教学设计最重要的内容之一，它通过与实际经验相似的学习情境的创设，来还原知识的背景，恢复其生动性、丰富性，从而使学生能够利用原有认知结构中有关的知识、经验及表象去"同化"或"顺应"学习到的新知识。利用现代化信息技术和信息资源创设接近真实情境的方式很多，其使用的方法也因不同的学科和内容有很大差异。根据创设的作用和一般方法的相似性可以将创设教学情境的方法分为创设故事情境、创设问题情境、创设模拟实验情境、创设协作情境等。

①创设故事情境。创设故事情境是根据教学内容、教学目标、学生原有认知水平和学生无意识的心理特征，通过各种信息技术和信息资源，将知识以"故事"的形式展现给学生，尽可能多地调动学生的视听觉感官，进而理解和建构知识。实验心理学表明，获取信息可以通过视觉、听觉等多种感官，并且多感官的刺激有利于知识的保持和迁移，能够引起学生积极的情绪反应。

②创设问题情境。创设问题情境是在教学内容和学生求知心理之间设置疑问，将学生引入一种与问题有关的情境。问题情境的设计可激发学生的探求欲望，可以引导学生多角度、多方位地对情境内容进行分析、比较和综合，进而建构新的认知结构。在信息化教学中，设计问题情境的方式多种多样，教师可以通过故事、模拟实验、图像、音像、活动等多种途径设置问题情境。

③创设模拟实验情境。创设模拟实验情境首先设计与主题相关的尽可能接近真实的实验条件和实验情境，然后利用各种信息资源实现。设计模拟实验情境，就是设计与主题相关的尽可能接近真实的实验条件和实验情境，可以解决实验条件不足带来的认知偏差。恰当的实验可以使学生将学习内容所反映的事物尽量地与他们已知的事物相联系，并通过联系

加以认真思考,从而建构起所学知识的意义。

④创设协作情境。协作情境与外部世界具有很强的类似性,有利于高级认知能力的发展、合作精神的培养和良好人际关系的形成。在这种环境中,学生的角色可以进行隐藏,教师的角色也发生了转变。教师要掌握的不仅仅是教学内容的逻辑序列和目标的合理安排,还要掌握学生的协作情况、学习过程的规划设计。设计协作情境是利用多种网上交流工具(如BBS、QQ、电子邮件),使学生通过竞争、协作、伙伴和角色扮演等方式进行学习,针对某一个问题展开讨论交流,共同完成学习任务。协作情境实现了时间和空间上的连续,使交互变得更加容易控制。

(2)信息资源的开发。信息化教学设计的另一个基本策略是信息资源的开发。在信息化教学中,教师不仅拥有更多的知识,还应该具备设计、开发、利用和评价信息资源的能力。为了避免学生低效的探究活动,在学生自主学习过程中,教师应该适时地提供帮助,当学生在学习新的知识或完成困难的任务时,教师应为他们提供各种帮助材料,如教师演示文稿、学生范例、单元问题、学习指南或向导等,这些材料更多地是以电子文档形式出现,由此构成了丰富的信息资源。学生借助教师提供的信息资源,通过调查、搜索、收集、处理信息后获得知识和技能,并提高信息素养,学习不再是被动地接受。信息化教学设计如果忽视了信息资源的开发,教学情境将成为空中楼阁,教学情境的创设与信息资源的开发是相辅相成的。

8. 教学媒体的选择

教学媒体是指教师在教学过程中为了教学需要而使用的媒介和工具。教学媒体选择的依据、原则、方法、程序等参见前文所介绍的内容。

9. 课堂教学过程的设计

课堂教学过程是师生在实现教学任务中的活动状态变换及其时间流程,由教师、教学内容、教学环境(包括教学媒体、学习资源等)和学生四个要素的相互作用构成。精心设计课堂教学过程可以保证科学、合理的教学进度和优化的教学效果。

10. 学习策略的选择

教师在设计学生的自主学习活动时,可以为学生选择资源型学习、探究型学习、研究型学习、协作型学习等各种自主学习模式。在自主学习中,最常使用的学习方法有支架式、抛锚式和随机进入式等几种。这几种方法的具体步骤参见前文的相关内容。

不论是哪种自主学习方法,都离不开教师和学生的共同活动。教师的作用在于提出问题,对学生的学习给以指导和帮助;学生则应充分发挥认知主体的作用,主动进行探索、发现和提高。

11. 学习资源的选择

学习资源包括所有能够支持学生进行学习、锻炼能力和发展思维的工具、材料、设施、人员、机构等。从传统的教科书、印刷品,到各种现代教学媒体,以至网站、社会文化机构都是学习资源。教师在教学设计时应尽可能给出不同种类的资源,以便学习者根据自身的条件去选择、利用。

12. 自主学习活动的设计

自主学习活动的设计是教师根据教学目标、教学内容以及教学对象的具体情况而对学生学习活动的过程和结构事先做出的假设和计划,包括学生应阅读的材料、教师和学习资源中心能给予学习者必要支持的类型和内容,以及学习活动的方式、过程、进度、预期的结果和建议等。但是,由于学生群体的差异性、教师预计不足等各种原因,学生的学习活动往往会偏离教师设计的方案,但是只要能够朝着预定的教学目标前进,教师应尽可能不去干预学生的学习活动。

13. 教学设计方案的实施

这一步骤主要是按照事先做好的教学设计方案对学生进行教学实践。

14. 教学评价

信息化教学设计的具体成果形式不仅仅是一篇传统意义上的教案,而是包括多项内容的教学设计单元包,其主要由教学情景问题定义、教学活动设计规划、教学课件以及可以链接与嵌入的多媒体网络资源组成。信息化教学有利于采用多元的教学评价支持教学的进行。一方面评价主体可以是教师、学习者、家长、社会人士等;另一方面可以利用信息技术手段,循序渐进地采用过程评价、终结性评价、作品集评价等方式,评价教师的"教"与学习者的"学"。评价在本质上是一种通过"协商"而形成的"心理结构",因此,评价应该坚持"价值多元性"的信念,反对"管理主义倾向"。评价是评价者和被评价者"协商"进行共同心理建构的过程,受多元主义价值观支配。支配是一种民主协商、主体参与的过程,而非控制过程。学习者是评价的参与者、评价的主体。

除了传统的评价工具,如试卷、问卷调查表、观察表等工具外,档案袋评价、量规、表现式评定等方法和工具开始进入教学评价领域,并逐渐成为重要的评价方法和工具。下面介绍与新的评价理念相适应的几种评价工具和方法。

(1)档案袋评价。档案袋的英文为"Portfolio",其语义有"代表作选辑"的意思。最初,档案袋多用于表示画家及摄影家把自己有代表性的作品集汇起来,向预期的委托人展示的作品集。后来,档案袋形式应用到教育中,主要用于汇集学生作品的样本和内容,展示学生的学习和进步状况。档案袋中可以包含各种形式的学习材料,如录像带、文章、图画、获奖证书等。一个典型档案袋的基本结构主要包括三个部分:观察的信息资料群、作业实绩的标本群、考试信息群。信息资料群主要指通过观察而收集来的学生每天的学习情况,一般由教师来收集,一般包括三个记录观察信息的文件:观察记录手册、调查表、师生交谈记录。作业实绩的标本群包括作业、教师自制的小问题和试题、学生伙伴间制作的课题、小组作业、学习反省日记等。考试信息群包括三个方面:简单的评价课题、比较大的场面课题及长期的评价课题。

(2)研讨式评定。研讨式评定将学生的"参与"和"课堂讨论"中的表现作为学生评定的一个部分。这种评定方法起源于教育家苏格拉底的教育理念,最根本的目的是要让学生学会更有效地思考并为自己的见解提出证据。这种评价方法可以采用不同的方式来实施,既可以把它作为毕业学业的展示,也可以作为课堂评价的一部分,还可以当作结业作业的展示。无论什么方式,都需要一个巧妙的问题设计,一套配套的评价准则和评判规则。该评定方法对教师提出了很高的要求,对教师提出的引导问题有更高难度的要求。目前,这种评定主要用于对学业成绩的评定,并且还处于引进摸索阶段,但对于学生能力发展的评定有可借鉴之处。

（3）表现展示评定。表现展示评定要求学生实际演示某些结果以说明其是有价值的，并由此评定学生是否已经掌握了某些知识。展示的内容可以是一次科学试验，也可以是一次科学展示会，还可以是一次活动或是一次表演，或是一次论文和方案设计展示。在这种评价方式中通过详细的评分规则提供了让学生成为自我评价者的机会，并在师生之间创造了关于学生的学业成就和进步情况的对话机会。同样的，这种评价方式也是以关注结果为起点，学生在一开始就应明确自己的任务。

（4）概念地图。概念地图是思维可视化的绝佳认知工具和评价工具。作为评价工具，概念地图可以方便地表征课、单元或某一知识领域的知识结构。学生可以沿着空间或时间纬度创建概念地图，以此识别、澄清和标识概念间的关系。在实际应用中，教师可以和学生在进行"头脑风暴"的基础上共同"织就"概念地图，也可以让学生凭借自己的回忆和理解就某一知识单元或某一主题自己"织就"概念地图。这一显示主题和有关于主题的"网"对于学习活动的进行和评价有重要意义，有助于学生以具体和有意义的方式表征概念，促进思维外化和学习反思。教师也可以将学生所绘制的概念地图与理想的概念地图进行比较，从中发现学生理解上的问题所在，认识学生的学习风格和思维习惯。

（5）量规。量规是目前使用比较普遍的一种评价工具。这种评价工具的产生源于任务驱动学习活动产生的结果常常是多种形式的，如电子作品、调查报告、观察心得、真实作品等，这就要求评价工具不但要关注学习过程，还要具有操作性好、准确度高、能够比较全面地评价学生的学习过程和学习成果的特点，而设计良好的量规则可以满足上述要求。在设计量规时应注意以下几点。

①要根据教学目标和学生的水平来设计评价指标。教学目标不同，量规的指标体现也应不同。例如，在评价学生的电子作品时，通常从作品的选题、内容、组织、技术、资源利用率等方面进行考虑。评价学生的课堂参与性时，则应从学生的出勤率、课堂回答问题情况、小组合作情况等方面进行考虑。

②根据教学目标的侧重点确定各指标体系的权重。指标体系权重的设计与教学目标有直接的关系。还是以电子作品的评价为例，如果教师的主要目的是教会学生制作电子作品，那么技术、资源利用指标的分值应高些；如果教师的主要目的是让学生通过作品展示自己的调查报告，那么作品的选题、内容组织等指标的分值应高些。

③用具体的、可操作的描述语言清楚地说明量规中的每一部分。在对量规的各指标进行解释时，应使用具体的、可操作性的描述语言，避免使用抽象的、概念性的语言。

第四节　信息化教学设计方案的撰写

信息化教学设计方案主要有两种编写格式，即叙述式和表格式。不管哪种格式的教学设计方案都应包括教学目标或学习目标、教学内容、学生的行为、教师的活动、教学媒体和时间分配等方面的描述。

一、基本信息

信息化教学设计方案的基本信息包括设计本教学方案的简要介绍、教学题目、所属学科、学时安排、年级以及所使用的教材等,如表6.6所示。

表6.6 教学设计方案基本信息表

一、基本信息					
设计摘要					
基本信息					
教学题目					
所属学科		学时安排		年级	
所选教材					

二、教材分析

信息化教学设计方案中的教材分析主要描述教材使用版本、第几册、第几单元、第几课,主要学习内容简介、作用地位、教学重难点及课时要求,这里以"欧姆定律"为例来描述教材分析的写作技巧,如表6.7所示。

表6.7 教材分析

二、教材分析	
作用地位及主要内容	"欧姆定律"是人教版高中物理教材选修3-1第二章第三节的知识,是电学内容的核心,它所揭示的是电流、电压和电阻三者间的内在联系,是电路计算的基础定律,并为学习闭合电路欧姆定律、电磁感应定律、交流电等内容作了铺垫。本节课中分析实验数据的两种基本方法,设计实验的思想、规范接线,科学读数等,将在后续电学实验中多次应用。因此,不管从知识上,还是从方法上,本节课都是后续课程的学习准备
教学重点、难点	教学重点: (1)电阻的定义 (2)欧姆定律的实验设计、实验过程及学生对实验数据的分析、归纳并得出结论 (3)利用欧姆定律分析、解决实际问题 教学难点: (1)电阻的定义及其物理意义 (2)数据处理曲线拟合 (3)伏安特性曲线的物理意义
课时要求	第三节所需课时2课时,本节课是第一课时,通过本课的学习,学生能……

三、学生特征分析

信息化教学设计方案中的学生特征分析应从以下几个方面来分析。

(1)知识和技能。对即将学习的知识和技能,学生目前的状态如何?已有的经验如何?可能存在哪些误解?已经掌握了多少术语?学生的学习技能水平如何,需要多少外部的指导和反馈？学生能否使用相关的教学媒体，能否运用新的学习方式进行学习？

（2）过程与方法。对即将学习的过程和方法，学生目前的状态如何？已有的经验如何？可能存在哪些误解？已经掌握了多少术语？学生已具备的过程和方法如何，需要多少外部的指导和反馈？

（3）情感态度与价值观。学生对学习任务的一般态度如何？对哪些任务可能存有喜好或反感的情绪？学生喜欢什么学习风格？学生喜欢什么学习方式、教学组织形式和教学媒体？学生喜欢什么样的评价方式？

（4）其他。学生的焦虑水平如何？学生的一般认知发展水平如何？

这里以"力的合成"为例来描述学生特征分析，如表6.8所示。

表6.8 学生特征分析

三、学生特征分析	
知识基础	学生已经学习了重力、摩擦力、拉力、支持力等，并能计算二力在一条直线上的合力；对多力作用于物体的生活实例也接触较多；有的学生在初中也学习了多力合成的定则，因此，对力已有较多感性认识。在前几节内容中，学生在初中原有基础上又深化学习了几种常见的力（重力、弹力、摩擦力），从而具备了学习"力的合成"所需要的基本物理知识。此外，学生在数学中已经学习了直角三角形和平行四边形的知识，为学习做好了相关知识的准备。但对于力的矢量合成的过程和方法，作为刚接触高中物理的绝大部分高一学生有一定的难度
认知能力	学生思维活跃，抽象思维能力发展较好；具有较强的分析、概括和归纳能力；能够开展自主学习和合作学习
学习动机	对新鲜事物有强烈的好奇心，具有较强的求知欲；对于以教育技术支持物理问题解决具有浓厚的学习兴趣
学习风格	喜欢多媒体技术和网络技术支持的学习环境；具有良好的独立思考能力，自控能力较好，不易受外界影响，焦虑水平适中

四、教学目标分析

教学目标分析，是指根据教学设计的前期分析，将期望学生达到的结果性或过程性目标加以明确化和具体化的过程。这里以"原子的核式结构"为例来说明教学目标的分述，如表6.9所示。

表6.9 教学目标分析

四、教学（学习）目标分析	
1.学习目标描述（知识与技能、过程与方法、情感态度与价值观）	
知识与技能	（1）说出原子物理学发展的历史背景、有关科学家及原子模型发展的过程 （2）阐述汤姆生原子枣糕结构的依据、成功及不合理之处的分析 （3）掌握卢瑟福设计 α 粒子散射实验的思想，实验现象及结论 （4）解释卢瑟福提出的原子核式模型且运用该模型求解某些问题 （5）使用猜想、推理、类比，提出模型

续表

过程与方法	(1)通过作品展示、表演、观察现象、收集证据 (2)通过自行设计制作原子结构模型,尝试科学研究方法
情感、态度与价值观	(1)在原子模型发展的过程,领略锲而不舍,严谨务实的科学进取精神 (2)体会科研的艰辛和分享成功的喜悦

2.学习内容与学习任务说明(学习内容的选择、学习形式的确定、学习结果的描述)

学习内容的选择	本节内容比较抽象,如果按传统教学讲起来比较枯燥乏味,可以通过大量的图片资料分析,让学生掌握其内容
学习形式的确定	课堂可以采用讨论法、讲授法
学习结果的描述	让学生分组讨论总结,最后老师点评

五、学习环境与学习资源设计

学习环境是影响学生学习的外部环境,是促进学生主动建构知识意义和促进能力生成的外部条件。学习环境主要包括。

1.物理学习环境

这里的物理学习环境包含自然因素和人为因素。自然因素指学生学习的自然环境,包括噪音、空气、光线等,这些环境影响着学生的情绪与学习动机。人为的包括网络环境、使用计算机硬件以及整个网络的运行状况。

2.学习资源环境

学习资源是指那些与学习内容相关的信息,如教材、教案、参考资料、书籍、网络资源等,这些信息资源可以以不同媒体和格式存储和呈现,包括印刷、图形图像、音频视频、软件等形式,还可以是这些形式的组合。

对于课堂教学来说,完全依靠学生自己来查找学习资源是缺乏可行性的。互联网上的信息资源浩如海洋,学生的学习时间、精力以及检索信息的能力有限,且学习资源的质量也良莠不齐,这些因素都会对学生的学习产生巨大干扰。因此,教师应把相关的学习资源进行整理、数字化、优化整合信息资源,以增加其易用性和共享性,围绕学生需要合理组织信息资源,保证资源、信息的及时供给。教师还可以把自己设计的有针对性学习资源放到网络上,供学生在活动过程中共享。这个网络可以是广域网,也可以是局域网。

3.技术学习环境

技术学习环境主要包括:学习过程中学生可自由选择学习理论;支持系统要有良好的界面设计,能够激发学生的学习兴趣;各功能模块有良好的导航机制,便于学生在学习过程中能根据学习进程进行任意的学习跳跃;支持学生进行小组讨论和协作学习。

4.情感学习环境

情感学习环境主要由心理因素、人际交互和策略三部分组成。学生的学习观念、学习动机、情感、意志等心理因素对学习动机的激发,学习时间的维持和获得良好的学习效果有着直接的影响;人际交互(包括自我交互)的顺畅也同样对学生的自主学习起着不可小觑的作用;教学策略和学习策略直接影响着学生的学习效果好坏。学习环境选择与学习资源设计的内容如表 6.10 所示。

表 6.10 学习环境选择与学习资源设计

五、学习环境选择与学习资源设计		
1.学习环境选择(打√)		
(1)WEB 教室	(2)局域网 √	(3)局域网
(4)校园网	(5)因特网	(6)其他
2.学习资源类型(打√)		
(1)课件	(2)工具	(3)专题学习网站
(4)多媒体资源库	(5)案例库 √	(6)题库
(7)网络课程	(8)其他	
3.学习资源内容简要说明(说明名称、网址、主要内容)		
本节课是在多媒体教室上,所需要的资源来自学校的电教资源		

六、学习情景创设

教学情境是指在课堂教学中,根据教学的内容,为落实教学目标所设定的,适合学习主体并作用于学习主体,且能产生一定情感反应,能够使学习主体主动积极建构学习的具有学习背景、景象和学习活动条件的学习环境。教学情境可以贯穿于全课,也可以是课的开始、课的中间或课的结束。

在传统课程的教学中,课堂教学强调以教学大纲为纲,以教材为本,课堂教学过程基本以教材安排的内容和顺序进行,学生以被动接受式学习为主,教师基本不需或很少创设与教材不同的教学情境。新课程的实施,课程功能和目标的调整,使传统教学模式面临着变革。基于问题情境,以问题研究为平台的建构性教学成为课堂教学主流,教师创设教学情境的能力也随之成为重要的教师专业能力。创设情境的途径有以下几种。

1. 生活展现情境

生活展现情境即把学生带入社会、带入大自然,从生活中选取某一典型场景,作为学生观察的客体,并以教师的语言描绘,将场景鲜明地展现在学生眼前。

2. 实物演示情境

实物演示情境即以实物为中心,略设必要背景,构成一个整体,以演示某一特定情境。实物演示情境时,应考虑到相应的背景,如"大海上的鲸""蓝天上的燕子""藤上的葫芦"等,都可通过背景,激起学生广远的联想。

3. 图画再现情境

图画再现情境图画是展示形象的主要手段,用图画再现课文情境,实际上就是把课文内容形象化。课文插图、特意绘制的挂图、剪贴画、简笔画等都可以用来再现课文情境。

4. 音乐渲染情境

音乐渲染情境音乐的语言是微妙的,也是强烈的,有着丰富的美感,往往使人心驰神往。它以特有的旋律、节奏,塑造出音乐形象,把听者带到特有的意境中。用音乐渲染情境,并不局限于播放现成的乐曲、歌曲,教师自己的弹奏、轻唱以及学生表演唱、哼唱都是行之有效的办法。关键是选取的乐曲与教材的基调、意境以及情境的发展要对应、协调。

5. 表演体会情境

表演体会情境情境教学中的表演有两种,一是进入角色,二是扮演角色。进入角色即"假如我是课文中的××";扮演角色,则是担当课文中的某一角色进行表演。由于学生自己进入、扮演角色,课文中的角色不再是在书本上的插图和文字,而是自己或自己班集体中的同学,这样,学生对课文中的角色必然产生亲切感,很自然地加深了内心体验。

6. 语言描述情境

语言描述情境情境教学十分讲究直观手段与语言描绘的结合。在情境出现时,教师伴以语言描绘,这对学生的认知活动起着一定的导向性作用。语言描绘提高了感知的效应,情境会更加鲜明,并且带着感情色彩作用于学生的感官。学生因感官的兴奋,主观感受得到强化,从而激起情感,促进自己进入特定的情境之中。学习情景创设的内容如表 6.11 所示。

表 6.11 学习情景创设

六、学习情境创设	
1. 学习情境类型	
(1)真实情境	(2)问题性情境
(3)虚拟情境	(4)其他
2. 学习情境设计	
1. 通过教师提供计算机病毒的起源的小资料,让学生了解计算机病毒的起源归纳计算机病毒的概念。 2. 通过学生阅读书中有关"黑客"和网络安全防护措施的资料,归纳出如何负责任的使用网络并做好网络安全防护措施	

七、学习活动的组织

学习活动的组织主要包括自主学习和协作学习两种。

自主学习是与传统接受式学习相对应的一种现代化学习方式。自主学习是指以学生作为学习的主体,学生自己做主,不受别人支配,不受外界干扰,通过阅读、听讲、研究、观察、实践等手段使个体可以得到持续变化(知识与技能、方法与过程、情感与价值的改善和升华)的行为方式。自主学习的基本模式主要有抛锚式、支架式、随机进入式等。

协作学习是一种通过小组或团队的形式组织学生进行学习的一种策略。小组成员的协同工作是实现班级学习目标的有机组成部分。小组协作活动中的个体(学生)可以将其在学习过程中探索、发现的信息和学习材料与小组中的其他成员共享,甚至可以同其他组或全班同学共享。协作学习的基本模式主要有 7 种,分别是竞争、辩论、合作、问题解决、伙伴、设计和角色扮演。学习活动的组织如表 6.12 所示。

表 6.12　学习活动的组织

七、学习活动的组织				
1. 自主学习设计(填写相关内容)				
类型	相应内容	使用资源	学生活动	教师活动
(1) 抛锚式				
(2) 支架式				
(3) 随机进入式				
(4) 其他				
2. 协作学习设计(填写相关内容)				
类型	相应内容	使用资源	学生活动	教师活动
(1) 竞争				
(2) 伙伴				
(3) 合作				
(4) 辩论				
(5) 角色扮演				
(6) 问题解决				
(7) 设计				
(8) 其他				

八、教学过程设计

教学过程的设计是教学设计方案写作的核心,具体包括引入课题、讲授新课、总结、作业布置等几个环节,在每个环节中都要兼顾教师活动和学生活动,并说明设计意图及相关资源准备情况。教学过程设计,如表 6.13 所示。

表 6.13　教学过程设计

教学结构流程的设计			
老师导入,学生阅读资料及教材→学生分组讨论了解的计算机病毒并归纳计算机病毒的概念→分组阅读书中有关"黑客"和网络安全防护措施的内容→根据教材及自身生活经验分组讨论如何安全的使用网络,截断病毒传播途径→老师归纳总结			
教学环节	教师活动	学生活动	设计意图及资源准备
引出主题导入新课	同学们,大家可能在一些媒体中经常听到有些病毒泛滥导致电脑瘫痪、网络阻塞的报道,那么,计算机病毒是如何起源的,什么是计算机病毒,又该如何防范,大家知道吗?想必上完今天这节课大家都会明白		创设情景,引入课题

续表

分组讨论	在服务器上下载并阅读有关计算机病毒起源的小资料,然后阅读书上资料,按小组讨论所了解的病毒,并记录下来,写在书上的任务表中(一人记录)其他人讨论,然后归纳计算机病毒的概念 提出问题,让各组派代表到前面写出本组的信息	小组讨论:一人记录,其他人讨论 学生到前面写出病毒名称	
老师讲解	计算机病毒是一组计算机指令或者程序代码,能自我复制,通常嵌入在计算机程序中,能够破坏计算机功能或者毁坏数据,影响计算机的使用 在背景资料中让学生了解我国颁布实施的与信息安全相关的法律法规 介绍几个影响较大的病毒,以此为学生起到警示作用	学生在书上做标记并理解,然后思考和提出疑问	
分组合作	快速阅读书上的"黑客"入侵和网络安全防护措施的内容,然后让学生根据教材内容和自身经验分组讨论预防病毒、截断病毒传播途径主要采取哪些措施	分组合作回答问题	协作学习能力 语言表达能力
教师总结	"黑客"是指那些尽力挖掘计算机程序功能的最大潜力的计算机用户。而今天"黑客"一词已被用于指代那些专门利用计算机和网络搞破坏或恶作剧的人。引导学生合理利用自己的聪明才智 安装杀病毒软件和网络防火墙是大家防范病毒的常用方法,常用的杀毒软件有金山毒霸、瑞星、KV、天网防火墙、卡巴斯基、木马克星等 对待计算机病毒应当采取以"防"为主、以"治"为辅的方法,书上提供了七条建议	学生思考	
课堂小结	提出问题,了解学生所学知识	总结本课的收获	
板书设计			
作业布置			

九、学习评价设计

1. 学习评价设计的原则

(1)目标性原则。学习评价的设计要以教学目标为依据。学习在教学之后,学习者在认知、情感和动作技能等方面是否产生了如教学目标所期待的变化,这是要通过学习评价来回答的,离开了明确具体的教学目标就无法进行学习评价。

(2)关联性原则。设计学习评价时应关联教学目标与评价方式,追求不同评价方式的互补,通过多样化的评价方式和工具,促进学习目标的实现。

(3)过程与结果统一原则。学习评价,既要评价教学的结果,也要对教学的过程,对教学中的方方面面进行评价。信息技术环境下的教学设计要改变以往过分重视总结性评价的学习评价方法,强调形成性评价、面向学习过程的评价,对学生在学习过程中的态度、兴趣、参与程度、任务完成情况以及学习过程中所形成的作品等进行评估。

(4)客观性原则。在设计学习评价时,从测量的标准和方法到评价者所持的态度,特别是最终结果的评定,都应符合客观实际,不能主观臆断或掺入个人情感。

(5)整体性原则。在设计学习评价时,要对教学活动的各个方面做多角度、全方位的评价,而不能以点代面,以偏概全。为此,学习评价应该具有多样化的特点,实现评价的主体、内容、方式、对象和标准的多元化和评价过程动态化。

(6)指导性原则。在设计学习评价时,不能就事论事,而应把评价和指导结合起来,要对可能的评价结果进行认真分析,从不同角度探讨因果关系,确认产生的原因,设计具有启发性的应对方案,以帮助被评价者明确今后的努力方向。

2. 学习评价设计的方法

学习设计评价常用的方法有档案袋评价法、问卷调查法、访谈法、观察法、作业与测验法等。学习评价设计,如表6.14所示。

表6.14 学习评价设计

九、学习评价设计		
1.测试形式与工具(打√)		
(1)课堂提问	(2)书面练习	(3)达标测试
(4)学生自主网上测试	(5)合作完成作品	(6)其他
2.测试内容(填写相关内容)		

十、教学反思

1. 教学反思的内容

教学反思的内容包括以下几点。

(1)在教学之前的设计或期望是什么?实际的教学情境如何?期望与实际情境之间是否存在差距?为什么存在差距?学生学会了什么?

(2)根据学生与课标要求,教学目标是什么?今天的教学是否达到了预期的目标?为什么?

(3)今天采用哪些教学方法?有哪些创新?安排了哪些教学活动?其优缺点各是什么?

(4)今天是否设置了特殊的教学情境?其目的是否达到了?为什么?在今天的课堂中,

给教师印象最深的是什么？

(5)在今天的教学中,教师用了哪些方法来评价学生的学习情况？这些方法好吗？为什么？

(6)在教学中发生的主要的事件是什么？为什么会发生？教师是如何解决的？效果如何？怎么做会更好？

(7)知识点上有什么新的发现？组织教学中有什么新的招数？哪些地方应该调整？

2.教学反思的撰写

教学反思的撰写包括以下几点。

(1)写成功之处,如为达到教学目标的一些做法,课堂中临时应变的得当措施,教学方法上的改革与创新等。

(2)写不足之处,如情境的设计不能很好为教学服务,任务设计的不当,小组的分工与合作流于形式,评价未能实施等。

(3)写学生创新,如学生精彩的回答、见解、作品等。

(4)教学分析和对再次教学设计的思考。

实践项目

根据自己所学专业,选择中小学某门课程的1~2节,完成符合实际要求的教学设计方案。

复习思考题

1.简述教学系统设计的定义。

2.试分析、比较以"教"为主的教学设计和以"学"为主的教学设计各自的优缺点。

3.简述以"教"为主的教学设计、以"学"为主的教学设计和"主导-主体"教学设计的理论基础。

4.简述以"学"为主的教学设计的设计流程。

5.简述教学评价的主要功能、三种教学评价的基本含义,并指出各种评价开展的时间。

参考文献

[1]乌美娜.教学设计[M].北京:高等教育教育出版社,1994.

[2]何克抗,林君芬,张文兰.教学系统设计[M].北京:高等教育教育出版社,2006.

[3]R·M·加涅,L·J·布里格斯,W·W·韦杰,等.教学设计原理[M].皮连生,译.上海:华东师范大学出版社,1999.

[4]祝智庭,顾小清,严寒冰.现代教育技术——走进信息化教育[M].北京:高等教育出版社,2005.

[5]黄威荣,刘军,卓毅.现代教育技术应用[M].北京:教育科学出版社,2015.
[6]陈琳.现代教育技术[M].2版.北京:高等教育出版社,2014.
[7]汪基德.现代教育技术[M].北京:高等教育出版社,2011.
[8]张建国.现代教育技术——理论与实践[M].北京:国防工业出版社,2011.
[9]段新昱.多媒体创作与Authorware[M].北京:高等教育出版社,2004.